KB001090

전북의 현재와 미래에 대한 보고서

전북리포트 2013

2013 Jeonbuk Think Note 23

이 도서의 국립중앙도서관 출판시도서목록(CIP)은 서지정보유통지원시스템 홈페이지(http://seoji.nl.go.kr)와
국가자료공동목록시스템(http://www.nl.go.kr/kolisnet)에서 이용하실 수 있습니다.
(CIP제어번호: CIP2014001247)

책을 발간하며

전환 속의 전북, 창조전북의 구상

이 책은 전북발전연구원이 발간하는 ≪이슈브리핑≫을 엮은 것이다. ≪이슈브리핑≫은 전북발전연구원의 (부)연구위원과 연구원들이 지역사회의 다양한 문제를 분석해 정책을 제안하거나, 시대 흐름을 선도하는 사회적 이슈를 제기하는 짧은 정책리포트이다. 2010년에 처음 발간된 이후 어느덧 4년의 시간이 흘렀고, 발간 호수도 120호를 넘겼다.

『전북리포트 2013』은 지난 2년 동안 발간된 60여 개의 ≪이슈브리핑≫ 중에서 의미 있다고 판단되는 내용을 엮은 것으로, 『전북리포트 2011』에 이어 두 번째이다. 비록 1~2주에 한 편씩 나오는 이슈지만, 적어도 지역의 현재를 설명하고 미래를 내다보는 전망을 담은 주장을 다른 이들과 공유했으면 하는 마음에서 책으로 엮게 된 것이다.

전라북도는 그동안 발전 과정에서 상대적으로 소외되고 정치적 입지도 약화되어 무력감이 팽배해 있었으나, 최근 들어 상황이 호전되고 있다. 계속되던 인구 유출 현상이 최근에 멈추었고, 지역경제 성장률이 상대적으로 높게 나타나고 있으며, 꾸준한 기업 유치로 산업구조도 고도화되고 있다. 시대적 흐름도 전라북도 발전에 호기를 제공하고 있다. 가면 갈수록 자본주의적 수요-공급 논리가 약화되고 지역균형발전의 필요성이 강조되고 있다. 환황해 경제권의 부상에 따른 서해안 시대의 도래는 새만금을 품고 있는 전라북도에 절호의 기회가 아닐 수 없다.

시대적 흐름과 지리적 여건상 발전의 호기를 맞고 있는 것은 사실이나, 미래를 개척해야 할 전략을 우리 스스로 마련하지 못한다면 기회는 사라지게 된다. 전라북도 정책연구기관인 전북발전연구원의 역할이 여기에 있다고 본다. 몸은 지방에 있지만, 눈은 세계에 두고 새로운 흐름을 읽어내야 한다. 국가정책의 방향을 미리 파악해 선제적 대응 방안을 내놓아야 한다. 이것이 지방 연구원의 책무이다. 이 책에 담긴 내용은 이러한 책무에서 나온 창조전북의 구상들이다.

이 책이 나오기까지 많은 분의 도움이 있었다. 가장 큰 도움을 주신 분은 전북발전연구원에 전폭적인 지원과 믿음을 주신 김완주 도지사님이다. ≪이슈브리핑≫에 담긴 주요 내용의 실행 여부를 정기적으로 보고하도록 지시함으로써 ≪이슈브리핑≫을 도정과 소통하는 중요한 통로로 만들어줬기 때문이다. ≪이슈브리핑≫이 나올 때마다 많은 관심을 보여준 지역 언론인들도 고마움의 대상이다. 지면을 빌려 깊이 감사드린다.

그래도 이 책의 주인공들은 전북발전연구원의 (부)연구위원들과 연구원들이다. 전라북도의 미래를 개척할 어젠다를 발굴하고 사업을 구상하느라 밤잠을 설치는 노고가 있었기에 창조전북의 큰 그림을 그릴 수 있었다. 『전북리포트 2013』이 (부)연구위원들과 연구원들의 노고에 대한 작은 보상이 되고 자랑이 되기를 바란다.

2014년 1월

전북발전연구원장 김경섭

차례

제1부

새로운 경제흐름을 지역에 적용하다

제 1 장 | 협동조합을 통한 사회적 경제의 준비와 실천

제 2 장 | 지역산업정책 개편에 따른 전라북도 신산업 육성 과제

제 3 장 | 전라북도의 新블루오션, 말 산업에 주목하자

제 4 장 | 전라북도를 해상풍력산업의 거점으로 만들자

제 5 장 | 사라져가는 전통지식이 보배 된다

전　　북
리 포 트
2 0 1 3

제1장 협동조합을 통한 사회적 경제의 준비와 실천

황영모 ı 전북발전연구원 농업농촌연구부 부연구위원

1. 협동조합에 주목하는 이유
2. 협동조합이 만드는 사회적 경제 사례
3. 협동조합과 사회적 경제
4. 협동조합 제대로 이해하기
5. 「협동조합기본법」의 의미와 주요 내용
6. 지역사회, 무엇을 할 것인가

1 | 협동조합에 주목하는 이유

지난 2008년 국제 금융위기 과정을 거치면서 세계적으로 시장자본주의의 한계를 극복할 유력한 경제주체로 협동조합이 주목받고 있다. 경제위기 상황에서도 협동조합 기업은 물가인상을 막고, 안정되고 좋은 일자리를 만들어 튼튼한 지역경제를 유지하는 것으로 확인되었기 때문이다.

스위스의 미그로Migros 생협은 가격 인하로 물가안정에 기여했다. 스페인의 몬드라곤Mondragon과 이탈리아의 에밀리아 로마냐Emilia-Romagna 지역에서는 협동조합 기업이 지역 총생산GRDP의 30% 수준을 담당하면서 고용의 안정과 유지에 크게 기여하고 있다. 독일에서는 경제위기 속에서도 중소기업 부문에 250여 개 협동조합 기업이 창업했고, 캐나다에서는 협동조합이 영리기업에 견줘 장기적으로 존속하면서 사업과 활동하는 것으로 보고되고 있다.① 또한 프랑스에서는 소매금융의 60%, 농식품의 40%, 소매시장의 25%를 협동

① 캐나다에서 10년 이상 존속하는 영리기업이 20%인 데 비해 협동조합은 40% 이상의 생존율을 보인다.

조합 경제가 차지하고 있다.

이미 전 세계 10억 명의 인구가 협동조합 조합원이며, 협동조합 부문에서 1억 명 이상의 일자리를 유지하는 것으로 파악된다. 이는 다국적 기업 일자리의 120% 수준에 해당한다. 이렇게 본다면 협동조합은 자본주의 시장경제의 또 다른 한 축을 담당하고 있는 셈이다.

이러한 가운데 UN은 2012년을 '세계 협동조합의 해'로 정하고 협동조합 중심의 사회적 경제를 강조하고 다양한 진흥활동을 벌여왔다. UN은 협동조합을 "공동의 경제적·사회적·문화적 요구를 실현하고자 모인 자율적이고 자발적 조직으로 규정하고, 협동조합은 공동소유와 민주적 관리 기업으로 사회 경제적 발전에 이바지 한다"라고 정의하고 있다.

우리나라도 2011년 말 「협동조합기본법」을 제정하고, 2012년 12월 시행했다. 「협동조합기본법」은 협동조합 방식의 다양한 사회적 경제활동의 기반을 마련했다는 데서 그 의의를 찾을 수 있다. 특히 기존 시장에서 포괄하지 못하고 사회적으로 배제된 분야에서 경제적·사회적·문화적 약자의 자생력을 강화할 다양한 형태의 협동조합 활성화의 토대가 될 것으로 기대되고 있다.

이제 협동조합을 비롯한 사회적 경제는 시장실패와 국가실패라는 자본주의 문제를 해결해나갈 유력한 전략이자 실천 수단으로 주목받고 있다. 그렇기 때문에 「협동조합기본법」 시행을 계기로 세계적으로 주목되는 협동조합 중심의 사회적 경제에 대한 이해를 높여야 한다. 특히 지역사회 차원에서 구체적인 실천 방안을 모색하는 것이 중요한 과제다.

2 | 협동조합이 만드는 사회적 경제 사례

선키스트Sunkist는 미국 캘리포니아와 애리조나의 감귤 재배 농민이 도매상의 횡포에 맞서서 결성한 협동조합 기업이다. AP통신사는 미국 내 1,500여 개의 신문사들이 조합원으로 참여한 언론 협동조합이다. 스페인의 FC 바로셀로나는 17만여 명의 조합원이 운영하는 축구 협동조합이다. 우리나라의 서울우유는 우유 대기업과 경쟁하는 수도권과 충남 지역의 낙농가가 조합원으로 참여해 만든 협동조합 기업이다.

이렇듯 개별 협동조합의 성공 사례는 다양한 영역에서 찾아볼 수 있다. 그러나 이러한 성공 사례가 지역사회가 직면한 문제에 대응해 좋은 일자리를 만들어 튼튼한 지역경제를 유지하고 있는지 꼼꼼히 따져봐야 한다. 협동조합의 성공이 곧 지역사회 활성화로 직결될 수 없기 때문이다. 따라서 협동조합이 중심이 되어 지역경제와 지역사회를 진흥시킨 사례에 주목할 필요가 있다.②

1) 스위스의 소비자협동조합

스위스의 유통업계를 지탱하는 양대 축은 소비자협동조합 미그로와 코프스위스Coop Swiss이다. 이 두 개의 협동조합은 스위스 유통업계의 1위와 2위를 차지하는 중견기업으로 소매시장의 29.9%를 담당하고 있다. 두 생협은 술과 담배를 판매하지 않고 매출액의 1%를 사회적 활동에 사용한다.

미그로 생협은 10개의 지역 협동조합이 참여한 소비자협동조합이다. 미그로 생협에서는 50개의 협동조합 기업이 사업을 하고 있다. 이들 기업에서는 8만 4,000명의 직원이 고용되어 연간 10조 원의 순이익을 올리고 있다. 미그로 생협은 200만 명의 조합원에게 생활필수품의 유통마진을 줄여 경쟁업체보다 40% 저렴한 가격으로 판매하는 등 조합원의 경제적 편익을 도모하고 있다.

---

② 이 내용은 김태열 외(2010), 김현대(2011), 장종익 외(2011), 자마니·자마니(2012)를 참고했다.

코프 스위스는 조합원이 250만 명인 생활협동조합으로 5만 명의 직원이 고용되어 연간 3,800억 원의 순이익을 올리고 있다. 특히 코프 스위스는 2002년 스위스에 입성한 다국적 유통자본 까르푸Carrefour 매장 12개를 2008년까지 모두 인수하기도 했다.

이들 협동조합 조합원은 사업체의 이윤 증대보다 생산지와 품질, 지역경제를 중요시하는 소비자 의식을 갖고 있다. 여기에 협동조합 기업은 단기적 경영 이익에 매이지 않고 조합원의 편익 도모를 가장 중요한 사업 및 경영 방침으로 삼고 있다. 이를 통해 스위스 국가경제의 선순환 구조를 만들고 있다. 스위스에서는 소매유통 이외에도 국민이 살아가는 데 필요한 음식, 금융, 문화, 유류, 가구, 피트니스 등 대부분의 서비스를 협동조합에서 제공한다.

2) 이탈리아의 에밀리아 로마냐 협동조합

인구 430만 명이 사는 이탈리아의 에밀리아 로마냐 지역에서는 8,000여 개의 협동조합과 약 40만 개의 중소(영세)기업이 지역경제의 발전을 선도하고 있다. 대기업 없이도 협동조합과 중소기업은 지역 총생산의 30%를 담당하고 있다.

에밀리아 로마냐 지역에서는 생활협동조합과 상인협동조합이 소매시장의 28%를 담당한다. 중소 규모 슈퍼마켓 협동조합인 코나드CONAD가 10.2%, 레가코프Lega Coop 생협이 17.8%를 차지한다.

에밀리아 로마냐 지역의 주도인 볼로냐Bologna 시에서는 협동조합 기업이 지역경제의 45%를 담당한다. 볼로냐 시에는 어린이연극협동조합La Baracca, 홍보기획서비스협동조합Kitchen Coop, 노숙인자활협동조합Coop La Strada, 주택건설시행협동조합Muri, 유기농업협동조합 컨소시엄Libera Terra, 소비자협동조합Coop Adriatica, 도서협동조합Librerie Coop 등 협동조합의 형태와 활동 영역이 매우 다양하다. 그래서 볼로냐 대학의 스테파노 자마니Stefano Zamagni 교수는 "협동조합은 상상의 산물이며, 인격을 갖춘 경제활동 조직"이라고 강조한다.

이 지역의 주요 특징은 개별 협동조합의 사업과 활동이 다양한 분야의 협동조합 활동으로 연계되어 있다는 점이다. 크고 작은 여러 협동조합 기업들이 생산한 수많은 상품을 생활협동조합이 매장을 제공하면서 안정적 판로를 만들고 있다. 또한 볼로냐 시에서는 돌봄노동자협동조합CADIAI, 건축협동조합CIPEA, 급식협동조합CAMST이 공동으로 공공어린이집 건축과 운영을 공동의 프로젝트(카라박KARABAK 프로젝트)로 실행하고 있다.

3) 캐나다 퀘벡 주 연대협동조합

캐나다의 퀘벡 주는 1906년 북미 최초로 협동조합법을 제정한 지역이다. 그동안 다양한 협동조합 관련 정책과 활동이 진행되어왔다. 그러나 지역사회의 다양한 문제가 심화되면서 1980년대부터 민간단체와 주정부가 지역사회가 직면한 문제에 적극적으로 대응해왔다.

이들이 주목한 지역사회의 핵심 이슈는 다섯 가지였다. 지역 개발, 마을 공동화에 따른 주민 편의시설 폐쇄 문제, 보육의 사회화 문제, 취약계층의 일자리 문제, 노인의 홈케어 서비스 문제 등이 그것이었다. 이에 1996년에는 기업, 협동조합, 지방정부 등이 참여한 '경제 및 사회 정상회의'를 개최하고 이를 통해 기존의 협동조합법을 개정해 연대협동조합solidarity cooperatives 설립을 법제화했다.

연대협동조합은 조합원 범주에 협동조합 사업의 이용자 조합원, 종업원 조합원, 협동조합 목적 달성에 관심을 둔 개인·회사도 조합원(후원 조합원)이 될 수 있게 했다. 법적 근거에 힘입어 2007년까지 479개의 연대협동조합이 설립되고 327개가 운영되고 있다.

퀘벡 지역에서는 농림수산업, 제조 및 건설업, 유통·운송·교육·레저·문화·의료·사회서비스, 컨설팅 등에 걸쳐 협동조합의 활동 영역이 매우 다양하다. 연대협동조합의 조합원은 5만여 명에 달하고 창출된 일자리만도 2,100여 개, 매출액은 5,600만 달러나 되는 것으로 보고되고 있다.

4) 원주시 협동사회경제 네트워크

우리나라에도 협동조합을 통해 지역경제사회를 활성화해가고 있는 지역이 있다. 바로 원주시 협동사회경제 네트워크 사례이다.

원주시의 협동사회경제 모델은 1970년대부터 시작된 주민 참여와 협동의 경험에 기반을 두고 있다. 1970년대 남한강 대홍수 재해대책 사업과 탄광 지역의 소비자협동조합을 계기로, 1980년대에는 한살림과 원주생협을 조직했다. 이후 1990년대 공동육아협동조합과 나눔의 집을 거쳐 2000년대 초에는 누리협동조합과 의료생협 등 다양한 협동조합 방식의 조직을 만들어왔다.

이러한 지역사회의 노력을 바탕으로 2003년에는 개별 협동운동 조직들을 네트워크로 묶어 지역사회의 변화를 꾀하고자 협동조합운동협의회가 창립되었다. 이후 이 운동은 2009년 원주시 협동사회경제 네트워크로 전환되었다.

원주시에는 협동조합과 사회적 기업 등 다양한 형태의 사회적 경제조직이 협동사회경제 네트워크를 형성하고 있다. 생활협동조합 7개소, 신용협동조합 3개소, 공동육아협동조합 1개소, 교육협동조합 1개소, 영농조합법인 2개소, 사회적 기업 4개소 등 22개가 참여해 활동 중이다. 이 조직들은 영리보다 사회적 목적을 추구하면서 공동으로 원주 지역의 사회적 경제 블록화사업을 진행 중이다.

원주시 협동사회경제 네트워크 22개의 조직 중 사업조직은 16개이다. 이 중 사업 규모 상위 8개 조직은 20억 원 이상, 하위 8개 조직은 3억 원 규모로 총 184억 원의 매출을 올리고 있다. 최근에는 협동사회경제조직 간의 상호부조 시스템 구축을 목표로 사회경제장터(쇼핑몰) 구축, 협동카드 개발 등의 사업을 진행하고 있다.

그림 1-1 **원주시 사회적 경제 블록화사업 참여조직 및 관계망**

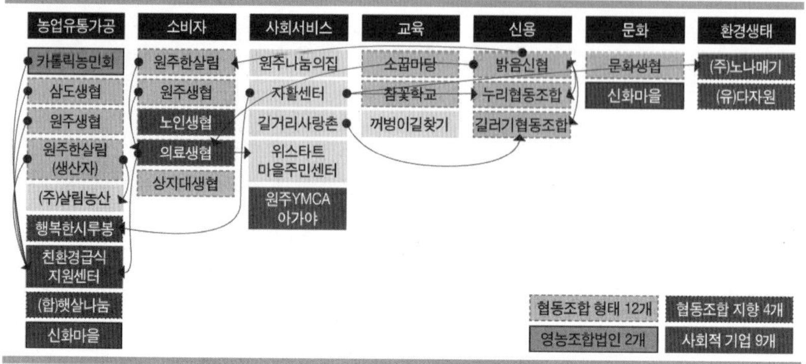

자료: 장종익 외(2011).

3 | 협동조합과 사회적 경제

협동조합을 이해하기에 앞서 협동조합이 강조되는 배경으로서 사회적 경제를 사전적으로 이해할 필요가 있다. 그 이유는 크게 두 가지로 정리할 수 있다.

첫째, 시장자본주의의 문제를 시정하고 해결해나가기 위한 유력한 주체로 협동조합에 주목하는 것인데, 협동조합이 바로 사회적 경제조직의 대표적인 실체이기 때문이다.

둘째, 「협동조합기본법」 시행을 계기로 기존의 다양한 사회적 경제 주체가 협동조합 방식으로 경제활동을 전개해나갈 것으로 기대되기 때문이다. 사회적 경제의 가치와 목적 실현을 위해 기존의 사회적 기업, 자활공동체, 사회적 서비스 생산 민간단체 등이 협동조합으로 전환하여 사업 및 활동을 전개할 것으로 기대된다.

사회적 경제가 강조되는 이유는 빈곤과 분배를 둘러싼 갈등이 경제·문화·사회 관계적인 '사회적 배제social exclusion'로 확대되는 상황에서 그 배경을 찾

그림 1-2 **사회적 경제의 배경**

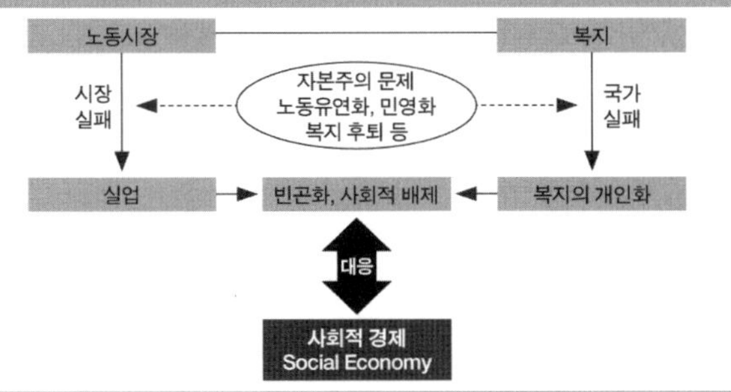

자료: 장원봉(2006).

을 수 있다. 사회적 배제는 빈곤과 취약한 생활환경으로 인해 대부분 사람들이 향유하는 제도와 서비스, 사회적 관계로부터 배제된다는 것을 의미한다. 이러한 사회적 배제 문제를 시정하고 해결하기 위한 유력한 방안으로서 사회적 경제에 주목하게 되는 것이다.

일반적으로 사회적 경제는 '공동체 이익이라는 사회적 가치를 실현하기 위한 화폐적·비화폐적 자원을 생산 - 교환 - 분배 - 소비하는 경제활동 방식'을 의미한다. 사회적 경제는 시장과 국가실패에 대응한 대안적 자원 배분을 목적으로 시민사회, 지역사회의 이해 당사자들이 다양한 생활세계의 필요를 충족하기 위해 실천하는 자발적·호혜적 참여 경제 방식을 지칭한다.

이러한 사회적 경제 영역에는 소비자생활협동조합, 의료생활협동조합 등 사회적협동조합과 비영리민간단체 중 경제활동에 참여하는 단체 등을 모두 포함할 수 있다. 사회적 경제의 대표적인 실체로는 사회적 기업과 협동조합을 들 수 있다.

사회적 기업은 협동조합과 비영리 부문의 교차점에서 융합하는 조직 원리를 가진다. 사회적 기업의 활동은 취약계층의 노동 통합, 사회서비스 전달, 지속 가능한 지역 발전 활동을 하는 민간 주도의 사업을 가리킨다.

유럽의 사회적 기업은 시민사회의 역동성을 반영한 새로운 공공정책으로

그림 1-3 **사회적 경제 영역의 구체적 파악**

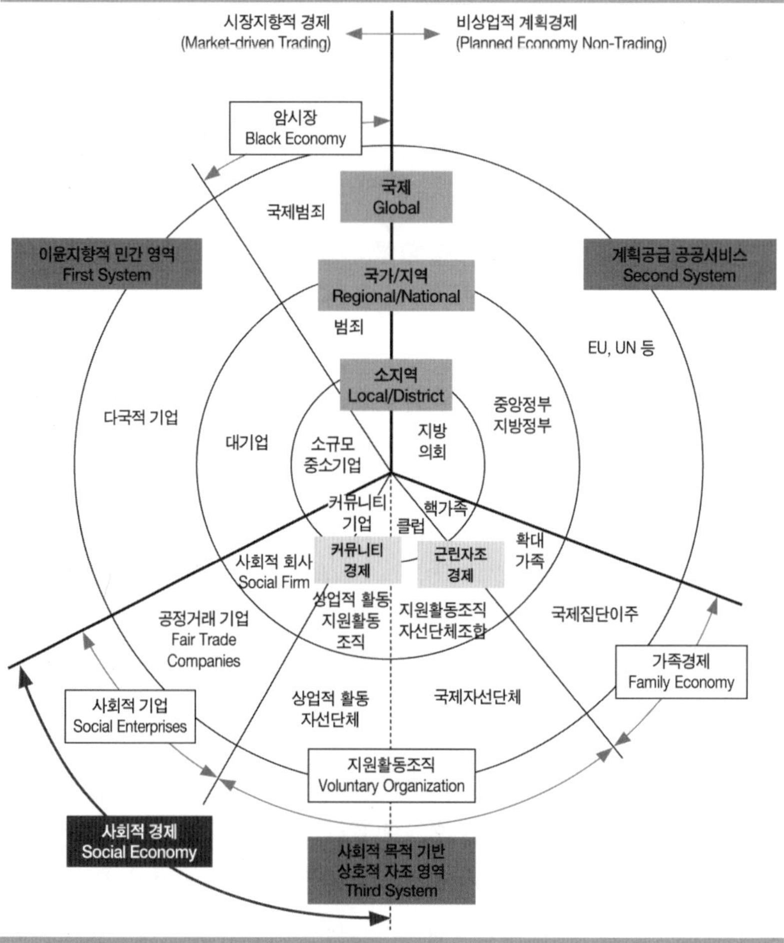

자료: Pearce(2003), Brady(2003). 장원봉(2006)에서 재인용.

인식되며, 협동조합(관련 기업), 민간단체, 공제조합 등이 수행하는 경제적 활동을 포괄한다. 반면, 미국에서 사회적 기업은 경제활동과 사회적 가치를 분리해 논의되고 있으며, 공공부문의 조직 형태로 수렴되는 특징을 보인다. 사회적으로 유익한 활동을 하는 영리기업(사회공헌기업)부터 사회적 경제 임무를 수행하기 위해 상업활동을 하는 비영리단체까지 넓게 파악하고 있으며,

그림 1-4 **사회적 기업과 협동조합의 영역**

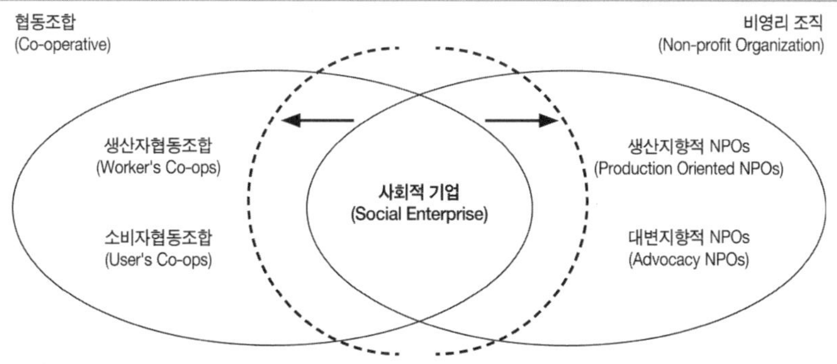

자료: Defourny(2001). 장원봉(2006)에서 재인용.

표 1-1 **한국 사회적 경제조직의 현황**

성격 I	성격 II	유형 분류	세부 조직
국가 ▼ ▼ ○	정부의존 ▲ ▲	공공지원형 일자리사업	장애인보호작업장, 노인생산공동체 보건복지부 자활근로사업단 노동부 사회적 일자리 사업
○ ○ ○	○ ▼ ▼ 자립지향	공공지원형 사회적 기업	노동부 사회적 기업 행정안전부 자립형공동체사업(마을기업) 지식경제부 커뮤니티 비즈니스 농림수산식품부 농어촌공동체회사
사회적 경제		민간지원기관	대안금융기관
○ ○ ▲ ▲ 시장	비영리 ▲ ○ ▼ 영리	사회적 경제조직	시민단체(서비스공급형) 노동자협동조합 소비생활협동조합 농업협동조합, 수산업협동조합, 산림조합 신용협동조합, 새마을금고

자료: 노대명(2007), 유정규(2011).

기업의 사회적 책임과 혼동되는 경향이 있다.

한편 그동안 우리나라에서는 정책적으로 다양한 형태의 사회적 경제조직이 육성되어왔다. 이러한 조직에 대해 정부의 정책 전달체계 편입이라는 비판과 지속 가능성을 놓고도 여러 비판적 시각이 있다. 그럼에도 「협동조합기본법」을 계기로 다양한 사회적 경제활동과 사업을 준비해나갈 것이 요구되는 상황에서 포괄적 관점에서 사회적 경제조직을 파악하는 것이 필요하다.

4 | 협동조합 제대로 이해하기

협동조합을 통한 사회적 경제의 긍정적인 기대 효과의 근거를 어디에서 찾을 수 있을까? 바로 이 점 때문에 협동조합의 작동 원리와 그 특징을 정확히 이해해야 할 필요가 있다. 일반적으로 협동조합은 경제활동을 하는 사업체이지만, 그 구성과 작동 원리에는 영리기업과 분명히 대별되는 특징이 있기 때문이다.③

1) 협동조합은 이용자 소유회사

협동조합은 투자자가 소유하는 영리회사로서 투자자 소유회사와 대비하여 특징을 파악할 수 있다. 협동조합은 이용자인 조합원이 직접 소유하는 '이용자 소유회사'이다.

영리회사(투자자 소유회사)는 소유자인 주주에게 최대의 투자자 이익(출자 배당, 주가 차익) 제공을 목적으로 운영된다. 반면, 협동조합(이용자 소유회사)은 소유자인 조합원에게 최대의 이용자 편익(최선의 가격) 제공을 목적으로 운영되며, 이용자 편익은 영리회사와의 시장경쟁을 통해 실현된다. 협동조합 조합원은 이용자인 동시에 소유자이며, 투자 이익이 아니라 사업 이용에 따른 편익을 추구하기 위해 협동조합에 참여하고 투자하는 것이다.

그래서 국제협동조합연맹ICA은 협동조합을 "공동으로 소유하고 민주적으로 운영되는 사업체enterprise를 통해 공동의 경제적·사회적·문화적 필요와 욕구를 충족시키기 위해 자발적으로 모인 사람들의 자율적 단체association"로 정의한다.

---

③ 이 내용은 농협경제연구소(2010)의 내용을 정리한 것이다.

2) 협동조합은 영리회사보다 유리한 서비스를 제공

협동조합은 이용자 조합원이 필요로 하는 사업과 서비스를 최선의 가격으로 제공하는 것을 주요 목적으로 한다. 협동조합은 조합원에게 경쟁관계에 있는 영리회사보다 유리한 거래 조건으로 사업 및 서비스를 제공하기 때문이다. 이러한 이유로 협동조합은 시장에서 영리회사의 독과점 행위와 같은 시장지배력을 견제하는 기능을 수행한다.

협동조합이 수행하는 사업의 범위는 조합원이 얻는 이용자 편익을 기준으로 결정된다. 협동조합은 다수의 조합원이 필요로 하는 분야의 사업을 우선한다. 특히 영리회사의 독과점으로 인해 피해가 큰 분야를 우선하여 조합원의 이용자 편익을 보장하게 된다. 사업체적 관점에서 수익성이 아무리 높아도 해당 조합원의 이용과 무관한 분야로 무리하게 사업을 진출하지 않는다.

특히 협동조합은 조합원이 겪는 독과점의 시장실패 문제를 경쟁을 촉진함으로써 해소하기 때문에 협동조합의 시장경쟁 촉진 역할은 사회적 공익에 기여하는 것으로 평가받는다. 이러한 경쟁시장에서 척도 역할을 하는 순기능으로 인해 협동조합은 독과점 행위에 대한 제도적 규제가 면제된다.

3) 협동조합의 경쟁력은 원가경영과 공동행동

그렇다면 협동조합이 시장에서 갖는 경쟁력의 원천은 어디에 있을까? 협동조합의 경쟁력은 크게 원가경영과 조합원의 공동행동에서 찾을 수 있다.

협동조합은 조합원에게 최상의 서비스를 제공하기 위해서 생산된 상품 및 서비스의 가격을 평균 비용 수준에서 결정한다. 반면, 영리회사는 시장에서의 지배력을 행사해 평균 비용보다 높은 수준에서 가격을 설정하고 그 차액만큼 초과이윤을 실현한다. 바로 이 점에서 영리기업과 가장 크게 대비된다.

다음으로 협동조합의 경쟁력은 조합원의 협동에서 나온다. 조합원의 공동행동은 영리회사에 대해 경쟁적 우위를 확보하는 데 핵심 수단이다. 협동

표 1-2 **영리회사와 협동조합 특징 비교**

구분		협동조합	영리회사
통제	투표권	· 조합원(투자자=이용자) · 1인 1표의 민주적 관리 · 다수의 공평한 기업 지배	· 일반 주주(투자자) · 주식 수에 비례 · 소수의 기업 지배
	경영	· 조합원이 선출한 이사회 · 이사회가 선출한 경영자	· 주주가 선출한 이사회 · 이사회가 선출한 경영자
소유권	소유자	· 조합원(조합원 개인 소유 제한)	· 주주(개인 소유 제한 없음)
	소유 최소 자격	· 자격 제한: 가입비, 최소 출자, 이용고 비례 출자 등	· 자격 제한 없음
	소유권 이전	· 극히 제한적(2차 시장 없음)	· 지분거래 가능(2차 시장 있음)
수익 및 배당	발생	· 이용고 배당(실비주의)	· 주주에게 투자 수익 제공
	출자 배당	· 법적 제한(최소 배당), 일부 미실시	· 투자에 비례 실시, 제한 없음
	이용고 배당	· 법적 규정, 매우 일반적	· 거의 없음
	공동 지분	· 제한적 허용(비조합원 사업 수익) · 상대적으로 적음	· 광범위하게 허용 · 수익을 공동 지분과 배당으로 분할

조합은 출자 규모와 무관하게 이용자 관점에서 동일한 의결권 행사제도를 채택하고 있다. 1인 1표 원칙에 의거해 민주적으로 운영되는데, 이 과정에서 조합원은 자발적으로 사업에 참여하게 된다. 해당 협동조합의 상품 및 서비스를 조합원이 우선적으로 이용하는 공동행동은 영리회사가 시장에서 행사하는 지배력에 대응하기 위한 자구 노력의 일환이다.

4) 다양한 형태의 협동조합 유형

협동조합의 구체적인 형태는 소비자협동조합, 신용협동조합, 생산자협동조합, 노동자협동조합, 사회적협동조합 등 다섯 가지 유형으로 나누어 살펴볼 수 있다.

먼저, 소비자협동조합은 질 좋은 상품을 최선의 가격으로 조합원에게 공급해 소비자 조합원에게 이용자 편익을 주는 것을 주요 목적으로 한다. 소비자협동조합은 생필품뿐 아니라 소비자가 요구하는 모든 물품과 서비스를 취급한다. 근대 협동조합이 처음으로 등장한 형태가 소비자협동조합이다. 영국의 로치데일Rochdale 지역 노동자들이 공장주와 상인의 독과점 폭리에 맞서 설탕, 버터, 오트밀 등을 파는 협동조합을 결성(1844년)한 것이 시초이다.

신용협동조합은 19세기 독일 농촌지역에서 농민의 고리채 자본 문제를 해결하기 위해 시작한 라이파이젠Raiffeisen 협동조합이 효시이다. 신용협동조합은 대출받는 조합원의 신용정보를 잘 안다는 점을 경쟁력으로 삼으며, 조합원 배당 없이 이익금의 내부 적립 원칙을 정립하여 자본을 자체적으로 확충할 수 있다는 장점이 있다.

생산자협동조합은 시장 교섭력을 강화해 제값을 받고 상품을 팔 수 있으며, 공동구매를 통해 원재료 단가와 마케팅 비용을 낮추는 전략을 편다는 점이 주요 특징이다. 영세 자영업자 또는 가족 사업자들이 공동의 행동으로 영리기업에 맞서기 위해 결성한 것으로 농민들이 만든 농업협동조합이 대표적인 사례이다.

노동자협동조합은 1990년대 이후 노동자들이 양질의 일자리를 유지하고자 결성하기 시작했다. 종업원 지주회사와 형식이 비슷하지만 투자 이익 증대보다 노동자의 급여 인상과 근로조건 개선을 주요 목적으로 한다. 노동자협동조합은 동종업에 종사하는 노동자들이 모여 다양한 협동조합을 설립할 수 있다. 건축장인들이 모여 만든 건축협동조합, 요리사들의 급식협동조합, 유아교사의 어린이집협동조합 등이 대표적인 사례이다.

사회적협동조합은 1980년대 이후 정부 지원만의 사회복지 수행의 한계를 배경으로 하고 있다. 당시 사회복지 영역의 많은 비영리단체들이 시장에서 경제활동을 병행할 수 있도록 협동조합으로 전환했는데, 대표적인 형태로 사회적 기업을 꼽을 수 있다. 사회적협동조합은 사회서비스 제공이나 취약계층의 고용을 목적으로 한다.

한편, 1970년대 이후 미국에서는 사업 이용 규모에 비례한 의결권 부여,

출자 증권의 부분적 거래를 허용하는 등 변형된 형태의 협동조합이 나타나기 시작했다. 바로 신세대협동조합인데, 신세대협동조합은 전통적 협동조합이 갖는 외부자본 조달의 한계, 협동조합 의사결정의 왜곡을 해소하는 협동조합 방식으로 시도되었다는 점에서 주목받는 형태이다.

5 | 「협동조합기본법」의 의미와 주요 내용

2012년 12월 「협동조합기본법」이 시행되기 이전까지 우리나라에서 협동조합은 8개의 개별 협동조합 관련 법률에 의해서만 설립과 활동의 근거가 마련되었다. 「농업협동조합법」(1957년), 「중소기업협동조합법」(1961년), 「수산업협동조합법」(1962년), 「엽연초생산협동조합법」(1963년), 「신용협동조합법」(1972년), 「산림조합법」(1980년), 「새마을금고법」(1982년), 「소비자생활협동조합법」(1999년) 등이 그것이다.④

1) 「협동조합기본법」의 의미

「협동조합기본법」의 시행은 그동안 협동조합의 설립 및 활동에서의 많은 제약을 해소하고 다양한 형태의 협동조합을 설립할 근거를 마련했다는 데에서 그 의의를 찾을 수 있다.

첫째, 「협동조합기본법」으로 인해 협동조합의 설립 분야가 대폭 늘어났다. 「협동조합기본법」은 그동안 1차 산업 및 금융·소비 부문에서 제한적으로 협동조합 설립이 허용되던 방식에서 금융업과 보험업을 제외한 모든 업종으로 설립 분야가 확대되었다.

④ 이 내용은 박범용(2012)을 정리한 것이다.

둘째, 협동조합의 설립 기준이 대폭 완화되었다. 출자금의 규모에 상관없이 5명만 모이면 설립할 수 있게 된 것이다. 특히 일반협동조합의 경우 주무부처의 인가 없이 신고만으로도 설립할 수 있게 되었다.

셋째, 그동안 법률적 근거가 없었던 사회적협동조합을 설립할 수 있게 되었다. 사회적협동조합은 조합원의 편익보다 사회적 목적 실현을 우선시하는 대표적인 협동조합의 형태이다. 사회적협동조합을 통해 취약계층에 대한 사회서비스 및 일자리 제공, 지역사회에 대한 공헌 활동 등을 수행할 수 있게 되었다.

넷째, 협동조합 관련 정책을 총괄하는 주무 부처를 기획재정부로 하고 다른 협동조합과의 협력 근거를 마련했다. 정부 부처 내 기획재정부가 협동조합에 관한 정책을 총괄하고 자율적 활동을 촉진할 협동조합 기본계획 수립을 의무화했다. 특히 협동조합 및 사회적협동조합 등 다른 협동조합 등과의 공동사업이 가능하게 되었다.

다섯째, 매년 7월 첫째 주 토요일을 협동조합의 날로 정하고, 정부의 역할을 명확히 하고 있다. 협동조합의 날 이전 1주일을 협동조합 주간으로 정하고, 국가와 행사 등 사업 시행을 명시하고 있는 점이 특징적이다.

2) 다양한 협동조합 설립이 가능

「협동조합기본법」을 통해 기존 시장이 포괄하지 못하거나 사회적으로 배제된 분야에서 경제적·사회적·문화적 약자의 자생력을 키우기 위한 협동조합이 활성화될 것으로 전망된다.

무엇보다 영세상인 및 소상공인들이 정책 자금에 의존하지 않고 자발적 활동으로 협동조합을 만들어 사업을 해나갈 것으로 전망된다. 영세상인이 공동구매와 공동판매 전략 등을 통해 유통자본의 시장 독과점에 대응하는 사업자협동조합이 활성화될 것으로 기대된다.

둘째, 자활공동체, 돌봄사업 등 저소득 취약계층이 협동사업 방식으로 사업을 영위하기 위해 협동조합을 법인격으로 채택할 것으로 전망된다. 정부의 정책적 지원에 힘입어 협동조직 방식의 사업체를 운영해온 자활기업 등이 협동조합으로 전환할 것으로 기대된다.

셋째, 방문교사, 택시기사 등 노동권 보호의 사각지대에 있는 특수 고용직 노동자들이 협동조합 방식을 선택한 사업을 해나갈 것으로 전망된다. 직원(노동자)협동조합 형태로 스스로 고용을 만들거나 유지하기 위해 협동조합을 설립해 활동할 것으로 기대된다.

넷째, 청년 등과 같이 초기에 자본 동원이 어려운 사람들이 협동조합을 결성해 소규모 창업을 시도할 것으로 전망된다.

다섯째, 보건의료, 공동육아, 문화예술 등 사회적 목적 실현을 우선하는 이해관계자들이 협동조합을 결성해나갈 것으로 전망된다. 직원협동조합, 사업자협동조합, 사회적협동조합 등 구체적인 형태는 매우 다양할 것으로 보인다.

여섯째, 낙후지역 등 주민들이 스스로 사회안전망 구축과 지역 개발 활성화를 도모하기 위해 협동조합을 설립할 것으로 전망된다. 지역사회에서 시장이 형성되지 않거나 실패한 영역에서 상품과 서비스를 제공하기 위한 활동이 주요 목적이다.

3) 「협동조합기본법」에서의 협동조합 정의와 설립 규정

「협동조합기본법」에서는 협동조합을 크게 '일반협동조합과 사회적협동조합'으로 정의하고, 그 설립 규정을 제시하고 있다. 그 구체적인 내용을 살펴보면 다음과 같이 요약할 수 있다. 먼저 협동조합에 대한 개념 정의이다.

일반협동조합은 "재화 또는 용역의 구매, 생산, 판매, 제공 등을 협동으로 영위함으로써 조합원의 권익을 향상하고 지역사회에 공헌하고자 하는 사업

조직"을 말한다. 「협동조합기본법」에서는 일반협동조합을 영리법인으로 명시하지 않고 법인으로 명시하는데, 이는 협동조합의 비영리적 성격이 반영된 결과이다.

사회적협동조합은 "협동조합 중 지역주민들의 권익, 복리증진과 관련된 사업을 수행하거나 취약계층에게 사회서비스 또는 일자리를 제공하는 등 영리를 목적으로 하지 않는 협동조합"으로 정의된다. 사회적협동조합을 비영리법인으로 명시하는데, 나머지 협동조합의 설립 목적과 기본 원칙은 일반협동조합의 내용을 그대로 적용한다.

둘째, 협동조합의 설립 절차는 일반협동조합과 사회적협동조합이 서로 다르다.

일반협동조합의 설립 절차는 '발기인 5인 이상 모집 → 정관 작성 → 설립 동의자 모집 → 창립총회 의결 → 관할 시·도지사 설립 신고 → 이사장에게 사무 인계 → 출자금 납입(현물 출자 가능) → 설립 등기' 순서로 이루어진다. 일반협동조합은 인가 절차 없이 등기가 가능하며, 최소 자본금 규정도 없다.

반면, 사회적협동조합은 '발기인 5인 이상 모집 → 정관 작성 → 설립 동의자 모집 → 창립총회 의결 → 기획재정부 장관 설립 인가 신청(60일 이내 인가) → 이사장에게 사무 인계 → 출자금 납입(현물 출자 가능) → 설립 등기'의 순서로 이루어진다. 일반협동조합과 달리 해당 정부부처의 설립 인가를 받아야 한다.

셋째, 일반협동조합과 사회적협동조합은 법률에서 정하는 주요 사업에 차이가 있다.

일반협동조합은 설립 목적에 따라 필요한 사업을 자율적으로 정하되, 교육, 훈련, 정보 제공, 협동조합 간 협력, 홍보 및 지역사회를 위한 사업 등을 정관에 필수적으로 포함시켜야 한다. 인허가가 필요한 사업을 하려면 관련 법률에 따라 사업 요건을 갖추어야 하며, 신용 및 공제사업은 허용되지 않는다.

반면, 사회적협동조합은 ① 지역사회 재생, 지역경제 활성화, 지역주민의 권익·복리 증진, 기타 지역사회가 당면한 문제 해결에 기여하는 사업, ② 취약계층에게 복지·의료·환경 등의 분야에서 사회서비스 및 일자리를 제공하는 사업, ③ 국가·지자체로부터 위탁받은 사업, ④ 기타 공익 증진 사업 중 하나 이상을 주 사업(전체 사업량의 40%)으로 해야 한다. 사회적협동조합에도 신용 및 공제사업은 허용되지 않지만, 조합원을 대상으로 납입 출자금 한도 내에서 소액대출과 상호부조는 가능하게 했다.

넷째, 「협동조합기본법」의 또 다른 주요 특징 중 하나는 협동조합연합회를 설립할 수 있도록 근거를 마련했다는 것이다.

협동조합연합회는 법인으로 협동조합의 공동 이익을 도모하기 위해 일반협동조합이 만든 조직이며, 사회적협동조합연합회는 비영리법인으로 사회적협동조합이 만든 조직이다. 연합회는 발기인 3개 이상의 협동조합이 기획재정부 장관에게 설립 신고를 하는 절차를 거치는데, 사회적협동조합연합회는 신청일로부터 60일 이내에 인가하게 되어 있다. 일반협동조합과 사회적협동조합은 하나의 연합회를 설립할 수 없지만, 협의회를 구성해 상호 협력, 이해 증진, 공동사업 개발을 위한 노력과 활동은 할 수 있다.

6 | 지역사회, 무엇을 할 것인가

1) 협동조합을 통한 사회적 경제, 지역정책의 핵심이 되어야 한다

협동조합은 주민의 생활경제상의 필요와 요구를 공동체의 가치를 기반으로 일자리와 사회적 서비스를 스스로 만들어 해결하는 중요한 경제활동 주체이다. 그렇기 때문에 생활경제의 재조직화는 물론, 작지만 강한 지역경제를 구축해나가는 현실적 전략인 셈이다.

「협동조합기본법」이 시행되고, 정부가 다양한 형태의 사회적 경제정책을 추진하고 있는 상황에서 사회적 경제와 협동조합의 순기능을 지역사회의 각 주체가 합의하고 공감하는 수준으로 이해하는 것이 우선되어야 할 실천적 과제이다. 이를 위해서는 다양한 방식의 학습과 다양한 주체의 네트워크가 핵심이 되어야 한다.

그래서 현장에서 여러 형태로 실천되고 있지만 분절적으로 추진되는 정책과 사례를 통합적으로 접근하는 '시스템적인 사회적 경제 정책 프레임'을 새롭게 구축해야 한다.

2) 전라북도 삶의 질 정책의 가치와 방향, 사회적 경제로 명확히 하자

전라북도가 역점을 두어 추진하고 있는 삶의 질 정책⑤은 지금까지의 외생적 개발 패러다임의 반성에서 시작되었다. 외래형 산업 발전의 한계를 보완하는 삶의 질 정책은 지역사회 차원의 지역 순환경제 구축을 중요한 목적으로 제시한다. 이미 서울시, 충청남도, 강원도 등에서는 공동체와 사회적 경제 중심의 지역정책을 총론적으로 제시하고 있는데, 이는 전라북도 삶의 질 정책이 추구하는 가치와 맞닿아 있는 측면이 크다.

따라서 삶의 질 향상 정책 목표를 '지역공동체가 중심이 된 사회적 경제 구현'으로 그 지향과 가치를 좀 더 명확히 제시할 필요가 있다. 이와 함께 삶의 질 정책 추진전략의 구체적 실천 주체를 '공동체에 기반을 둔 다양한 사회적 주체(사회적 기업, 협동조합, 민간단체 등)'로 하여 정책과 실천의 실효성을 담보해낼 필요성이 제기된다.

---

⑤ 전라북도는 2012년의 핵심 도정 방향으로 삶의 질 플랜을 추진하고 있다. 문화복지, 체육복지, 슬로시티 농촌 활성화 등을 3대 전략으로 설정하고 구체적인 실천 계획을 마련하고 있다.

그림 1-5 **농촌 활성화 사례에 기반을 둔 협동조합 방식 사회적 경제시스템**

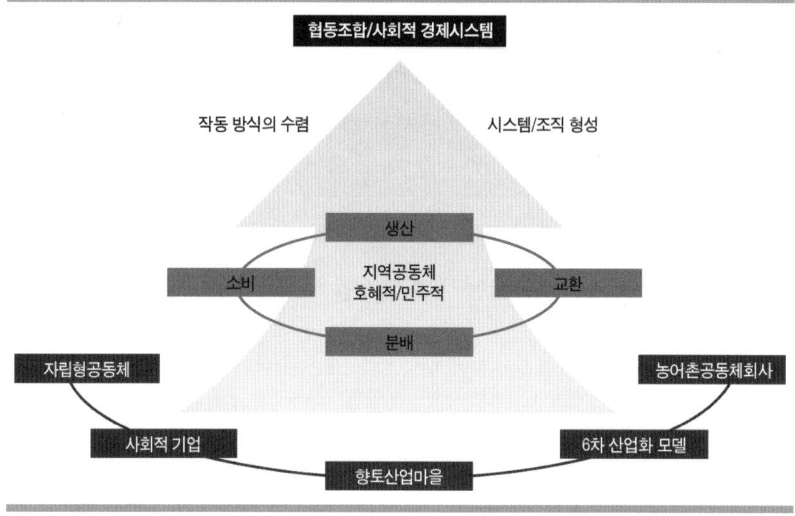

3) 전라북도 농촌경제 활성화의 답, 사회적 경제에 있다

전라북도의 산업구조와 지역사회 구조는 농업과 농촌을 배후로 하고 있다. 농업과 농촌문제의 시정과 해결 없이 지역사회의 발전은 요원하다. 이런 이유로 농촌경제와 농촌사회 활성화는 지역정책의 핵심 이슈가 되어왔다. 또 다양한 정책적 실험과 현장의 실천으로 여러 측면에서의 활성화 사례를 스스로 만들어왔다.

전라북도의 다양한 농촌 활성화 사례⑥는 궁극적으로 지역(마을)공동체를 회복하면서 지역 내에서 경제적·사회적 활동이 선순환하는 구조를 만드는 데 있다.

이제는 각기 다르지만 유사한 사례의 핵심을 이루면서도 확장 가능하고 일반화할 수 있는 '전북형 농촌경제 활성화 모델'을 사회적 경제에서 찾아야

⑥ 진안군의 마을 만들기, 귀농귀촌 활성화, 그리고 완주군의 텃밭꾸러미, 커뮤니티 비즈니스, 농업·농촌 6차 산업화, 지역농산물 친환경 학교급식 등을 꼽을 수 있다.

한다. 이는 협동조합이 중심이 되거나 협동조합 방식으로 생활경제의 재화와 서비스를 '생산 - 교환 - 분배 - 소비'하는 작동 시스템을 소지역 단위에서 어떻게 만들 것인가가 핵심이다.

4)「협동조합기본법」시대에 맞는 현실적 실천 전략을 준비하자

「협동조합기본법」은 그동안 법률적으로 인정받기 어려웠던 영역의 사회적 경제조직들이 법률적 근거에 입각해 안정적으로 사업과 활동을 전개해나갈 토대를 만들었다는 데 의의가 있다. 이미 사회적 기업, 자활조직, 농업 생산자조직 등 많은 사회적 경제조직이 협동조합으로의 전환 또는 설립을 준비하고 있다.

그러나 협동조합이 생활경제 영역의 필요를 어떻게 경제활동으로 재조직화할 것인지가 문제로 남아 있다. 그렇기 때문에 단순한 창업 수준의 접근으로는 본연의 목적을 달성하는 데 여러 어려움이 있다. 바로 이러한 이유 때문에 사업의 영역을 확장해나가기 위한 실무적인 준비가 필요하다.

민간영역에서의 다양한 학습과 교육은 물론이고 지자체 차원에서 협동조합 활동에 관한 지원 등을 만들어나갈 필요가 있다. 그뿐 아니라 소지역 단위의 네트워크 조직 등을 통해 지역사회의 다양한 문제에 공동 대응할 수 있는 토대를 구축해야 한다.

참 고 문 헌

김성오. 2012.『몬드라곤의 기적: 행복한 고용을 위한 성장』. 역사비평사.
김영철. 2011.「사회적 경제와 지역의 내발적 발전」. ≪지역사회연구≫, 제19권 2호.
김태열 외. 2010.『협동조합도시 볼로냐를 가다』. 그물코.
김현대. 2011.「자본주의 위기의 대안 협동조합으로 기업하기: 유럽의 협동조합에서 배운다」(HERI Insight 연구보고서 3호). 한겨레경제연구소.

노대명. 2007.「한국 사회적 경제의 현황과 과제: 사회적 경제 정착과정을 중심으로」. ≪시민사회와 NGO≫, 제5권 2호.
농협경제연구소. 2010.「협동조합 길라잡이」(NHERI 리포트). 농협경제연구소.
박범용. 2012.「민간 입법실무 책임자가 직접 작성한 협동조합기본법 긴급해설서」.
신명호. 2001.「한국의 사회적 경제 개념 정립을 위한 시론」. ≪동향과 전망≫ 제75호.
유정규. 2011.「지역활성화를 위한 사회적 경제의 역할과 발전과제」. 한국지역사회학회 춘계학술대회 발표집.
자마니·자마니(Stefano Zamagni and Vera Zamagni). 2012.『협동조합으로 기업하라』. 한국협동조합연구소.
장원봉. 2006.『사회적 경제의 이론과 실제』. 나눔의 집.
장종익 외. 2011.「한국 협동조합 섹터의 발전방향과 사회적 기업과의 연계가능성」. 한국협동조합연구소.
폴라니, 칼(Karl Polanyi). 2009.『거대한 전환: 우리 시대의 정치·경제적 기원』. 도서출판 길.

제2장 지역산업정책 개편에 따른 전라북도 신산업 육성 과제

정도채 | 전북발전연구원 산업경제연구부 부연구위원

1. 지역산업정책의 변화
2. 전라북도 성장동력산업 육성 현황
3. 전라북도 신산업 성장의 장애 요인
4. 지역산업생태계 구축을 통한 전라북도 신산업 육성 방안

1 | 지역산업정책의 변화

1) 산업 발전 패러다임 변화와 지역산업정책

우리나라 산업정책에서 지역이 중요해진 것은 산업 발전의 패러다임 전환과 관련이 있다. 과거 산업화 단계에서 지역산업정책은 지역의 물리적 입지 우위에 따른 산업의 적절한 공간 배치가 중요한 정책 과제였다. 하지만 1990년대 이후 세계화, 정보화, 금융위기 등 대내외 경제환경의 변화는 국가산업정책의 전환을 가져왔다. 산업 발전에서 새로운 지식의 창출과 활용이 중요한 요소로 부상하고, 특화된 핵심 산업을 중심으로 다양한 지식 생산 주체들(기업, 대학, 연구기관, 기업 지원기관 등)이 네트워크를 형성하는 것이 기업의 경쟁력과 산업 성장에서 중요한 요인으로 부각하면서 혁신을 지속적으로 창출할 수 있는 산업 환경의 조성이 중요한 정책 과제로 대두했다. 동시에 기존 산업 발전으로부터 소외된 지역에서도 지역의 고유한 자원과 생산요소를 활용한 신산업 육성이 시작되었다.

1999년 김대중 정부의 지역산업진흥사업을 시작으로 지역의 전략산업을 육성하는 지역산업정책이 본격적으로 시작되었다. 참여정부에서는 '자립형 지방화' 달성을 위해 국토균형발전정책의 일환으로 지역의 기존 산업 발전 경로와 생산환경에 기반을 둔 클러스터 중심 지역전략산업 육성정책을 추진했다. 혁신 인프라 구축과 지역 전략산업의 연구개발을 지원하는 패키지 형태의 사업이 집중된 것도 이때였다. 이명박 정부는 지역산업정책의 효과성을 높이기 위해 기존의 시·도 구분 대신 광역경제권에 기초한 산업 타깃팅 방식의 지역산업정책을 펼쳤다. 특히 기존의 주력산업 외에 권역별로 신성장 선도산업을 선정해 지속 가능한 지역 발전 및 국가 미래 성장동력 발굴에 주력했다. 선도산업 육성 프로젝트는 2012년 2단계 사업과 동시에 17개 프로젝트로 확대되었으며, 미래 국가산업 발전을 주도하고 글로벌 경쟁을 이겨낼 수 있는 핵심 신산업(신재생에너지, 바이오, 신소재, IT 융·복합 기술 등) 육성에 초점을 맞추었다.

박근혜 정부는 일자리 중심의 창조경제 실현을 핵심 국정 목표로 설정하고, 이를 실현하기 위한 주요 국정 과제로 'IT 융합을 통한 주력산업의 구조 고도화', '과학기술을 통한 창조경제 기반 조성', '산·학·연·지역 연계를 통한 신산업 창출 기능 강화' 등을 산업정책의 주요 화두로 제시했다. IT, 과학기술의 융합과 혁신을 추진하는 가운데, 산업 수명주기의 정체기에 접어든 주력산업을 고도화하고, 유망 융합 신산업을 발굴해 육성하는 것이 산업정책의 주요 목표다. 지역산업정책과 관련해서 지역의 기능적 연계에 기초한 지역생활권을 설정하고 이를 지역산업 육성의 중요한 공간단위로 삼고 있다는 것이 특징이다. 아울러 소수의 산업 부문을 대상으로 한 클러스터 정책에서 발전하여 산업·기술 융합 시대에 자생력 있는 지역산업구조를 형성하기 위한 지역산업생태계 구축을 강조한다. 산업생태계는 산업 발전을 위해 필요한 관련 산업 및 주체의 동반 발전을 강조하며 이를 위해 산업에 참여하는 다양한 주체들의 실질적인 협력과 연계를 강조하는 개념이다. 따라서 향후 지역산업정책은 전통적인 산업 구분이 희미해지는 가운데 특정한 기술이나 제품군 중심으로 기업의 자생력을 강화하는 방향으로 추진되리라 예상된다.

2) 지역산업정책 지원사업 체계 개편

2013년부터 중앙정부의 지역산업 지원사업 중 시·도 대상의 지역전략산업과 시·군·구 대상의 지역특화산업 대상 지원사업이 통합되어 신지역특화산업으로 일원화되었다. 이 과정에서 기존 R&D 지원에 편중되었던 지원사업이 정부의 정책 기조에 부응하여 특화산업 분야의 기술 개발, 기술 지원, 사업화 지원, 인력 양성 등을 집중 지원하여 지역 일자리 창출 확대 및 지역 내 기업의 매출 신장 등 지역경제 활성화에 기여하는 방향으로 확대되었다. 또한 시·도가 특화산업을 선정하고 지원사업을 기획·운영하는 형태로 지역의 자율성이 강조되었다.

2013년 10월 제3차 지역발전위원회에서 발표된 산업부의 '지역산업 혁신역량 강화 방안'에서는 창조경제 실현과 지역 발전을 위한 박근혜 정부의 지역산업 지원사업의 추진 방향 및 개편 방안을 제시하고 있다. 계획에 따르면 지역의 연구개발 역량과 인력이 지역기업과 함께 성장하고 지역 발전에 기여하는 지역 혁신의 선순환 구조를 구축하는 것을 목표로 일자리 창출 등 지원사업의 효과성 제고에 초점을 두고 향후 지원사업이 진행될 것으로 예상된다. 이와 관련하여 지원사업의 산업·공간 단위 설정에서 지금까지의 사업이 지역 기반이 약한 신성장동력산업에 집중되어, 지역산업구조와 연계한 지역의 내생적 발전 역량 형성에 미흡했던 점을 개선하기 위한 사업 지원체계의 개편을 동시에 추진하고 있다. 구체적으로, 2014년까지 중앙정부가 행정구역 단위를 기초로 하여 인위적으로 권역을 설정한 광역선도사업을 종료하고, 시·도 중심으로 고용 창출 효과가 큰 지역 주력·뿌리산업을 육성하는 '신新특화사업'을 주요 사업으로 추진하면서, 지역 행복생활권 등 국토 공간

그림 2-1 **지역산업 지원사업 개편 방향**

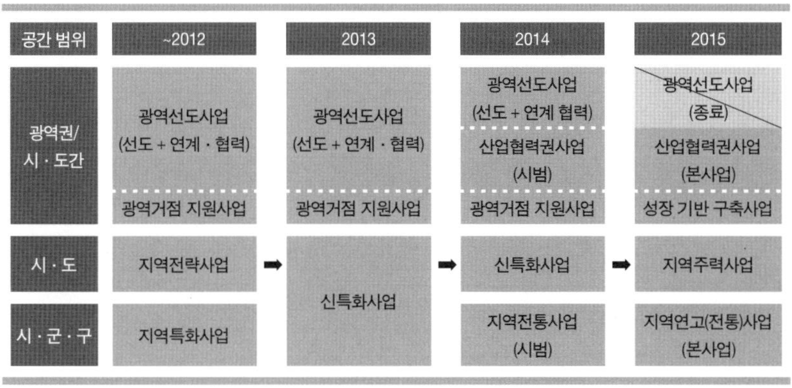

공간 범위	~2012	2013	2014	2015
광역권/시·도간	광역선도사업 (선도 + 연계 · 협력)	광역선도사업 (선도 + 연계 · 협력)	광역선도사업 (선도 + 연계 협력)	광역선도사업 (종료)
			산업협력권사업 (시범)	산업협력권사업 (본사업)
	광역거점 지원사업	광역거점 지원사업	광역거점 지원사업	성장 기반 구축사업
시·도	지역전략사업 ➡	신특화사업 ➡	신특화사업 ➡	지역주력사업
시·군·구	지역특화사업		지역전통사업 (시범)	지역연고(전통)사업 (본사업)

자료: 산업자원통상부(2013. 10. 31).

계획과 연계한 지역연고 지원사업을 병행 추진할 예정이다. 기존의 광역 단위 산업은 '산업혁력권' 사업으로 명칭을 바꾸고 광역권별 정량적 산업 배분에 기초한 지원사업 대신 시·도 간 산업 가치사슬의 기능적 연계에 기초하여 협력이 가능한 산업 부문을 선정해 지원사업을 추진할 예정이다. 이 외에 전국 10개 혁신도시로 이전하는 공공기관과 연계한 '성장거점 연계사업'이 지역산업 육성사업의 하나로 추진될 예정이다.

이러한 변화는 유망 신산업을 중심으로 대규모 투자와 기업 유치, R&D 역량 강화를 중심으로 지역산업을 육성해왔던 전라북도에 시사하는 바가 크다. 중앙정부의 산업 발전정책이 과학기술 중심의 신산업 육성과 산업·기술 간 융·복합화를 통한 새로운 시장의 창출로 이어지는 가운데 지역의 자원과 산업구조 혁신역량 등을 고려하여 정책 기조에 부합하는 산업 발전전략을 수립하는 것이 지역산업정책의 중요한 과제가 된 것이다. 전라북도에서도 지금까지 진행된 선도산업 육성전략의 성과를 점검하고 각 산업이 처한 대내외 시장 환경 변화 및 위상 등을 면밀하게 검토하여 새로운 지역산업정책의 방향에 부합하는 산업 육성전략을 수립해야 할 시점이다.

그림 2-2 전라북도 산업구조의 변화

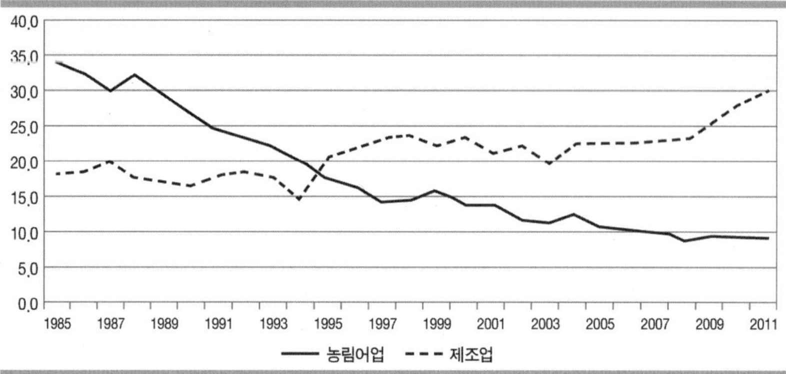

자료: 전북발전연구원(2013).

2 | 전라북도 성장동력산업 육성 현황

1) 제조업 중심의 산업구조 전환

전라북도의 산업구조는 과거 1차 산업 중심에서 최근 들어 주력산업을 중심으로 꾸준하게 대기업을 유치하고 신산업 육성정책을 지속적으로 추진한 결과 신산업 관련 기업이 창업 내지 타 지역에서 이전함으로써 제조업 중심의 구조로 전환되고 있다(그림 2-2 참조).

제조업 비중이 지속적으로 증가하는 동시에 제조업 내에서의 구조 변화도 이루어졌다. 산업 형태별 제조업의 구조 변화를 보면 생활관련형의 비중이 줄고 가공조립형의 비중이 늘어난 것을 볼 수 있다. 1985년에는 음식료, 의복, 신발 등 경공업 제품이 주를 이루는 생활관련형 제조업의 비중이 74.2%에 달한 반면, 기계장비, 전기기계, 자동차 등 가공조립형의 비중은 3.2%에 불과했다. 하지만 2011년에는 생활관련형 제조업의 비중이 15.3%로 줄어든 반면, 기초소재형은 42.0%, 가공조립형은 42.7%로 늘어났다. 이는 전라북도가 경공업 위주의 산업구조에서 중공업 중심의 산업구조로 변화된 것을 보

그림 2-3 **전라북도의 제조업 구조 변화**

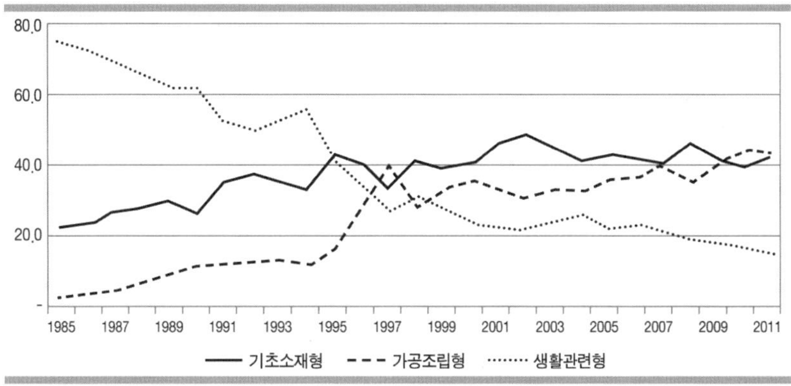

자료: 전북발전연구원(2013).

여준다(그림 2-3 참조).

2) 전라북도의 지역전략산업 육성

전라북도는 제조업 중심의 지역산업 성장에서 더 나아가 미래 산업구조에 적극적으로 대응하고 지역 발전의 자생력을 확보하기 위해 10대 성장동력산업을 선정해 지역 기반산업으로 육성하고 있다. 자동차·기계, 신재생에너지, 탄소, LED, 인쇄전자, 방사선융합기술RFT, 식품산업 등을 전라북도의 미래를 이끌어갈 산업으로 지정했다. 산업의 발전 단계와 국가정책 그리고 전라북도의 위상을 고려해 외부로부터 기업 및 R&D 기능 유치를 통해서 미래 신산업의 성장 기반을 강화하는 전략을 취하고 있다. 10대 성장동력산업 중 자동차·기계·조선산업 등 전통적인 제조업에 대해서는 생산 기능의 집적과 새로운 제품군 중심의 혁신적 기업 유치를 통해 산업의 발전을 꾀하고 있다.

10대 성장동력산업 중 자동차·기계·조선 등 전통 제조업을 제외한 신산업에 대하여 산업별로 살펴보면, 신산업의 선두 주자는 태양광과 풍력으로 양분되는 신재생에너지산업이다. 태양광산업은 2008년 태양전지의 핵심 원료

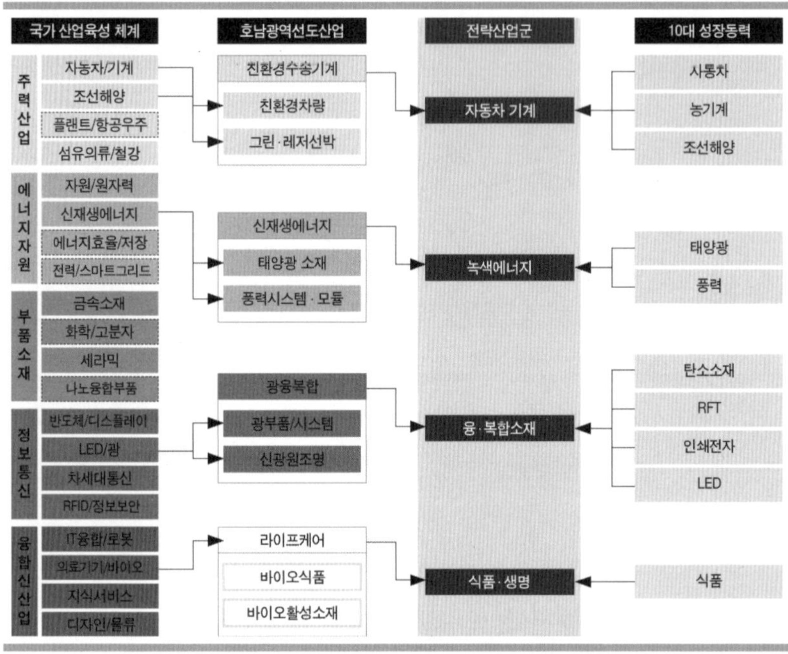

그림 2-4 전라북도 10대 성장동력산업

자료: 전라북도 · 전북테크노파크(2012).

를 구성하는 폴리실리콘 생산에서 세계 최대 규모의 생산업체인 OCI 생산공장을 필두로 잉곳, 웨이퍼, 모듈로 이어지는 부품·소재 업체가 대기업 중심의 가치사슬을 구성하며 집적하고 있다. 태양전지 관련 통계에 따르면 전라북도의 폴리실리콘, 웨이퍼, 잉곳 생산량은 전국 시·도 중 가장 높은 비중을 차지한다.

풍력산업은 입지 우위를 바탕으로 해상풍력발전을 중심으로 산업 육성전략을 펼쳐오고 있다. 해상풍력발전은 발전시설의 대형화 때문에 생산, 배후항만 등 가치사슬의 통합 입지를 필요로 한다. 정부 지원정책 또한 대규모 풍력발전 실증단지 조성을 통해 초기 산업화 기반을 마련하는 데 초점이 맞춰져 있다. 새만금은 접근성, 배후항만, 부품 생산을 위한 부지 조성 등 해상

표 2-1 **전국 시 · 도별 태양광 부품 · 원료 생산 현황**

	폴리실리콘(톤)	잉곳(MW)	웨이퍼(MW)	셀(MW)	모듈(MW)
부산					7
인천		200	100		
광주					470
대전		1,000	500		350
울산				30	
경기		320	270	150	30
충북			100	1,070	850
충남	6,000	100	320	25	185
전북	42,000	1,500	1,500		300
전남	4,800				130
경북	5,000	170	150	510	530
경남				90	
계	57,800	3,290	2,940	1,875	2,852

자료: Choi et al.(2012).

풍력발전산업의 모든 입지 여건을 갖춘 전국 유일의 지역이다. 정부에서 해상풍력산업 육성을 위해 '2.5GW 서남해 해상풍력발전단지 개발사업'을 추진하기로 결정하고 본 사업을 지원하기 위한 항만으로 군산항을 선정해 전라북도 풍력산업 발전의 계기가 마련되었다. 향후 전라북도는 해상풍력산업의 글로벌 거점이라는 비전을 가지고 해상풍력산업을 육성할 계획이다.

전라북도는 탄소산업을 중심으로 소재산업을 전략산업으로 육성하고 있다. 신기술을 통한 기존 산업의 구조 고도화는 소재산업의 발전을 통해 가능하다. 소재산업 및 소재기술이 가치사슬상 생산되는 부품 및 완제품의 성능, 품질, 가격을 결정짓는 중요 요소로 제품의 시장 경쟁력에 결정적 영향을 미치기 때문이다. 한국과학기술연구원KIST 전북분원을 중심으로 공공 R&D 기능과 탄소소재를 중심으로 산업이 발전하고 있다. 2013년 5월부터는 일본, 미국에 이어 세계에서 세 번째이자 국내에서는 최초로 고성능 탄소섬유(T-700급)를 생산하는 주식회사 효성 탄소섬유 전주공장이 생산에 들어갔다. 이러한 지역산업 역량을 바탕으로 항공·우주용 초고강도 복합재 개발사업이 추진될 예정이며, '탄소밸리 구축사업'을 통해 산업 집적을 위한 노력이 진행되고 있다.

신재생에너지 및 소재와 더불어 전라북도는 일찍이 융·복합산업의 육성을 위한 기반을 조성해왔다. 전라북도에서는 LED, 인쇄전자, RFT(방사선 융·복합기술)산업이 기존 지역산업과의 융합을 통해 성장하고 있다. LED의 경우 전라북도는 지역 특화자원과 연계하여 LED·농생명 융합산업 육성을 추진하고 있다. 식물공장, 분자농업 등 하이브리드 신광원산업, LED 특수 조명 부분으로 특화해 산업 육성을 계획 중이다. 인쇄전자는 나노기술과 인쇄기법을 융합·접목한 산업으로 디스플레이, 태양전지, 유기조명 등 다양한 분야에 응용이 가능하며, 미래 성장성이 높은 산업이다. 산업화 초기 단계임을 고려해 지역 연구기관과 국내 최초로 설립된 유연인쇄전자 전문대학원의 연구 및 인력 양성 기능을 바탕으로 사업화 핵심기술 개발 및 지역산업과 연계한 융합기술 개발에 초점을 맞추고 산업을 육성하고 있다. 또한 RFT는 상용화 단계에 까지는 미치지 못하고 있으나 첨단방사선연구소, 방사선영상기술센터 등에서 R&D 중심의 연구를 수행하고 있는 단계로 향후 파급되는 분야가 다양하여 장기적으로 육성해야 할 산업으로 분류하고 지속적인 투자를 하고 있다.

전통적으로 강점이 있는 식품산업에 대해서도 단순 식품가공업에서 성장하여 식품산업의 고부가가치화를 실현하기 위한 지원정책을 펼치고 있다. 고부가가치 식품산업 육성을 위한 국가식품산업클러스터를 익산에 조성하고 수출 지향의 R&D 허브로 조성하는 한편, 새만금 등의 배후지역과 연계하여 R&D에서 생산, 마케팅까지 일괄 지원하는 식품산업의 중추로 육성할 계획이다. 글로벌 5대 식품클러스터를 목표로 연구개발, 산학연 네트워크, 수출 중심의 한국형 식품클러스터 조성을 핵심 전략으로 추진하고 있다. 고부가가치 식품산업을 육성하기 위해 전용 산업단지 조성, 연구개발 인프라 조성, 혁신적 식품기업 및 연구소 유치, 식품 가공무역기지 구축 및 농어업·식품산업의 연계발전을 위한 지원사업, 융·복합 고급인력 양성사업을 위한 과제를 추진할 계획이다.

3) 지역산업정책 변화에 따른 신지역특화산업 육성

전라북도는 10대 성장동력산업의 육성 시책을 펼치는 가운데 정부의 지역산업정책 추진체계 개편에 대응하여 전라북도가 비교우위를 가지는 신지역특화산업을 선정해 지원사업을 펼치고 있다. 기존 지역전략산업과 특화산업 중에서 타 시·도에 비해 집적 수준(집적도·특화도)이 높고, 기술혁신 기반을 확보하고 있어 미래 지역경제 기여도가 높아질 것(성장성)으로 기대되는 성장산업 분야를 선정했다. ① 자동차·기계 분야의 생산 기반 부문, ② 신재생에너지산업의 에너지 변환·저장 부품, ③ 인쇄전자, ④ 탄소산업과 관련한 경량소재부품, ⑤ 향토 기능성 식품 등 5개 분야를 전라북도 신지역특화산업으로 도출했다(표 2-2 참조).

선정된 산업 부문에 대해서 지역 일자리 창출 및 산업 경쟁력 강화를 위해 '특화산업의 고용 확대', '특화산업 활성화(산업구조 고도화)'를 전략 목표로 설정하고 2015년까지 550명의 신규 고용과 수혜 기업의 매출 증가액 약 10% 달성, 기업체 수 증가 5% 달성을 정량적 목표치로 제시했다(표 2-3 참조). 이를 위해 중소기업에 대한 기술 개발 과제(고용 창출형 R&D)와 기업의 매출 증대를 위한 기술 지원, 사업화 지원, 인력 양성 등의 기업 지원서비스 과제를 지원하고 있다. 지속적으로 추진해왔던 R&D 지원과제에 대해서는 수행 기업에 대한 모니터링과 사업화 성과 제고를 위한 기업 지원기관과의 연계·협력을 강화하기 위한 방안을 도입했다.

표 2-2 **전라북도 신지역특화산업**

특화산업	정의	지원 분야
자동차·기계 생산 기반산업	주력산업인 수송기계(자동차, 조선, 기계)산업의 전후방을 지원할 수 있는 생산 기반산업	6개 생산 기반산업 중 금형가공, 소성가공, 표면처리 분야
경량소재부품산업	탄소섬유, 알루미늄, 마그네슘 등 경량소재의 복합화를 통해 수송기계(자동차, 항공기), 의료, 에너지 분야 등의 부품 경량화와 효율성을 증대하는 산업	탄소섬유 복합재 분야, 자동차 복합재 경량차체, 경량 파워트레인, 항공기 동체 부품, 첨단의료소재, 풍력블레이드, 레저스포츠, 분야 등
인쇄전자산업	인쇄공정을 기반으로 나노기술을 융합해 전자회로, 센서, 소자 및 각종 전자제품을 인쇄하듯 만들어내는 것을 의미	전도성·기능성 소재 및 장비, 유연·인쇄 기판 재료, 유연 NFC·FPCB등 유연인쇄소자 분야 등
에너지 변환·저장 부품산업	수소 등을 연료로 하여 화학적 에너지를 전기로 변환시키는 연료전지를 포함한 에너지 변환시스템 산업과 생산된 전력에너지를 저장해 전력을 필요로 하는 곳에 공급하여 에너지 효율을 높이는 전력에너지 저장시스템산업	수소 및 연료전지, 이차전지, 슈퍼 캐패시터 등 전력에너지 저장 시스템 분야 등
향토 기능성 식품산업	인체에 유용한 기능성을 가진 향토 자원(원료, 성분 등)을 활용해 면역기능 강화, 노화 억제, 질병의 예방과 회복 등 생체 조절 기능을 강화할 수 있도록 가공된 식품산업	기능성식품·소재, 발효 식음료, 신선편의, 방사선조사 안전식품 분야 등

자료: 차화동(2013).

표 2-3 **전북 신지역특화산업 성과지표 및 목표**

특화산업	지표	목표			
		2013년	2014년	2015년	계
자동차·기계 생산 기반산업	신규 고용(명)	40	50	55	145
	고용 중 신규고용 비중(%)	1.5	1.8	2.0	1
	수혜 기업 매출액 증가율(%)	10	10	10	10
경량소재부품산업	신규 고용(명)	50	55	65	170
	고용 중 신규고용 비중(%)	1.7	2.0	2.0	1.9
	기업체 수 증가율(%)	5	6	7	6
향토 기능성 식품산업	신규 고용(명)	30	30	35	95
	고용 중 신규고용 비중(%)	1.7	1.9	2.2	1.9
	수혜 기업 매출액 증가율(%)	9	10	11	10
에너지 변환·저장 부품산업	신규 고용(명)	12	12	16	40
	수혜 기업 매출액 증가율(%)	10	10	15	11.7
인쇄전자	신규 고용(명)	20	25	25	70
	수혜 기업 매출액 증가율(%)	9	10	11	10

자료: 차화동(2013).

3 | 전라북도 신산업 성장의 장애 요인

1) 연관산업의 가치사슬 미발달

전통적으로 제조업 기반과 R&D 역량이 취약한 전라북도에서 신산업 육성을 위해 대기업 생산시설 및 공공연구기관 유치를 통한 초기 산업 기반 구축은 불가피한 것이었다. 전라북도가 육성 중인 신산업이 지역에 뿌리를 내리고 지역경제 파급효과를 지속적으로 창출하려면 초기 산업화 기반을 바탕으로 연관산업의 집적을 통한 산업의 양적·질적 성장이 필요할 것이다. 대기업 생산 기능 중심의 산업 집적은 대내외 환경 변화에 따라 지역산업의 변동성이 커 지속적인 산업 발전에 장애가 될 수 있다.

하지만 다양한 연관 기업들이 지역에 집적하여 산업별 가치사슬을 형성하지 못하는 점이 전라북도 신산업의 발전에 장애로 작용하고 있다. 일례로 제조업의 근간을 이루는 뿌리산업의 경우 전체 제조업의 성장 속도를 따라가지 못하고 있다. 전라북도가 수립한 '전북 뿌리산업 완성도 제고를 위한 5개년 계획'(2010)에 따르면 전라북도 뿌리산업 비중은 전국 대비 1% 수준에 그치고, 10인 이하 기업이 전체 63%를 차지하며 원천기술 수준은 50~55%에 머무르는 것으로 나타났다. 이는 전국 제조업에서 차지하는 전라북도의 위상과 비교했을 때 크게 부족한 수치이다. 이처럼 열악한 제조업 기반산업 환경은 전라북도가 전략적으로 육성하는 신산업 부문의 추가적인 기업 유치에 어려움으로 작용한다. 또한 지역 내 생산 기반 기술의 부족으로 대기업뿐만 아니라 지역 중소기업 생산제품의 2차 가공 또한 외지 기업에 의존하게 되어 추가적인 물류비용 발생과 함께 지역산업의 자생력을 저해하는 결과를 초래한다.

앞서 언급했지만 지역산업정책으로 '광역선도사업' 대신 2015년부터 추진하게 될 '산업협력권사업'은 기존 선도사업을 시·도 간 자율협약에 기반을 두고 각 시·도 주력산업의 한계를 보완할 수 있는 방향에서 지원사업이 추진될 예정이다. 타 지역과 연계·협력이 용이한 산업이 국가정책에 의해 전략적으로 지원 혜택을 받을 가능성이 높다. 그런데 전라북도는 중소·중견기업 등 산업 기반이 열악하여 신산업의 경우 대기업이나 연구개발 기능을 중심으로 지원사업에 대응할 것으로 예상된다. 이는 자칫 어렵게 구축한 주요 신산업 육성의 주도권과 성과를 다른 지역에 넘겨줄 수도 있음을 의미한다.

따라서 이에 대한 문제의식을 가지고 산업의 특성과 발전 단계를 고려해 산업별 대응이 요구된다. 태양광, 탄소소재 등 대기업 생산 기능 중심 신산업에 대해서는 가치사슬상의 중소기업과 협력업체의 동반 유치 전략을 통해 산업의 외연을 확장하는 전략이 필요하며 RFT, 인쇄전자 등 연구개발 중심 신산업에 대해서는 기술사업화에 대한 지속적인 지원과 함께 창업 및 혁신적인 기업의 유치를 위한 노력을 지속적으로 펼쳐야 할 것이다. 동시에 지역 산업생태계와 중소기업의 수요에 대한 정확한 분석을 통해 기존 중소기업의 사업 전환·다각화를 통해 신산업의 근간을 형성하기 위한 대응이 필요하다.

2) 취약한 지역 혁신역량

전라북도의 신산업 육성정책의 핵심 전략은 R&D에 기반을 둔 산업 기반 구축에 있다. 기술집약적인 신산업의 특성과 산업·기술 간 융·복합을 통한 새로운 시장의 창출이 산업 발전의 패러다임으로 제시되는 현실에서 R&D 부문의 확대는 아무리 강조해도 지나치지 않는다. 전라북도에서도 R&D 기관의 유치와 국가 R&D 사업 대응을 통해 지역의 연구개발 인프라를 지속적으로 개선해왔다. 그럼에도 지역 R&D 기반은 여전히 지역산업 규모에 미치지 못하고 있다. 표 2-4에서 보듯이 전국 대비 전라북도의 국가 연구개발비는 지역 총생산 비중보다 낮게 나타난다.

광역시를 제외한 타 광역자치단체와의 비교에서도 전라북도의 연구개발

표 2-4 **전라북도 연구개발 투입 현황**

구분		2007년	2008년	2009년	2010년
국가 R&D 투자 (억 원)	전국	84,358	100,160	114,528	130,207
	전북	2,067	2,211	2,424	2,464
	비중(%)	2.5	2.2	2.1	1.9
제조업 GRDP (조 원)	전국	238.6	256.2	266.6	319.3
	전북	5.9	6.3	7.5	9.2
	비중(%)	2.5	2.5	2.5	2.8

자료: 통계청, "경제활동별 지역내총생산"(국가통계포털); 한국과학기술기획평가원(2012).

표 2-5 **전라북도 혁신역량의 상대적 비교(2008년 기준, 인구 1만당 도별 비교)**

	전북	경기	강원	충북	충남	전남	경북	경남	제주
총 연구개발비(억 원)	33.2	120.0	17.1	42.3	85.5	17.1	52.8	44.2	14.3
연구인력(명)	28.6	85.7	27.5	50.6	68.2	14.0	48.3	39.1	16.4
특허출원(건)	9.4	34.7	8.7	14.5	21.7	7.4	18.0	10.8	7.2
SCI급 논문(편)	3.1	2.2	2.6	2.6	1.2	0.7	5.1	2.1	2.2

자료: 박동배(2010).

기반은 상대적으로 낮은 수치를 보인다. 인구 만 명당 연구개발 지표에서 연구개발비나 연구개발 인력은 수도권이나 영남권뿐만 아니라 충청권 지역보다도 열악하다. 특히 산업 현장의 혁신 성과를 나타내는 특허출원 건수는 연구개발 투입보다 상대적 위상이 더 낮게 나타난다(표 2-5 참조).

R&D 기반은 지역산업 성장 잠재력을 결정짓는 요소로, 전라북도의 현실은 산업 발전을 위한 R&D 투입의 확대가 지속될 필요가 있다는 점을 보여준다. R&D 기반 부족의 문제는 기업 가치사슬 및 인력 문제와 연계하여 접근해야 한다. 대학, 기업, 연구기관 간 연계·협력에 기초하여 공동 연구개발, 맞춤형 전문인력 양성을 통해 R&D 환경을 개선하는 것이 지역산업 발전에 효과적인 접근 방식이다. 지역산업과 관련한 영역의 공공부문 R&D 투입 확대를 위해 노력하되, 그 성과가 지역기업의 경쟁력을 향상시켜 산업의 자생력으로 이어질 수 있는 대안을 함께 고민해야 할 것이다.

이러한 문제인식은 지역산업정책의 개편에 고스란히 반영되어 있다. 지원사업 구조의 변화 속에서도 R&D 사업은 여전히 핵심 사업으로서 높은 비중을 차지한다. 특히 기술 개발 및 지원을 통해 고용 창출과 같은 성과에 초점을 맞추고 엄격한 성과 평가와 사업 관리가 뒤따를 것으로 예상된다. 외부 R&D 자원을 유치하는 동시에 R&D 사업의 엄격한 관리를 통해 내실을 다지는 것이 요구된다.

3) 전문인력 순환 시스템 미비

전라북도 산업 발전의 또 다른 위협 요인은 인력 부족 문제이다. 전라북도는 인력의 외부 유출과 기업의 구인난이 동시에 나타난다. 특히 고학력 전문인력의 구인난이 상대적으로 심각하다. 양질의 일자리가 부족하여 고급인력이 외부로 유출되고 인력 수급의 어려움이 지역기업의 경쟁력 악화와 산업발전에 장애로 작용하는 악순환 과정이 산업 발전의 취약점으로 작용하고 있다. 표 2-6과 표 2-7은 전라북도의 연구개발 인력 현황을 보여준다. 산업경쟁력의 근간을 형성하는 기술 역량과 관련한 투입 지표는 제조업의 성장 추세를 반영하지 못하고 있다. 전국 대비 제조업 비중에 비해 연구개발 인력의 비중이 낮으며, 타 지역과의 비교에서도 이공계 분야의 인력 기반이 견고하지 않다. 이러한 사실들은 향후 지역 전략산업으로 신산업 육성을 위해 지속적인 고급 인력 확보가 중요한 과제임을 의미한다.

문제 해결을 위해 지역산업에 필요한 인력 양성 시스템을 개선하는 것이 필요하다. 타 지역과 차별화되는 지역산업 부문을 중심으로 지역이 취약한 전문인력 양성 기반을 조성하는 것이 효과적일 것이다. 이를 토대로 기업 유치를 통해 점진적으로 지역의 고용 환경과 인력 미스매치에 따른 성장 잠재력 저하 문제를 해결해나갈 수 있을 것이다.

표 2-6 **전라북도 연구개발 인력 현황**

구분		2007년	2008년	2009년	2010년
제조업 종사자 수 (1,000명)	전국	2,521	2,467	2,465	2,622
	전북	66	67	74	78
	비중(%)	2.6	2.7	3.0	3.0
연구개발 인력 (명)	전국	243,386	234,844	272,093	277,007
	전북	3,091	3,006	3,540	3,795
	비중(%)	1.3	1.3	1.3	1.4

자료: 전북테크노파크(2013), 한국과학기술기획평가원(2012).

표 2-7 **전라북도 인력 기반의 상대적 비교(2008년 기준, 인구 1만 명당 도별 비교)**

구분	전북	경기	강원	충북	충남	전남	경북	경남	제주
이공계 대학생(명)	250.6	188.1	327.6	318.5	407.3	172.5	336.4	195.5	160.2
이공계 석사과정(명)	7.8	4.6	9.9	9.9	6.9	3.9	8.5	7.7	6.6
이공계 박사과정(명)	2.8	1.4	3.3	2.7	1.9	1.4	5.9	1.7	2.3

자료: 박동배(2010).

4 지역산업생태계 구축을 통한 전라북도 신산업 육성 방안

1) 가치사슬에 기초한 연관산업의 동반 성장

산업의 융·복합과 일자리 창출을 비롯한 지원사업의 효과성 제고가 지역산업정책의 핵심 과제로 부각되고 산업 타깃팅 방식의 지역산업 지원 대신 제품군·기술군 중심의 방식으로 지역산업 지원정책이 개편됨에 따라 이에 대응해 지역산업생태계를 구축하는 것이 지역 신산업 발전의 중요한 과제로 부각되었다. 산업의 융·복합화는 새로운 제품과 시장이 창출되는 기회로 나타날 수 있지만, 기존 전통적인 산업 구분 속에서 안정적으로 생산활동을 영위해오던 기업에는 위기로 작용할 수 있다. 특히 개별 기업이 단일 제품군으로 생산 영역을 제한하는 것은 시장 환경의 급속한 변화에 따라 위험한 전략일 수 있다. 중소기업의 경우 역량의 한계로 인해 대기업과 같이 사업 다각화를 통한 대응에 한계가 있다. 따라서 중소기업이 안정적으로 성장하고 지역 신산업이 발전하기 위해서는 지역 내에서 전문화된 기업들이 활발하게 연계·협력 활동을 수행할 수 있는 연관산업의 동반 성장이 필요하다. 전라북도가 육성 중인 신산업 또한 다양한 산업군과의 연계를 통해 발전할 수 있는 산업들이다.

최근 전라북도 대기업을 중심으로 양산에 들어간 탄소소재산업은 연평균 20% 내외의 고성장이 예측되는 산업이지만, 현재 국내 수요보다 더 많은 탄소섬유가 생산① 되어 수요 창출을 통한 산업 발전전략이 시급하다. 전라북도의 경우 원천소재기업(5개사)이 입지하고 있지만, 탄소소재 활용 기업군의 집적이 미비하고 탄소소재 응용부품에 대한 R&D 지원 등이 활성화되지 않아 지역산업으로 성장하는 과정에서 어려움에 직면해 있다. 탄소소재는 자동차 응용부품, 풍력발전용 블레이드 등 전라북도 지역산업과 관련 있는 분야에 활용될 수 있다. 따라서 지역의 전통 제조업 및 신산업과 연계하여 탄소소재의 활용 확대를 위한 기술 개발, 기술사업화, 기업 지원을 통해 산업 영역을 확충하는 전략이 필요하다. 소재, 자동차, 에너지 등 관련 중소기업의 집적과 네트워킹을 통해 지역산업생태계를 구축하고 탄소소재 중심으로 연관산업의 동반 성장을 꾀할 수 있다.

탄소소재 외의 신산업에 대해서도 거시적인 차원에서 건전한 지역산업 연관 관계가 형성될 수 있도록 지원 방향을 설정할 필요가 있다. 산업 범위를 제한해 집중 지원하는 육성 방식에서 탈피하여 신산업과 관련 있는 전후방 연관산업들이 지역에 입지하면서 강한 협력 관계를 형성할 수 있도록 지원할 필요가 있다. 이를 위해서 앞서 언급했던 뿌리산업 및 부품산업의 육성이

① 2013년 탄소섬유 생산량은 국내 수요 2,700톤보다 많은 5,700톤으로 예상되며, 2020년 국내 탄소섬유 생산량은 3만 2,500톤으로 소비량 1만 3,000톤에 비해 2만여 톤이 과잉 생산될 것으로 예상된다(김진구, 2013).

요구된다.

이러한 전략은 일자리 창출과 같은 지역경제 파급효과 측면에서도 이점이 있다. 대기업 생산시설은 산업 발전에 따라 고용 창출 효과가 제한적으로 나타날 수밖에 없다. 고용 창출 효과가 큰 중소기업 중심의 부품산업, 경공업, 향토산업의 경쟁력 제고를 위한 지원을 확대하여 신산업 육성에 따른 지역 발전 효과를 극대화하는 것이 필요하다. 이는 박근혜 정부의 새로운 지역산업 지원사업의 추진 방향과도 부합한다.

2) 기술·산업 간 융합을 위한 개방형 혁신체계 구축

산업·기술 간 융합이 산업지원정책의 화두로 부각되면서 개방형 혁신체계의 확충이 중요한 과제로 떠오르고 있다. 지역산업 지원사업의 일환으로 산학연 네트워크에 기초한 공동 연구개발, 기술 사업화 등 개방형 혁신체계 구축을 위한 사업은 활발하게 진행되어왔다. 그동안의 사업이 각 신산업별로 주체들의 역량을 강화하기 위한 방향에서 진행되었다면, 앞으로의 지원사업은 지금까지의 성과를 바탕으로 이종 부문 간 융합을 통한 새로운 가능성 발굴에도 초점을 둘 것으로 보이며, 이에 대한 대응이 필요하다.

개방형 혁신과 융합을 위한 기술 사업화가 중요하게 부각되면서 성격이 다른 연구개발 주체들 간의 협업이 개방형 혁신체계 확충의 핵심 전략으로 떠오르고 있다. 기초·원천 및 응용 연구개발 부문에서 사업화가 되지 않은 기술자원을 보유한 대학과 공공연구기관의 잠재력을 활용하는 것이 중요하다. 기술의 사업화를 위한 대학·정부 출연 연구기관과 기업 간 공동 연구를 장려하고, 공동 연구소나 계약 학과 등 보다 높은 수준의 협력 관계를 맺을 수 있도록 지원함으로써 지역의 혁신 역량을 다각화할 필요가 있다. 또한 기업 간에도 상생의 관점에서 협력을 통해 발전 경로를 창출할 수 있는 산업환경 조성이 요구된다.

지역산업정책의 개편 내용 또한 지원사업이 지역 내·외의 기능적 연계에 기초하여 지역산업의 개방형 혁신체계를 강화하는 방향으로 진행될 것임을 시사한다. 전라북도가 중점적으로 육성하고 있는 신산업 부문의 주도권을 유지하려면 각 산업별 가치사슬과 국가산업생태계를 파악하고 지역 내 주체들이 주도적인 역할을 수행하기 위한 특성화 전략을 마련해야 한다. 기업과 산업 경쟁력에서 이종 부문 간 융합이 불가피한 신산업의 특성을 고려해 지역의 대학과 공공연구개발기관을 중심으로 개방형 혁신체계를 구축하는 것이 중요하다. '지역대학·정부 출연 연구기관(기초 연구개발) - 지역 공공연구기관(응용 연구개발 및 상용화 연구개발) - 기업(상용화 연구개발)'의 완결된 지역 혁신체계를 구축하고 부족한 기능에 대해서 외부와의 연계를 통해 내부 역량을 강화하는 개방형 혁신생태계 구축 전략이 요구된다.

LED, RFT, 인쇄전자와 같이 타 산업 영역과의 융합이 산업 발전의 필수 경로인 신산업에서는 개방형 혁신체계 구축 전략이 보다 중요하다. 인쇄전자 산업의 경우 전북나노기술집적센터, 한국과학기술연구원 전북분원 등 공공 부문의 연구개발 인프라와 전북대학교 유연인쇄전자 전문대학원 등 산업을 선도할 수 있는 고유한 연구개발 인프라를 가지고 있다. 연구개발 인프라와 공공 R&D 지원사업을 중심으로 산업 역량을 키워왔으나, 기업의 투자 부족으로 지역 발전을 견인할 수준의 산업 집적은 이루어지지 못하고 있다. 또한 인쇄전자산업이 국가 미래 기술로 부각되면서 산업 기반이 뛰어난 수도권과 타 시·도에서 산업 역량을 강화하고 있다. 전라북도의 인쇄전자산업 육성 노력이 결실을 맺으려면 연구개발 인프라를 바탕으로 상용화를 위한 연구개발을 선도할 수 있는 시스템 구축이 중요하다. 기술 표준화와 인증을 위한 지원센터 등의 인프라를 도입하고, 공공연구기관 또한 기업 지원 중심의 연구개발에 중점을 두어 생산 현장의 문제점을 해결할 수 있는 연구개발 중심으로 지원사업을 운영해야 할 것이다. RFT와 LED 산업 또한 이미 구축된 인프라를 바탕으로 연구개발 성과의 사업화 지원을 통한 기업 유치 및 산업 외연 확대 전략이 유효하다.

3) 우수인력 양성을 통한 지식생태계 구축

신산업의 핵심 역량은 인력의 우수성에 기인한다. 전라북도 신산업의 육성을 위해서 지역산업 수요에 맞춘 인력 양성과 '글로벌 브레인 서큘레이션 global brain circulation' 시스템 구축이 필요하다. 지역의 수요를 고려하지 않고 양적 공급만을 확대하는 정책은 산업과 인재 사이에 순환 구조를 형성하지 못하고 인력 유출로 인한 산업 육성의 기초를 위협할 수 있다.

박근혜 정부의 지역산업 지원사업은 국정 기조와 관련하여 산업 육성에 따른 일자리 창출에 역점을 두고 있다. 신지역특화산업 지원사업 또한 지역기업의 성장, 지역산업의 경쟁력 제고, 지역경제 활성화로 이어지는 선순환 구조의 정착을 통해 지역 일자리 창출을 목표로 기술 개발, 기업 지원서비스, 인력 양성 등의 지원 수단을 활용해 사업을 추진하고 있다. 전라북도가 선정한 신지역특화산업 5개 분야는 모두 지역산업 기반과 성장 잠재력을 동시에 갖춘 유망 신산업이다. 지원사업의 효율성을 높이고 사업 성과가 지역산업의 외연 확대에 그치지 않고 산업 경쟁력 강화와 고용 확대로 나타나기 위해 사업에 대한 엄정한 평가와 관리 체계의 도입이 요구된다.

인력 수급과 관련해서는 지역산업정책과 함께 인력 양성시스템 개선을 위한 선도 프로젝트 추진이 필요하다. 상대적으로 열악한 기초 연구 부문의 우수인력을 양성하기 위한 지역 거점 과학기술 특성화 대학으로 전북과학기술원의 설립을 관철시켜야 한다. 전북과학기술원은 글로벌 수준의 연구 중심 대학을 지향하는 가운데 지역산업의 특화 전문 영역과 관련하여 인력 양성 및 연구개발 중심 기관으로 기능이 설정되어야 한다. 과학기술 특성화 대학으로서 전문성과 창의성을 바탕으로 기존의 지역대학과는 차별화된 위상을 구축하고, 지역산업 주체들과의 네트워크 기능을 수행하는 가운데 지역 인력 양성시스템의 중추로 기능해야 한다.

중장기적 관점에서 글로벌 지식 네트워크 형성도 적극적으로 지원해야 한다. 지역 내 대학 및 연구기관에 대해서 과학기술 ODA, 국제 공동 연구 등 국제적 지식 네트워크 형성의 주체 기능을 강화할 필요가 있다. 전라북도의 신성장산업 부문을 중심으로 개발도상국의 고급인력에 대한 연수, 훈련 프로그램을 운영하고, 분원 형태로 외국 연구기관의 적극적인 유치를 통해 글로벌 수준의 경쟁력을 확보하는 것이 필요하다.

참 고 문 헌

김영수·박재곤·정은미. 2012.『산업융합시대의 지역산업생태계 육성방안』. 산업연구원.

김진구. 2013.「탄소섬유산업의 미래는 수요개발에 달려 있다」. 전북테크노파크. ≪Issue& Tech≫, 제12권.

김홍석·김용진, 2012, 제품·서비스 융합 모델과 활성화방안 연구, 산업연구원

박동배. 2010.「광역경제권 혁신역량 분석 및 정책과제(최종보고서)」. 과학기술정책연구원.

산업자원통상부. 2013. 10. 31. "기술, 인재 중심의 지역 혁신역량 강화방안 발표"(보도자료).

유지연. 2013.「인쇄전자산업과 전북의 특성화 전략」. 전북테크노파크. ≪Issue&Tech≫, 제12권.

장병열·이윤준·이공래. 2010,「제품서비스 융합을 위한 서비스 R&D 전략」. 과학기술정책연구원.

전라북도·전북테크노파크. 2013.「전라북도 성장동력산업 종합육성계획」.

전북발전연구원. 2013.『창조전북: 기회와 도전』. 도서출판 한울.

전북테크노파크. 2013.「2013 전북지역산업진흥계획」.

차화동. 2013.「전북 신지역특화산업의 성과창출을 통해 지역경제 활성화에 기여해야」. ≪Issue &Tech≫, 제15권. 전북테크노파크.

통계청. "경제활동별 지역내총생산"(국가통계포털).

한국과학기술기획평가원.「2012년도 국가연구개발사업 조사·분석 보고서」. 미래창조과학부.

한국산업기술진흥원. 2013.『지역산업정책 백서』.

Choi, Jin-ho, et al. 2012. "Industrial development of silicon hetero-junction back contact solar cells." Photovoltaic Specialists Conference(PVSC), 2012 38th IEEE.

제3장 전라북도의 新블루오션, 말 산업에 주목하자

이동기 ı 전북발전연구원 정책사업연구부 연구위원
장남정 ı 전북발전연구원 정책사업연구부 연구위원
김재구 ı 전북발전연구원 새만금지역개발연구부 연구위원
김경민 ı 진안군청 아토피전략산업과 마을만들기팀

1. 말 산업이 뜨고 있다
2. 전라북도, 말 산업의 잠재력과 과제
3. 전라북도, 말 산업 활성화를 위한 정책 방향

1 | 말 산업이 뜨고 있다

1) 삶의 질 향상과 농가의 새로운 소득원 창출 위한 말 산업 육성

요즈음 우리 사회에서 새롭게 등장하고 있는 것 중의 하나가 말 산업이다. 몇 년 전만 하더라도 말 산업이나 승마는 특정인이나 한국마사회에만 국한된 이야기였다. 주변에서 말을 보기도 어려웠고 말을 타는 것 자체가 돈이 많이 드는 스포츠로 인식했던 시기였다. 지금은 말을 타는 사람을 주변에서 쉽게 접할 수 있다. 마음만 먹으면 곳곳에 승마장이 있어 쉽게 말을 탈 수 있게 되었다. 주말이면 말을 직접 끌고 산이나 해안으로 향하는 사람도 있다.

승마에 대한 관심이 늘어난 것은 소득 증가와 더불어 삶의 질에 대한 중요성을 인식하면서부터이다. 이러한 변화는 여가 선택이나 여가 소비의 새로운 패턴을 가져온다. 기존의 여가 선택 방식이 양적이고 정적인 활동에 치중했다면, 이제는 질적이면서 다양한 활동이 접목된 여가 활동을 선택하게 되었다. 여가 패턴의 변화는 국민소득과 밀접한 관계가 있다고 한다. 일반적으

그림 3-1 **말 산업별 주요 내용**

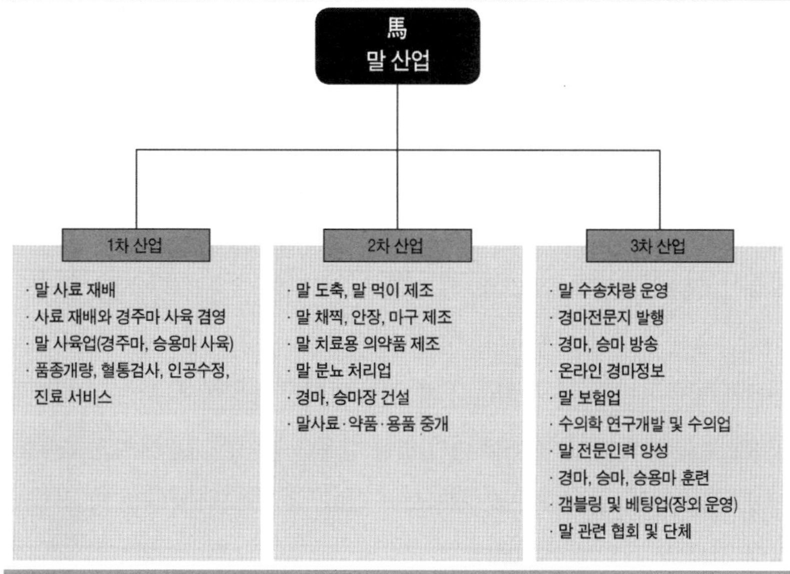

馬
말 산업
1차 산업
· 말 사료 재배
· 사료 재배와 경주마 사육 겸영
· 말 사육업(경주마, 승용마 사육)
· 품종개량, 혈통검사, 인공수정, 진료 서비스
2차 산업
· 말 도축, 말 먹이 제조
· 말 채찍, 안장, 마구 제조
· 말 치료용 의약품 제조
· 말 분뇨 처리업
· 경마, 승마장 건설
· 말사료·약품·용품 중개
3차 산업
· 말 수송차량 운영
· 경마전문지 발행
· 경마, 승마 방송
· 온라인 경마정보
· 말 보험업
· 수의학 연구개발 및 수의업
· 말 전문인력 양성
· 경마, 승마, 승용마 훈련
· 갬블링 및 베팅업(장외 운영)
· 말 관련 협회 및 단체

자료: 농림수산식품부(2012).

로 1인당 국민소득이 1만 달러일 때는 마라톤, 등산 등과 같은 야외 여가 활동이 발달한다. 2만 달러일 때는 골프에 관심 있다가 점차 승마로 전환된다. 3만 달러에 이르면 요트 등 해양 레포츠가 발달한다. 한국의 국민소득은 2012년 기준 약 2만 5,000달러이다. 일본은 국민소득 2만 달러 달성 시점 이후 승마 인구가 무려 242%나 증가했다. 즉, 1989년에 3만 3,000명의 승마 인구가 2010년에 8만 명으로 늘어난 것이다.

말 산업은 말의 생산, 사육, 조련, 유통, 이용 등에 관한 모든 분야의 산업이다. 말 산업은 1차, 2차, 3차 산업까지 연계·발전할 수 있는 복합산업이다. 이러한 말 산업 발전을 위한 기반 조성 및 말 산업 육성을 체계적으로 지원하기 위해 2011년도에 「말산업육성법」이 제정되었다. 「말산업육성법」은 단일 축종의 산업 발전을 위해 제정한 유일한 법령이다. 「말산업육성법」 제정 목적은 말 산업 육성을 통해 농어촌 경제 활성화와 국민의 여가 선용 등 삶의 질 향상에 있다.

박근혜 정부는 국민 행복과 삶의 질 향상을 국정 운영의 목표로 설정했다. 국정 운영 목표와 연계하여 시장 개방의 가속화, 경제성장, 삶의 질 향상 등에 따른 승마 수요 증가 등에 맞춰 고부가가치 창출이 가능한 말 산업을 육성하고 발전시킬 계획이다. FTA 등 개방화에 대비하여 농가의 새로운 소득원 창출이 필요했고 그 대안으로 말 산업을 선택했다. 과거 말 사육 농가는 2000년에 0.7%에 불과했으나 2010년도에 2.4%로 증가하는 등 지속적으로 증가할 전망이다. 또한 농어촌이 과거 식량 생산 공간에서 휴양 등 다원적 공간으로 전환되고 있다. 이에 따라 말을 활용한 농어촌 관광이 도농 교류의 성장 가능성이 높은 콘텐츠로 부상하고 있다. 농림축산식품부는 말 산업의 국내 시장 규모를 2조 8,000억 원 규모로 추정하고 있고, 연관산업 매출은 100억 원 수준으로 전망하고 있다.

또한 박근혜 정부는 말 산업의 패러다임을 창조경제의 정책 모드로 변화시키려 하고 있다. 경마 위주의 현행 말 산업을 승마 대중화 및 말을 활용한 다양한 서비스 기능 확대 등을 통해 근본적인 체질 개선을 추진하고 있다. 경마산업을 통해 이제까지 조달된 재원으로 농가 소득 증대와 말 산업 육성을 지원할 계획이다. 또한 국민이 말을 통해 건전한 레저 및 사회 적응 매개체로 즐기고 활용할 수 있게 하는 말 산업 기반 구축 및 지원 정책을 추진하고 있다. 특히 말을 매개로 하여 청소년 체육활동, 장애인 재활치료, 정서순화 및 심신치료, 운동 및 레저, 관광 등의 융합이 이루어지는 창조경제의 성장동력으로 육성할 계획이다.

2) 세계는 지금 말을 타고 있다

세계적으로 말 산업이 발달한 대표적인 국가는 미국, 영국, 독일, 프랑스 등이다. 이러한 국가에서는 대부분 국민들이 말을 즐기고 말을 매개로 한 다양한 활동에 참여하고 있다. 영국에서는 승마가 럭비, 낚시보다 인기 있는 스포츠로 자리매김했고, 독일에서는 학교 체육활동에 승마가 포함되어 유소년 때부터 승마를 하고 있을 정도로 보편화되어 있다. 선진국은 말이 일상생활에서 없어서는 안 될 매개체이자 동반자로서 인식하고 있다.

2009년 발표한 한국마사회 자료에 따르면 미국은 말 사육 두수가 920만 두, 일자리 140만 개, 경제적 효과 1조 1,015억 달러로 추정될 정도로 세계 최대 말 산업 국가로 성장하고 있다. 독일은 제2차 세계대전 이후 말 산업을 육성하여 현재 최고 수준의 승마 선진국으로 발전하고 있다. 말 산업의 매출 규모는 총 50억 유로에 이르며, 말 사육 두수는 약 100만 두이고, 일자리 30만 개가 창출되고 있다. 독일의 승마 인구는 170만 명이다. 프랑스는 생활체육에서 축구, 테니스 다음으로 승마가 높은 선호도를 보일 정도로 국민의 승마에 대한 관심이 높은 국가이다. 승마장이 전국에 7,500여 개 정도가 있으며, 여기에서 승마를 즐기는 인구는 150만 명 정도이다. 이 중 여성이 78%를 차지하며, 18세 이하 청소년도 68%에 이를 정도로 승마의 선호도가 높다.

3) 국내 지방자치단체의 말 산업 선점을 위한 경쟁

「말산업육성법」이 제정되고 관련 지원 계획이 만들어지고 승마에 대한 참여 욕구가 증가하면서 이제 말 산업은 지방자치단체의 새로운 가능성을 열어주는 블루오션으로 자리매김하고 있다. 2012년 기준 말 관련 사업 등을 추진하는 지방자치단체는 21여 곳에 이르며, 그 수는 지속적으로 증가할 것으로 전망된다. 가장 먼저 말 산업을 시작한 지방자치단체는 제주도이다. 제주도는 자연환경 및 넓은 초지 등을 활용해 말 산업을 육성했고 전국적으로 말 사육 두수가 가장 많은 지역이다. 제주도는 경마산업, 승마산업, 마육산업, 연관산업 등을 중심으로 2017년까지 957억 원을 투자할 계획을 세우고 있다.

제주 지역을 제외하고 내륙 지역에서 말 산업을 가장 먼저 시작한 곳은 장수군이다. 장수군은 2002년 한국마사회 경주마육성목장을 유치한 이후 전담부서 신설과 말 산업클러스터 구축사업을 추진하고 있다. 그 이후 경기도와 경상북도에서 말 산업을 본격적으로 추진했다. 경기도는 한국마사회와 손을 잡고 화성시에 있는 화옹간척지에 대규모 승용마조련단지 등을 구축하고 있다. 수도권의 승마 인구 유입을 위해 2018년까지 거점 승마장 등을 확대할 계획이다. 경상북도는 상주에 세계 대학생 승마대회를 유치한 것을 계기로 국제승마장을 개장했고, 고령군에 대가야 기마문화 체험장을 조성하고 있으며, 영천에 제4경마공원을 유치하여 조성사업이 추진되고 있다. 전라남도는 장흥군, 담양군, 곡성군, 신안군 등을 중심으로 승마장 구축 및 승마대회 개최, 유소년 승마단 운영, 말 전담부서 신설 등을 통해 말 산업 기반을 구축하기 위해 집중적으로 예산을 투입하고 있다.

말 산업은 지속적으로 성장할 가능성이 높다. 국민들의 여가 욕구 증대로 승마동호회가 늘어나고 있고, 주변에서 쉽게 접근할 수 있는 승마장이 많아지는 등 국민의 생활 속으로 승마의 인기가 급속히 확대될 것이다. 이러한 분위기로 인해 지방자치단체는 지역주민의 삶의 질 향상과 외부 관광객을 유치하고 지역의 산업적 구조를 전환하기 위해 경쟁적으로 말 산업에 뛰어들 것으로 예상된다.

2 | 전라북도, 말 산업의 잠재력과 과제

1) 전라북도 말 산업의 잠재력

전라북도의 말 산업을 주도하고 있는 지방자치단체는 장수군이다. 장수군은 일찍부터 말 산업을 추진했고 전라북도에서 최고의 말 관련 인프라를 구축하고 있다. 한국마사회 경주마육성목장, 한국마사고등학교, 장수 승마장, 장수 승마체험장, 말크로스컨트리, 승마레저체험촌 등의 주요 시설이 구축되어 있다. 승마를 체험하기 위해 장수 지역을 방문한 이들은 2010년부터 2012년까지 총 1만 9,342명이며, 이에 따른 수입은 1억 9,600만 원에 이른다.

장수 지역 외에도 정읍, 김제, 부안, 전주, 남원 등에서 활발하게 말 산업을 추진하고 있다. 정읍 지역의 경우 2011년에 경주마를 생산·육성한 농가에서 경주마 경매를 통해 1억 6,000만 원으로 최고가를 기록한 사례도 등장했다. 또한 2012년 한국마사회 자료에 따르면, 제주 지역을 제외한 내륙 지역에서 전라북도의 씨수말 두수가 전국 대비 10.5%로 가장 높고, 씨암말 두수는 전국 대비 5.5%로 경기(5.6%) 다음으로 높은 것으로 나타나 내륙 지역에서 경쟁력이 높은 지역으로 평가받고 있다.

전라북도의 말 사육 농가는 58호가 있으며, 사육 두수는 594두(2012년 기준)가 있다. 현재 승마장은 12개소가 설치·운영되고 있으며, 말 관련 교육시설은 3개소가 있다. 말 관련 교육시설은 전주기전대학, 남원한국경마축산고등학교, 한국마사고등학교 등이다. 말 관련 고등학교는 전국에 여섯 곳이 있는데 전라북도에 두 곳이 있을 정도로 교육 여건이 우수하다. 한국마사고등학교의 경우 우수한 기수를 양성하고 있어 전국적으로 명성이 높은 교육기관이며, 남원한국경마축산고등학교는 교육부 지정 말 산업 분야 마이스터고등학교로 특성화되어 있다. 또한 2013년에 말 산업 전문인력 교육기관으로 전국 5개 기관이 선정되었는데, 그중 전라북도의 기전대학교, 남원한국경마축산고등학교 등 2개 기관이 선정되었다. 특히 대학으로는 전주기전대학이 유일하게 지정받아 말 산업 교육환경 및 인프라 여건이 우수한 것으로 평가받는 등 전라북도의 말 산업 잠재력은 높다.

2) 전라북도 말 산업의 육성 과제

풍부한 말 산업의 성장 잠재력에도 불구하고 말 산업이 새로운 성장동력으로 발전하려면 여러 가지 해결해야 할 과제가 있다.

첫째, R&D 및 전문인력 양성을 통한 성장 기반 구축이 필요하다. 지역의 말 산업 경쟁력은 R&D 역량 및 전문인력 양성 등에 따라 달라질 수 있다. 국내 말 산업의 R&D는 초기 상태에 있고 말 산업 기반을 구축하기 위해 지속적으로 투자할 예정이다. 전라북도에서 관심을 가져야 할 R&D 부문은 조사료 및 승용마 인공수정이다. 현재 말 조사료는 90% 이상을 수입에 의존해 말 생산 농가의 경제적 부담이 되고 있다. 국내 말 산업 기반을 확고히 하려면 국내에 적합한 말 조사료 품종 개발과 재배 기반을 조성하려는 노력을 기울여야 할 것이며, 전라북도 차원에서 이에 대해 정책적 관심을 가지고 관련 사업 등을 지속적으로 추진해야 할 것이다.

또한 승용마의 인공수정 R&D 부문에 관심을 가져야 한다. 승용마는 자연교배만을 해야 하는 경주마와 달리 인공수정이 가능하다. 승용마 생산은 결국 우수한 종자를 관리하고 개량을 어떻게 하느냐에 따라 국내 승용마 생산 체계가 달라질 가능성이 크다. 승용마는 단위 품종 위주의 경주마와 달리 국가마다 자국의 토종 자원을 활용하여 이용 목적에 맞는 다양한 품종을 육성해 최고의 승용마 생산을 추진하고 있다. 따라서 승용마 종자산업은 세계 말 시장을 변화시킬 가능성이 높다.

말 산업 육성에서 인프라 구축과 못지않게 중요한 것은 전문인력 양성이다. 말 산업 전문인력 양성은 말 산업 수요 증가에 비하여 체계적으로 육성되지 못하고 있다. 말 산업 전문인력은 말 조련사, 승마지도사, 재활승마지도사, 장제사, 말 생산 전문인, 승마경영전문인, 조교사, 마필관리사, 기수 등 다양한 분야에서 필요하다. 전라북도에는 말 관련 고등학교가 두 곳 있으며 전문대학도 한 곳이 있어서 타 지역에 비해 우수한 여건을 보유하고 있다.

말 산업 전문인력 양성은 미래 말 산업의 경쟁력을 좌우할 수 있을 것이다. 따라서 타 지역보다 우수한 교육 여건을 보유한 전라북도에서 필요한 교육 수요 발굴 및 계획 수립 등을 하여 말 산업 전문인력 양성의 중심도시로 발전함으로써 전국에서 사람들이 모여드는 도시로 변화를 도모해야 한다.

둘째, 말 산업의 파급효과를 높이려면 말 생산 및 육성 기반을 공고히 하는 것이 필요하다. 전라북도의 승마 인프라 및 소프트웨어 부문은 타 지역과 비교했을 때 걸음마 단계에 머물러 있고, 말 사육 농가 및 사육 두수도 미흡한 상태이다. 말 산업을 육성하려면 말 생산 농가를 확대해야 한다. 말 생산을 위한 교육 기회를 제공하고 생산 농가의 안정적인 소득 창출을 위한 유통망을 구축하는 등의 노력이 이루어져야 한다.

셋째, 중국 시장을 겨냥한 전략을 수립해야 한다. 중국은 세계 제2의 경제대국이자 한국의 최대 관광객 모집 대상 국가이다. 중국은 사회 전체적으로 말 산업에 대한 관심이 확대되고 있다. 중국에는 현재 400여 개 이상의 말 목장이 있으나 대부분 말 등을 주변 국가에서 수입하고 있다. 또한 중국 내에서 경마 합법화의 움직임이 일어나고 있어 본격적으로 경마산업이 활성화되고 승마산업까지 확대될 경우 동남아시아 최대 말 산업 수입국으로 부상할 전망이다. 이러한 상황에서 정부도 말을 국내 수출전략품목으로 선정해 중국 및 아시아 시장에 말을 수출하기 위한 방안을 마련하려 하고 있다. 전라북도는 중국과 지리적으로 가깝고 항만시설이 구축되어 물류비용 절감이 이루어지는 최적의 장소이다. 따라서 새만금에 대중국 말 교역 거점 지역을 조성해 말 수출 및 생산의 전략기지로 전환을 도모해야 한다.

그림 3-2 **전라북도 말 산업 권역별 구상안**

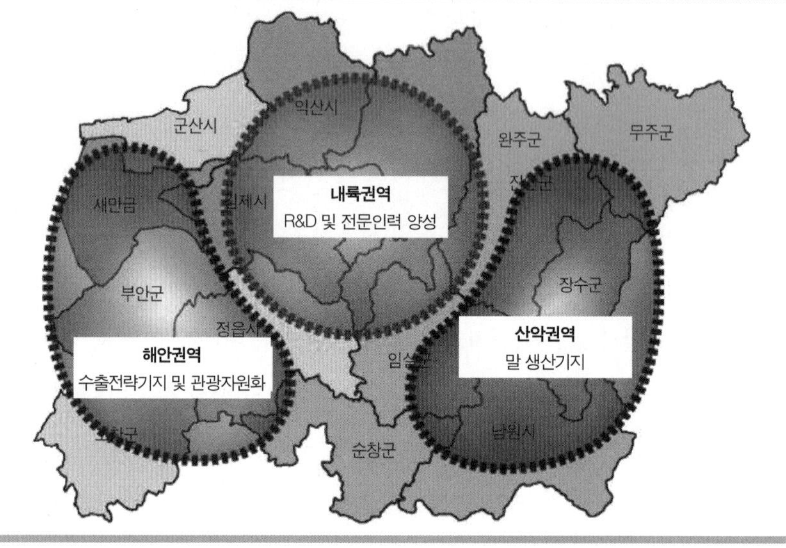

3 | 전라북도, 말 산업 활성화를 위한 정책 방향

1) 전라북도 말 산업, 권역별로 육성해야 한다

전라북도 말 산업을 육성하기 위해서는 지역별 특성에 맞게 권역별로 육성할 필요가 있다. 한정된 자원 및 인프라 등을 효율적으로 배분하고, 지역별 말 산업을 특성 있게 발전할 수 있게 해야 한다. 이를 위한 전라북도의 말 산업 권역은 해안권, 내륙권, 산악권으로 설정할 수 있다. 해안권은 새만금, 군산, 부안, 고창, 정읍 등을 중심으로 말 수출전략기지 및 승마관광 중심 지역으로 육성한다. 내륙권은 전주, 익산, 김제, 완주 등을 중심으로 말 관련 R&D 및 전문인력 양성 중심지로 육성할 필요가 있다. 산악권은 장수, 무주, 진안, 임실, 순창 등을 중심으로 말 생산기지 중심지로 육성한다. 이러한 권역별 특성화 전략을 통해 공간 구상과 기능적 연계 전략이 필요하다.

2) 말 생산 농가 육성, 말공동화생산단지 및 말 조사료 시범생산단지 조성이 필요하다

전라북도 말 생산 및 육성을 위해서 개인 중심의 생산 농가 육성정책과 더불어 생산 농가 유치를 위한 정책도 동시에 고려되어야 한다. 자본이 있고 말 생산 및 육성에 관심이 있어도 초기 투자 부담 및 마필 관리 지식이 부족해 쉽게 접근하지 못하는 사람이 많다. 개인이 투자하여 말 생산 농가가 되기 위해서는 기반 시설 구축과 마필 구입, 운영비 등 관련 비용 부담이 크다. 예컨대 15두 규모일 경우 7억 원, 30두 규모일 경우는 20억 원이 소요되는 등 초기 비용 부담이 커 쉽게 투자가 이루어지기 어렵다. 또한 말 관리 및 이용 등에 대한 사전 지식이 없을 경우 투자가 더욱 어려워진다. 따라서 전라북도의 말 생산 및 육성을 위해 외부 생산 농가의 유치를 위한 전략적인 사업 구상이 필요하다. 이를 위해 말공동화생산단지를 조성해 공동 이용시설 및 조련시설, 방목장, 마사 등을 갖추어 외부인이 마필만 구입할 수 있게 함으로써 초기 투자 부담을 줄이고 공동으로 마필을 관리·육성할 수 있게 하여 말 생산 농가의 진입 장벽을 낮출 수 있다. 말공동화생산단지에 입주할 경우 초기 투자 사업비는 7,500만 원에서 1억 5,000만 원 정도일 것으로 추정된다.

말 생산 및 육성에 필수조건은 말 조사료이다. 그러나 말 조사료는 국내 생산 기반이 없어 외국에서 90% 이상을 수입하고 있다. 이는 말 사육 농가의 경제적 부담으로 작용하고 있다. 수입 조사료는 평균 단가가 1kg당 670원 정도이다. 국내 말 산업 기반의 경쟁력 강화는 결국 말 조사료 생산 기반을 어떻게 갖추느냐에 따라 달라질 수 있다. 정부도 이에 대한 고민이 깊고 말 조사료 생산 기반 구축사업은 반드시 해결해야 할 과제로 보고 있다. 전라북도는 말 조사료 생산 기반을 구축하는 데 높은 경쟁력을 가지고 있다. 현재 전라북도는 한국마사회 공모사업을 통해 말 조사료 전용사료 개발을 추진하고 있다. 말 전용사료가 개발되면 대규모 말 조사료 시범생산단지 조성을 추진해야 한다. 말 조사료 시범생산단지 조성을 통해 국내 조사료 시장의 해외 의존도를 낮추고 국내 말 사육 농가의 가격 경쟁력을 높여야 할 것이다. 적정 부지로는 새만금 농업용지를 들 수 있다. 새만금 농업용지의 효율적인 토지 이용을 도모하고 대규모 생산단지 조성이 가능하기 때문이다.

3) 힐링 시대, 승마힐링센터를 통해 인간과 말이 교감한다

마음과 정신의 치유를 의미하는 힐링healing에 대한 관심이 사회적으로 확대되면서 관련 수요가 급증하고 있다. 명상, 요가, 스파, 승마 등의 분야로 힐링 비즈니스가 성장하면서 힐링산업이 만들어지고 있다. 일본의 경우 힐링산업이 2020년에 이르면 12조~16조 엔 규모로 성장할 것으로 전망하고 있다(≪한국경제매거진≫, 2012년 5월 23일 자). 국가 차원에서도 힐링을 통해 행복한 생활 및 삶의 질 향상에 대한 관심이 높다. 그 이유는 한국이 OECD 국가에서 스트레스가 최고 수준이며, 이로 인해 정신적·신체적 질환자가 급증해 스트레스 관리가 국가 차원의 중요한 책무로 등장했기 때문이다. 이러한 상황에서 사람과 교감을 통해 약물 없이 질병을 개선하고 스트레스를 관리할 수 있는 동물 매개 테라피animal-assisted therapy가 새로운 대안으로 떠오르고 있다. 동물 매개 테라피는 정신건강에 혁신적인 도구라고 주장한 학자도 있다(Cirulli et al., 2011). 이 중 말을 활용한 동물 매개 테라피는 인간의 정신적·신체적 치유에 가장 효과적인 것으로 알려지고 있다. 정부에서도 말 산업 육성 계획을 통해 말을 활용한 청소년 체육활동, 정서순화, 심신치료 등 다양한 서비스 확대를 추진하겠다고 밝혔다.

선진국에서는 이미 말을 활용한 신체적·정신적 개선 및 치유 활동 등이 이루어지고 있다. 가장 활발하게 이루어지고 있는 국가가 독일이다. 독일은 1970년도에 설립한 독일재활승마협회를 중심으로 전국에 150여 개의 재활승마센터가 설립되어 있고, 약 2,700여 명의 회원이 등록되어 있다. 독일재활승마협회는 재활승마지도사 양성뿐만 아니라 과잉행동장애와 같은 문제 행동 아동 및 청소년 등을 대상으로 심리재활치료, 상담치료, 사회적응 훈련 등을 추진하고 있다. 재활승마지도사가 되려면 기본적으로 물리치료사 자격증을 소지하고 있어야 한다.

프랑스는 신체장애 및 정신장애 등을 구분하여 협회가 구성되어 재활승마를 추진하고 있다. 신체장애의 경우 프랑스장애인재활승마협회A.R.S.E를 중심으로 운영되고 있고, 정신장애의 경우 프랑스 재활승마협회FENTAC를 중심으로 운영되고 있다. 프랑스는 재활승마를 위한 시설 및 장비 등을 독자적으로 개발해 운영하고, 병원을 연계하여 사업을 추진하고 있다.

한국에서는 승마힐링을 위한 기반 구축은 초보적인 단계에 머물고 있으나 수요는 증가하고 있다. 따라서 말을 매개로 한 재활, 치유, 여가 등의 종합적인 수요에 대응할 수 있는 승마힐링센터의 설립 필요성이 큰 상태이다. 승마힐링센터는 단기적인 프로그램 운영으로는 효과를 제대로 거둘 수 없기 때문에 일정 기간 체류하면서 지속적으로 관리할 수 있는 기능이 필요하고, 정신건강 및 심리적 안정을 위해 주변의 자연환경을 최대한 활용할 수 있는 지역에 입지하고 상담실 등 관련 시설이 구축되어야 한다. 현재 전라북도의 대통령 지역 공약인 지리산·덕유산 힐링거점사업의 일환으로 장수군 지역에 승마힐링센터를 추진하고 있다. 이를 통해 장수 지역을 승마힐링거점 지역으로 육성하는 동시에 말 생산 농가와 연계를 통해 필요한 말을 공급받음으로써 지역의 소득 창출에도 기여하고자 한다.

4) 말 산업특구로 지정받기 위해 더욱 뛰어야 한다

「말산업육성법」에 의하면 말 산업 성장을 위해 말 산업특구를 지정하게 되어 있다. 말 산업특구를 지정받는 지역은 재정 지원을 비롯해 관련 시설의 우선적 선정, 지원이 이루어지고 저렴한 임대 및 소득세 감면 등의 혜택이 주

그림 3-3 **말 산업특구 지정 추진을 위한 권역 설정**

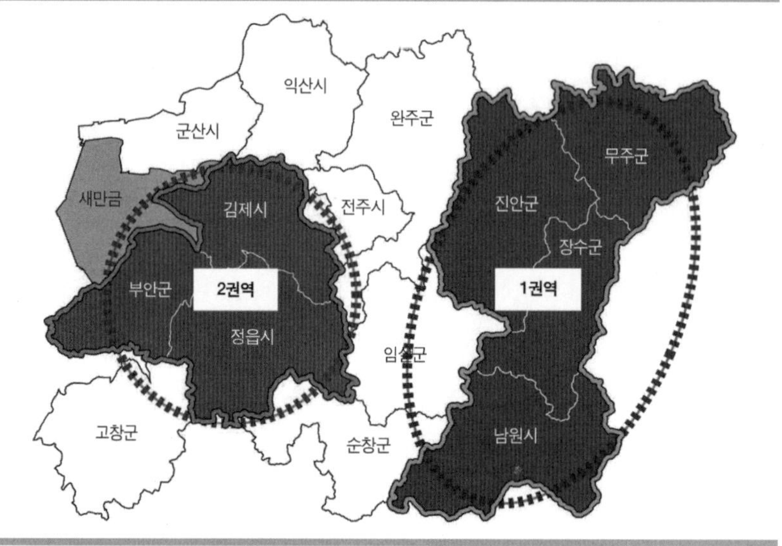

어진다. 전라북도의 말 산업 육성을 위해서는 반드시 말 산업특구 지정을 받아야 한다. 말 산업특구로 지정되려면 네 가지 기준을 충족해야 한다. 연접 지역을 중심으로 말을 생산·사육하는 농가가 50가구 이상이고, 말을 500마리 이상 생산·사육할 수 있는 시설을 갖추고 있으며, 말 산업을 통한 매출 규모가 20억 원 이상이고, 말 산업 진흥을 위해 승마·조련·교육 시설 등을 갖추어야 한다.

말 산업특구로 지정되려면 말 관련 인프라 및 시설 등을 갖추고 있는 전라북도 내 연접되는 적합한 지역을 지정해 집중적으로 육성해야 한다. 연접된 가능한 지역으로는 2개의 권역으로 구분해 설정할 수 있다. 제1권역은 장수·남원·진안·무주 등, 제2권역은 김제·정읍·부안 등으로 설정할 수 있다. 그러나 현재 전라북도는 말 산업특구로 지정받을 수 있는 기준을 충족한 권역이 하나도 없다. 말 산업특구로 지정받으려면 무엇보다도 연접 지역을 중심으로 말 생산 농가 50호를 육성해야 한다. 현재 2개 권역으로 설정된 지역의 경우 말 생산 농가가 부족해 말 산업특구 지정에 부합하지 못한다. 따라서 말 산업특구 지정을 받으려면 생산 농가 육성을 위한 전략적 방안 마련이 필요하다.

5) 새만금에 중국을 겨냥한 말 산업복합단지를 조성해 비상하자

미래의 말 산업 대상 국가로 중국이 부상하고 있다. 중국은 승마 및 경마 등에 관심이 확대되고 있어 말 수입에 적극적이다. 이에 따라 한국마사회 및 정부는 국내 말 산업의 활성화를 도모하는 동시에 미래 성장 잠재력이 가장 높은 시장으로 중국을 고려하고 있다. 따라서 국내산 승용마의 안정적인 공급과 더불어 말 수출 국가로 변화를 추진하기 위해 말 생산복합단지 조성이 무엇보다도 필요한 상황이다. 특히 말 수출을 위해서는 최고의 말 생산환경 조성과 더불어 물류비용의 절감이 최대 관건이다. 현재 이러한 점에서 새만금이 최적지로 부상할 가능성이 크다. 새만금은 지리적으로 중국과 가깝고 물류 및 교통 여건이 비교적 잘 갖추어져 있으며, 주변의 해양 관광자원과 연계할 수도 있다. 또한 새만금의 넓은 부지를 상상력을 동원해 최고의 말 관련 시설로 구축할 수 있는 여건도 충분한 상태이다. 이에 따라 정부는 새만금 농업용지 토지이용계획 보완 연구를 통해 새만금 농업용지 6공구 내 200만 제곱미터에 말 산업복합단지를 건설한 계획을 갖고 있다. 이 사업이 추진된다면 2018년부터 사업이 이루어질 가능성이 있다. 새만금 말 산업복합단지에 말 수출용 말 생산 기반, 조사료 생산 기반, 관광·체류형 연계 기반, 경마공원 등을 구축해 전국 최고의 말 산업 복합단지를 조성해야 한다.

6) 도민들이 말을 타는 그날까지 승마 대중화를 위해 노력해야 한다

전라북도 말 산업 육성에서 필요한 것은 도민들이 말을 타고 즐길 수 있도록 필요한 시설을 지역의 생활공간과 인접한 곳에 갖추는 것이다. 소득 향상 및 여가문화의 다양화, 체육복지 욕구 증가 등이 이루어지고 있어 승마에 대한 관심도 커질 것으로 예상된다. 승마 관심 증가에 대응하기 위해 승마체험 기회 확대 및 승마대회 개최 등 다양한 활동이 주변 생활공간에서 이루어질 수 있게 해야 한다. 이를 위해서는 우선적으로 동네에 작은 승마장이 만들어져야 한다. 현재 도내에는 승마장이 12개가 설치되어 있다. 승마 정기회원이 200여 명이 있으며, 체험 인구는 연평균 2만 명 정도이다. 그러나 5개 지역(군산, 완주, 진안, 무주, 고창)에는 승마장이 없어 지역주민들이 승마체험 및 이용 기회를 제공받지 못하고 있다. 승마장이 없는 지역에 승마장 설치 및 지원이 필요하다. 또한 승마장 이용에 부담이 없도록 지원해야 한다.

그리고 유소년 승마 인구 확대를 위해 유소년 승마단 설립 및 운영, 전국대회의 유소년 승마대회 개최 등을 추진해야 한다. 정부는 유소년 승마단을 2011년 3개소에서 2016년까지 50개소로 늘릴 계획을 가지고 있다. 따라서 전라북도 유소년 승마단을 운영하여 유소년 승마체험 기회 확대, 승마 스타 발굴, 건강하고 균형적인 신체발달 및 정서순화 등을 도모해야 할 것이다. 향후에는 어린이집이나 유치원에 포니 말을 공급해 앞마당에서 말과 교감할 수 있는 기회를 제공함으로써 전라북도가 유소년 승마의 중심지로 변화할 수 있게 해야 한다.

7) 마분에 주목하자

마분馬糞(말의 배설물)이 농가의 새로운 소득원이 될 가능성이 열리고 있다. 마분은 타 가축 배설물에 비해 환경오염이 적고, 열량이 높아 에너지 자원으로 활용하기 용이하다. 마분은 작물에 유용한 장내미생물을 포함하고 있어 토양 물리화학성 개선 및 토양 미생물 활성 증진에 효과가 크다. 또한 마분은 유기물의 퇴비화 조건인 탄소 및 질소 비율 20대 1, 수분 함량 70%에 가장 적합한 상태여서 기타 첨가물 없이 퇴비화가 가능하다. 참고로 소의 경우 탄소 및 질소 비율이 12대 1이고, 돼지는 9대 1, 닭은 5대 1로 퇴비화를 위해 기타 첨가물을 혼합해야 한다. 이러한 장점으로 해외에서는 마분 활용에 적극적이다. 일본에서는 일본중앙경마협회를 중심으로 마분을 활용한 유기농업 개발을 통해, 직접 실험 재배한 결과 기존 유기농업 33%에 비해 마분비료는 64%로 두 배 가까운 수확 결과를 확인했다. 현재 농가에 마분비료를 공급하고 있다. 홍콩은 하루 30톤 분량의 마분 배설물과 약 8,000만 마리의 지렁이를 이용해 액체비료를 생산했다. 생산한 비료는 호주, 중동, 말레이시아, 중국, 싱가포르, 미국 등으로 전량 수출하여 경제적 소득을 올리고 있다.

한국의 경우 마분 발생량은 서울경마공원에서 연간 약 1만 4,000톤이 나오고, 부산경마공원에서는 연간 약 1만 톤, 제주경마공원에서는 약 3,000톤이 나오고 있다. 이에 따라 한국마사회는 마분을 활용한 친환경 사회적 기업 육성을 비롯해 마분비료공장, 마분유기농농장 조성 등을 추진할 계획을 가지고 있다. 현재 전라북도의 경우 마분을 활용한 비료 활용이 이루어지고 있지 않아 도내에서 발생한 마분을 활용한 기업 또는 공장 설립 등을 통해 농가의 새로운 소득원 창출 및 일자리 창출이 연계되도록 해야 한다.

참 고 문 헌

경기도. 2008. 「경기도 말산업 육성·지원 타당성 조사」.

경상북도. 2011. 「경상북도 일자리 창출을 위한 말산업 육성 연구」.

김명희·최병익. 2010. 「농촌지역 활성화를 위한 승마산업 도입방안 연구」. ≪농촌지도와 개발≫, 제17권 2호. 327~346쪽.

농림수산식품부. 2012. 말산업 육성을 위한 지자체 공무원 워크숍 자료.

장수군. 2006. 「장수 말산업 육성 기본계획」.

_____. 2008. 「장수군 말산업 발전방향 및 컨설팅 결과보고서」.

_____. 2011. 「장수 말 레저문화 특구 계획」.

제주발전연구원. 2011.「제주지역 승용마 육성센터 설립 및 운영방안 연구」.
제주특별자치도. 2012.「제주 말산업 종합진흥계획(안)」.
≪한국경제매거진≫. 2012. 5. 23. "'치유' 상품 · 서비스 봇물… 마케팅 코드로 자리 잡다".
한국문화관광연구원. 2012.「승마관광 활성화 방안」.

Cirulli, Francesca et al. 2011. "Animal-assisted interventions as innovative tools for mental health." *Ann Ist Super Sanitá*, Vol. 47, No. 4.

제4장 전라북도를 해상풍력산업의 거점으로 만들자

이강진 | 전북발전연구원 산업경제연구부 연구위원

1. 서남해 해상풍력단지 개발사업의 배경
2. 서남해 해상풍력단지 개발사업의 의의와 계획
3. '해상풍력 글로벌 TOP 3'를 위한 대응

1 | 서남해 해상풍력단지 개발사업의 배경

1) 화석연료의 고갈, 일본 원전사고의 영향

화석연료의 고갈, 일본 원전 사고의 영향으로 신재생에너지에 대한 관심이 고조되면서 세계 각국은 대체에너지 개발을 위해 신재생에너지에 국가적 역량을 경쟁적으로 집중하고 있다. 특히 풍력과 태양광 분야에서 그리드 패리티grid parity를 달성하기 위한 국가적 역량이 결집되고 있는 가운데 기술 완성도와 경제성이 앞서는 풍력발전 분야의 참여 비중이 점차 확대되고 있다.

2) 주력산업의 경기후퇴에 따른 돌파구 마련

조선산업의 신규 수주 실적 저조(2012년 전년 대비 약 30% 감소)와 선박 수출량 감소에 따른 자구책 마련으로 풍력산업이 전략적으로 육성되고 있다. 그리고 글로벌 경기침체의 장기화로 물동량 대비 선박의 공급 과잉 현상이 발생한 해운산업의 극심한 침체 역시 해상풍력산업으로 관심이 집중되는 이유 중 하나다.

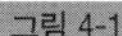

국가별 신재생에너지 투자 규모(위)와 국가별 풍력발전 누적 설치량(아래)

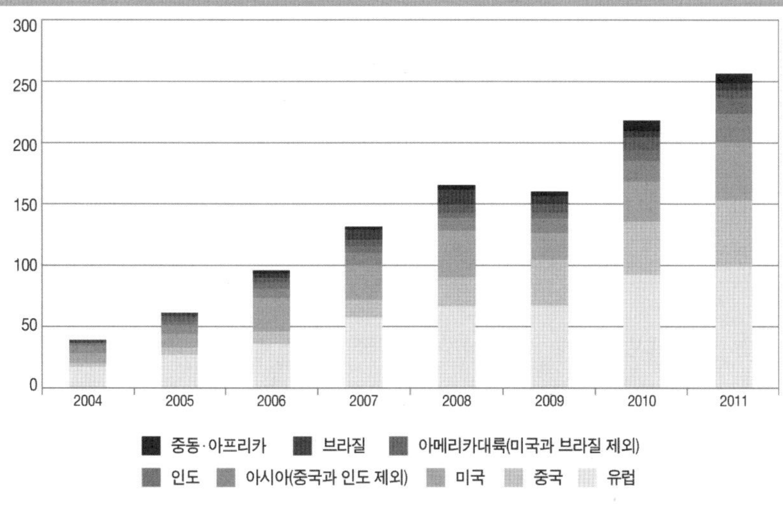

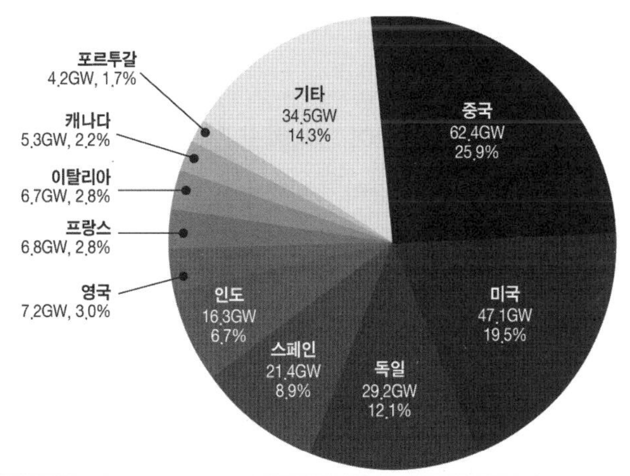

자료: Bloomberg New Finance(2012).

건설산업 또한 공공부문 발주량 감소, 민간부문 신규 투자 미진에 따라 신규 공사 수주가 어려운 상황이며, 철강산업은 유럽의 재정위기, 중국 경제의 부진으로 인한 수요 감소로 자동차 산업에 의지하며 저조한 수익성을 유지하고 있는 상황이다. 즉, 주력산업의 위기를 극복하고 신산업을 육성하기 위한 대안으로 주력산업과 산업 연관 관계가 높은 풍력산업의 육성전략 수립이 본격화되고 있다.

3) 육상풍력의 개발 한계에 따른 대안으로 해상풍력 중요성 대두

그동안 세계의 풍력시장은 육상풍력 중심으로 발전되어왔으나 세계적으로 육상풍력에 필요한 양호한 입지의 고갈과 풍력단지 건설 및 운영에 대한 민원 증가로 새로운 입지를 추가로 확보하기가 어려워져 해상풍력에 대한 관심이 고조되고 있다. 풍력시장은 영국, 독일, 중국이 주도하고 있으며, 2015년까지 매년 30% 성장할 것으로 예상되고 있다(2010년 1.4GW, 2011년 0.4GW, 2012년 2.1GW, 2015년 5.8GW). 우리나라에서는 육상풍력단지 위주로 설치되고 있으나, 최근에는 세계의 추세에 맞추어 해상풍력단지 구축이 본격적으로 진행되고 있다.

4) 해상풍력산업 주도권 경쟁이 가속화될 전망

급속히 성장하는 해상풍력시장의 주도권을 확보하기 위해 풍력 선진 업체 간 해상풍력발전기(5~10MW급) 분야의 경쟁이 치열한 상황이며, 현재는 지멘스Gimens(독일), 아레바Areva(프랑스), 베스타스Vestas(덴마크) 등 유럽 선진국의 대기업이 시장을 주도하고 있다. 유럽은 정부 지원하에 2020년까지 1,270억 유로(약 17조 8,000억 원)를 투자해 국가 간 전력계통을 연결하는 송전선로와 40GW의 해상풍력단지를 건설할 예정이다.

국내 풍력발전기 설치 용량은 380MW(육상)로 세계시장의 0.2%를 점유하고 있으며, 설치된 규모의 90% 이상이 해외 기업 제품이다. 국내 업체는 해상풍력 공급 실적 부족으로 해외 진출 실적이 미흡한 상태이나, 조선과 해양플랜트 기술에 강점을 가지고 있어 해상풍력시장의 진출을 적극적으로 모색하고 있다.

그림 4-2 **세계 풍력발전 연간 및 누적 설치량(위)와 국내 풍력발전 연간 및 누적 설치량(아래)**

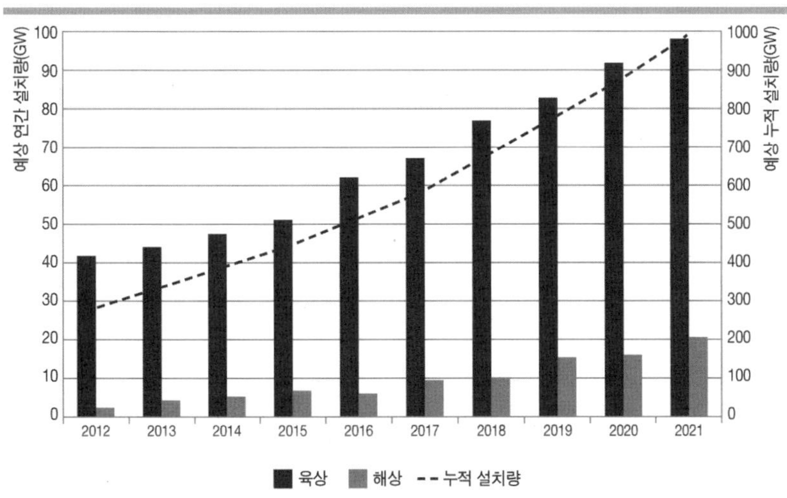

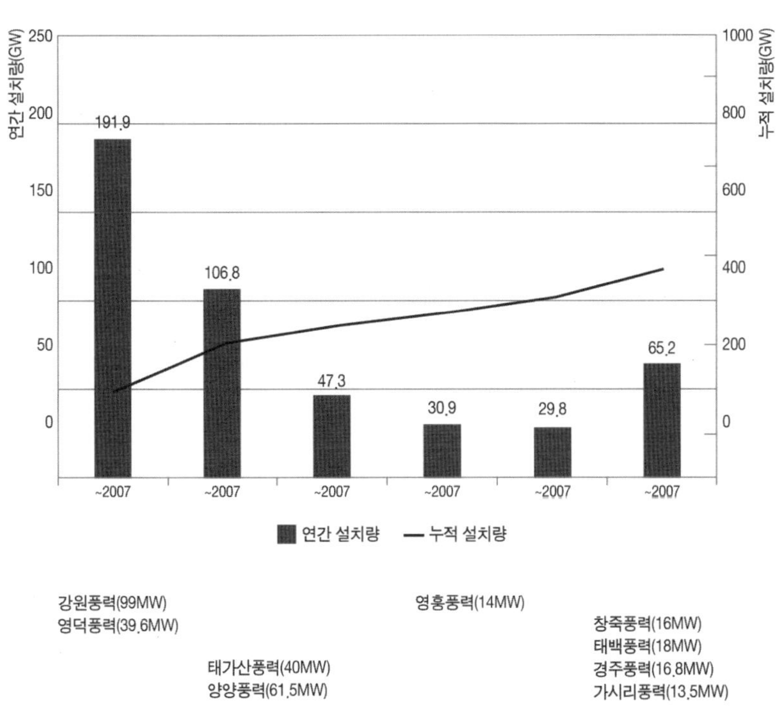

자료: 해상풍력추진단(2013).

2 | 서남해 해상풍력단지 개발사업의 의의와 계획

1) 서남해 해상풍력단지 개발사업의 의의

서남해 해상풍력단지 개발사업은 에너지 자립을 위한 노력의 시작, 해상풍력 강국으로 발돋움하기 위한 초석, 그리고 신재생에너지 분야의 미래 먹거리산업 육성이라는 측면에서 의의를 찾을 수 있다.

서남해 해상풍력단지 개발사업은 국가 신재생에너지사업의 새로운 방향을 설정하는 사업으로 장기적인 차원에서 에너지 자립을 실현하기 위한 노력 중의 하나이다. 해상풍력단지 개발사업은 장기적 안목으로 투자한다는 의미를 가지므로 국가정책의 일관성이 필요하다. 따라서 서남해 해상풍력단지 개발사업을 추진한다는 것은 국가 차원의 풍력산업 육성을 천명한 것으로 볼 수 있다.

서남해 해상풍력단지 개발사업은 '2020년 세계 3대 해상풍력 강국' 실현을 위해 정부, 지자체, 한전·발전회사, 풍력터빈 개발업체가 함께 참여하는 대규모 프로젝트이다. 유럽 선진국, 미국 그리고 중국의 투자에 대응해 해상풍력산업의 리딩그룹으로서 위상을 정립하기 위한 대규모 투자계획의 시발점이다.

본 사업을 계기로 대형 국산 풍력터빈을 적기에 개발하고, 트랙레코드track record의 조기 확보로 해외 풍력시장에 진출해 해상풍력산업을 미래 먹거리산업으로 육성한다는 데 목적이 있다. 서남해 해상풍력단지 개발사업은 발전단지 구축을 통한 에너지 확보에 국한된 것이 아니라 해상풍력산업을 전략수출산업으로 육성하기 위한 테스트베드test bed 구축의 일환이다.

2) 서남해 해상풍력단지 개발사업 및 해상풍력 지원항만 지정

서남해 해상풍력단지 개발사업은 부안·영광 지역 해상에 해상풍력발전단지를 조성하는 계획으로서, 정부는 2008년 10월부터 2년 동안 우리나라 전체 해상을 대상으로 풍향, 수심, 계통연계 조건, 해안과의 이격 거리, 변전소 이격 거리, 확장성 등을 조사했다. 그 결과 서남해안권 중 부안·영광 지역 해상을 최적지로 선정했다. 부안·영광 지역 해상은 바람 등급 Class 3(6.9~7.5 m/s), 수심 20m 이내, 변전소 이격거리 15km, 300MW 이상의 대규모 단지 개발이 가능하기 때문이다.

정부는 부안·영광 지역 해상에 실증단지 조성을 시작으로 2019년까지 3단계로 나누어 총 2,500MW 규모의 대규모 해상풍력발전단지를 건설한다. 먼저 1단계는 2013년까지 100MW(5MW급 20기) 실증단지를 건설(민관 합동으로 6,036억 원 투자)해 트랙레코드 확보에 중점을 둔다. 2단계는 2016년까지 900MW(5MW급 180기) 시범단지를 건설(민관 합동으로 3조 254억 원 투자)하는 것을 골자로 한다. 3단계에서는 2019년까지 1,500MW(5MW급 300기) 해상풍력발전단지를 추가로 건설(민간에서 5조 6,300억 원 투자)하는 것을 주요 계획으로 한다.

전력계통과 관련해 1·2단계는 전북 고창 변전소로, 3단계는 새만금 변전소로 연결할 계획이며, 전체 투자 규모는 9조 2,590억 원이다. 이 가운데 정부는 해상구조물 등의 기술 개발에 290억 원을 지원하고, 나머지 발전기 개발·설치, 지지구조물 설치·계통연계 등에 소요되는 예산은 대부분 민간 투자를 통해 마련할 것을 계획하고 있다.

정부는 해상풍력 개발 기반 구축사업에 군산항을 지원항만으로 신청한 주식회사 한진과 GS건설 컨소시엄을 사업수행자로 선정했다. 정부는 한진과 GS건설 컨소시엄에 2년간 총 260억 원(국비 130억 원)을 지원할 계획이다.

군산항은 항만 상재 하중 용량 개선 공사, 전력 수배전시설 용량 증대 공사 등을 실시한 후, 실증단지(2011~2014년, 100MW), 시범단지(2015~2016년, 400MW) 구축 기간에 서남해 해상풍력단지에 설치될 고중량물인 풍력터빈과

하부구조물의 하역·적치, 조립, 운송 등 물류기지 역할을 수행할 예정이다. 또한 군산항 7부두 개발의 경제적 타당성 확보로 사업 추진에 탄력을 받을 것으로 기대된다. 군산지방해양항만청은 군산항을 서남해 해상풍력단지 지원항만으로 조성하고자 '군산항 7부두 개발' 타당성 조사를 한 결과, 부두 개발 타당성이 충분한 것으로 나타났다. 개발 여건 검토, 물동량 추정, 시설 소요 산정, 경제성 등을 분석하여 경제적 타당성도 검증되었다. 해상풍력 지원 부두는 2만 톤급 1개 선석(210m) 규모로, 사업비 총 700억 원(접안시설 422억 원, 상부시설 278억 원)이 투입될 예정이다.

3) 서남해 해상풍력단지 개발사업 추진체계

해상풍력단지 개발사업의 특성상 장기간에 걸쳐 대규모 투자가 이루어지고, 인허가 등 해결해야 할 문제가 많으므로 사업을 원활히 추진하려면 의결 기구가 필요하다. 이에 따라 현재 '해상풍력추진협의회'가 구성되어 운영되고 있다. 해상풍력추진협의회는 해상풍력 추진과 관련한 주요 사항을 논의하고 결정하기 위한 조직으로서, 한전 사장(회장), 지자체장, 발전사·풍력업체·기기·건설사 대표 등으로 구성된다.

해상풍력산업을 육성하기 위해 협의회 산하에 실무집행기구인 '해상풍력추진단'이 설치(2010년 11월)되었으며, 여기에서 사업 추진과 관련한 제반 사항을 총괄한다. 해상풍력추진단은 풍력 PD(단장), 지자체·한전·에너지기술평가원 등에서 파견된 인원으로 구성되며, 사무실은 에너지기술평가원에 두고 있다. 서남해 해상풍력단지 개발사업의 단계적 추진 계획과 R&D 등 세부 추진 과제에 대한 로드맵도 설정되어 추진되고 있다(그림 4-3 참조).

그림 4-3 해상풍력 추진 로드맵

해상풍력 추진 로드맵

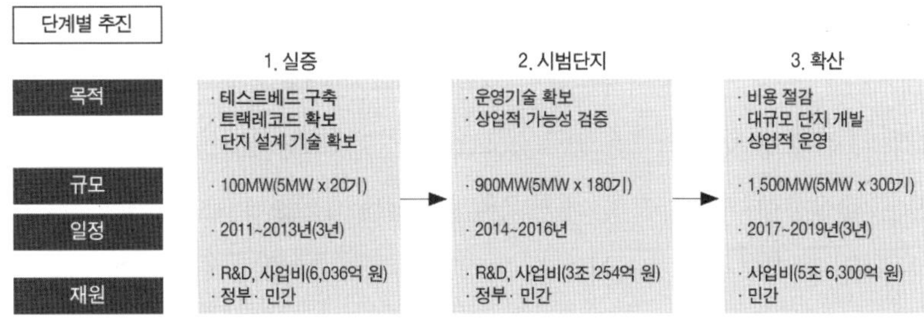

단계별 추진
1. 실증
2. 시범단지
3. 확산
목적
· 테스트베드 구축
· 트랙레코드 확보
· 단지 설계 기술 확보
· 운영기술 확보
· 상업적 가능성 검증
· 비용 절감
· 대규모 단지 개발
· 상업적 운영
규모
· 100MW(5MW x 20기)
· 900MW(5MW x 180기)
· 1,500MW(5MW x 300기)
일정
· 2011~2013년(3년)
· 2014~2016년
· 2017~2019년(3년)
재원
· R&D, 사업비(6,036억 원)
· 정부 · 민간
· R&D, 사업비(3조 254억 원)
· 정부 · 민간
· 사업비(5조 6,300억 원)
· 민간

· 인허가 지원, 민원 해소 등 사업의 원활한 추진을 위해 인근 지역경제 활성화와 연계

세부 추진 계획

연구(정부 지원) / 연구(한전) / 사업(컨소시엄)

세부 추진 계획	1단계			2단계			3단계		
	11년	12년	13년	14년	15년	16년	17년	18년	19년
개발 목표	실종단지(100MW)			시범단지(900MW)			확산(Multi GW)		
풍력터빈	기기요건 정의	설계/제작/설치			제작/설치			제작/설치	
계통연계(HVAC)	설계/인허가	제작/설치 (2회선, 600MW)						제작/설치	
계통연계(HVDC)	HVDC 기술 개발(1.9GW, 2회선)					설계/인허가	제작/설치		
자원 평가	해상기상단 모니터링/분석	자원 평가/風기상 분석							
단지 발굴/설계	부지 조사/예상부지 공표/2단계 단지 설계			3단계 단지설계					
지지구조물	설계요건 개발	설계/제작/설치		설계/제작/설치			설계/제작/설치		
환경영향 평가	해상풍력 환경영향분석			EIA/인허가	모니터링		EIA/인허가	모니터링	
운영기술	SCADA/CMS 개발				SCADA 구축/운영			SCADA 구축/운영	

· SCADA: Supervisory Control And Data Acquisition, 원격감시제어시스템
· CMS: Condition Monitoring System, 상태감시스템
· EIA: Environmental Impact Assessment, 환경영향평가

자료: 지식경제부(2012. 12. 16).

3 ㅣ '해상풍력 글로벌 TOP 3'를 위한 대응

정부는 해상풍력 글로벌 TOP 3를 실현하고자 서남해 해상풍력발전단지 개발을 추진하기로 하고 이를 위한 지원항만으로 군산항을 선정했다. 현재 전북의 해상풍력 관련 기업의 집적은 초기 수준이나, 군산국가산단에 현대중공업, 케이엠, 데크항공, 세아베스틸, JY중공업, 현대하이텍 등 풍력기업이 입주해 풍력클러스터 조성에 필요한 기본적인 여건을 갖춰나가고 있다. 이에 따라 서남해 해상풍력발전단지 개발사업이 본격화될수록 해상풍력 관련 기업의 전북 유치가 탄력을 받을 것으로 보인다. 또한 선진국의 해상풍력산업은 해상풍력 지원항만의 배후 산단에 '생산 - 조립 - 이송 - 설치 - 수출'로 이어지는 해상풍력 서플라이체인supply chain 구축을 통해서 육성되고 있다. 이러한 사례로 볼 때 국내 최초로 해상풍력 지원항만이 선정된 것을 기회로 선점 효과를 극대화해 전북을 해상풍력사업의 거점으로 만들어야 할 것이다.

이를 위해서는 해상풍력산업 클러스터 조기 구축, 해상풍력종합지원센터 설립 등 해상풍력 지원체계 구축, 그리고 해상풍력 연구개발 및 시험평가인증 기반 구축 추진 등이 필요하다.

해상풍력 글로벌 TOP 3를 달성하기 위해서는 해상풍력 지원항만 배후 단지에 해상풍력클러스터를 조기에 구축해야 한다. 이를 위해 배후 단지에 해상풍력 전용 산단을 조성해 산업 육성에 필요한 해상용 풍력발전 터빈, 하부구조의 중량물, 블레이드와 같은 핵심부품기업의 집적화를 서둘러 추진해야 한다.

국내 풍력발전 유지·보수 분야 인력이 전무한 상황이므로 서남해 2.5GW 해상풍력 발전단지 개발과 향후 운영·관리에 참여할 전문인력을 양성하기 위해 해상풍력 종합지원센터의 설립이 필요하다. 또한 국내 육·해상 풍력단지 운영에 필요한 필수 부품을 보관하고 지원항만을 통해 해외에 설치된 풍력발전기의 유지·보수 물품을 공급하기 위한 물류체계도 구축해야 한다.

현재 개발 중인 해상용 풍력발전기의 조기 상용화(수출화)를 위해 국가 차원의 시험평가인증기관을 해상풍력 클러스터 내에 설립할 필요가 있다. 이와 더불어 해상풍력 시스템 및 블레이드, 증속기, 베어링 등 해상용 풍력발전

그림 4-4 **해상풍력산업 클러스터 구축**

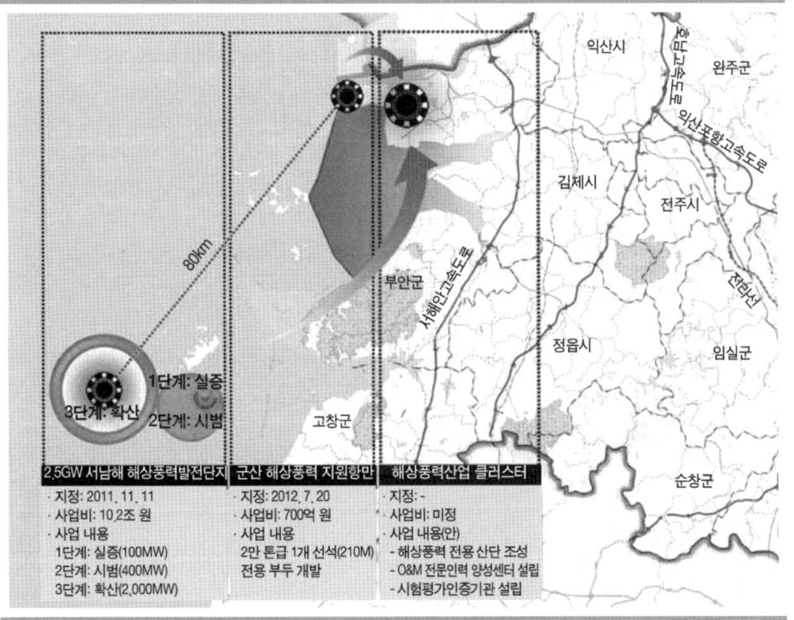

자료: 이강진(2013).

기 전략부품 중심의 연구개발 및 시험·평가, 국제인증 지원 기반 구축이 필요하다. 이와 더불어 해상풍력 관련 인허가 지원과 지역주민의 이해 제고를 위한 홍보사업도 적극적으로 추진해야 한다. 또한 사업을 차질 없이 추진하기 위한 지역민의 수용성 제고 노력도 필요하다. 풍력발전단지 건설에 따라 발생하는 집단 간 의견차를 해소하기 위한 거버넌스 구축이 필요하며, 풍력발전단지 조성으로 인해 발생하는 민원(어업권, 이주 대책, 보상 등)과 군사시설 관련 문제를 해결하기 위한 이해관계자들의 협력이 요구된다.

참 고 문 헌

강정화·이진권. 2012. 「2012년 풍력산업동향 및 전망」. 한국수출입은행 해외경제연구소.

김계환·주대영·김기환. 2012. 「유럽 풍력산업의 발전요인과 한국의 정책과제」. 산업연구원.

이강진. 2013. 「전라북도 해상풍력산업 육성기반 조속히 마련해야」. 전북발전연구원. ≪이슈브리핑≫, 108호.

정규재. 2010. 「유럽의 해상풍력 정책방향에 관한 연구: 덴마크, 독일 및 영국을 중심으로」. 에너지경제연구원·지식경제부.

지식경제부. 2012. 7. 20. "군산항, 서남해 해상풍력단지 지원항만으로 선정"(보도자료).

_____. 2012. 12. 16. "2.5GW 규모의 서남해안 해상풍력단지 개발을 위한 지식경제부 해상풍력 추진단 발족"(보도자료).

한국해상풍력(주). 2013. 「서남해 해상풍력사업 추진 현황」. 해상풍력 R&D 서남해 실증사업 연계 워크숍 자료.

해상풍력추진단. 2013. 「서남해 해상풍력 프로젝트 추진 현황과 이슈」. 해상풍력 R&D 서남해 실증사업 연계 워크숍 자료.

제5장 사라져가는 전통지식이 보배 된다

장남정 | 전북발전연구원 정책사업연구부 연구위원
김민경 | 전북발전연구원 정책사업연구부 연구원

1. 생물다양성협약과 나고야의정서
2. 정부의 대응
3. 지자체와 지식재산권
4. 생물자원 전통지식 활용 및 유출 사례
5. 전통문화의 중심지 전라북도, 무엇을 준비해야 하는가

1 | 생물다양성협약과 나고야의정서

1) 약 800조 원 시장 선점을 위한 총성 없는 전쟁

지구상에는 약 1,000만 종 정도의 생물종이 있는 것으로 추정하고 있으나, 최근 인간의 활동에 의한 환경오염, 열대우림 감소 등의 영향으로 멸종되는 생물이 급증하고 있다. 이에 세계 각국은 국제연합환경개발회의UNCED에서 생물다양성 보호를 위해 160여 개국의 참여로 1992년 생물다양성보존협약Convention on Biological Diversity: CBD을 채택했고, 이는 1993년에 발효되었다.

생물다양성보존협약은 희귀 생물종을 무조건 보존한다는 것이 아니라, 생물종으로부터 인간의 건강·영양 등 경제적 이익이 되는 물질들을 활용하고, 그 생물의 환경이 건강하게 유지되도록 보존한다는 적극적인 개념이 포함된다. 전 세계 생물다양성과 관련한 생물자원의 시장 규모는 약 7,600억 달러(약 800조 원)로 보고되고 있다(의약 5,460억 달러, 천연물약 1,000억 달러, 종자 300억 달러, 원예품목 1,400만 달러, 산업바이오 723억 달러, 화장품 120억 달러).

2010년 10월, 일본 나고야에서 열린 제10차 생물다양성협약 당사국총회

그림 5-1 **나고야의정서 체계**

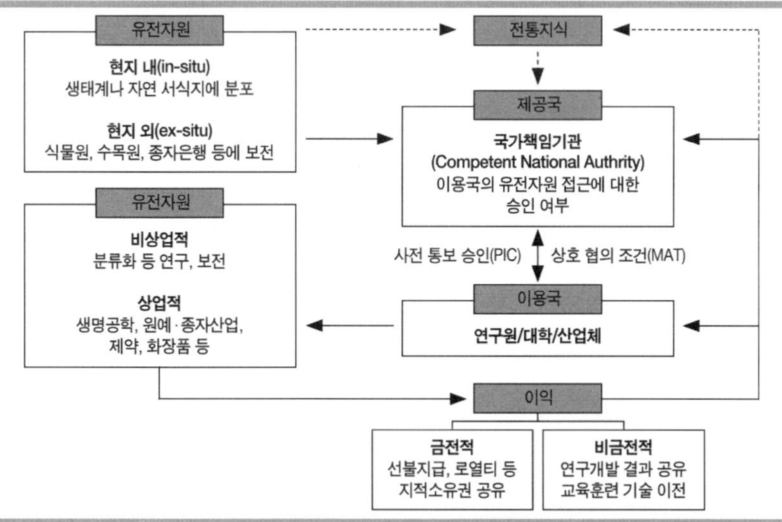

자료: 이석우(2011).

에서 '생물유전자원의 접근 및 이익 공유Access to Genetic Resources and Benefit Sharing: ABS'에 대한 나고야의정서가 채택되어 발효를 앞두고 있다. 나고야의정서의 핵심은 해외 유전자원을 이용할 희망자는 해당 유전자원 제공국으로부터 유전자원의 접근에 대한 '사전 통보승인'을 얻어야 하고 상호 합의 조건에 따라 파생되는 이익을 공유하는 것이다. 여기서 이익 공유의 대상은 로열티 등의 금전적 이익과 기술 이전 등의 비금전적 이익을 모두 포함한다. 특히 생물다양성과 그 구성 요소들의 보전과 지속 가능한 이용을 위해 지역 토착민이 보유한 유전자원과 전통지식도 범주에 포함하고 있는데, 이는 전통적으로 계승되어온 생물유전자원의 이용법이나 활용법이 지식재산으로 인정받게 됨을 의미한다.

애플사의 시가총액 215조 원 중 90%에 해당하는 194조 원이 무형자산 가치임을 고려할 때 지식산업시대에 지식의 중요성은 날로 증가하고 있다. 지식재산과 관련한 경쟁은 기업뿐만 아니라 지자체를 포함한 국가의 미래에도 매우 중요한 의미를 가진다. 따라서 지식산업시대라 할 수 있는 21세기에는 그동안 아무도 돌보지 않았던 생물유전자원과 전통지식이 돈이 되는 시대를 맞게 되는 것이다.

2 | 정부의 대응

1) 국내 생물자원 보호 및 국익 도모를 위한 체계 구축

생물자원과 관련하여 환경부는 2005년 '생물자원보전 종합대책'을 수립해 2014년까지 4,760억 원 규모의 3개 분야, 8개 중과제, 28개 세부 추진 과제를 선정해 추진하고 있다.

① 생물자원 조사・발굴: 생물자원 조사, 발굴, 분류, 확보의 11개 세부 과제
② 생물자원 보전・관리체계 확립: 생물자원 보전대책 강화, 보전시설 확충, 활용기반 조성의 11개 세부 과제
③ 생물자원보전 추진체계 구축: 생물자원 보전 관리 인프라 구축, 생물자원 DB 및 정보망 구축, 생물주권 확보대책 6개 세부 과제

이후 2011년 11월 생물자원과 관련된 부처들은 '범정부 생물자원 보호 및 바이오산업 지원대책'을 수립해 나고야의정서에 대응하고 생물산업 경쟁력 강화를 위한 3대 추진 과제를 다음과 같이 설정했다.

① 생물주권 확립 및 효율적 관리
- 한반도 고유 생물자원 발굴・확보: 자생 생물자원을 2020년까지 2만 3,000여 종 추가 발굴하고 전통지식발굴사업단을 운영해 2만 건 이상 추가 발굴 및 목록화, 국외 반출 자생 생물자원 조사(15개국 53개 기관)
- 국가생물자원 종합관리시스템(DB) 구축: 생물자원 유출입 종합관리, 생물자원

접근 · 승인 시스템을 포함하는 국가생물자원 종합관리시스템 구축 · 운영

② 생물주권 확립 및 효율적 관리

- 국내외 유용 생물자원 정보 분석 및 공여: 2020년까지 2만 종 이상의 해외 생물자원 조사 · 발굴
- 생물자원 상용화 기술 개발 지원: 실용화 기술 개발 및 생물자원 관련 산업 종합지원센터 건립(2015)을 통한 창업 및 성장 지원
- 전문인력 양성 및 지원제도 마련: 생물자원 특성화 대학교 지정

③ 나고야 의정서 의무 이행 법령 정비

- 나고야 의정서 국내 의무 이행 법제 마련: 「생물다양성보전및이용에관한법률」과 유전자원 접근 및 이익 공유에 관한 법률 마련
- 부처 간 공조체계 구축 및 향후 협상 대응: 경제적 파급효과를 고려하여 관련 부처 및 산업계 등과 협의

또한 법적 체계를 마련하고자 「생물다양성보전및이용에관한법률」(2012년 2월 1일 제정, 2013년 2월 2일 시행)을 제정했으며, 그 주요 내용은 다음과 같다.

- 국가생물다양성전략 및 시행계획 수립: 환경부는 국가생물다양성전략을 5년마다 수립하여 시행하고 관계 기관은 매년 시행계획을 수립 시행
- 생물다양성 조사 및 국가생물종목록 구축: 정부는 생물다양성 현황 조사를 실시하고, 환경부는 국가생물종목록을 구축
- 생물자원 획득 신고 및 국외 반출 승인: 생물자원의 외국 반출의 경우 환경부 장관의 승인을 받고 외국의 생물자원을 획득하려는 경우 신고 의무화
- 생물다양성 감소 등에 대한 긴급 조치: 환경부 장관, 관계 중앙행정기관의 장 및 시 · 도지사는 자연재해 발생이나 개발사업 등의 시행으로 생물다양성의 급격한 감소가 우려되는 경우 공사 중지 등의 조치를 시행
- 국가생물다양성센터 운영 및 정보공유체계 구축: 환경부장관은 생물다양성 관련 정보를 총괄 관리하는 국가생물다양성센터를 운영하고, 국내생물다양성 정보 관리를 위한 국가생물다양성 정보공유체계를 구축 · 운영
- 생물자원 이익 공유 및 전통지식 보호: 정부는 생물자원의 연구개발로 발생하는 이익을 공유하고 관련 전통지식의 보호를 촉진하기 위한 시책을 추진

· 외래 생물 및 생태계 교란 생물의 관리 강화: 외래 생물 관리계획을 수립하고, 유전자 변형 생물체 등을 생태계 교란 생물로 지정하여 관리

정부는 나고야의정서에 대한 정보공유를 위해 관련 산업계 및 학계 등 이해당사자를 대상으로 심포지엄을 개최하고, 2014년 10월 강원도 평창에서 제12차 생물다양성협약 당사국총회CBD-COP12를 유치하는 등 나고야의정서 발효에 적극적으로 대응하고 있다.

그림 5-2 **나고야의정서 대응을 위한 범정부 추진대책**

비전	**2020년, 인류복지에 기여하는 생물산업 강국 진입**
목표	• **2020년까지 한반도 생물자원 목록을 6만 종까지 확대** : 미발굴 고유 생물종 추가 발굴 및 원산지국 지위 확보 • **선진국의 90% 이상까지 바이오산업 기술 경쟁력 향상** : 바이오기술 상용화와 산업화에 대한 범정부 지원 확대
추진 과제	**1. 생물주권 확립 및 효율적 관리** 1-1 한반도 고유 생물자원 발굴 및 확보 1-2 국가생물자원 종합관리시스템 구축 **2. 생물자원 관련 산업 육성 · 지원** 2-2 국내외 유용 생물자원 정보 분석 및 공여 2-2 생물자원 상용화 기술개발 지원 2-3 전문인력 양성 및 지원제도 마련 **3. 나고야 의정서 의무이행 법령 정비** 3-1 나고야 의정서 국내의무 이행 법제 마련 3-2 부처 간 공조체계 구축 및 향후협상 대응

자료: 환경부(2011. 11. 8).

3 | 지자체와 지식재산권

1) 전통지식도 지식재산권으로 꿰어야 보배

전통지식이란 전통에 기반을 둔 지적 활동의 산물로 파생되는 산업, 예술 또는 문학적인 결과물을 총칭하며, 지역의 민간치료요법, 벽화 문양, 전통음악 등이 포함된다. 구전 전통지식의 경우 나고야의정서상의 토속사회 또는 지역사회의 범위에 따라 위상이 달라질 수 있으나, 지역사회 주민들이 공유하고 있는 지식으로 이해할 수 있다.

그러나 마을에서 전해 내려오는 향토자원을 활용한 전통지식이 그 자체로는 지식재산권을 행사할 수 없으므로, 특허나 논문 발표 등 유효 공표를 통해 선행성 확보가 가능하다. 따라서 나고야의정서 발효에 대비해, 구전되어 전해 내려오는 전통지식을 지자체(또는 특정 지역사회) 고유의 지식재산임을 공표하고 이를 활용할 방안을 모색해야 한다. 특히 도내 인구 유출, 노령화 등으로 전통지식이 점차 사라지는 현실이므로 발 빠른 대응이 요구된다.

생물자원과 관련한 구전 전통지식(지리산 지역)의 사례는 다음과 같다.

생물자원 전통지식의 사례(지리산 지역)

· 석이

석이는 석이과의 지의류로 조선 현종 때 왕실 잡채에 많이 사용했고 왕비의 태교 음식으로 쓰기도 했다. 석이를 물에 담갔다가 물기를 제거하고 채로 썰어 김장 김치 담을 때 넣으면 천연 방부제로 활용할 수 있으며, 부패하기 쉬운 여름철 음식에 넣어 식중독을 예방할 수 있다.

· 능이

능이는 굴뚝버섯과의 식용버섯으로 참나무 뿌리에서 균생하며 '향버섯' 또는 '향이'라고도 한다. 능이는 살짝 데쳐 먹으며, 고기 먹고 체했을 때 달여서 먹는 등 천연 소화제로 이용된다.

표 5-1 **전통산업 및 일반산업과 대비되는 전통지식산업의 특징**

대상 및 산업의 특징	전통지식산업	전통산업	일반산업
주체	지역사회: 관련 생산자, 가공자 및 단체, 관련 지역민, 출향민, 지자체, 대학 및 연구소 등	정부 공기업·대기업	개별 기업
객체(대상)	전통지식의 개발: 지역자원(유전자원, 지하자원, 전통문화 표현물), 전통지식자원(전통명칭 및 지명, 전통문화 표현물)	조선·철강·자동차·석유화학·기계·섬유 등(IT·BT·NT 등 첨단신산업의 대립 개념)	대상 제한 없음: 신소재, 화학물질, 기계부품, 가공, IT, 영화, 영상 등
구조적 특성	복합 6차 산업(산업 간 연계	중후장대형제조업	특정 산업(기업 간 연계)
기능적 특성	지역클러스터 필수적 요소	대·중소기업 연계	지역클러스터 개별 기술 연구
기술적 특성	전통지식과 첨단지식의 융합, 종합적 전통(향토)지식풀 구축, 경험기술 전수	제조 생산설비 기술, 자동화 기술	개별 기업의 개별 기술 연구
브랜드 특성	지역브랜드(지역유산 개념)	공공기업·대기업 브랜드	개별 상품, 기업 브랜드
자본 규모 및 위험성	지역향토자원 기반, 구성원 소규모 자본+중앙 및 지방정부 지원 자금 안정성 및 지속성	대규모 자본, 공적 자금, 해외 차관	대규모 자본, 큰 위험성, 개별적 지식 기반, 대규모 투자자본
기대 효과	국내외 경쟁력 강화, 지역경제·일자리·삶의 질 개선	글로벌 경쟁력 강화	개별 기업 경쟁력 강화, 개별 기업 경쟁력 범위 하의 효과
기타	소비자 지역 살리기 및 애향심 고취 효과	지역특화 및 랜드마크 효과	효과 없거나 미흡

자료: 한국지식재산관리재단, "전통지식권리화 및 산업화", 지적재산 연구회 세미나 자료 (2011. 12. 7.)

전통지식은 특정지역 환경에 대한 도전과 반응을 포함하며, 비문서적, 비체계적, 복합요소가 결합되는 특징이 있다. 따라서 전통지식은 약학, 생태학, 인류학, 언어학, 경제학, 생물학적 자료 등과 같은 자료를 기반으로 하며, 다양한 활용을 토대로 산업화를 모색할 수 있다. 전통/일반 산업과 대비되는 전통지식산업의 특성은 지역사회가 주체가 되어 전통지식 개발을 통한 융·복합 지역브랜드 산업으로 정의할 수 있다. 지역브랜드 산업은 지역 상품, 서비스 등이 소비자에게 특별한 브랜드로 각인되어 지역의 이미지 향상과 경제 활성화에 연계되는 것으로, 브랜드 요소에 따라 자연 자원형, 문화자원형, 상품 자원형, 서비스 자원형으로 구분된다. 전통지식산업의 특징을 전통산업 및 일반산업과 비교·정리하면 표 5-1과 같다.

표 5-2 **지식재산도시사업 주요 추진 내용**

지역명	사업 내용
원주시	첨단 복합의료기기 관련 분야 R&D 전략 수립을 지원하고, 관련 중소기업의 특허 컨설팅 · 디자인 개발을 추진
안동시	전통문화유산인 고택의 브랜드를 개발하고 브랜드 활용 방안 제시(두릉구택, 태장재사, 성재종택, 안동 장씨 등)
광주 남구	찾아가는 지식재산아카데미 운영, 1주민 1지식재산권 갖기 지원, 발명 장려금 지원, 1사업자 1상표권 갖기 지원, 과학발명캠프, 향토핵심자원 지식재산 등록사업 등 추진
제천시	한방 관련 중소기업을 중심으로 지식재산 경영 컨설팅, 사업화 지원사업, 디자인 브랜드 개발 지원사업을 통해 지식재산권으로 출원, 이를 사업화하여 기업의 매출 증대에 기여
대구 달서구	지식재산 관련 교육 및 홍보 활동 지원, 주민 인식 제고사업, 학생발명진흥사업, 중소기업 지식재산 창출 지원사업, 맞춤형 일자리 지원사업의 25개 세부 사업 수행
광양시	중장기 지식재산진흥계획을 수립하여 지식재산 시스템 구축, 지식재산도시 인프라 구축, 향토지식재산 발굴 사업화, 지역브랜드 가치 제고사업을 추진 중
부산 북구	전통시장, 구포국수, 구포제첩 등의 브랜드 지원, 청소년발명체험한마당 개최 등
광주 광산구	지식재산 교육 및 지식재산 인재 육성 지원 발명 동아리 운영 등 지식재산 인식 제고사업을 지재권 창출과 연계(지식재산 인재 육성 지원 발명 동아리를 통해 11건의 특허 출원)
제주시	지식재산 전수조사 · 분석 및 DB 구축사업, 다양한 업종의 사업자들에게 지식재산 인식 확산과 경쟁력 강화를 위해 1사업자 1상표권 갖기 사업 지원
진주시	지식재산도시 선포식, 지식재산 아카데미 등 인식 제고를 위한 행사 개최, 진주시 지식재산 진흥에 관한 조례 제정, 지식재산진흥위원회 구성 등

지자체의 지식재산권에 대한 관심이 증가하면서 특허청은 지식산업시대를 대비하기 위해 지자체의 지식재산 관련 조례 제정 및 전담조직 확보 등 인프라 구축을 지원하고 지식재산권 종합서비스를 제공하는 '지식재산도시 조성사업'을 추진 중이다(지역의 전통지식뿐 아니라 산업 지재권까지 포함한 포괄적 사업임). 기초지자체를 대상으로 공모를 통해 매년 5개의 지식재산도시를 선정하고, 선정된 지자체에는 지역지식재산진흥조례 제정, 전담인력 확충, 중장기 발전계획 수립 등 정책 인프라 구축 및 지역 특성에 맞는 지식재산사업을 3년간 지원하고 있다.

2012년에는 10개의 기초지자체가 지식재산도시사업에 참여했으며, 지자체별 지식재산도시 주요 사업 추진 내용은 표 5-2와 같다. 이러한 지자체의

그림 5-3 **특허청 지식재산도시 조성사업**

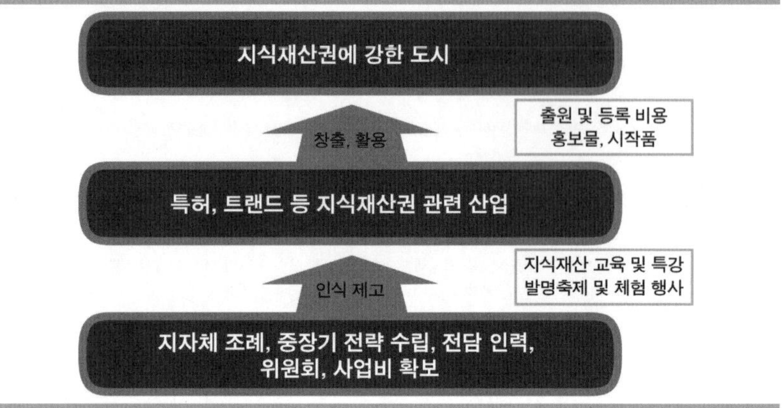

자료: 특허청, 지식재산도시 조성사업 개요 (2011).

지식재산권 확보를 위한 사업은 지역 고유의 전통, 문화는 물론 생물자원과 이를 이용하는 전통지식산업과 연계하여 전략적으로 추진될 수 있다.

4 | 생물자원 전통지식 활용 및 유출 사례①

1) 생물자원 전통지식 활용사례

일부 지자체에서는 지역브랜드 사업에서 한걸음 더 나아가 지역의 향토자원과 전통지식 활용까지 중점을 두고 있다. 향토자원 및 전통지식을 이용한 지자체 또는 마을공동체 소득 창출사업의 사례는 다음과 같다.

(1) 순천 곰보배추

전남 순천에서는 용오름 농촌 전통테마마을을 중심으로 곰보배추 가공품

① 김현·송미장(2011)의 내용을 참조.

을 개발하고 콩과 어울리는 약재를 조합해 건강두부를 만들고 있다. 곰보배추는 그동안 잡초로 취급받아 활용 관심에서 벗어나 있었지만 겨울에도 잎이 푸르며 기침, 가래, 편도선염, 감기옹종, 치질, 자궁염, 생리불순, 냉증, 타박상에 좋은 효과가 있다. 잡초에서 건강을 보전하는 식품으로 가공하기 위해 마을주민과 한약사, 야생화 전문가의 자문을 받아 개발한 상품의 특허를 획득했다.

(2) 청원 민들레 생막걸리

충북 청원군에서 생산된 쌀과 민들레를 원료로 빚은 민들레 생막걸리는 원료가 친환경적으로 재배되어 품질이 뛰어나다. 민들레는 암과 성인병 예방에 효과가 있고, 민들레의 생약성분이 막걸리에 그대로 녹아 있어 소화불량, 변비에도 탁월한 효과가 있다. 청원군의 농산물로 빚어진 전통술의 상품성 및 생산성을 평가해 농가 소득원으로 육성할 수 있도록 실용화사업으로 진행 중이다.

(3) 일본 가미가쓰 마을 나뭇잎사업

일본 도쿠시마 현 가미가쓰 마을은 전통적으로 목재사업, 감귤 등 과수농업이 발달했으나 치열한 경쟁에 밀려 경제가 몰락해왔는데, 이로도리의 요코이시 도모지 대표의 아이디어로 나뭇잎사업을 시작했다. 농협을 중심으로 나뭇잎사업을 하던 주민들은 1999년 나뭇잎의 분류 및 채집의 전통지식을 기반으로 마을기업을 설립했다. 이로도리는 주민을 대신해 기획, 홍보, 마케팅, 나뭇잎 관련 정보 수집·분석 후 수요 파악, 공급량 조절, 생산·판매 시스템 구축 등을 담당하고 있다. 단풍잎, 감나무잎, 댓잎, 연잎 등 종류만 320여 가지에 이르며, 매일같이 채취한 나뭇잎을 대도시지역으로 판매하고 있어 고령화한 마을에 일자리가 생기고 소득이 늘어나고 있다.

2) 생물자원 전통지식 유출 사례

이미 선진국은 20세기 초부터 수많은 유전자원을 약탈해왔으며, 지식산업 시대에 대비해 전통지식 확보에 주저하지 않고 있다. 특히 한국은 일제의 수탈, 서구화, 인구 유출, 노령화 등으로 지역의 전통지식이 점차 희미해져가고 있는 현실에서, 전통지식은 조상이 우리에게 물려준 자산으로 후손들에게 지식자산으로 물려줄 의무가 있다. 전통지식 유출과 생물 약탈의 대표적인 사례를 들면 다음과 같다.

(1) 닭뼈곰탕(국내 전통지식 유출)

미국 하버드 의과대학의 데이비드 트렌섬David Trentham 박사 연구팀은 류마티스성 관절염 환자를 대상으로 한 소규모 단지 임상실험에서 닭의 연골로 만든 교원질액이 효과가 있다는 결과를 얻고 이를 1993년 ≪사이언스≫에 발표했다. 이와 관련하여 연구팀은 다수의 미국 특허를 획득하고, 한 달 복용에 3,500달러인 약을 개발했다. 그런데 우리나라에서는 충청도 지방을 중심으로 무릎이 아플 때 닭발과 쇠무릎(우슬), 그 밖의 재료를 넣고 탕으로 만들어 복용한 전통지식을 이미 가지고 있었다. 이러한 기록이 아직 문헌으로 밝혀지고 있지 않아, 전통지식의 지식재산권을 주장할 수 없는 상황이다.

(2) 김치 특허(국내 전통지식 유출)

스위스 네슬레는 1980년 초에 양배추 소금 절임 식품인 사우어크라우트의 맛을 개선하기 위하여 연구했다. 양배추를 소금에 발효시킬 때, 닭고기의 가수분해 단백질을 첨가하면 발효된 양배추에 치킨 풍미가 나는 것을 발견해 특허를 출원했다. 한국 배추김치는 담글 때 젓갈류를 넣어 맛을 좋게 하는데, 이는 통상적인 기술을 가진 자라면 쉽게 발견할 수 있는 것이라 하여 특허 등록이 거절된 바 있다. 전통지식의 탐색과 발굴의 당위성, 전통지식에 대한 경각심을 일깨워준 좋은 예라고 볼 수 있다.

(3) 심황(인도 생물 약탈)

인도인들은 심황의 뿌리를 향신료로 널리 이용했으며, 약용으로도 수세기 동안 상처와 부상을 치료하는 데 전통적으로 이용해왔다. 1995년에 미국 미시시피 대학의 인도인이 심황의 부상 치료에 대해 미국 특허를 받았다. 그런데 이를 놓고 인도 뉴델리 과학산업위원회는 심황의 약효는 이미 선행성을 가지고 있음을 고대 산스크리트 문헌과 1953년 인도 의학잡지 논문으로 입증했다. 논란 끝에 1997년 해당 미국 특허는 취소되었다.

(4) 님나무(인도 생물 약탈)

오래전부터 인도에서는 님나무 추출액을 작물을 공격하는 세균성 질병, 감기와 독감, 말라리아, 피부질환 그리고 수막염을 치료하는 데 이용했다. 1994년 미국의 W.R.사와 미국 농림부에 식물의 균을 퇴치하는 님나무 오일에 대한 특허를 등록했다. 이에 인도 농민 대표들과 국제 NGO는 해당 특허를 철회하도록 제소했으며, 공익우선권 인정을 받아 2000년과 2006년에 걸쳐 특허는 전부 취소되었다.

(5) 바스마티쌀(인도 생물 약탈)

미국의 라이스테크Rice Tec.는 영국의 상표 등록처에 바스마티 쌀에 대한 'Texmati'라는 상표를 등록하려고 했지만 인도의 APEDAAgricultural and Processed Food Products Export Development Authority가 문제를 제기했다. 라이스테크사가 제시할 수 있는 유일한 근거는 1997년 미국 특허청에 등록된 특허였다. 특허의 20여 개 청구 사항에는 새로운 벼, 다양한 쌀 계통, 식물체, 낟알, 종자의 저장에 관한 청구 사항, 교배와 번식을 위한 벼 종자의 선별 방법 등도 포함되어 있었다. 1978년 쌀 연구소에서 수집한 생식질 자료가 발표된 인도 농업연구소의 저널 내용과 중앙식량연구소의 전문가들이 다양한 낱알들에 대한 특징 분석 자료를 근거로 특허 취소를 신청했다. 2000년 바스마티쌀에 대한 특허 재심의 요청서가 제출되었고, 라이스테크사는 청구 사항 4항, 15~17항을 철회했다.

5 | 전통문화의 중심지 전라북도, 무엇을 준비해야 하는가

1) 전라북도의 현주소

환경부, 산림청, 특허청 등에서 생물자원 관련 전통지식 총 3만 2,200여 건이 조사·발굴된 것으로 알려져 있다(환경부, 2011). 2008~2010년 이루어진 전라북도 지역 전통지식 연구 결과 29개 지역, 71명의 현지 주민을 통해 구전되어 내려오는 소화불량, 위염, 복통 등 29개 질병에 대한 447개의 약용식물을 이용한 민간 치료법이 도내 연구진에 의해 조사되었다(Kim and Song, 2011). 또한 전라북도 지역의 호흡기질환 관련 생물자원 전통지식 149건에 대한 연구를 수행하고 논문 발표를 통해 유효 공표(Kim and Song, 2012)하는 연구가 이루어지고 있는 등 지리산 권역을 포함해 약 5,000여 건의 전통지식이 조사·발굴되었다. 이처럼 도내 생물자원 전통지식에 대한 발굴연구가 이루어지고 있어, 전통지식을 발굴하고 공표·활용할 수 있는 체계를 구축하고 지역 고부가가치산업으로 육성할 잠재력이 충분하다고 할 수 있다.

국가 전체 자생생물은 약 10만여 종으로 추정되며, 2011년 11월 기준 3만 6,921종이 확인되었다. 2001~2008년의 환경부 전국자연환경조사 결과 전라북도에서는 어류 85종, 양서 파충류 33종, 조류 171종, 포유류 29종, 저서성 대형무척추동물 363종, 곤충류 1,153종, 식물 1,093종 등 총 2,927종이 조사되었다. 또한 전라북도는 아열대 기후 경계지역에 위치하고 있어 도내 생물자원은 현재 진행 중인 기후변화에 취약할 것으로 예상된다. 따라서 전라북도 차원의 지속적인 생물자원 조사가 필요하며, 생물자원 기초 조사를 기반으로 한 생물자원·생태축 보전 및 복원사업, 외래종 피해 방지체계 구축 등의 사업 추진이 필요하다.

전주상공회의소 전북지식재산센터②에서는 기업의 지식재산 창출, 관련 활동을 지원하고 있으며, 지자체 전통자원 경쟁력 제고를 위한 지원사업(국비 보조)을 추진 중이다. 정읍시에서는 귀리, 구절초, 블랙베리, 둥근마 등의 생물자원을 활용해 시장 경쟁력을 높이기 위한 사업을 추진했으며, 임실군의 치즈 관련 지식재산권의 현황 조사·진단 및 치즈 생산자 단체의 특허출원 비용을 지원하고 있다. 남원시는 허브와 보련암차 관련 지식재산 권리화를 통한 초기 사업화를 지원하고 있다. 도내에서는 지역특산품의 시장 진출을 위한 사업으로 지역브랜드, 지역디자인 측면에서 추진하고 있으나, 지금까지 알려지지 않은 마을 단위의 생물자원 전통지식으로까지 확대할 필요가 있다.

2) 지역의 숨겨진 보물을 발굴 · 활용할 수 있는 주체별 역할 정립 필요

전라북도에서는 전문가와 관련 센터를 통해 기초적인 전통지식 발굴과 특허 지원사업을 추진하고 있어, 이와 연계한 지역 소득사업 창출의 잠재력이 충분한 것으로 판단된다. 조상으로부터 물려받은 전통지식을 다시 후손에게 물려줄 수 있도록 유효 공표하여 전라북도 해당 지역의 지식재산권을 확보해야 한다.

---

② 2012년 현재 전국 31개 센터(전라북도에는 전북지식재산센터, 군산지식재산센터 두 곳)가 운영되고 있으며, 특허 정보서비스 제공, 지식재산권 종합민원상담, 지식재산권 설명회, 지자체 지원사업 등을 추진 중이다.

전라북도 생물자원 전통지식 활용을 위한 기본 방향은 다음과 같다.

첫째, 공표된 전통지식은 타 지역이 아닌 해당 지역의 주민들에게 경제적 수익이 창출될 수 있는 방향으로 활용한다.

둘째, 전통지식과 과학기술을 융합하여 과학적인 고부가가치사업화 방안을 모색하고, 지역의 마을만들기, 체험관광, 지역특화사업 등과의 연계 방안을 모색한다.

셋째, 지식재산도시 조성사업, 전통지식재산 경쟁력 제고사업 등 지식산업시대를 대비하기 위한 정부의 정책 지원사업을 최대한 활용한다.

넷째, 생물자원 전통지식의 발굴에서 최종 수익 창출까지 지역 내 순환을 기본으로 하며, 전통지식을 활용하기 위한 지역의 전문가, 연구자, 행정이 참여하는 체계를 구축한다.

전라북도 전통지식 산업화 전략을 위한 과정 및 주체별 역할을 제시하면 다음과 같다.

① **주민**(전라북도 마을주민): 구전되어 전해 내려오는 전통지식 공유

② **발굴전문가**(도내 대학교 등): 전라북도 전통지식 발굴 및 공표, 전통지식 활용 방안 컨설팅 등

③ **기술연구자**(도내 생물연구소 등): 전통지식을 활용한 기술 개발, 관련 상품 개발 등

④ **특허전문가**(전북지식재산센터 등): 특허출원 지원 및 컨설팅 등

⑤ **행정담당자**(행정, 농업기술원 등): 향토자원 재배 기술, 전통지식 활용 방안 등 교육 및 홍보, 상품생산을 위한 플랜트 지원 등 정책 지원

⑥ **마을공동체**(영농조합법인 등): 전통지식 기반 상품 사업화를 통한 지역 소득 창출

그림 5-4 **생물자원 전통지식 활용 과정 및 참여주체별 역할(안)**

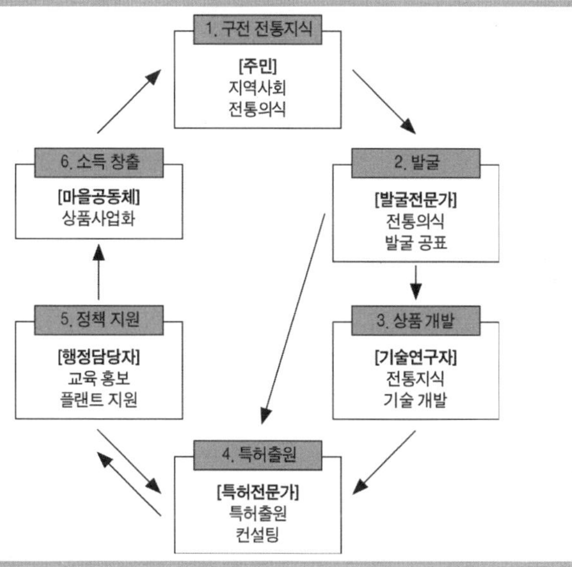

표 5-3 **전통지식 산업화 전략을 위한 과정 및 주체별 역할**

주체			역할
과정	구분	주체 예시	
1	주민	전라북도 마을주민	구전되어 전해 내려오는 전통지식 공유
2	발굴전문가	도내 대학교	전라북도 전통지식 발굴 및 공표, 전통지식 활용 방안 컨설팅 등
3	기술연구자	도내 생물연구소	전통지식을 활용한 기술 개발, 관련 상품 개발 등
4	특허전문가	전북지식재산센터	특허출원 지원 및 컨설팅 등
5	행정담당자	행정, 농업기술원	향토자원 재배 기술, 전통지식 활용 방안 등 교육 및 홍보, 상품 생산을 위한 플랜트 지원 등 정책 지원
6	마을공동체	관련 영농조합법인	전통지식 기반 상품 사업화를 통한 지역 소득 창출

참 고 문 헌

김현·송미장. 2011. 『생물유전자원 전통지식의 이익공유와 산업화』. 월드사이언스.
이석우. 2011. 「생물유전자원 수출입의 새로운 패러다임, 나고야의정서」. ≪산림≫, 제4권.
환경부. 2011. 11. 8. "범정부 생물자원 보호 및 바이오산업 지원대책 마련"(보도자료).
한국지식재산관리재단. 2011. 「전통지식권리화 및 산업화」. 지적재산연구회 세미나 자료(2011. 12. 7).
특허청. 2011. 「지식재산도시 조성사업 개요」.

Kim, Hyun and Song, Mi-Jang. 2011. "Oral traditional knowledge for the treatment of digestive system diseases investigated in North Jeolla Province, Korea." *Journal of Medicinal Research*, Vol. 5, No. 24, pp. 5730~5740.

_____. 2012. "Traditional Plant-Based Therapies for Respiratory Diseases Found in North Jeolla Province, Korea." *Journal of Alternative and Complementory Medicine*, Vol. 18, No. 3, pp. 287~293.

전　북
리포트
2013

제2부

지역발전의 기반, 그리고 특화전략

전 북
리 포 트
2 0 1 3

제6장 KTX 개통에 따른 영향 및 대응 방안: 위기보다 기회로 삼아야

이창현 | 전북발전연구원 부원장

장세길 | 전북발전연구원 문화관광연구부 부연구위원

김이수 | 전북발전연구원 정책사업연구부 부연구위원

이창우 | 전북발전연구원 새만금지역개발연구부 부연구위원

1 | KTX 개통, 기회인가 위기인가

KTX는 녹색성장의 패러다임에 부응하는 고속 교통수단으로, 정차역 도시는 교통허브로서 전국 중심지로 부상하며, 도시 공간구조의 재편으로 경쟁력이 강화되고, 연계교통체계를 구축하는 계기를 마련하는 등 다양한 지역발전 기회를 제공할 수 있다. 하지만 전주에서 서울까지 가는 데 걸리는 시간이 1시간으로 단축되면서 옆집 드나들 듯이 서울의 대형병원, 백화점, 공연장, 놀이시설에 도민이 몰려 전라북도의 인구 유출 및 상권 이탈 등 부정적 영향이 클 것이라는 목소리도 만만치 않다. 즉, KTX 개통으로 수도권의 강력한 흡인력에 지방이 쪼그라드는 현상인 소위 '빨대효과straw effect'가 발생할 수 있다는 우려가 제기되고 있다.

이에, KTX 개통이 전라북도에 미칠 영향을 쟁점별로 살펴보고 대응 방안을 마련하는 것이 필요하다. 이와 관련된 핵심 쟁점들을 살펴보면 다음과 같다. 첫째, KTX 개통으로 전라북도가 얻을 순기능이 있는가, 아니면 역기능만 존재하는가? 둘째, KTX 개통으로 문화예술 소비층의 서울 집중 현상이 심화

표 6-1 **KTX 개요 및 전라북도의 이동 시간 단축 효과**

	호남고속철도	전라선 복선 전철화
사업 구간	오송~목포	익산~순천
사업량	230.9km(전북 구간 78.44km)	154.29km(전북 구간 92.9km)
사업 기간	2006~2017년(오송~광주 2014년, 광주~목포 2017년)	2002~2011년
단축 시간	익산역 기준 현재 1시간 51분 → 완공 후 49~68분(43~62분 단축 예상)	전주역 기준 현재 3시간 16분 → 완공 후 2시간 6분(70분 단축) 호남고속철도 완공 시 1시간 4분(132분 단축)

될 것인가, 아니면 KTX 개통으로 타 지역 관광객이 대거 전북으로 몰릴 것인가? 셋째, KTX 개통으로 의료 및 쇼핑 행위가 수도권으로 몰릴 것인가? 넷째, 전라북도 사교육시장이 서울로 쏠릴 것인가? 이러한 쟁점을 토대로 하여 KTX 개통으로 전라북도가 받을 영향이 기회인지 아니면 위기인지를 명확하게 진단하고, 이를 근거로 KTX 활용의 순기능을 강화하되 역기능은 최소화하는 대응책을 마련하는 것이 필요하다.

2 | 전라북도 KTX 이용 실태

1) KTX 정차역별 승·강차 현황

KTX 정차역별 승·강차 현황을 살펴보면, 2004년 호남선의 1단계 공사가 완료된 후, 새마을호 이용자가 줄어든 반면에 KTX 이용자는 증가했다. 이는 신규 이용객 증가보다는 기존 새마을과 무궁화 이용 고객이 KTX 이용으로 이동했음을 의미한다. KTX 역사별 승·강차 인원은 표 6-2와 같다.

표 6-2 **역사별 승 · 강차 인원**(단위: 명, %)

익산역											
연도	합계	KTX		새마을		무궁화		통일		통근열차	
		인원	비율	인원	비율	인원	비율	인원	비율	인원	비율
2000	3,200,364	-	-	410,002	12.8	2,363,173	73.8	427,189	13.3	-	-
2001	3,183,389	-	-	428,737	13.5	2,485,527	78.1	269,125	8.5	-	-
2002	2,995,127	-	-	385,921	12.9	2,342,442	78.2	266,764	8.9	-	-
2003	2,753,909	-	-	263,974	9.6	2,144,515	77.9	345,420	12.5	-	-
2004	3,292,070	679,038	20.6	321,978	9.8	1,934,107	58.8	-	-	356,947	10.8
2005	3,889,112	1,218,529	31.3	307,498	7.9	1,965,310	50.5	-	-	397,775	10.2
2006	3,981,624	1,397,389	35.1	296,156	7.4	1,847,250	46.4	-	-	440,829	11.1
2007	3,834,144	1,362,698	35.5	299,455	7.8	1,708,694	44.6	-	-	463,297	12.1
2008	3,589,147	1,317,111	36.7	396,951	11.1	1,875,085	52.2	-	-	-	-
2009	3,559,958	1,277,772	35.9	423,544	11.9	1,858,642	52.2	-	-	-	-
2010	3,697,791	1,349,314	36.5	464,471	12.6	1,884,006	50.9	-	-	-	-

정읍역											
연도	합계	KTX		새마을		무궁화		통일		통근열차	
		인원	비율	인원	비율	인원	비율	인원	비율	인원	비율
2000	1,112,776	-	-	162,977	14.6	871,447	78.3	78,352	7.0	-	-
2001	1,158,050	-	-	167,368	14.5	910,922	78.7	79,760	6.9	-	-
2002	1,057,041	-	-	150,768	14.3	831,710	78.7	74,563	7.1	-	-
2003	1,004,567	-	-	134,457	13.4	786,916	78.3	83,194	8.3	-	-
2004	998,243	144,592	14.5	135,718	13.6	698,726	70.0	-	-	19,207	1.9
2005	1,122,225	324,658	28.9	115,765	10.3	681,802	60.8	-	-	-	-
2006	1,119,233	384,755	34.4	103,693	9.3	630,785	56.4	-	-	-	-
2007	1,102,105	395,911	35.9	112,622	10.2	593,572	53.9	-	-	-	-
2008	1,093,129	399,172	36.5	132,285	12.1	561,672	51.4	-	-	-	-
2009	1,104,793	427,504	38.7	141,429	12.8	535,860	48.5	-	-	-	-
2010	1,142,805	470,951	41.2	146,275	12.8	525,579	46.0	-	-	-	-

전주역											
연도	합계	KTX		새마을		무궁화		통일		통근열차	
		인원	비율	인원	비율	인원	비율	인원	비율	인원	비율
2000	1,786,628	-	-	337,957	18.9	1,226,026	68.6	222,645	12.5	-	-
2001	1,788,691	-	-	207,953	11.6	1,327,661	74.2	253,077	14.1	-	-
2002	1,659,268	-	-	192,477	11.6	1,252,408	75.5	214,383	12.9	-	-
2003	1,521,985	-	-	167,690	11.0	1,149,943	75.6	204,352	13.4	-	-
2004	1,361,941	-	-	174,625	12.8	1,037,456	76.2	-	-	149,860	11.0
2005	1,437,407	-	-	174,723	12.2	1,080,304	75.2	-	-	182,380	12.7
2006	1,408,950	-	-	169,008	12.0	1,020,606	72.4	-	-	219,336	15.6
2007	1,390,888	-	-	178,061	12.8	953,089	68.5	-	-	259,738	18.7
2008	1,229,791	-	-	186,315	15.2	1,043,476	84.8	-	-	-	-
2009	1,209,958	-	-	198,297	16.4	1,011,661	83.6	-	-	-	-
2010	1,287,849	-	-	217,531	16.9	1,070,318	83.1	-	-	-	-

그림 6-1 **정차역의 소요 시간 및 이용객 등 여건 비교**

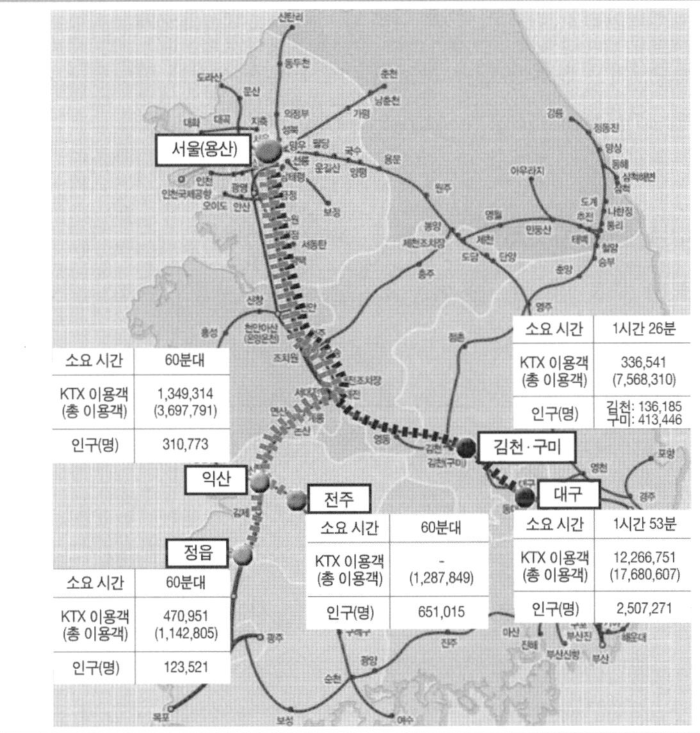

전라북도 정차역과 유사한 타 지역 사례를 비교해보면, 동대구역은 연간 1,770만 명, 김천·구미역은 750만 명이 이용했으나, 익산역은 연간 370만 명에 그친다. 이를 통해 전라북도 KTX 이용객 수가 다른 지역보다 상대적으로 적음을 알 수 있다.

이처럼 KTX 이용객 수가 지역적으로 차이가 발생하는 데는 다음과 같은 이유가 있다. 첫째, 인구수와 도시경제(경제 수준) 차이 때문이다. 이는 대구가 250만 명, 김천·구미가 55만 명인 반면, 익산은 3만 명, 정읍은 12만 명에 불과하다는 점에서 알 수 있다. 둘째, KTX보다 승용차 이용을 둘러싼 선호도 차이 때문이다. 200km 이상 거리는 철도 수단을, 200km 미만의 거리는 대중교통 환승과 대기 시간 불편으로 KTX보다 승용차 이용(62.7%)을 선호한다는 것이다. 따라서 단순하게 타 사례 도시와 비교해 KTX 개통에 따른 영향을 분석하는 것은 한계가 있다. 이에 타 도시 사례는 전체 철도 이용자 중에서 KTX로 전환한 비중만을 참고할 필요가 있다.

2) 전라북도 KTX 정차역 이용객 조사①

전라북도 KTX 정차역 이용객을 조사한 결과, 전라북도 내 KTX를 이용하는 승객은 서울 26.5%, 경기 13.1%, 광주·전라남도 6.7%, 충청도 4.3% 등 타 지역 이용객(53.9%)이 전라북도(46.1%)보다 많은 것으로 나타났다. 전라북도 내 KTX를 이용하는 승객들은 전라북도 도민과 타 지역주민이 절반 정도 비중을 차지하고 있다. 거주지 비중보다 활동지 비중이 높은 지역은 서울, 광주·전남 순서로 나타났다. 따라서 거주지 비중보다 활동지 비중이 낮은 전북(0.5%), 경기(1.6%), 충청(0.7%) 지역주민이 서울시와 광주·전남 지역 일부를 활동지로 삼고 있음을 간접적으로 파악할 수 있다. 특히 전라북도 도민은 인접한 충청권보다 광주·전라남도 지역과 긴밀성이 높은 것으로 보인다.

그리고 활동지를 평일과 주말(주일 포함)로 구분하여 거주지 비중 대비 활동지 비중을 연계 분석한 결과 요일별 상이점이 발견되었다. 전북 도민 및 전북 주요 정차역을 이용하는 외부 이용객의 거주지별 분포 정도보다 주말 주요 활동지 분포가 높은 지역은 서울시와 광주·전라남도 지역으로, 이들 지역은 평일보다 주말에 유인력이 높다고 할 수 있다. 다만 전북과 충청도는 평일에 거주지 비중보다 활동지 비중이 높은 반면, 주말 활동지 비중은 거주지 비중보다 낮다. 이는 주말에 도민의 외부 유출과 도외 주민의 전북 방문

---

① 조사 일시: 2012년 1월 13일(금)~16일(월), 조사 장소: KTX 정차역 3개소(전주, 익산, 정읍), 조사 시간: 아침(06:00~10:00), 오전(10:00~14:00), 오후(14:00~18:00), 저녁(18:00~22:00), 조사 대상 인원: KTX 이용객 600명.

그림 6-2 KTX 이용객의 평일(위), 주말(아래) 주된 활동지 분포

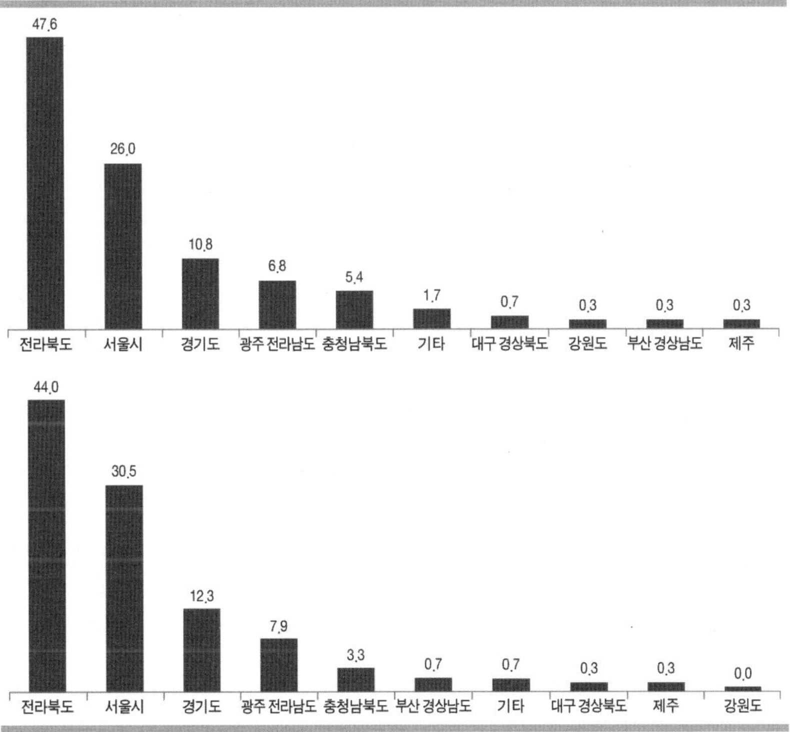

이 작게나마 약해진다는 것을 의미한다(그림 6-2 참조).

KTX 이용의 주목적은 친인척·지인 방문(45.0%), 사업·업무(28.5%), 관광(9.3%), 통근(7.5%), 학술·세미나 참석(3.5%), 교육(1.5%) 순으로 조사되었다. 특이한 점은 주된 이용 목적으로 '쇼핑'이 단 한 건도 조사되지 않았다는 점이다. 이는 울산역 사례에서도 잘 나타난다. 울산역도 개인 용무(49.8%), 사업·업무(28.0%), 관광휴가(7.3%), 통근(6.3%) 순서로 나타났는데, 전체적인 순위는 전라북도 정차역 이용객 조사 결과와 큰 차이를 보이지 않았으며, 단지 비율상 약간의 차이만 보였다(그림 6-3 참조).

KTX 이용 빈도를 보면, 연간 20회 이상(32.3%), 5회 미만(31.3%)이 많았다

그림 6-3 **KTX 이용의 주된 목적**

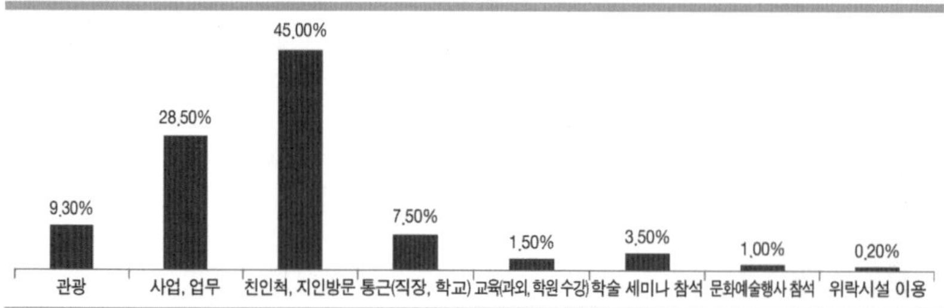

그림 6-4 **KTX 이용객의 연간 이용 빈도**

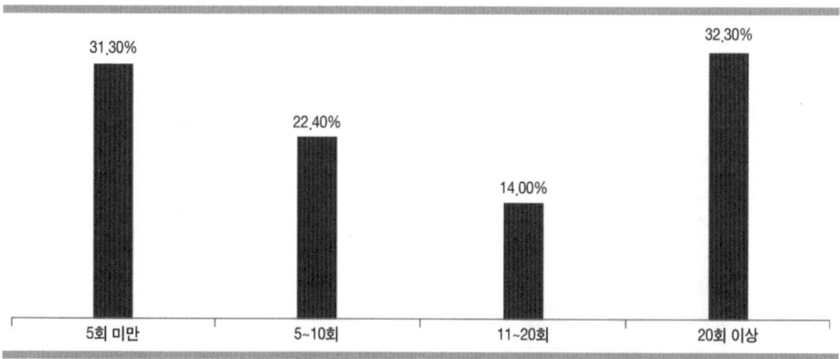

(그림 6-4 참조). 이용객 중 67.7%는 월별 1~2회 이용했고, 월 2회 이상 이용자는 32.3%였다. 거주지별로 살펴보면, 경기도와 광주·전남 거주자가 상대적으로 빈번하게 이용한 반면에 전북 도민들은 연간 11~20회(13.5%), 20회 이상(27.6%)을 이용한다는 응답 비중이 상대적으로 낮다. 전북 도민이 타 지역주민에 비해 KTX 이용 강도가 낮다는 것을 의미한다(표 6-3 참조).

KTX 이용해 주된 목적을 수행한 이후의 부가적인 활동의 경우, 특별한 것 없음(44.9%), 쇼핑(16.9%), 친인척·지인 방문(15.3%), 관광(13.3%)으로 나타나 결국 많은 이용객들이 단일 목적으로 KTX를 이용한다는 점을 알 수 있다(그림 6-5 참조). 다만 특이하게도 주된 목적에서는 응답률이 없었던 쇼핑이 부가적 활동에서는 상대적으로 높게 나타났고, 관광 또한 다른 활동에 비해

표 6-3 **KTX 이용객의 거주지별 연간 이용 횟수**(단위: %)

지역		5회 미만	5~10회	11~20회	20회 이상
전라북도	거주지별 비율	34.9	24.0	13.5	27.6
서울		28.9	26.4	14.5	30.2
경기		31.6	16.5	12.7	39.2
광주 · 전남		25.0	22.5	15.0	37.5
기타		22.2	8.9	17.8	51.1
전체		31.3	22.4	14.0	32.3

그림 6-5 **KTX 이용객의 주된 활동 외 추가 활동 분포**

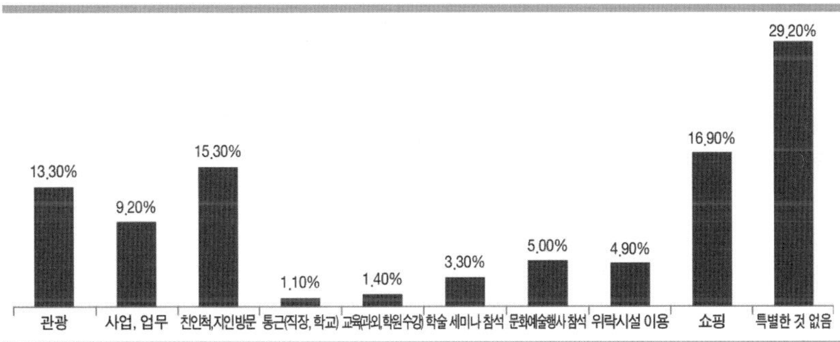

상대적으로 높은 비중을 보였다. 한편 문화예술행사 참석 용도는 5% 수준으로 나타났다. 이는 KTX 정차역 주변의 역세권 개발 시 쇼핑센터 건립 또는 관련 기능 강화 방안을 모색할 필요가 있음을 시사한다.

한편 KTX 개통으로 전라북도에서의 서비스 부문 이용의 경우, 응답자 대부분은 부정적인 답변을 한 반면, 관광 분야만 전라북도의 비중이 높아질 것으로 전망되었다. 즉, KTX 이용자들은 KTX 개통으로 관광을 제외한 나머지 활동(의료, 쇼핑, 교육, 학술, 문화)은 타 지역(특히 서울)에서 실행할 것으로 전망되었다. 구체적으로 교육(2.92), 의료(2.91), 학술(2.74), 쇼핑(2.67), 문화예술(2.67)로 부정적 의견이 나타났으며, 관광만 유일하게 2.09로 긍정적 전망으로 나타났다.

그림 6-6 **호남고속철도 개통과 연계교통 시나리오별 교통 경제 편익**

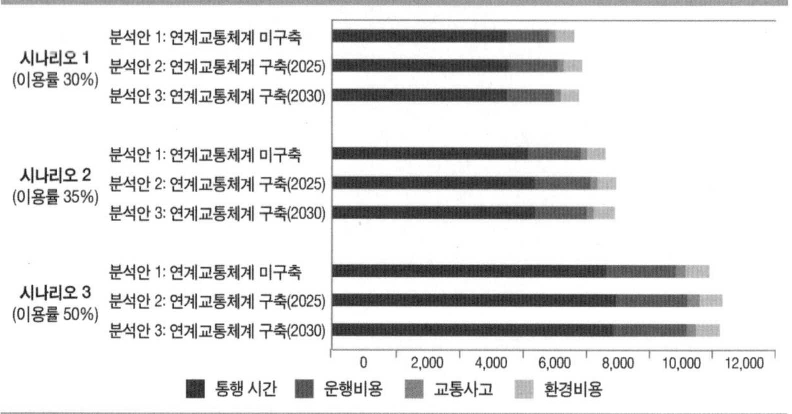

표 6-4 **호남고속철도 편익 요약** (단위: 억 원)

내용		개통 편익
최소	호남고속철도 완공 후 이용률 30% 유지 및 연계교통체계 미구축	6,797.22
최대	호남고속철도 완공 후 이용률 50% 유지 및 2025년이내 연계교통체계 구축 완료	10,922.16
총 편익 범위		6,797~10,922

주: 철도 수단 고속화(일반 철도 250km/h) 등에 따른 편익 제외.

3 | KTX 개통의 순기능 진단

1) KTX 개통에 따른 전라북도 교통 경제 효과

호남선 개통으로 발생할 전북 도민의 시간 절감 비용 등 교통 경제 효과는 6,797~1조 922억 원으로 전망되었다. KTX 개통으로 발생하는 교통 경제 총 편익은 ① 통행 시간 단축 효과, ② 차량 운행비 절감 효과, ③ 교통사고 감소 효과, ④ 환경비용 감소 효과 등 편익의 총합으로 산정되었다. 교통 경제 편익은 '국토해양부 '공공교통시설개발사업에 관한 투자평가지침'을 준용해 개통 후 30년간(개통 연도 2014년, 목표 연도 2045년 설정)의 편익으로 추정되었다(그림 6-6 참조).

표 6-5 **KTX 정차역의 1일 교류 가능 인구 수준 비교**

구분	1일 교류 가능 인구 비율(%)			1일 교류 가능 인구(만 명)		
	2002년	2004년	2010년	2002년	2004년	2010년
부산	27.7	56.1	63.3	1,328	2,690	3,037
광주	17.5	50.2	50.4	839	2,408	2,418
익산	43.1	64.0	72.4	2,070	3,070	3,473
목포	11.3	31.9	32.2	542	1,530	1,545
전북	21.7	48.4	48.4	1,041	2,322	2,322
전남	12.2	31.9	31.9	587	1,530	1,530

자료: 조남건 외(2003).

2) KTX 개통에 따른 일반적 기회 요인

KTX 개통에 따라 전라북도가 얻을 수 있는 일반적 기회 요인을 구체적으로 살펴보면 다음과 같다.

첫째, 정차역 도시의 전국 중심지로서 부상할 가능성이 크다는 점이다. KTX 개통으로 익산(정읍, 전주 등) 지역은 전국 주요 거점도시와 1일 교류 가능 시간대(출발지에서 도착지 3시간권 내)에 포함됨으로서 교류 인구 규모가 확대되어 전국에서의 접근성이 획기적으로 제고될 수 있고, 접근성 제고로 생활권 확대와 지역 간 상호 교류 기회가 증대될 것으로 전망된다. 특히 익산은 1일 교류 가능한 인구가 2002년에 2,070만 명에서 2004년에는 3,070만 명으로 증가할 것으로 예상되며, 고속철도가 개통되면 약 3,500만 명 이상으로 증가할 것으로 예측되었다(표 6-5 참조). 익산은 광주·전남 지역보다 국토 중심부에 인접하는 지리적 이점이 있고 호남고속철도 정차역 중에서 가장 높은 교류 가능 인구 비율과 인구수를 보유했다는 점에서 고속철도 거점역으로서 복합환승센터 등 교통 거점 기능과 이에 상응하는 역할이 기대된다.

둘째, 지역기업의 사업 기회 확대와 지역이미지 개선을 들 수 있다. KTX 개통은 타 지역과의 절대적 거리를 줄여줌으로써 KTX 이용권에 속해 있는 지역기업이 다른 지역과의 활발한 교류를 통해 더 많은 사업 기회를 얻을 수 있을 것으로 전망된다. 또한 고속철도 지역 관문의 이미지 개선으로 지역이미지 제고에도 기여할 것으로 기대된다.

셋째, 타 지역주민의 소비 증가로 지역경제 활성화의 계기가 될 수 있다는 점이다. 전북 도민의 소비가 수도권으로 집중될 수 있다는 우려와 달리, 오히려 KTX 개통으로 전라북도를 방문하는 이용객이 늘어 정차역 도시의 경우 타 지역주민의 소비가 증가해 지역경제에 도움을 줄 것으로 기대된다.

넷째, KTX 정차역 중심의 도시 공간구조 재편으로 도시지역의 경쟁력 강화의 계기가 될 수 있다는 점이다. KTX 개통이 전라북도 전 지역의 공간구조에 영향을 미친다는 할 수 없으나 정차역 도시의 도심(도시) 공간을 재편하는 계기가 될 것으로 예상된다. 특히 익산시에는 노후화된 도심을 재생시킬 수 있는 기회로 작용할 것이고, 또한 정차역 주변 도심 기능을 허브로 하는 새로운 도시 성장 계기도 제공할 것으로 기대된다.

다섯째, 대규모 재원이 투자된 사업의 투자 효율성을 제고하기 위한 연계교통체계 구축의 계기가 될 수 있다는 점이다. KTX 건설사업은 대규모 국가재원이 투입되는 사업인 만큼 정차역 도시 내 연계교통체계 구축이 중요하다. 이를 위해 관련 법(「국가교통체계효율화법」)에 명시된 도로 등 지역 내 연계교통체계 개선을 위한 SOC사업 추진으로 지역 현안 사업을 해결하는 계기가 될 것으로 기대된다.

여섯째, 복합환승센터 건설 등 민간부문 투자유인이 가능하다는 점이다. 국가와 지역을 대표하는 KTX 정차역으로서 여러 기회 요인이 복합적으로 작용하는 만큼, 민간부문 투자의 가능성도 높다. 특히 지역 내 대규모 쇼핑과 중소규모의 컨벤션 기능을 수행할 새로운 서비스 집적 공간개발 등 역세권 개발에 있어 민간 사업자에게 건축율과 용적률 상향이라는 인센티브를 제공할 수 있기 때문에 민간부문의 역세권 투자를 이끌어낼 수 있을 것으로 예상된다.

「국가통합교통체계효율화법」 시행령

제35조 (연계교통체계 구축 등의 재원 부담) 교통시설 개발사업 비용의 보조 또는 부담에 관하여 다르게 규정한 경우에는 그에 따른다.

1. 연계도로 및 연계도로에 접속하기 위한 시설의 경우
   가. 제1종 교통물류거점의 연계도로 및 연계도로에 접속하기 위한 시설: 해당 연계도로의 개발에 필요한 비용의 100분의 50 이내
   나. 제2종 교통물류거점의 연계도로 및 연계도로에 접속하기 위한 시설: 해당 연계도로의 개발에 필요한 비용의 100분의 30 이내
2. 연계철도의 경우
   가. 제1종 교통물류거점의 연계철도: 해당 연계철도의 개발에 필요한 비용의 100분의 80 이내
   나. 제2종 교통물류거점의 연계철도: 해당 연계철도의 개발에 필요한 비용의 100분의 50 이내

④ 국토해양부장관은 비용을 보조하거나 부담할 연계교통시설을 확정하였을 때에는 지체 없이 그 내용을 시・도지사 등 해당 연계교통시설의 관리청에 통보하여야 한다.

일곱째, 동서축 철도망 연계 등 철도연계사업 추진 동력 확보에 기여할 것이다. '국가교통체계효율화법'과 '연계교통체계 구축대책 수립지침'(국토부)에 따라 연계도로 및 철도의 국비투자가 가능하다. 즉, 호남선 및 전라선 KTX축과 경부선 KTX축 등 남북축에 비해 상대적으로 취약한 동서축 철도망(전주~김천)을 구축해야 한다는 당위성을 확보할 수 있을 것으로 기대된다.

4 | KTX 개통의 역기능 진단

1) 문화 소비자 및 관광객이 수도권으로 몰릴 것인가

(1) 문화예술 분야

문화예술 분야와 관련하여, 전라북도의 경우 KTX 개통(2007년) 이후 지역 예술 공연 관람 인구가 소폭 하락했다. 하지만 이는 전체적인 공연예술시장의 침체와 지역 공연기획사의 몰락(공연의 대규모화, 적자 누적 등)이 주원인이라고 할 수 있다.

문화예술 분야에서의 KTX 이용객의 주된 목적(1순위)을 조사한 결과, 문화예술 행사 참석은 1.0%로 극히 미약했다. 그리고 KTX 이용의 주된 목적 2순위(4.6%)와 주목적 외의 부수적 목적(5%)에서도 미약한 수준으로 나타났다. 또한 문화예술 공연 관람을 위해 KTX가 고속버스 수단에 비해 경쟁력이 약하다는 점이다. 고속버스와 비교할 때 KTX는 요금 경쟁력(고속버스의 1.5배), KTX 이용을 위한 (환승)대기 시간, 운행 횟수, 심야버스 운행 등을 감안해야 하는데, 현재 운행 횟수, 요금 등만을 고려하면 KTX가 개통한다고 해서 서울로 문화예술을 향유하러 떠나는 도민들이 KTX를 대거 이용할 것으로 전망하기는 어렵다.

결국 KTX 개통 이후의 지역 공연예술시장의 변화, KTX 이용객 설문조사, KTX와 고속버스의 이용 편의 측면에서 봤을 때 KTX 개통으로 전북 도민의 문화예술 관람을 위한 수도권으로의 집중 현상이 나타난다고 보기 어렵다는 점을 알 수 있다. 이러한 현상은 KTX가 개통되기 이전부터 나타난 사항으로서 KTX 개통과 무관한 것으로 판단된다. 이에 KTX로 인한 수도권 집중 현상이 아닌 일반적 측면에서 수도권으로 예술관람 희망자가 집중하는 현상에 대해 대응책이 필요하다.

그림 6-7 **한국소리문화의전당 운영 현황(2007~2011년)**

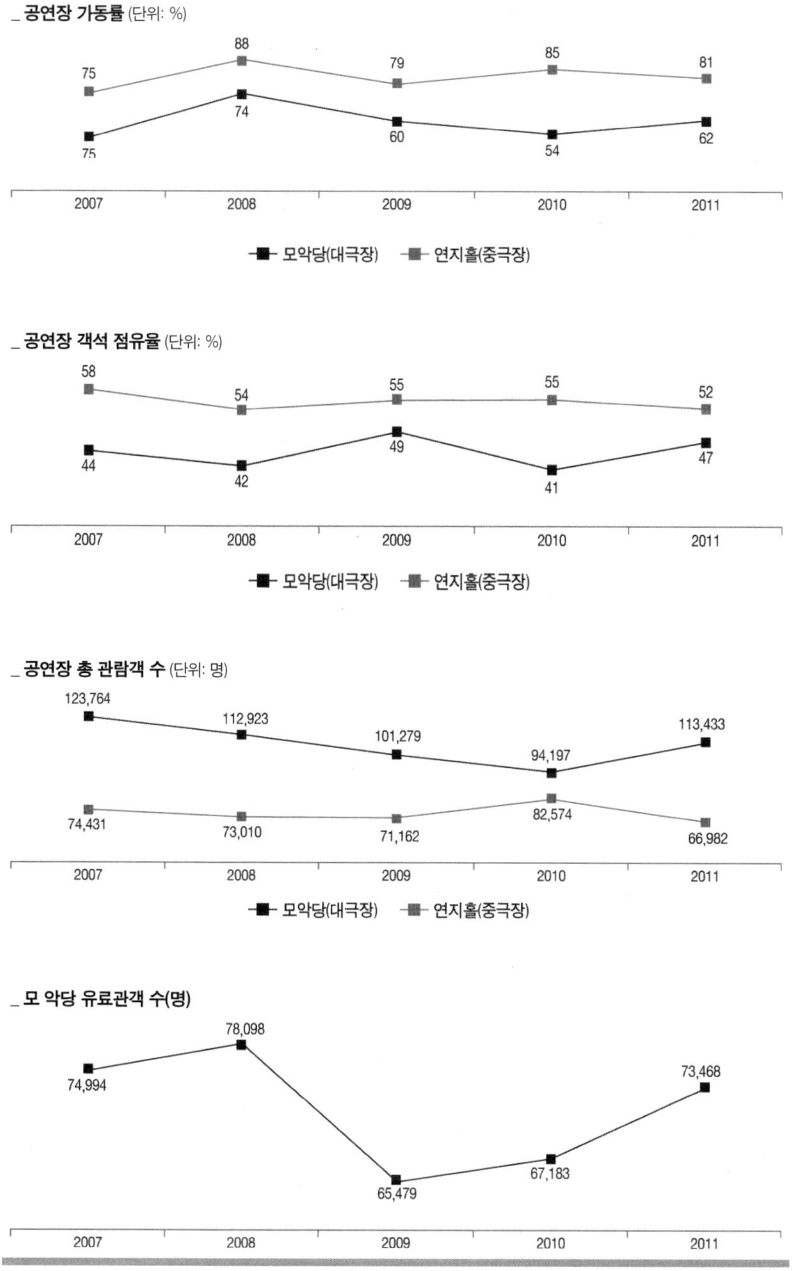

_ 공연장 가동률 (단위: %)
88
75
79
85
81
74
75
60
54
62
2007
2008
2009
2010
2011
모악당(대극장)
연지홀(중극장)
_ 공연장 객석 점유율 (단위: %)
58
54
55
55
52
44
42
49
41
47
2007
2008
2009
2010
2011
모악당(대극장)
연지홀(중극장)
_ 공연장 총 관람객 수 (단위: 명)
123,764
112,923
101,279
94,197
113,433
74,431
73,010
71,162
82,574
66,982
2007
2008
2009
2010
2011
모악당(대극장)
연지홀(중극장)
_ 모 악당 유료관객 수(명)
78,098
74,994
73,468
65,479
67,183
2007
2008
2009
2010
2011

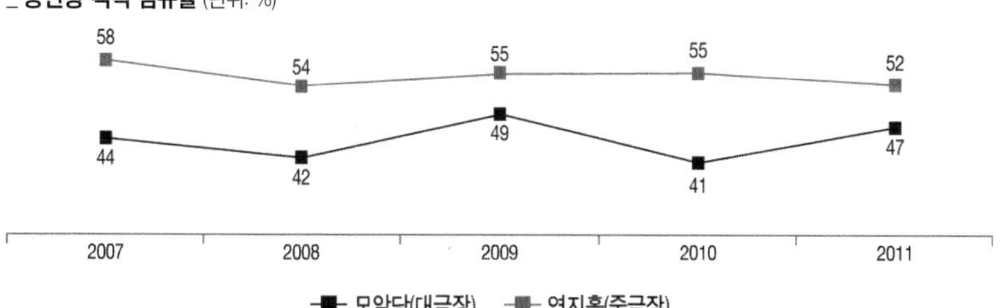

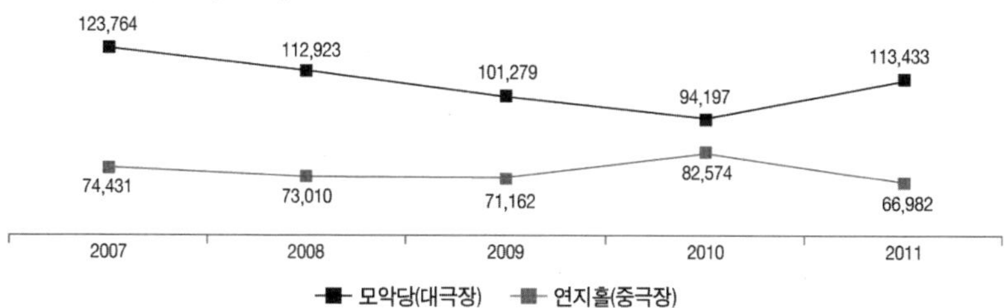

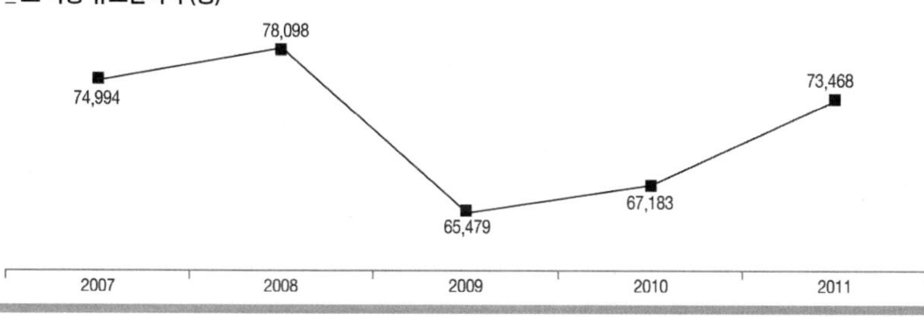

그림 6-8 **관광객 이동 수단**

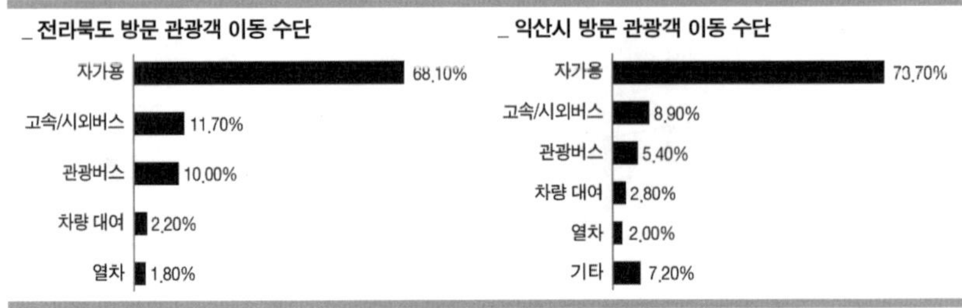

(2) 관광 분야

관광 분야와 관련하여 전라북도는 KTX 2단계가 개통된 부산, 대구, 대전의 2002~2010년 관광객 증가율과 비교할 경우 큰 변화가 없거나 오히려 소폭 하락했다(관광지식정보시스템 참조). 이는 KTX 개통이 관광객 증가에 직접적으로 미치는 영향이 적다는 것을 의미한다. 국민여행실태조사 결과에서도 관광 활동 시 열차 이용은 매우 미미한 것으로 조사되었다. 한 예로 국민여행 이동 수단 실태를 살펴보면, 2004년 이후 열차(KTX 포함 등) 여행객은 전체적으로 7% 수준을 유지하는 것으로 나타났다.

조사 결과를 세부적으로 살펴보면, 전북 방문 관광객의 이동 수단은 자가용이 가장 많았으며(68.1%), 이어서 고속·시외버스(11.7%), 관광버스(10.0%), 차량 대여(2.2%), 열차(1.8%) 등으로 나타났다. 특히 익산시 방문 관광객의 이동 수단은 자가용이 73.7%인 반면, 기차는 2.0%에 불과했다(그림 6-8 참조). 가족 단위 여행객은 철도 수단을 상대적으로 선호하지 않는 것으로 나타났는데, 이는 자녀를 동반한 기차 여행이 현지 도착 후 관광지와의 이동 거리 등 상대적으로 불편을 초래할 수 있다는 점에서 여행객들이 승용차 또는 관광투어 차량을 선호하기 때문으로 판단된다.

KTX 개통으로 숙박, 음식 매출이 영향을 받을 것으로 전망되었으나 경부축에 위치한 도시들을 조사한 결과 큰 영향이 없었으며, 한국관광공사 국제회의 개최 현황 자료(2002~2009를)를 토대로 2002년 대비 2009년 정차역의 MICE 개최 현황을 살펴보면 대전은 700%(6건→49건), 동대구는 1,550%(2건→33건), 부산은 847%(21건→199건) 증가하는 등 MICE 산업만이 KTX의 블루오션으로 부상했다는 점을 알 수 있다.

2) 의료 행위 및 쇼핑의 서울 집중이 심화될 것인가

(1) 의료 분야

의료 분야와 관련해 KTX 개통 이후, 경부선 지역 및 전라북도 지역 내외부 의료 고객(환자 등)은 동반 상승했다. 경부선 지역의 의료 고객 수는 2009년까지 지역 내외부 의료 고객(환자 등)이 같이 증가했으며, 2010년에는 지역 외부로 나간 의료 고객 수는 오히려 감소했다. 이는 KTX 개통이 의료 고객의 외부 유출에 큰 영향을 주지는 않았다는 것을 의미한다. 또한 전라북도 지역 내외부의 의료 고객 수도 계속 증가했는데, 이러한 점을 볼 때 KTX 개통으로 전라북도 의료계가 받는 부정적 영향 역시 크지 않을 것으로 판단된다.

1·2차 의료기관 및 응급환자는 KTX 개통에 따른 영향이 적은 것으로 나타났다. 중·저소득층 중심의 1·2차 의료기관 및 응급환자의 경우 KTX 개통 전후로 뚜렷한 변화 양상이 없다. 예를 들어, 2차 의료기관인 예수병원만 보더라도 KTX 개통에 따른 환자 수 변화 기미는 보이지 않는다. 결국 2014년 KTX 개통 이후에도 응급환자 및 중·저소득층 환자의 경우 타 지역으로 빠져나가는 현상이 거의 발생하지 않은 것으로 판단된다. 다만 KTX 개통과 무관하게 특수전문의료기관 및 3차 의료기관(전북대병원, 원광대병원)의 경우 도외 환자 유출 현상이 발생하고 있다. 하지만 전문의료기관(성형외과 등) 및 대학병원의 환자 유출은 KTX 개통과 무관하게 이미 진행되어오던 현상이라는 점에서 KTX 개통에 따른 영향은 적다고 할 수 있다.

그림 6-9 **관내 · 외 의료 통계**(단위: 만 일)

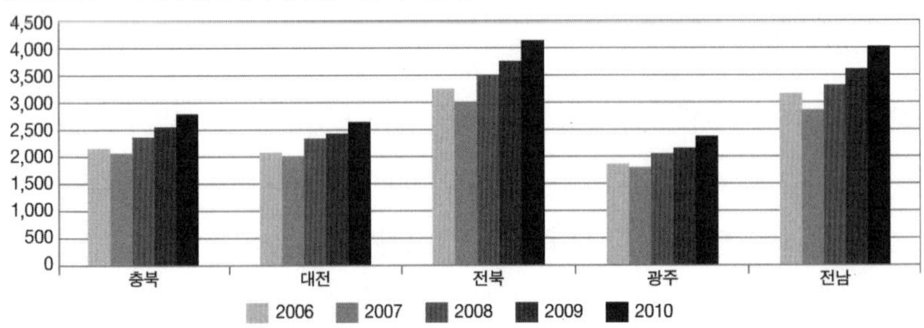

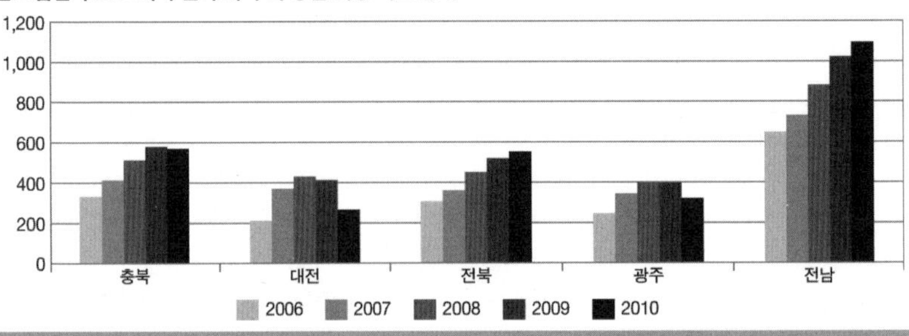

자료: 국민건강보험공단.

의료 부문 KTX 영향에 대한 타 지역의 연구 사례

- 부산발전연구원: 경부선 6개 정차 지역민이 서울에서 하는 활동 중 의료 활동의 증가 폭이 8.1%로 가장 큼(이은진 · 우석봉 · 이상국. 2010)
- 울산발전연구원: 의료의 경우 역류(빨대)효과는 없으나, 개통 이후 울산 지역 암환자의 서울 병원 이용 소폭 증가(정현욱, 2011)

(2) 쇼핑 분야

쇼핑 분야와 관련해 지역별 백화점 판매액 증가 추이를 보면, 부산·대전은 증가한 반면, 서울은 일정 수준을 유지하고 있음을 알 수 있다. 여러 정황을 종합해볼 때, KTX 개통으로 전라북도 백화점이 받는 영향은 극히 미약한 수

쇼핑 부문 KTX의 영향에 대한 타 지역의 연구 사례

- 울산발전연구원: 울산 지역의 경우 비교적 값비싼 KTX 운임을 지불하면서까지 단순 쇼핑만을 목적으로 KTX 철도를 이용하는 경우는 드물며, 업무나 개인용무, 레저, 통근 다른 목적 통행 시 구매 활동을 겸하는 경우가 많아 쇼핑에 의한 수도권 빨대효과는 크지 않을 것으로 전망(정현욱, 2011)
- 쇼핑 분야의 수도권으로의 빨대효과 및 부정적 영향: 경남 지역의 경우 KTX 개통이 지역 내 유통(쇼핑)에 부정적인 영향을 주는 것으로 알려짐(≪경남신문≫, 2011. 12. 14). 신세계백화점 마산점 관계자는 KTX 개통 이후 지역 고객 중 서울에서 소비하는 매출이 2010년대 들어 30% 증가한 것으로 분석

준이다. 고가·명품 쇼핑객은 승용차를 이용해 수도권 및 대도시로 이동한다는 점에서 KTX를 이용하는 비율은 극히 낮다. 전라북도에는 백화점(롯데 전주점)이 하나밖에 없기 때문에 KTX 개통에 따른 매출 감소 등의 영향은 거의 나타나지 않고 있다. 다만 명품·고가품을 선호하는 수요층을 겨냥한 쇼핑센터가 없어 도외(광주, 대전, 서울) 유출이 일부 나타나고 있으나, 이것 역시 KTX 개통과는 무관하게 이미 진행되던 현상이다.

그리고 쇼핑을 위해 도외로 이동 시 명품 쇼핑이나 동대문시장 쇼핑 등 특정 형태로 이루어지고 있다. KTX 개통에 따라 쇼핑 부문에서 나타나는 역기능은 수도권 지역에서의 쇼핑에 국한되는 문제이며, 인접한 광주, 대전 지역에서의 쇼핑은 승용차를 이용하는 경향을 보인다. KTX 개통으로 명품 및 고가제품의 역외 구매로 인한 문제는 기존 정차역 도시 가운데 백화점을 다수 보유한 지역에서 지역경제 쇠퇴 등의 문제로 더욱 염려하는 사안이다. 이에 반해, 전북 지역에서는 수요가 늘면서 지역 내 대형마트 등 쇼핑시설 수도 증가하고 있기 때문에 KTX 개통에 따른 지역경제 쇠퇴라는 부정적 영향은 아직까지 크게 나타나고 있지는 않다.

그림 6-10 시·도별 사교육비 및 참여율

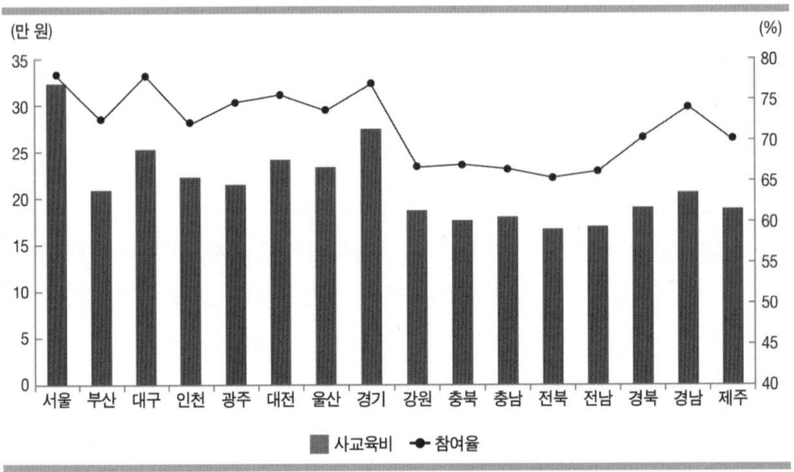

3) 수도권이 전북의 사교육시장을 빨아들일 것인가

현재 KTX와 교육과의 관계를 입증할 직접적인 자료는 현재 없다. 다만 사교육비를 통해 KTX 이용 가능성을 유추할 수 있다. 2010년 시·도별 학생 1인당 월평균 사교육비를 보면, 특별시·광역시 중에는 서울(32만 1,000원)이 가장 많고, 부산(20만 8,000원)이 가장 적으며, 도 지역에서는 경기(27만 1,000원)가 가장 많고, 전북(16만 4,000원)이 가장 적다는 점에서 도내 이용 인원은 적을 것으로 추측된다(그림 6-10 참조). 하지만 전라북도의 경우 빈부차가 상당이 크다. 실제로 상위권은 과외를 굉장히 많이 하는데, 특히 전주, 군산, 익산 지역의 상위권 및 고소득층을 대상으로 조사한 결과, 예체능 분야 과외활동이 빈번한 것으로 나타났다.

KTX의 경우 빠르고 편리하다는 장점이 있으나, 아이들의 과외활동에는 큰 도움이 되지 않는다. 이는 고액의 과외비에 더해 KTX의 비싼 요금까지 부담하기에는 비용 부담이 크기 때문이다. 또한 과외 시간과 차량 이용 시간을 정확히 맞추어야 하는데, 과외를 받는 지역이 서울 강남 지역에 집중되어 있어 KTX를 이용하는 것은 실질적으로 어려움이 있다.

설문조사와 국책연구의 조사 결과에서도 KTX 운행이 지방의 교육(사교육)에 미치는 영향은 미미한 것으로 나타났다. 전라북도 KTX 정차역 이용객 대상 조사 결과, 2012년 1월 현재 교육(학원, 과외 등) 등을 목적으로 KTX를 이용하는 비율은 상당히 낮다(1.5%). 한국교통연구원(2010)의 연구 결과도 전라북도 조사 결과와 비슷하다. KTX 도착역의 분포를 살펴보면 서울역이 45.2%, 동대구역과 부산역이 각각 17.4%, 대전역 12.2%, 천안·아산역 7.8%로 서울 지역에 편중되어 있으나, 학원수강·개인지도 목적의 통행 비율이 전체의 1.2% 정도임을 감안할 때, 역류효과에 대한 우려는 없는 것으로 판단된다. 학원수강·개인지도 목적의 KTX 이용과 관련해 구체적인 내용을 보면 예체능 레슨이 23.5%로 가장 많았고, 자격증 관련 수강이 19.1%, 어학(외국어) 분야가 18.3%, 기타 17.4%, 일반 입시 15.7%, 취미 6.1%로 나타났다.

5 | KTX 개통에 따른 대응 방안

1) 역세권 개발

(1) 정차역별 역세권 개발 추진 현황

익산역은 국가시범사업 선정을 통해 추진에 탄력을 받고 있으며, 시외버스 및 고속버스 공동 입주를 통해 환승시스템을 도입할 예정이다. 또한 쇼핑몰 등 수익구조를 고려한 도입 기능 선정을 위해 다양한 방안을 강구 중이다.

정읍역은 역세권 개발사업 타당성 조사 및 기본 구상을 수립했다. 기성 시가지 역세권과 신역세권 개발로 나누어 추진 중이다. 전주역의 경우 전주역 광장을 환승이 편리하도록 코레일과 전주시가 25억 원 예산을 투입하기로

익산 역세권 복합환승센터 개발 추진 상황

- 철도 이용객 일일 2만 명 및 시외 · 고속버스 이용객 일일 2만 명, 복합환승센터 시설 이용 인구 일일 1만 명 등 총 일일 5만 명이 이용할 것으로 전망
- 사업 규모: 2,200억 원(1단계)
- 투자자(사업 시행자): H 종합건설회사, H자산신탁
- 복합환승센터 내 공간 임대(분양) MOU(원광대학교, 하림푸드코트 500평)

※ 전라북도(도, 새만금, 14개 시 · 군 홍보관 등 507평) 공간

계획하고 실시설계 중이며, 복합환승센터 건립은 사실상 한계가 있다.

(2) 역세권 개발 극대화 방안

KTX 개통과 관련해 역세권 개발 극대화 방안은 다양하지만 일반적으로 추진할 수 있는 사업을 제시하면 아래와 같다.

첫째, 국가교통체계효율화법, 연계교통체계구축대책 수립의 일환으로 연계교통체계의 정비 및 구축이 필요하다.

둘째, 전라선·호남선 결절역(특히 익산역)으로서 MICE 기능 강화를 위해 교통결절점의 이점을 살려 정차역 도시 내부 무환승으로 회의가 자체 역사에서 이루어지도록 중·소규모의 컨벤션 기능을 강화하는 것이 필요하다.

셋째, 새만금의 관문역으로서 지역 홍보 등 전시 기능의 육성이 필요하다. 이를 통해 새만금사업, 전라북도 명품, 시·군별 특산품관 설치로 지역 홍보 및 지역경제 활성화에 기여할 수 있다. 이와 관련해 익산(정읍 추가 고려 가능) 복합환승센터 개발사업 민간투자자 유인 애로점을 해결해야 하는데, 그 방안으로 전라북도 및 14개 시·군 업무협약 체결, H사 등 민간투자가 시장조사 시 지역 투자 확약을 위한 인센티브 제공 등을 강구하는 것이 필요하다.

넷째, 정차역 도시 특화 기능 도입으로 외부 인구 지역 내 유인 및 경제 활

「**역세권의 개발 및 이용에 관한 법률**」

제12조(사업시행자의 지정 등)

• 역세권개발사업 시행자

- 국가 또는 지방자치단체
- 한국철도시설공단 또는 한국철도시설공단이 역세권개발사업을 시행할 목적으로 출자하여 설립한 법인
- 한국철도공사 또는 한국철도공사가 역세권개발사업을 시행할 목적으로 출자하여 설립한 법인
- 공공기관 중 대통령령으로 정하는 공공기관 및 지방공기업
- 그 외 「철도사업법」, 「철도건설법」, 「도시철도법」에 따라 대통령령으로 정하는 요건을 갖춘 자
- 그 외 법인

성화 방안으로서 보석, 한방, 니트, 한지 등 지역특화산업의 전시·홍보·판매 등 상업 기능의 정차역사 내 도입(한방 도심 미진입으로 시간 절감: 한방병원 분원 등) 등이 필요하다. 이를 위해 민간사업자로 하여금 역세권 개발(정차역 복합환승센터 등) 참여 확대로 리스크 저감 방안의 일환으로서 지방공기업(전북개발공사) 개발사업 지분 참여(전체 사업비의 10%, 1단계 2,000억 원 중 약 200억 원 수준 예상)를 추진하는 것이 필요하다. 경주 역세권의 경우 경북개발공사가 역세권 개발에 참여했고, 부산 동래역의 경우 부산교통시설공단과 KT 등이 컨소시엄에 참여한 사례가 있다.

다섯째, 호남선 KTX 종착역을 서울역으로 조정하는 것이 필요하다. 최소한으로 일부 노선의 도착 시간(06:00~07:00), 출발 시간(18:00~21:00) 대 열차를 중심으로 조정하는 것이 필요하다. 동시에 시도지사협의회 공동 제안을 통해 공항철도AREX의 용산역 정차 요구 등 최소 일부 노선의 조정이 필요하다. 마지막으로 익산, 전주, 정읍 분포 전통문화자원 및 관광자원 관람 무료셔틀

버스를 운행하는 것도 필요하다.

(3) 정차역별 방안

KTX 개통에 따른 정차역별 대응 방안을 제시하면, 익산역의 경우 주거 기능(아파트, 중앙1군업체), 상업 기능, 컨벤션 및 컨퍼런스홀을 조성하고, 홍보기능(홍보관 등)을 강화하며 「국가교통체계효율화법」에 근거하여 연계교통체계(교차로 개선, 지역 내 도로, 지역 간 도로 등)를 구축하는 것이 필요하다. 전주역은 백제로 권역 공공기관 이전(완주군청, 혁신도시 및 신시가지 입주기관 등)에 따른 공동화 등을 역세권 개발과 함께 고려하는 것이 필요하다. 또한 전주역 환승시스템 구축으로 도민이 편리하게 이용할 수 있게 하고, 전주역을 순환하는 신교통수단(전주~익산~군산~새만금 등) 도입을 대비하는 것이 필요하다. 정읍역은 간선 가로 정비(보행 환경 개선, 주차장 확보, 자전거도로망 구축, 교차로 및 신호등체계 개선 등), 대형마트 등이 입주한 신역세권과 기성 역세권 간 연계도로 조성, 환승센터(시외버스 및 고속버스 등), 1·2단계 광역교통망 구상, 연계교통체계(14개 노선) 구축 등이 필요하다.

2) 문화 · 관광 분야 대응 방안

(1) 문화예술소비의 서울 집중 감소 대책②

KTX 개통으로 수도권 집중이 예상되는 분야는 전시회·박물관·미술관 관람, 대형 뮤지컬 관람, 예술교육 참여 등으로 나타났다. 특정 지역으로 문화활동이 집중될 경우 이용 빈도가 늘어날 것으로 예상되는 활동을 조사한 결과, 전시회·박물관·미술관 관람(34.1%). 대형 뮤지컬 관람(15.9%), 문화예술

② KTX 개통에 따른 대책이 아니라 일반적인 문화예술 관람의 수도권 집중에 대한 대책이다.

교육 참여(12.7%), 대중가수 공연(11.9%), 고급 예술공연 관람(9.4%) 등으로 나타났다. 수도권 집중의 가장 큰 원인은 예술행사의 다양성 때문이다. 실제로 서울 지역 예술 관련 행사에 참여하는 이유로 예술행사의 다양성(62.7%)을 가장 많이 꼽았고, 우수한 질과 내용(14.0%), 활동 이후에 다른 업무를 볼 수 있어서(13.9%) 등이 그 뒤를 이었다. 이러한 의견을 토대로 하여 문화예술 소비의 서울 집중 현상을 줄이기 위한 방안으로서 다음을 생각해볼 수 있다.

첫째, 전라북도가 부족한 내용을 확충하되, 현실적으로 가능한 프로그램부터 제공하는 것이 필요하다. 문화복지 차원에서 한국소리문화의전당이 일정한 비율의 기획공연사업을 추진할 수 있도록 정책적으로 지원하고, 국립박물관 및 미술관의 전북 전시, 국립예술단의 전북 공연 등을 추진하는 것이 필요하다.

둘째, 수도권 집중의 방어적 전략이 아닌 수도권 관객을 유치하는 공격적 전략을 추진하는 것이 필요하다. 대표적으로 KTX 개통에 따른 예술의 수도권 집중을 우려한 대구광역시는 '4계절 테마별 공연축제'를 추진했다. 특히 대구국제뮤지컬페스티벌을 중점적으로 육성했고, 현재 대구시를 뮤지컬의 도시로 만든 결과, 매년 전체 관람객 중 30% 이상을 대구 외 지역 거주자로 채우고 있다.

셋째, 수도권 집중 현상을 방지하면서 KTX를 활용해 타 지역(특히 수도권) 관객을 유인하는 전략으로서 이른바 킬러콘텐츠(소극장 공연 활성화 추진 등)를 개발하는 것이 필요하다. 소극장 공연 활성화는 대학로 등으로 유출되는 문화 소비층을 붙잡으면서 지역 공연계의 활동 무대를 제공하고, 수도권 소극장 소비층의 유입을 유도하는 효과를 동시에 거둘 수 있다. 대구광역시가 중극장의 뮤지컬 극장을 확충한 것처럼 전라북도(전주 또는 익산)는 시장 규모, 재정 여건 등을 감안해 소극장 무대를 확충하여 소극장 연극, 공연, 이벤트(개그콘서트 등)를 활성화하는 프로그램 등을 개최하는 것이 필요하다.

(2) KTX 이용 전북 방문객 확대 방안

KTX를 이용해 전북을 방문하는 이들이 늘어나려면 우선 관광객 수용 인프라 확충, 특히 시티투어 버스를 운영하는 것이 필요하다. KTX를 이용할 경우, 익산(또는 전주)에 도착한 이후에 목적지로 이동하기 위한 교통수단이 불편하다. 이로 인해 KTX를 이용하는 관광객이 적은데, 이에 KTX 역사에서 주요 관광지로 이동하는 시티투어버스를 시범 운영해보는 방안을 검토해볼 만하다. 예를 들어 광주광역시는 '의향과 예향투어', 대전광역시는 '과학투어', '생태환경투어', '야간투어' 등 다양한 시티투어를 운영하고 있다. 또한 익산역에서 새만금 왕복, 익산역에서 전주한옥마을을 왕복하는 투어버스를 마련하는 방안도 생각해볼 수 있다. 천장 없는 오픈 탑Open-Top 2층 버스, 수륙양용 관광버스(부산 사례) 등 다양한 투어버스 모형을 개발하는 것도 필요하다.

둘째, KTX 패스에 전북 방문 중에 필요한 복합 이용 기능을 담은 통합 티켓인 'KTX 전북패스'를 코레일과 공동으로 개발·도입하는 방안도 필요하다. 'KTX 전북패스'는 전라북도 관광명소 및 축제·이벤트의 입장권 기능을 하는 것은 물론이고, 문화공연 관람권, 각종 편의시설 이용권, 시내버스·시티투어 등 교통카드, 서비스 이용 시 혜택을 주는 다양한 할인티켓까지 KTX와 연계된 패키지형 여행 특화 티켓이다. 예를 들어, 프랑스 리옹에서는 관광객의 편의를 증진하고자 박물관, 미술관 등 다양한 문화시설 입장과 지하철, 시내버스, 유람선 등 대중교통수단 이용을 카드 하나로 해결할 수 있는 '리옹시티카드'를 도입해 운영하고 있다. 국내의 경우 대구광역시에서 대구국제뮤지컬페스티벌DIMF 공식 초청작 예매자를 대상으로, 공연 전일과 당일에 KTX를 타고 온 관람객이 공연 티켓을 예매할 때 미리 50% 할인된 금액으로 결제하고 공연장에서 티켓 교환 시 KTX 티켓을 제시하게 하는 등 KTX와 연계된 패키지형 여행 특화 티켓 프로그램을 운영하고 있다.③

셋째, MICE 산업 육성을 위하여 KTX 정차역사, 호텔을 활용한 소규모 비즈니스센터를 활성화하는 것이 필요하다. 전국 12개 철도역을 기준으로 회의 개최 실적을 살펴본 결과, 2005년 회의 건수 153건, 이용 인원 4,012명, 수입 1,711만 3,000원에서 2008년 8,283건, 30만 7,541명, 12억 4,699만 7,000원으로 폭발적으로 성장했다. 이러한 흐름에 적극적으로 대응하기 위해서는 KTX 정차역을 중심으로 주변 지역의 호텔, 오피스빌딩, 세미나·회의실 전문 대여점 등을 집적시킨 소규모 비즈니스 특화지구를 조성하고, 장기적으로 '컨벤션타운'으로 개발하는 것이 필요하다.

넷째, 영남권 관광객을 유치하기 위해 요금 할인 및 특별 혜택 등을 추진하는 것이 필요하다. 현재 전주와 부산 간은 고속버스로 약 4시간 소요되나, 익산(전주)·오송·부산 구간은 고속철도로 1시간 30분이면 이동할 수 있다. 영남권 관광객이 전북으로 오려면 오송역 우회노선을 이용해야 하기 때문에 이동 거리에 비례하는 교통요금체계로 요금이 비싸 영남권 관광객을 유치하기 어려운 실정이다. 그리고 코레일과 JR큐슈여객철도 및 JR큐슈고속선과의 전략적 사업제휴MOU 체결로 방문 러시를 이루게 될 일본 관광객의 전북권 유치에도 걸림돌로 작용할 가능성이 농후하다. 이에 호남권과 영남권을 직접 연결하는 고속철도의 신설이 어려울 경우 국민통합적 차원에서 영·호남 간 우회노선에 대한 할인 요금제도의 도입이 필요하다.

다섯째, KTX 연계 관광상품 개발이 필요하다. 2010년 기준(2011년 보고서 참조)으로 전라북도의 KTX 여행상품을 보면 벚꽃(금산사), 동백꽃(선운사), 내장산, 강천산, 적상산, 덕유산, 선유도, 김제, 군산, 변산반도·내소사 등이 있다. 이 상품들의 경우 대부분 계절과 관련한 행사에 치중된 반면, 다른 지역의 상품 현황을 보면 계절별 테마여행상품을 비롯해 주요 축제 기간을 연계하는 상품이 다양하게 마련되어 있다. 이에 전북의 대표 축제, 예술행사와

---

③ KTX 왕복, 호텔 1박(2인 1실 기준), 조식, 공연을 평일 13만 원, 주말 15만 원 선에 즐길 수 있는 DIMF 자유여행 상품 등 다양한 패키지 상품을 준비하기도 했다.

연계한 다양한 관광상품의 적극적인 개발이 필요하다.

3) 의료 · 쇼핑 분야 대응 방안

(1) 의료 분야

KTX 개통과 관련해 의료 분야의 대응 방안을 제시하면 다음과 같다. 첫째, 의료기술 경쟁력 확보 및 맞춤형 의료서비스 제공이 필요하다. 이를 위해 국제진료센터, 호흡기 전문센터, 어린이병원, 암센터 등의 전문화·차별화 방안을 모색해야 한다. 특히 전북 지역 내 전국적 경쟁력을 보유한 안과(라식 수술 등), 치과 등 전문병원 수술을 접목한 상품을 제공할 경우 고객이 증대할 것으로 예상된다.

둘째, 3차 의료기관 환자 유출, 응급환자(심·내혈관 등), 외국인 환자 유치 등을 위한 방안을 모색해야 한다. 이를 위해 대학병원 등을 중심으로 지역 내 의료계의 맞춤형 의료서비스 제공 및 기술 경쟁력 확보가 필요하다. 의료관광객 유치 등을 위한 국제진료센터 또는 헬스케어타운 조성(부안군) 등을 준비하는 것도 하나의 방안이 될 수 있다.

셋째, 관광자원과 연계한 의료관광 콘텐츠 개발 및 상품화를 위해 의료와 관광의 연계를 위한 숙박시설 확대가 필요하다. 이를 위해 전문의료기관들의 연계를 통한 통합 마케팅, 상품 개발, 서비스 질 향상 방안 모색 및 통합 홍보가 필요하다.

(2) 쇼핑 분야

KTX 개통에 따른 쇼핑 분야의 대응 방안을 제시하면, 전라북도는 대형 백화점의 출점 한계 지역(G사, A사, E사)으로서 익산 등 역세권 개발 시 복합환승센터 등을 중심으로 쇼핑센터(특화된 쇼핑몰 조성 등 포함), 패션전문관 등을 중심으로 유출 소비자의 유인을 기대할 수 있다. 또한 전라북도의 경우 명품, 고가 제품을 선호하는 수요층을 겨냥한 쇼핑센터나 백화점 등이 많지 않기 때문에 이를 기회로 활용해 전북만의 경쟁력 있는 쇼핑 수요를 충족시키는 전략이 필요하다. 그리고 도내 쇼핑 수요에 대응하여 타 지역으로 쇼핑 수요 충족을 위해 유출되는 소비자들을 유인하기 위한 전략으로서 전북만의 경쟁력 있는 쇼핑 수요를 충족시키는 전략이 필요하다.

4) 교육 분야 대응 방안

KTX 개통에 따른 교육 분야의 대응을 제시하면 다음과 같다. 첫째, '(가칭) KTX 타고 떠나는 전북투어'와 같은 상품 개발이 필요하다. 교육 환경(주 5일제 수업 도입)의 변화에 대응한 여행 교육 상품 개발을 통해 도내 도시 초등학생의 '농촌 유학' 중심지로 부각되는 완주, 임실 지역과 연계하여 시너지 효과를 창출할 수 있다. 또한 도교육청과의 협의를 전제로 KTX의 편리성, 손쉬운 접근성을 기반으로 한옥마을 주변 등에 청소년 체험교육을 비롯해 입학사정관제 등 입시정보 제공, 교육박람회와 같은 교육행사 개최 등 다양한 기능을 할 수 있는 복합적인 교육타운을 조성할 필요성이 있다. 일본 나고야의 경우 신칸센 개통 이후 그 편리성과 손쉬운 접근성을 통해 나고야역 부근을 중심으로 대학입시학원 타운을 조성할 수 있었고 도쿄의 유명 강사진을 확보할 수 있었다.

그리고 학술활동 유치를 위한 거점 공간을 조성하는 것을 고려할 수 있다. 학술 관리 기능은 경제적·행정적 중추 관리 기능과 도시 집중성이 강하므로 전라북도 주요 KTX역 주변에 학술활동 행사와 학술문화 진흥을 위한 교류센터를 구축한다면 효과적일 것이다. 충북발전연구원의 분석 결과, 수도권의 교통난 가중 등으로 수도권 접근 시간이 지체됨에 따라 학회 세미나 등이 대전 및 청주에서 개최되는 사례가 증가하고 있다(원광희, 2010).

참 고 문 헌

조남건 외. 2003. 『고속철도 개통에 따른 국토공간구조의 변화전망 및 대응방안 연구』. 국토연구원.

이은진·우석봉·이상국. 2010. 「경부고속철도 2단계 개통 대응 방안」. BDI 포커스 72호. 부산발전연구원.

정현욱. 2011. 「KTX 울산역 개통에 따른 도시경쟁력 강화방안 연구」. 울산발전연구원.

원광희. 2010. 「경부고속철도 오송역 개통에 따른 효과와 부문별 대응방안」. 충북발전연구원 ≪충북Issue&Trend≫, 제3호.

제7장 전라북도 도로 연계성 진단을 통한 권역별 도로 건설 방안

김상엽 I 전북발전연구원 새만금지역개발연구부 부연구위원
민경찬 I 전북발전연구원 새만금지역개발연구부 연구원

1 | SOC 투자정책 변화와 전라북도의 대응 방향

1) SOC 투자정책과 전라북도의 현실

1960년대부터 시작된 SOC 확충은 국가 발전의 초석을 다지는 밑거름으로 작용했다. 1972년 제1차 국토종합개발계획에서는 부족한 자원의 효율적 활용이라는 측면에서 성장거점growth pole을 집중 육성하여 그 효과를 주변으로 확산시키는 지역 발전전략을 추진했다. 이때 개통된 경부고속도로는 대한민국의 일일 생활권 시대를 열었으며, 아직까지 SOC사업의 대표적 사례로 회자되고 있다. SOC사업은 시설의 공급 측면뿐만 아니라 경제 활성화 정책으로도 활용되었고, 지금까지도 지속적인 노력이 기울여지고 있는 분야이다.

이러한 SOC 분야는 사업 규모가 크고 국고 지원의 비중이 높은 편으로, 재정 능력이 약소한 지방자치단체에서 유치하기 위한 노력을 기울여왔다. 그러나 우리나라의 경제성장이 수도권·부산권, 이른바 경부축을 중심으로 진행되었고, 수도권과 일부 대도시로 SOC 투자가 집중되면서 나타난 부작용으로 지역 간 불균형이 야기되었다. 이와 더불어 대규모 SOC 투자를 위한 국가예산 지원에 '경제성의 원리'를 적용하는데, 이에 따라 지역 간 불균형은 더욱 심화되고 있다.

대부분의 SOC사업은 500억 원 이상의 대규모 사업으로 중앙정부의 지원이 절대적으로 필요하지만, 경부축을 이루는 지역(수도권, 충남, 충북 등)에 비해 통행량이 현저히 적은 전라북도는 사업 추진이 어려울 수밖에 없는 실정이다. 중앙정부에서 이러한 불균형 문제를 해소하기 위해 SOC사업 타당성 조사 시 지역 낙후도 등을 감안한 정책적 여건을 경제성 분석에 추가하여 평가하고 있지만, 16개 지역 중 지역 낙후도가 15위인 전라북도는 경제성 원리의 벽 앞에서 좌절하는 일이 비일비재하다. 경부축 중심의 SOC 투자와 경제성 원리에 따른 사업 추진으로 우선순위에서 계속 밀리며 악순환을 겪고 있는 전라북도로서는 SOC사업을 유치하기 위한 탈출구 마련이 절실하다.

2) 성공적인 SOC 투자 유치 성과, 다가올 미래에 대비하는 자세 필요

'경제성의 논리'와 경부축 중심의 투자에도에도 불구하고 전라북도는 SOC 사업 추진에서 지난 5년간 괄목할 만한 성과를 거두었다. 전라북도가 SOC 투자를 위해 확보한 국가예산은 지속적으로 증가했으며, 2010년 이후 2조 원 이상으로 타 지자체에 비해 높은 수준을 유지하고 있다. 물론 이러한 실적은 새만금 개발에 따른 기반시설 유치와 호남선 KTX사업에 기인한다.

여기서 주목할 점은 도로사업 예산의 감소이다. 정권 변화에 따른 정책 변화로 SOC 예산이 감소했으며, 이 때문에 기존에 추진하던 도로사업이 지연되거나 신규 도로사업을 추진하기 어려워졌다. 전라북도 역시 2009년부터 지난 4년간 국책사업발굴단을 운영해왔으나, 예산상의 제약으로 (4년간 총 여덟 건의 사업을 발굴했으나) 세 건의 사업만이 추진되고 있다. 또한 추진 중인 사업의 경우 사업 보완이나 중장기계획으로 이전되는 등 사업 추진에 어려움을 겪고 있다. 예산 제약 문제는 앞으로도 지속될 것이라는 전망이 우세한

그림 7-1 전라북도 국가예산 확보 상황

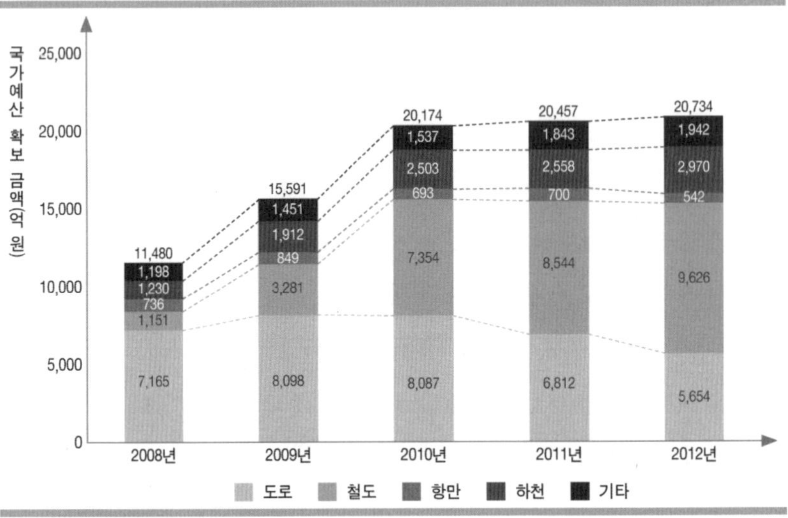

자료: 전라북도(2013).

가운데 전라북도는 새로운 돌파구를 찾아야 할 때이다.

다행히 전라북도에는 새만금 개발계획과 지덕권 휴양거점 사업 등 국가 전체적으로 중요한 대규모 사업을 추진 중이다. 이러한 사업들은 지역 내 성장거점의 역할을 할 것이며, 원활한 사업 추진을 위한 네트워크의 공급을 필요로 한다는 점에서 그 파급효과는 매우 클 것이다. 따라서 여기서는 전라북도의 성장동력이 될 대규모 사업을 지원할 도로 네트워크에 대한 검토를 통해 전라북도 도로사업의 추진 방향에 대해 이야기하고자 한다.

2 | 국가 SOC 투자 동향 변화

1) 국가 도로정책의 변화와 전라북도의 대응 방향

2013년 박근혜 정부가 출범하면서 지역균형발전에 대한 기대가 어느 때

그림 7-2 **박근혜 정부의 SOC 분야 정책 방향**

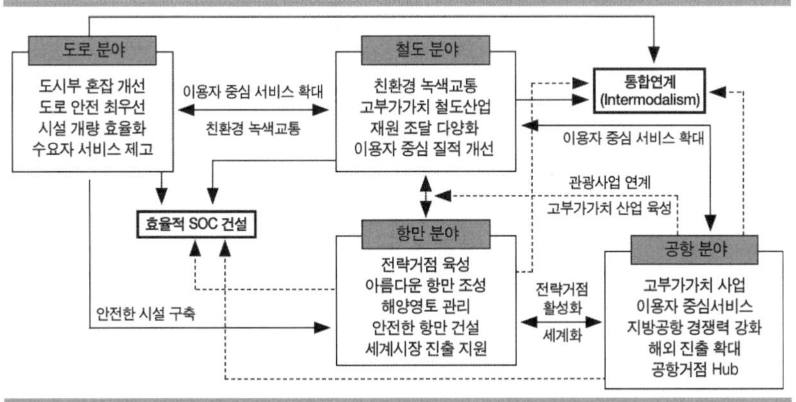

자료: 대통령직인수위원회(2013).

보다 커지고 있다. 지난 대선에서 경제 민주화, 보편적 복지, 지역균형발전이 주요 화두였던 점에 힘입어, 새 정부에서도 SOC정책에 대한 시각이 새롭게 바뀌었다. 도로 분야의 경우 기존 시설 공급 및 지역 간 접근성 확보가 아닌 효율성 위주의 시설 개량이나 도시부 혼잡 해소를 중점 사안으로 밝혔고, 철도 분야에서는 친환경 녹색교통이라는 국제적 동향 아래 철도를 기반으로 한 부가가치사업 활성화와 이용자 중심 서비스 확대를 목표로 한다는 점에서 집중 조명되고 있다. 공항·항만 분야에서는 세계화에 따른 전략거점 조성 활성화를 정책 기조로 내세웠다. 새 정부 출범으로 이러한 정책 패러다임 변화가 예산 규모 측면에서 SOC 분야에 호기로 작용할지는 불분명하다.

각 분야별 정책 기조를 살펴보면 박근혜 정부는 '효율적 SOC 건설' 과 각 수단 간 원활한 연계를 지향하는 '인터모달리즘Intermodalism'①을 추구하고 있

① 인터모달리즘이란 도로, 철도, 해운, 항공 등 교통수단 간 효과적 연계체계를 추진하는 통합교통 운영체계의 종합적 개념이다. 다양한 교통수단과 서비스의 지속적 협력체계를 기반으로 교통수단 간 환승, 환적이 포함된 운영 최적화를 달성해 비용, 서비스, 신뢰성, 안전성을 확보하기 위한 체계이다.

다. 이렇듯 이번 정부도 과거 정부들과 마찬가지로 지역균형발전을 내세우고 있으나, 효율적 SOC 건설이라는 명분은 SOC '선택과 집중'이라는 완곡적 표현을 사용해 SOC 시설 투자에 소극적으로 대응하겠다는 뜻이고, 인터모달리즘은 실제로 이번 정부에서 SOC 건설사업에 비교적 소극적으로 임하겠다는 속뜻을 보인 것으로 이해할 수 있다.

국내 간선도로망 계획의 중심이 되는 '제2차 도로정비기본계획(2011~2020)'(국토교통부, 2011) 역시 정부정책과 유사한 방향을 제시하고 있다. 녹색성장 지원, 도로 투자 효율화 제고를 최우선적 목표로 하고 있으며, 도로의 효율성과 안전성, 환경성, 이용자 편의성을 주요 성과 목표로 삼고 있다. 이에 따라 도시 혼잡 해소사업이나 시설 개량사업을 통해 효율성을 극대화하겠다는 방침과 함께 도로 공급 측면에서는 30분 이내 고속도로 접근이 가능한 간선도로망의 구축을 목표로 하고 있어, 전라북도 일부 지역에서는 신설사업 추진도 가능할 것으로 보인다.

2) 도로 안전성과 효율성을 고려한 국가정책 동향

국내 국도 및 국지도의 계획은 국토교통부에서 시행하는 '국도·국지도 5개년 계획'을 통해서 주로 이루어진다. 지난 '제3차 국도·국지도 5개년 계획(2011~2015)'(국토교통부, 2012)은 기존 방법론과 더불어 도로 안전성을 사업 추진 근거로 했다는 점에서 주목할 필요가 있다. 경제성이 확보되지 못한 사업일지라도 안전성 분석을 통해 사고의 위험성이 높은 것으로 판단되는 도로에 한해 시설 개량사업을 추진했다. 이에 따라 국도 13호선 임실 - 장수 2차로 시설 개량사업은 경제성(B/C=0.15)이 낮은데도 안전성의 개선을 목표로 사업 추진이 결정되기도 했다. 장래 도로의 신설 및 확장사업이 시설 개량사업으로 대체된다는 점과 앞으로 수립된 '제4차 국도·국지도 5개년 계획'에서 안전성 평가를 활발히 적용할 것이라는 점에서, 전라북도는 이에 미리 대응할 수 있도록 선제적 연구가 필요하다고 할 수 있다.

국내의 도로정책의 또 다른 변화는 국토교통부 주관하에 수립하고 있는 '도심 교통 혼잡 도로 개선사업'에서 엿볼 수 있다. 이러한 움직임은 1970년대 이후 간선도로망 확충에 치우친 정책 탓에 도시 내 도로 혼잡 해소에 미흡했다는 것에서 시작된다. 즉, 혼잡비용이 지방부 37%, 7대 도시 63%의 비중으로 발생하는 반면, 도로 투자(국비+지방비)는 지방부 86%, 7대 도시 14%로 치우쳐 있었던 것을 문제로 꼽고 있다. 현재 「도로법」 개정과 더불어 도시부 교통 혼잡 기준(도시 규모 및 도로 규모, 통행 특성에 따른 다양한 기준 제시)을 정립하고 이를 적용해 도시부 교통 혼잡도로 개선사업을 추진할 예정이다. 이에 따라 전라북도에서도 관할 지역 내 도심 소통 완화를 위해 새로운 기준에 부합하는 혼잡구간을 조사하는 등의 노력이 수반되어야 할 것이다.

3 | 전라북도 도로 네트워크 진단

1) 지역 특성 및 발전 방향에 따른 전라북도의 권역 구분

박근혜 정부는 기존 광역 단위의 지역 발전에서 '생활권 중심의 지역 발전'이라는 새로운 지역 발전정책을 추진하려 하고 있다. 주요 방향은 대도시와 중소도시를 중심으로 하는 도시권과 도농복합시, 군을 중심으로 하는 생활권으로 구분하는 것으로, 이러한 권역별 지역 발전정책에 따라 전라북도는 전주시를 중심으로 한 대도시권을 광역적 거점 역할을 수행할 중추도시권으로, 기타 시·군은 각 지역의 특성에 맞도록 권역별로 구분하여 지역 거점으로 육성을 도모해야 할 것이다. 이에 본 연구원에서는 전라북도 14개 시·군을 대상으로 하여 1개의 중추도시권과 그 외 3개의 권역으로 구분하는 지역 발전 방안을 제안하고자 한다.

먼저 전주 중추도시권은 전주를 중심으로 익산, 군산, 완주, 김제를 전북 발전 중심 거점으로 설정함으로써 규모의 경쟁력을 확보하고 환황해 경제권의 경제 거점으로 육성하는 것을 목표로 한다. 기타 권역은 지리적 인접성과 보유 자원, 기능의 연계 가능성 등을 종합적으로 고려해 동북부권(무주, 진안, 장수), 동남부권(임실, 순창, 남원), 서남부권(정읍, 부안, 고창)으로 구분한다.

중요한 것은 형성된 각 권역이 제대로 발전하기 위해서는 생활서비스(교육, 의료, 복지 등)가 효율적으로 제공될 수 있도록 인근 지자체 및 거점을 연결하는 도로 연계 네트워크가 적절하게 형성되어야 한다는 것이다. 하지만 전라북도는 권역 간 지역 개발 정도와 특성이 상이하므로 도로 연계성을 개선하기 위해서는 도로사업 추진(안) 방향 설정을 각 권역별로 달리할 필요가 있다.

따라서 전주 중추도시권은 대도시권 형성에 따른 교통량 급증, 도시 거점 간 연계 및 안전성 향상, 도심 지·정체 해소 등의 문제를 해결하는 사업을 통해 전라북도 중심지로서의 역할을 강화하는 것이 우선시되어야 할 것이다. 동부권은 기하구조 불량 구간 개선, 국제대회 유치 지원과 더불어 관광지를 연계할 수 있는 사업을 통해 기초 생활서비스 확보 및 인근 시·군간 연계성 향상을 목표로 하며, 서남부권은 새만금 개발에 따른 내·외부 교통량 처리시설이 필요하고 새만금 및 주요 관광지(예를 들어, 부안 채석강 - 고창 선운사 - 정읍 내장산) 연계를 목표로 서해안 시대를 대비하는 주요 거점으로 형성해야 할 것이다.

2) 전라북도 간선도로축 설정 및 축별 특성 분석

전라북도를 통과하는 고속도로는 총 5개 축(3×2)으로, 남북 방향으로는 서해안고속도로, 호남고속도로, 중부고속도로가 통과하고, 동서 방향으로는 새만금전주고속도로, 88올림픽고속도로가 운영 중이다. 국가기간교통망인

그림 7-3 **전라북도 권역 구분(안)**

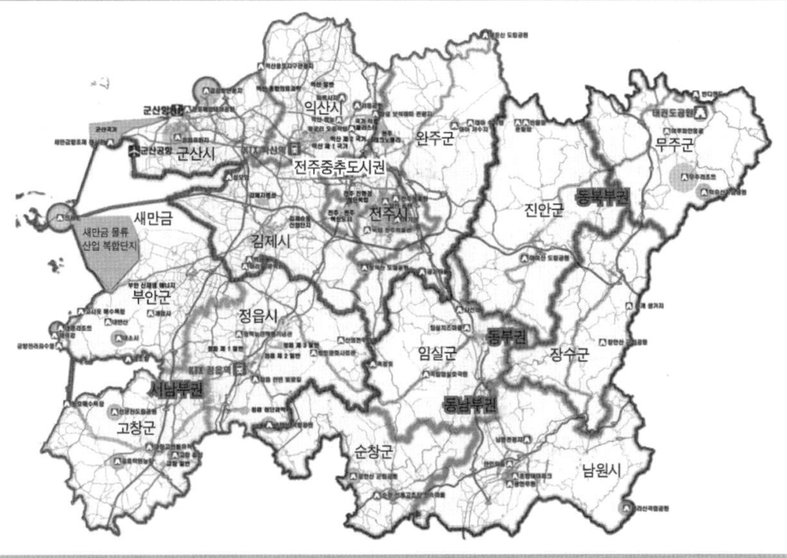

고속도로만으로 전라북도 전역을 연결하기에는 한계가 있으며, 특히 각 권역의 효율적인 연계를 보장할 수 없음은 명확하다. 이에 기존 국가기간교통망에 전라북도를 지나는 주요 국도, 국지도, 지방도 노선을 격자로 배치 및 연계하여 지자체(시·군) 간의 네트워크 효율성을 극대화하는 간선축을 설정하는 과정이 필요하다.

이러한 점을 고려해 여기서는 전라북도 권역의 육성 지원 및 도로 연계성 향상을 위한 방안으로, ① 국가기간교통망과의 연계성 강화, ② 모든 지역 고속도로 IC 접근성 30분 이내로, ③ 셋째 각 권역 내의 효율적 연계, ④ 권역 간 단절 극복 등 세부 목표를 충족시키는 전라북도 간선축을 제안한다. 전라북도 간선축 설정 결과는 그림 7-4와 같이 남북 방향으로 7개 축, 동서 방향으로 5개 축을 선정했다(남북 방향을 JV[Jeonbuk Vertical], 동서 방향을 JH[Jeonbuk Horizontal]로 명명했다. JV7 × JH5).

그림 7-4 **전라북도 간선도로망(7X5) 위치도**

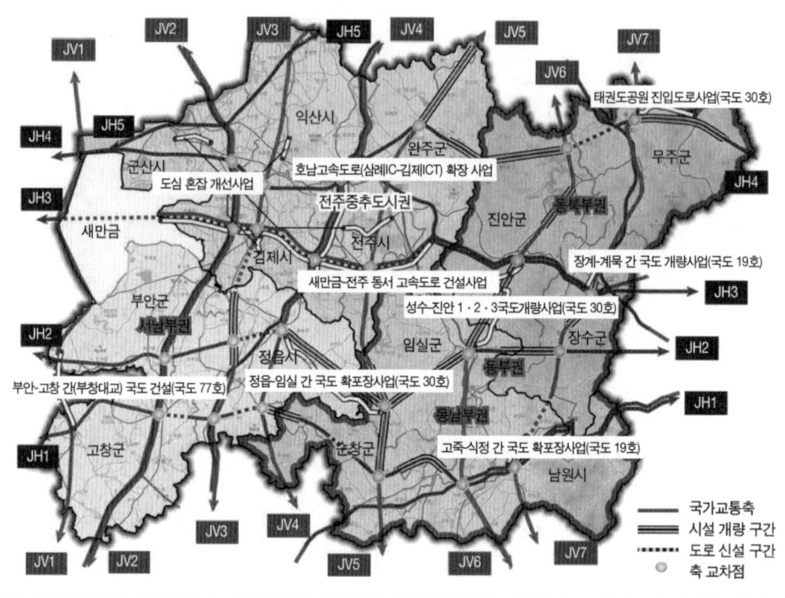

그림 7-4에서 보듯이 전라북도의 간선도로망은 수도권과의 연계를 위한 남북축 도로망이 주로 발달한 것을 알 수 있다. 동서축 도로망은 동서 간의 지형적 차이에 의해 도로망이 부족한 형태이며, 특히 선형이 불량하여 사고 위험이 높거나 접근성이 떨어지는 특성을 나타낸다. 이러한 점은 전라북도 권역 간 연계를 위한 도로망 구성 시 고려해야 할 중요한 요소로 생각된다.

(1) 전라북도 간선도로축별 교통량 특성

2011년 전라북도 간선도로축은 고속도로를 제외한 나머지 구간 교통량이 일일 2만 대 이하인 것으로 나타난다. 특히 동서축의 경우 약 95%의 도로에서 일일 2만 대 이하의 교통량을 보이는 것으로 나타났다. 이와 더불어 인구 차이, 도시 발달 수준 차이 등에 의해 전라북도 각 권역 간의 교통량 수준에

그림 7-5 **전라북도 간선도로망(7X5)의 교통량 현황(2011년 기준)**

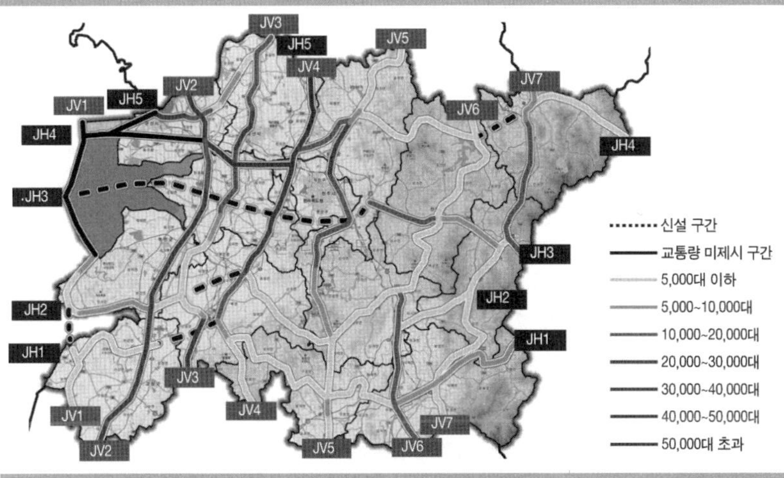

차이를 보이는 현상이 나타나고 있다. 즉, 전주 중추도시권이 일일 1만~3만 대 수준의 교통량을 보이는 도로가 약 52%인 데 반해, 동부권과 서남부권역 교통량은 일일 5,000대 미만인 도로가 50%로 나타나, 지역 간 불균형이 심화되어 있음을 간접적으로 보여준다.

(2) 전라북도 고속도로 접근성 검토

'제2차 도로정비기본계획(2011~2015)'(국토교통부, 2011)는 간선도로망의 정비 목표 중 하나로 '전국 어디서나 30분 이내 고속도로에 접근 가능한 국토 간선도로망 조기 확충'을 제시함에 따라, 이번 연구에서는 전라북도 14개 시·군의 각 동·읍·면사무소를 기준으로 고속도로 접근성을 분석하고 접근성이 떨어지는 지역을 선정했다.

분석 결과 전라북도 지역들의 고속도로 접근 평균 시간은 14.4분으로 양호한 수준을 나타냈다. 그러나 전라북도의 동고서저 계단식 지형 특성으로

그림 7-6 **전라북도 시 · 군별 고속도로 접근성 비교 및 Counter Map**

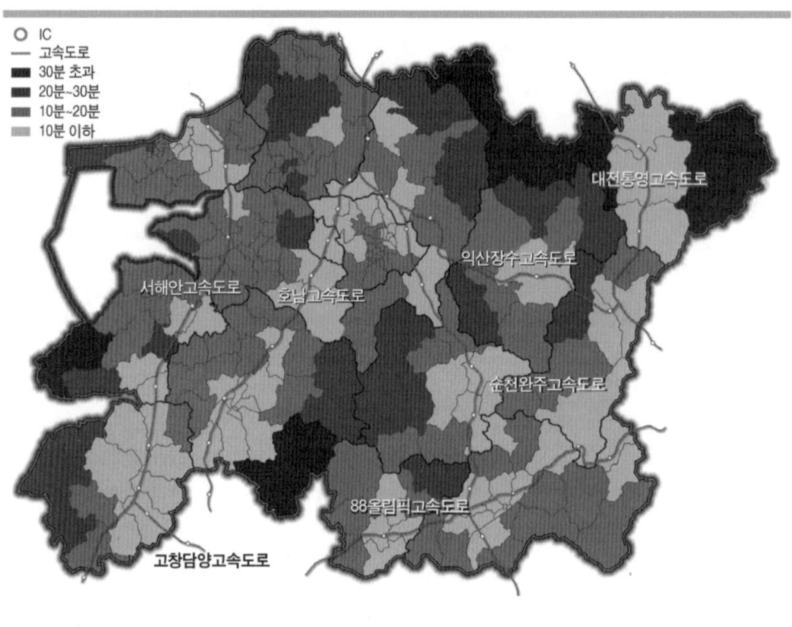

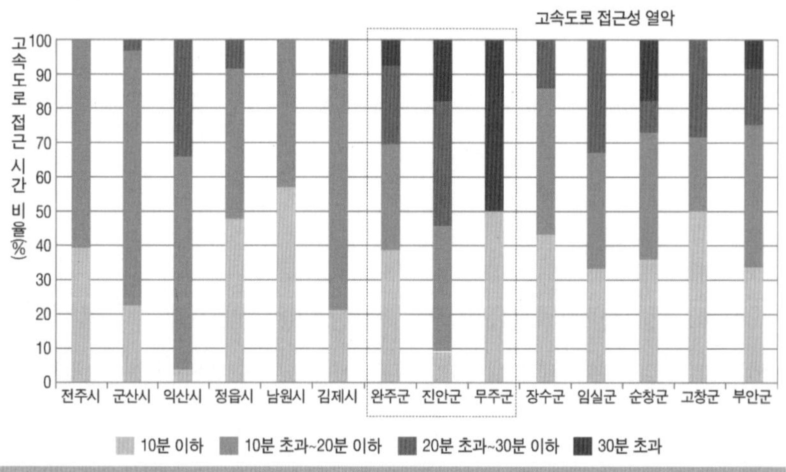

인해 대부분 산악 지역에 위치한 지역이 고속도로 접근성이 떨어져 지역 간 편차가 심한 것으로 나타났다. 특히 도심권역인 전주시, 군산시, 익산시 등

서쪽에 위치한 지자체는 대부분 20분 내에 고속도로 접근이 가능한 것으로 분석된 반면, 산악 지역에 위치한 진안군, 순창군, 완주군 일부 지역은 다른 지자체에 비해 고속도로 접근성이 떨어지며, 그중 무주군이 가장 열악한 것으로 나타났다.

권역별 분석에서는 총 240개 지역 중 30분 이내 고속도로 접근이 불가능한 지역으로 9개 면이 선정되었으며, 해당 지역은 대부분이 동부권역에 집중되어 있는 것으로 나타나, 지형적 한계를 여실히 보여준다. 특히 전주 중추도시권은 20분 이내 접근 가능한 지역이 86%로 나타난 데 반해 동부권역은 30분 이상 소요되는 지역이 10%로, 전라북도 세 권역 중 고속도로 접근성이 가장 열악한 것으로 분석되었다.

4 | 전라북도 권역별 도로사업 추진 논리 도출 및 주요 사업

1) 전라북도 권역별 사업 목표 설정

앞서 국가의 SOC정책 방향을 검토하고 이에 맞춰 전라북도 간선도로 네트워크의 문제점을 분석했다. 특히 도로의 공급 측면과 효율성 측면에서 지역 간 불균형이 심각한 것으로 드러났으며, 동서 방향(특히 동부권역)의 도로의 공급 및 개선이 필요한 것을 알 수 있었다. 따라서 각 지역별로 내재된 문제점이 상이하며 이를 개선하기 위한 방안도 다르므로 각 권역의 특성별로 적합한 사업 추진 논리를 수립해 제시하고자 한다.

(1) 전주 중추도시권 특성에 따른 도로사업의 방향

전주 중추도시권 내에는 전주시·익산시 등 전라북도의 성장을 이끄는 주요 도시가 위치하고 있으나, 현재 도심 혼잡으로 막대한 혼잡비용이 발생하고 있다. 특히 전주·완주 혁신도시, 새만금 개발 등 대규모 개발계획이 진행 중인 지역으로, 장래 교통량이 급증해 혼잡이 심화될 것은 명약관화한 사실이다. 따라서 개발계획이 완료되기 전에 선제적인 대처가 필요할 것이다.

따라서 여기서는 전주 중추도시권 발전 방향으로 대단위 개발계획 시행에 따른 교통량 급증과 이로 인한 도심 지·정체 증가를 방지하고 도시 거점 간 연계 및 안전성을 향상하는 것을 주요 목표로 삼고 전라북도 중심지로서의 역할을 강화하는 방향을 제시하고자 한다. 특히 KTDB 2010년 기준 O/D를 이용해 분석한 결과, 전주시, 군산시, 익산시, 김제시, 완주군은 전라북도 내 전체 통행량의 약 77%를 차지하는 만큼 현재의 사업 추진 논리인 '경제성의 원리'를 통해서도 사업 타당성을 확보②할 수 있다는 점은 고무적인 일이 아닐 수 없다.

(2) 동부권역 특성에 따른 도로사업의 방향

동부권에 위치한 지자체는 대부분 산악 지형으로 간선도로의 속도가 낮으며, 기하구조가 불량한 구간이 다수 존재한다. 도로공학에 따르면 선형 불량은 교통사고 증가를 유발할 가능성을 증가시키므로 도로 안전성 향상을 위한 시설 개량사업을 우선적으로 추진해야 할 것이다.

동부권역의 지역 개발과 관련해서 올해 6월 완공 예정인 무주 태권도공원 조성과 더불어 2017년 세계태권도대회를 주목해야 할 필요가 있다. 이러한 국제대회 유치는 경기장의 접근성 확보가 국내외적으로 매우 중요한 요소로서, 원활한 대회의 유치를 위한 SOC 지원이 국가적 차원에서 시행되어야 할 것이다. 이와 더불어 지리산 및 덕유산을 대표적인 산악형 휴양 관광지로 육성하는 '지덕권 힐링거점 조성사업(안)'이 추진되고 있다. 기존 농업과 관광

② 한국교통연구원에서 발표한 「교통수요 분석 기초자료 배포 설명자료」(2012)의 2010년 승용차, 버스 통행량을 기준으로 산출한 결과이다.

산업 위주의 지역전략을 유지하던 동부권역이 장래 관광지 개발에 박차를 가함에 따라 관광 수요는 더욱 증가할 것으로 보이므로, 지역과 관광지 간의 연계성을 강화하기 위한 사업이 함께 추진되어야 한다.

결론적으로 동부권역은 지형적 특성에 따른 기하구조 불량 구간 개선을 전체적 방향으로 하며, 국제대회 유치 지원, 관광지 연계를 목표로 사업을 발굴해 기초 생활서비스 확보 및 인근 시·군간 연계를 활성화해야 할 것이다.

(3) 서남부권역 특성에 따른 도로사업의 방향

현재 전라북도 서남부권역의 최대 화두는 새만금 개발계획이라는 것은 자명하다. 새만금 지역은 전라북도만이 아닌 국가의 30대 선도 프로젝트 중 하나로, 장래에 약 76만 명의 인구 유입과 더불어 일일 약 102만 대③의 내·외부 교통량이 발생할 것으로 예상되는 지역이다. 따라서 새만금의 원활한 통행을 위해서는 간선도로의 확보가 필수적이다.

또한 2020년 새만금을 방문하는 관광객이 1,044만 명으로 예측되는 만큼 새만금의 산업 기능뿐 아니라 관광지로서의 기능 역시 주목해야 할 것이다. 새만금 지역과 주변에 위치한 변산반도, 내장산 등 주요 관광지를 연계하는 간선축 공급이 절실하다.

전라북도의 발전이 새만금 개발계획과 긴밀히 연계되어 있다는 점을 고려할 때, 장래 전라북도의 성장을 위해서는 새만금 지원을 위한 도로사업이 반드시 필요하며, 새만금 개발계획에 따른 내·외부 교통량 처리시설을 갖추고, 새만금 및 주요 관광지 연계를 목표로 설정해 서해안 시대를 대비하는 주요 거점으로 형성해나가야 할 것이다.

---

③ 국무총리실에서 발표한 「새만금종합개발계획(Master Plan)」(2011)에서 제시한 일일 127만 1,985pcu를 일일 대수로 재환산(= 1,271,985 × 0.806)한 것이다.

참 고 문 헌

국무총리실·기획재정부·교육과학기술부·행정안전부·문화체육관광부·농림수산식품부·지식경제부·환경부·국토해양부·전라북도. 2011.「새만금종합개발계획(Master Plan)」.

국토교통부. 2011.「제2차 도로정비기본계획(2011~2020)」.

_____. 2012.「2011 도로교통량통계연보」.

_____. 2012.「도시 교통혼잡도로 개선사업 착수를 위한 도로법 일부개정 추진」.

_____. 2013.「도로정책관 2013년 업무계획 보고」.

대통령인수위원회. 2013.「박근혜정부 국정목표 및 국정과제」.

도로교통공단. 2010.「교통사고분석시스템(TAAS, Traffic Accident Analysis System」.

전라북도. 2012.「전라북도 SOC 구축계획 종합보고」.

_____. 2012.「통계로 본 전북의 모습 2012」.

_____. 2013.「연도별 국가예산 확보현황」(내부자료).

한국교통연구원. 2012.「교통수요 분석 기초자료 배포 설명자료」.

_____. 2012.「도시부 교통혼잡도로 개선사업 추진방안」.

KDI. 2011.「제3차 국도·국지도 5개년 계획안」.

제8장 하천변 갈대 관리로 만경 · 동진강 수질 환경 개선

김보국 | 전북발전연구원 새만금지역개발연구부 연구위원

1. 들어가며
2. 갈대에 의한 수질 관리의 양면성
3. 새만금 하천변 갈대 관리에 의한 경제성 및 환경성
4. 갈대 관리를 통한 수질환경 개선 방안

1 | 들어가며

새만금 상류 지역인 만경강과 동진강 수변 구역은 새만금 하천 수질에 직접적인 영향을 미칠 뿐만 아니라 상류 지역과 호소를 잇는 완충 지역으로서 체계적인 관리가 요구된다. 정부와 전라북도는 만경강, 동진강의 수질 개선과 지류하천 종합 정비를 통해 수변 구역을 생태공간으로 조성할 계획이다. 하천 종합 정비는 샛강형 수로, 초지, 자전거도로, 수림대 및 여울 등을 조성하는 사업으로 습지 조성 시 대표적인 정수식물인 갈대가 호기성 미생물의 활성을 높이고 오염물질을 저감하기 위해 널리 이용될 것으로 예상된다.

만경강, 동진강 수변 구역에 수년간 방치된 제외지와 새만금 방조제 배수갑문의 수위 조절로 인해 드러난 개발 예정지를 중심으로 갈대 군락이 형성되어 있어 자연스럽게 완충 지역을 형성하고 수질 개선에 기여할 것으로 기대된다. 그러나 관리되지 못한 갈대 군락은 비생육 기간인 동절기에 갈대의 지상부가 고사해 토양 내에 축적됨으로써 장기적으로는 생물학적 산소요구량BOD을 증가시키거나 부영양화의 원인이 되며, 과다하게 번식한 갈대 군락은 물의 흐름을 저해하거나 철새의 서식 환경을 악화시켜 생물다양성을 훼손할 가능성이 있다.

따라서 자연적 방치로 형성된 갈대 군락지에 대한 정기적인 관리로 수질 개선과 생물다양성 확보 방안 모색이 필요하며 화천군, 단양군, 한국농어촌공사 천수만사업단 등 최근 타 지자체 및 공사가 갈대 조사료화를 통해 지역 축산 농가에 사료로 공급함으로써 얻는 경제적 효과를 전라북도에서도 적극적으로 활용해야 할 것이다.

2 | 갈대에 의한 수질 관리의 양면성

1) 오염물질 제거에 탁월한 갈대 습지

갈대는 각종 수질오염물질에 강한 내성이 있으며, 뿌리줄기의 발달로 근권에 산소를 원활히 공급하여 호기성 미생물의 활성을 높여 유기물, 부유물질SS, 질소N, 인P 등의 제거에 탁월한 특징이 있다(Copper, and Boon, 1987). 이때 질산화·탈질화를 유도해 제거되는 질소의 양은 약 25%이며, 탈질화에 의해 제거되는 양은 약 60~70%(Spiels and Mitsch, 2000)인 것으로 보고된다. 갈대의 질소 및 인 함량은 새순이 형성되는 5~7월에 질소 14.8~24.8g/kg, 인 2.0~4.2g/kg로 가장 높으며(한국수자원공사, 2002), 이는 계절에 따라 차이를 보인다.

국내외에서 갈대 습지를 오수 정화 목적으로 활용한 사례(이동엽, 2004)는 쉽게 찾아볼 수 있다. 미국 사례에서는 동절기에도 수질 개선 효과가 있는 것으로 나타났으며(U.S.EPA, 1994), 영국 사례에서는 관리 및 유지가 용이하고 경제적인 오수 정화시설로 평가받았다. 국내에서는 홍천에 위치한 모 부대가 갈대 습지 조성으로 높은 오염물질 제거 효과를 보고 있으며, 오수가 갈대 습지를 통과한 후 고형물질이 제거되어 물의 탁도가 개선된 것으로 확인되었다.

2) 수질 오염원이 되고 생물다양성을 저해하는 갈대 습지

비생육 기간인 겨울철에 갈대의 지상부는 고사하여 토양에 유입되어 토양 유기물 함량을 상대적으로 증가시킬 수 있고, 고사체의 분해 속도가 느려 즉각적으로 부영양화가 일어나지 않더라도 토양에 축적된 고사체는 장기적으로 생물학적 산소요구량을 증가시켜 부영양화의 원인이 될 수 있으며, 이는 갈대의 생육을 저해할 수도 있다(주용규, 1998; 최동환·김태섭. 1999).

시화호에서는 '시화호 수질 개선 대책'의 일환으로 반월천, 동화천, 삼화천이 만나는 지점에 총 5개의 습지를 조성하여 상류 유역의 비점오염원 저감을 목적으로 2002년 5월부터 운영했다. 그러나 습지 운영 초기 유기물 및 영양염류 제거 효율이 약 40~50%로 매우 양호한 수준이었으나, 2004년부터 일부 오염물질 제거 효율이 저하되었고, 계절 변동 등의 영향으로 수처리 기능이 안정적이지 못한 경향을 보였다(김세원·김동섭·최광순, 2009).

또한 김세원·김동섭·최광순(2009)은 시화호 인공습지의 수질 정화 기능이 떨어진 주원인을 수위 및 수심 조절 등이 계획적으로 운영되지 못하고 오염물질의 지속적인 퇴적 등으로 봄과 여름철에 혐기성 환경이 형성되어 유기물 분해 능력이 감소한 데서 찾았다. 또한 습지 내 물 흐름이 원활하지 못하여 대량 증식한 조류와 오염물질이 습지 내 수로를 통해서 수질 정화 과정 없이 직접 유출되는 현상으로 인해 수질 정화 능력이 감소했다고 지적했다.

이를 개선하기 위해 수위 관리, 물 흐름 개선뿐만 아니라 식생 관리, 식물플랑크톤 대량 증식 관리, 고사체 제거 및 인 용출 억제, 수질 및 퇴적물 모니터링 등 다양한 수질 정화 기능 향상을 위한 대책을 체계적으로 수립해 수행할 것을 제안했다.

하구 생태계에서 갈대는 수계로 유입된 오염물질을 정화하며 인간에 의한 압력 요인을 감소시키는 완충 역할을 수행하는 등 생태계에서 긍정적인 기능도 담당한다(U.S.EPA, 1988; Findlday et al., 2003). 하지만 생존력이 강해서 일단 세력이 확장되면 제거하기 어렵고 양분과 공간, 햇볕을 차단해 타 식물의 생육을 저해할 수 있어 다양한 생물의 서식처를 필요로 하는 생태공원에서는 오히려 장애 요소로 작용할 수도 있다(원병오, 2004).

조류공원으로 조성된 을숙도 내 갈대 분포 특성 연구에서는 정수식물인 갈대가 세력을 확장하면 물새들이 뚫고 지나가기 어려울 정도로 밀생하게 되어 오리류만 일부 갈대 밀집 지역의 가장자리에 둥지를 틀 수 있는 단조로운 환경이 구성됨으로써 다양한 조류가 서식하기 불리한 환경이 만들어질 수 있다고 지적했다. 또한 과다 번식한 갈대는 다른 유용한 정수식물을 몰아내기도 하여, 정수식물이 제공하는 종자, 괴경, 새싹 등의 먹이와 둥지로서의 역할을 제한할 수 있는 것으로 알려져 있다(정용현 외, 2008).

3) 갈대 관리의 필요성

자연 및 인공습지의 유지와 관리에 있어 생육기 말뿐 아니라 생육기 중에도 부가적으로 지상부를 제거하는 것이 수질 정화 효과를 증대하는 것으로 보이며(정연숙 외, 1999), 여름에 갈대를 제거하면 다른 수생식물이 침입해 자랄 수 있어 갈대를 제거한 지역이 갈대를 제거하지 않은 지역에 비해서 박새의 수가 26% 증가한 사례도 보고되었다(박우하·박희진, 2009).

4) 갈대 관리 시 부가적 이익

기존 연구에 따르면 6~7월에 수확해 조사료화한 갈대는 볏짚보다 우수한 사료 가치를 보유한 것으로 알려져 있다(표 8-2 참조).

한국농어촌공사 천수만사업단, 화천군 등은 하구지역 및 하천변에 자라는

표 8-1 **습지 갈대 관리 방법**

방법	특징	적용 방법
기계적 처리	· 인력 혹은 장비를 사용해 갈대의 경엽부 혹은 전체를 제거 · 고립 혹은 작은 규모로 생장하는 경우 파내기가 적합 · 근경을 완전히 제거하는 것이 바람직 · 제거된 뿌리, 근경과 줄기에서도 다시 새싹이 나올 수 있으므로 주의 · 습지 형태와 경관을 변화시킬 수 있음 · 파낸 근경에 적절한 온도와 수분이 공급되면 다시 근경에서 새로운 개체 생장 가능	· 1년에 5회 이상 5년에서 10년 정도 지속적 관리 · 제거 횟수와 지속 시기는 기후와 대상 지역 특성에 따라 다를 수 있음 · 봄에 제거하면 원래 상태보다 밀도가 더욱 증가될 수 있음 · 베어내기는 늦가을 혹은 늦은 생장 시기에 하는 것이 효과적 · 늦여름에 갈대를 처리하면 겨울의 저온과 서리 등에 의해 근경이 완전 제거될 수도 있으나 제거 지역을 건조하게 유지시키는 것이 중요
생물학적 처리	· 먹이사슬에 의한 갈대의 섭식이 주요 제거 기작 · 나방유충(moth larvae), 진딧물(aphids), 잠엽곤충(leaf miners), 혹파리(gall midges), 설치류(rodents), 조류(birds), 소(cattle) 등을 이용	· 물닭은 둥우리 주변 어린 줄기, 소는 어리고 즙 많은 줄기 제거하므로 갈대 발생 초기 적용 가능 · 머스크랫(muskrats)이나 뉴트리아(nutria) 등 설치류는 인위적인 조절이 안 됨
수위 조절	· 수심을 30cm 이상 유지하여 갈대 제어 · 정착한 갈대는 제거가 어려움	· 갈대 발생기에 적용 · 다른 방법과 함께 사용 가능
노출/ 차광/ 멀칭	· 투명하거나 검은 플라스틱 이용 갈대 온도 조절 · 광합성 능력 감소시켜 갈대 생장 억제 · 특정 지역의 세부적 조절에 효과적으로 사용	· 1년 정도(전체 생장 기간) 지속적으로 적용 필요 · 적용 후 목표종의 재식재 등 갈대의 재침입 방지 필요
화학적 처리	· 제초제 사용해 갈대 제거 · 지역적 특성, 주민 반발, 주변 생물의 독성, 적용 규제 등 여러 제약이 따를 수 있음 · 사용된 제초제가 근경까지 이동해야 함	· 생장기에 생성된 영양분과 함께 제초제가 근경으로 이동할 수 있기 때문에 실제 생장 기간에 적용하는 것이 바람직 · 종자 생성하는 시기가 제초제 적용에 가장 적합
환경 변화와 소각	· 갑작스러운 염분 변화 등의 환경 변화를 이용 · 소각하여 제거	· 겨울이나 봄에 태우는 것은 오히려 다음해의 갈대 생장을 촉진할 수 있음 · 소각의 경우 늦여름이 가장 적합 · 이른 여름의 경우에도 새싹이 나와 생장 가능
복합 처리 방법	· 복합 처리의 경우 효과가 클 수 있음 · 배수-기계적 혹은 화학적 처리-수위 조절 혹은 화학적 처리와 소각 병행	· 적용 방법에 따라 달라질 수 있음

자료: Barnes(2003), Ailstock et al.(2001), Kay(1995), Cross and Fleming(1989), Apfelbaum and Sams(1989).

표 8-2 **갈대와 볏짚의 사료가치 비교(건물 기준)**

구분		조단백질	NDF(%)	ADF(%)	RFV	TDN(%)
갈대	6월 수확	5.5	74.7	44.8	67.4	53.3
	7월 수확	4.6	74.9	46.8	65.1	46.9
볏짚		5.1	75.4	51.0	60.6	43.7

주: '조단백질' 함량은 높을수록 좋음, NDF(중성세제 불용 섬유소)는 가축 섭취량과 관계 있으며 낮은 것이 좋음, ADF(산성세제 불용 섬유소)는 가축 소화율과 관계 있으며 낮을수록 좋음, RFV(상대사료가치), TDN(가소화영양소총량)은 높을수록 좋음.

갈대를 자원화하여 습지식물을 새로운 경제재로 창출하고 있다.

한국농어촌공사 천수만사업단은 보령호 방조제 내 유휴 토지 189ha에 있는 갈대를 채취해 연간 2,500여 톤의 갈대 조사료를 홍성과 보령의 축산 농가에 공급함으로써 연간 1억 3,000여 만 원의 예산 절감 효과와 축산 농가의 경제적 부담을 경감해줄 것으로 기대하고 있다.

화천군은 버려지던 갈대를 활용해 녹색 조사료를 생산하고 있으며, 수확한 갈대는 전량 지역 내 한우 농가에 1롤당 2만 5,000원에 공급하고 있다. 시중 조사료보다 가격이 절반가량 저렴하여 조사료 수입 대체 효과는 물론 사료 구입에 따른 농가 부담을 6,800만 원 정도 절감할 수 있다. 조성된 갈대밭이 36ha에 이르러 한 해 1,088톤, 2,700롤을 생산해 한우 농가에 공급할 계획이며, 연인원 6,000여 명이 투입되는 일자리가 창출될 것으로 예상된다.

단양군 가곡면은 남한강 상류 지역으로 강변에 조성된 갈대 군락이 산책로로 이용되고 있다. 막 자라 흉물스러운 갈대를 베어내어 축산 조사료로 만든 후 축산 농가에 공급하고 있다. 이때 갈대풀로 만들어진 축산 조사료는 모두 215롤(1롤 600kg)로 볏단을 기준으로 환산하면 1롤 당 7만 원씩으로 총 1,500만 원에 상당하는 금액이다(≪뉴스1코리아≫, 2012년 8월 20일 자).

당진시는 석문간척지 내에 50ha(15만여 평)에서 갈대 약 1,500여 톤을 수확해 사료화했다. 특히 이곳의 무성한 갈대는 호맥 등 조사료와 성분에 큰 차이가 없어 수확 후 미생물 발효제를 주입한 다음 랩사일리지로 제조하여 사료로 활용하고 있다. 호맥 등 일반 조사료는 시중에서 5만 5000원~5만 원 사이에 거래되는 데 비해 이곳에서 채취한 갈대 조사료는 20% 정도 저렴한 가격으로 축산 농가에 공급된다(≪충남.넷≫, 2009년 7월 31일 자).

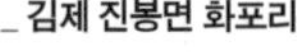

그림 8-1 새만금 유역 하천변 자생 갈대 군락지

_ 김제 진봉면 화포리

_ 김제 죽산면 동진대교 수변 지역

표 8-3 조사 지역 자생 갈대 생산량

수확 면적 (ha)	생산량(롤)			생산량(톤)			1ha당 생산량(톤)		
	여름	가을	계	여름	가을	계	여름	가을	계
175	3,500	875	4,375	1,400	350	1,750	8	2	10

주: 생산량은 파주 민통선 지역 곤포 사일리지 기준(1롤 400kg).
자료: 농촌진흥청(2013. 6. 12).

3 | 새만금 하천변 갈대 관리에 의한 경제성 및 환경성

1) 새만금 유역 하천변 갈대의 조사료화 가능성

만경강과 동진강 하구의 제외지와 유효 부지에 대한 현장조사 결과(전라북도 강살리추진단) 김제시 청하면 화포리 새만금간척지 내, 죽산면 연포리 하천 부지 내에 175ha(약 1.75km^2, 52만 9,000평) 규모의 자생 갈대 군락지가 형성되어 있는 것으로 조사되었다.

현재 갈대의 조사료화는 파주 민통선 지역 곤포사일리지에서 헥타르당 10톤, 안산·해남 지역에서는 7~8톤 정도 규모로 이루어지고 있다. 파주 민통선 지역 갈대 등 야초류의 생산량 원단위를 적용하면 만경강과 동진강 하구에 자생하는 갈대 군락지에서 연간 약 1,750톤을 생산할 수 있다(표 8-3 참조).

표 8-4 **조사 지역 예상 매출액**

수확 면적(ha)	생산량(롤)	산출 내역	매출액(1,000원)
175	4,365(2회 수확)	4,375롤×25,000원	109,125
175	3,500(1회 수확)	3,500롤×25,000원	87,500

주: 만경강·동진강 유역 자생 갈대의 최소 면적, 최소 생산량, 최소 판매액을 적용함.

표 8-5 **갈대 수확 시 소요되는 비용**

구분	항목	산출 내역	비용
농기계 임대비용	베일러	47,000원/일×18일	5,742,000원
	집초기	25,000원/일×18일	
	예초기	55,000원/일×18일	
	넷핑기	65,000원/일×18일	
	트랙터	127,000원/일×18일	
인건비	인건비	100,000원/일×5인×18일	9,000,000원
합계			14,742,000원

주: 투입되는 장비의 임대비용은 지역에 따라 차이가 있을 수 있음. 자생 갈대의 수확이므로 비료비 등 관리비용은 포함하지 않음.

2) 새만금 유역 갈대 조사료화에 따른 경제성 검토

전술한 조사 자료를 근거로 갈대를 2회 생산할 경우 여름과 가을의 생산량이 큰 차이를 보일 것으로 예상된다. 경제성 측면에서는 1회 생산이 바람직하나 총소득 측면에서는 2회가 더 나을 것으로 판단된다(표 8-4 참조).

농기계를 활용해 작업하는 경우 소요비용을 산출하면 다음과 같다. 작업면적 3만 평을 기준으로 175ha를 작업하는 데 약 18일(17.65일)이 소요되는 작업이다. 농기계 임대가격은 농업기술원의 고시가격을 참고했으며, 임대되는 지역에 따른 차이와 농기계의 기종(브랜드, 마력, 크기)에 따라 달라질 수 있다(표 8-5 참조).

대상 면적 175ha에 대한 갈대 조사료화사업에 대한 수지분석 결과 총수입은 1회 수확 시 8,750만 원, 2회 수확 시 1억 912만 5,000원이었으며, 비용은

표 8-6 **경제적 수지분석**

수확 횟수	생산량(롤)	구분	산출 내역	매출액(원)	수익(원)
2	4,375	수입	4,365롤×25,000원	109,125,000	79,641,000
		비용	14,742,000원×2회	29,484,000	
1	3,500	수입	3,500롤×25,000원	87,500,000	72,758,000
		비용	14,742,000원×1회	14,742,000	

주: 작업 면적 3만 평 기준, 만경강·동진강 유역 자생 갈대의 최소 면적, 최소 생산량, 최소 판매액을 적용함.

1회 수확 시 1,474만 2,000원, 2회 수확 시 2,948만 4,000원이 소요될 것으로 예상되었다. 따라서 1회 수확 시 7,275만 8,000원, 2회 수확 시 7,964만 2,000원의 수익을 얻을 수 있다(표 8-6 참조).

수지분석에서 나타난 효과 이외에 농가의 조사료화를 통해 2회 수확 시 1억 912만 5,000원(1회 수확 시 8,750만 원)의 사료 절감 효과가 있을 것으로 기대된다. 또한 조사료화 농장은 브랜드화를 통해 가치를 제고할 수 있으며, 이는 소득으로 직접 연결될 가능성이 높아 추가적인 혜택이 예상된다.

3) 전라북도 갈대의 조사료화에 따른 환경 개선 효과 검토

갈대 군락지 175ha가 생태습지로서 역할을 할 경우 질소는 하루 4,893kg, 인은 하루 74kg 정도의 오염물질을 정화할 수 있을 것으로 예상된다(표 8-7 참조). 175ha의 갈대 군락지는 인을 기준으로 하면 약 4만 7,000명 규모의 하수처리구역, 질소를 기준으로 하면 약 26만 3,000명 규모의 하수처리구역의 공공하수처리시설과 같은 정화 능력을 가지고 있는 것으로 분석되었다(표 8-8 참조).

갈대를 관리하기 위해 수확하는 경우 생체 내 함유량이 가장 많은 여름철의 경우 1헥타르당 질소 118.4~198.4kg, 인 16.0~33.6kg이 제거될 것으로 예상된다(표 8-9 참조).

표 8-7 사업 예정지 갈대에 의한 오염물질 정화량

오염물질 정화력(g/m^2/일)	질소	인	칼륨	칼슘	마그네슘
	2.796	0.0425	1.6982	0.1127	0.1443
갈대 서식 면적(m^2)	1,750,000				
오염물질 정화량(kg/일)	4,893	74	2,972	197	253

자료: 국립환경연구원(1998), 농어촌진흥공사(1998), 익산시(2012).

표 8-8 전라북도 내 비교 가능 공공하수처리시설 운영 현황(2011년)

시설명	시설 용량 (천 톤/일)	처리구역 내 인구 (천 명)	하수 처리량 (천 톤/일)	유입 수질(mg/L)		유출 수질(mg/L)		제거량(kg/일)	
				T-N	T-P	T-N	T-P	T-N	T-P
K	26.0	47.1	15	42.577	5.269	7.388	0.646	545	72
G	200.0	263.0	162.0	43.924	4.318	14.373	1.328	4,787	484

자료: 환경부(2011).

표 8-9 갈대 수확에 따른 질소, 인 제거량 예측

구분		여름(5~7월)		가을(8월)	
		최소	최대	최소	최대
면적당 제거 가능량(kg/ha)	질소	118.4	198.4	15.4	29.4
	인	16.0	33.6	2	4.6
갈대 서식 면적(ha)		175			
수확에 따른 제거 가능량 (kg)	질소	20,720	34,720	2,695	5,145
	인	2,800	5,880	350	805

4 | 갈대 관리를 통한 수질환경 개선 방안

만경강과 동진강이 하천 정비에 의해 조성되거나 기존에 형성된 생태습지를 통해서 수질 개선 효과를 얻으려면 정기적인 관리가 필요하며 이를 위한 추진체계도 필요하다.

먼저, 만경강과 동진강 수변지역 갈대 등에 대한 생태조사를 실시해 우수한 수질 개선 특성과 높은 생물다양성을 보이는 지역 그리고 정비가 필요한 지역을 공간적으로 구분하고 지역 특성에 맞는 하천환경 관리계획을 수립해야 한다. 이를 기반으로 지속적인 수질 개선 및 높은 생물다양성(조류, 습지식물 등)이 형성되도록 적정 밀도로의 관리가 이루어지게 해야 한다.

그림 8-2 일본 타마 천 하천환경 관리계획도

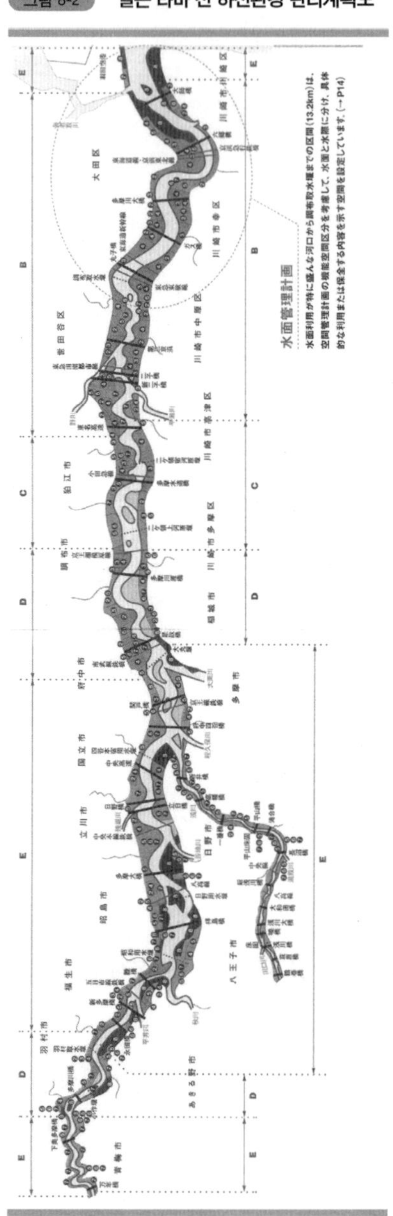

자료: 多摩川の 環境と 川づくり.

일본 타마천多摩川의 경우 하천을 5개 영역(인공정비, 시설이용, 정비자연, 자연이용, 자연보전), 7개 기능 공간(지선地先시설 레크레이션 공간, 광역시설 레크레이션 공간, 운동건강관리 공간, 자연레크레이션 공간, 교육 공간, 정서 공간, 생태계 보전 공간)으로 구분해 하천 특성 및 지역 요구에 맞게 하천환경 관리계획을 수립하여 관리하고 있다(그림 8-2 참조).

다음으로 민관협의체 구성을 통해 지역주민과 연계한 갈대 자원화 계획이 필요하다. 생태습지 내 밀도 관리 과정에서 발생하는 갈대는 사료로서 가치를 인정받고 있어 조사료화를 통해 축산 농가에 저렴하게 공급할 수 있는 자원이다. 타 지역의

그림 8-3 **새만금내부개발 추진단계**

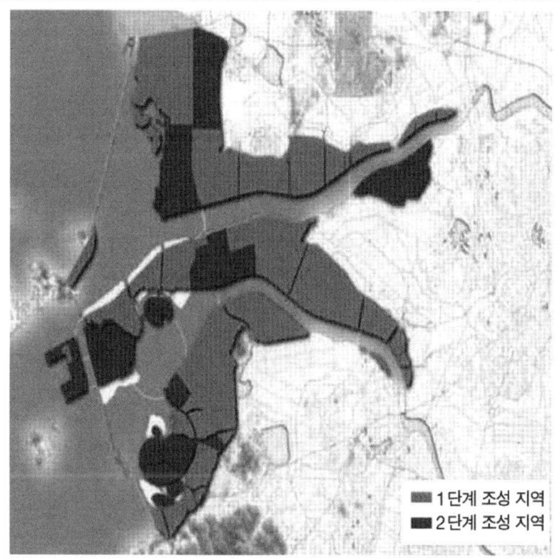

주: 1단계는 2020년까지, 2단계는 2020년 이후 시행.
자료: 국무총리실 외(2011).

경우 이미 하천 주변 갈대를 대상으로 한 조사료화사업을 통해 일자리 창출 및 축산 농가 사료비용 경감에 기여하고 있다. 따라서 갈대가 다량 번식한 지역을 중심으로 수질 관리와 조사료화를 위한 민관 거버넌스를 구축해 주기적인 관리와 공급을 위한 체계 구축이 이루어지게 해야 할 것이다.

마지막으로, 새만금 유휴 부지를 갈대 군락 조성으로 경관 자원화하여 생태관광지로 활용하는 방안을 모색해볼 수 있다. 2021년 이후 과학연구용지, 신·재생에너지용지, 도시용지 등으로 개발을 계획하고 있는 유휴 부지를 관련 부처와 협의해 갈대 군락 인공 조성으로 경관 자원화함으로써 생태 체험이 가능한 공간으로 활용하는 방안을 모색해볼 수 있다. 또한 유휴 부지에 조성되는 갈대 군락지는 주변 토지로부터 유입되는 비점오염농도를 경감하는 완충지로서의 역할을 수행할 수 있다.

참 고 문 헌

국립환경연구원. 1998.『팔당호 수질관리 특별대책수립을 위한 오염저감기술』. 국립환경연구원.

국무총리실·기획재정부·교육과학기술부·행정안전부·문화체육관광부·농림수산식품부·지식경제부·환경부·국토해양부·전라북도. 2011.「새만금종합개발계획(Master Plan)」.

김세원·김동섭·최광순. 2009.「시화호 인공습지 운영현황 및 수질정화 기능 개선방안」. ≪한국수자원학회지≫, 제42권 7호, 49~55쪽.

농어촌진흥공사.『수생식물에 의한 수질개선기법 연구(II)』. 농어촌진흥공사.

농촌진흥청. 2013. 6. 12. "야초, 조사료로 사용하자"(농촌진흥소식).

≪뉴스1코리아≫. 2012. 8. 20. "갈대로 받은 은혜 '체육발전기금'으로 보은".

박우하·박희진. 2009.「인공습지 갈대관리」. ≪한국수자원학회지≫, 제42권 3호, 29~32쪽.

성기준 외. 2010.「습지생태공원의 갈대확장 조절 기술 개발」. ≪환경복원녹화≫, 제13권, 5호.

원병오. 2004.『자연생태계의 복원과 관리: 조류서식지 조성과 보호를 중심으로』. 다른세상.

이동엽. 2004.「군부대 오수 정화 시설에 대한 갈대 습지의 적합성 검토사례 연구」. 한남대학교 석사학위논문.

익산시. 2012.「익산천 생태하천 및 주교제 등 생태습지 복원사업 기본설계」.

정연숙 외. 1999.「습지식물의 지상부 제거가 생산력과 영양염류 제거량에 미치는 효과」. ≪환경생물학회지≫, 제17권 4호, 459~465쪽.

정용현 외. 2008.「을숙도 생태공원내 서식지별 환경요인과 갈대분포 특성」. ≪환경복원녹화≫, 제11권 3호, 50~61쪽.

주용규. 1998.「간석지에서의 갈대 시공법에 관한 연구」. ≪한국정원학회지≫, 제16호, 35~ 40쪽.

≪충남.넷≫. 2009. 7. 31. "야생 갈대를 사료로 '갈대밭의 재발견'".

최동환·김태섭. 1999.「인공습지의 수질정화: 갈대인공습지의 수질정화를 중심으로」. ≪농공기술≫, 제9호, 78~85쪽.

한국수자원공사. 2002.「시화호 인공습지 운영관리 방안연구」.

환경부. 2011.「2011년도 공공하수처리시설 운영현황」.

Ailstock, M. S., C. M. Norman and P. J. Bushmann. 2001. "Common reed Phragmites australis: Control and effects upon biodiversity in freshwater nontidal wetlands." *Restoration Ecology*, Vol. 9, No. 1, pp. 49~59.

Apfelbaum, S., and C. E. Sams. 1989. "Ecology and control of reed canary grass(Phalaris arundinacea L.)." Applied Ecology Services, Inc.

Barnes P. V. 2003. "Identification and control of common reed(Phragmites australis) in Virginia." Virginia Cooperative Extension Fact Sheet number 427-101. Retrieved from http://pubs.ext.vt.edu/427/427-101/427-101.html

Copper, P. F. and A. G. Boon. 1987. "The Use of Phragmites for Wastewater Treatment by the Root Zone Method: the UK Approach." in K. R. Reddy and W. H. Smith(eds.). *Aquatic Plants for Water Treatment and Resource Recovery*. Orlando: Magnolia.

Cross, D. H. and K. L. Fleming. 1989. "Control of Phragmites or Common Reed." USFWS Leaflet,

13.4.12.

Findlday, S., P. Groffman and S. Dye. 2003. "Effects of phragmites australis removal on marsh nutrient cycling." *Wetland Ecology and Management*, Vol. 11, pp. 157~165.

Kay, S. H. 1995. "Efficacy of wipe-on applications of glyphosate and imazapyr on common reed in aquatic sites." *Journal of Aquatic Plant Management*, Vol. 33, pp. 25~26.

Spiels, D. J. and W. J. Mitsch. 2000. "The Effects of Seasons and Hydrologic and Chemical Loading on Nitrate Retention in Constructed Wetlands: a Comparison of Low-and High-nutrient Riverine Systems." *Ecological Engineering*, Vol. 14, pp. 77~91.

U.S.EPA. 1988. "Design manual: Constructed wetlands and aquatic plant systems for municipal wastewater treatment." EPA/625/1-88/022.

_____. 1994. *Protecting Coastal and Wetlands Resources: A guide for Local Governments*. EPA.

전 북

리 포 트

2 0 1 3

제9장 한국 군산-중국 연운항 교역 확대를 위한 방안

이강진 | 전북발전연구원 산업경제연구부 연구위원

1. 풀기 어려운 중국과의 교역 확대
2. 군산-연운항 교류 활성화를 위한 노력
3. 군산-연운항 교역 확대를 위한 정책
4. 군산-연운항 교역 확대를 위한 제안

1 | 풀기 어려운 중국과의 교역 확대

그동안 정부와 각 지자체는 '서해안 시대 도래'를 예상하고 중국과의 교역 확대 방안을 모색했으며, 최근에도 각 지자체는 중국의 경제성장, 한중 FTA 체결에 대한 기대로 중국과의 교역이 확대될 것으로 전망하고 이에 대응한 정책을 추진 중이다.

그러나 지자체 차원의 한중 교류는 단편적으로 이루어지고 있으며(공무원 교류, 예술단 파견, 문화행사 진행 등), 더 이상 교류 확대에 진전이 없는 지자체가 상당히 많다. 또한 지자체 차원에서 중국과의 교역 확대를 위한 다양한 노력이 있었는데도 가시적 성과를 거둔 지자체는 거의 없는 실정이다. 이는 중국과의 교역 확대가 매우 어려운 어젠다임을 시사한다.

따라서 이제는 기존 접근 방법과 달리 관 주도형 대중국 사업 추진이 필요하다. 중국의 사회·경제 시스템은 관 주도하에 움직이며 이른바 '관시關係(관계)'를 중요시하므로 이를 활용한 교역 확대정책이 성공할 가능성이 높다. 또한 중국의 성省은 규모 면에서 한 국가로 볼 수 있으므로, 하나의 성에 집중해도 다양한 협력 방안이 강구될 수 있다. 기존의 정책처럼 한쪽만의 일방적인 구애는 이루어지기 힘들 뿐 아니라 정책 효과도 적기 때문에 쌍방이 원하는 어젠다를 발굴하고 이를 현실화하려는 상호 구체적인 노력이 있어야 협력 및 교역 확대정책이 효과를 거둘 수 있다.

2 | 군산-연운항 교류 활성화를 위한 노력

1) 교류 활성화 위한 양 도 · 성의 최고 어젠다 도출

중국과의 교역 증대를 바라는 전라북도 입장에서는 우선적으로 뱃길이 열려야 하므로 대중국 사업의 효과적 추진을 위해서는 군산항 활성화가 시급하다. 또한 지역 항만 간 경쟁이 가속화되어감에 따라 타 항만과의 경쟁에서 우위를 확보하고 이를 통해 지역경제 활성화를 도모하기 위해서도 군산항 활성화는 절실한 과제이다.

중국 강소성江蘇省(장쑤 성)으로서는 연운連雲항(롄윈강)의 활성화가 숙제이다. 연운항은 TCR Trans China Railway(중국횡단철도)와 연계가 가능하다는 장점을 가지고 있는데도 타 지역항만에 비해 경쟁력이 약화되어 거점항만으로서의 역할을 수행하지 못하고 있어 한국과 교역 증대를 통해 거점항만의 역할을 강화할 필요가 있다.

2) 군산항의 한계와 활성화 노력

군산항 활성화의 한계점으로 지적되는 것은 취급 물동량의 절대적 부족, 전북 물동량 외부 유출, 컨테이너 물동량 비중이 낮다는 점이다.

군산항은 취급하는 물동량(1.4%, 2012년 기준)이 타 주요 항(부산 23%, 2012년 기준)에 비해 적어 항만 활성화에 역부족인 상태이다. 물동량 부족은 가장

그림 9-1 군산항과 중국 연운항의 위치

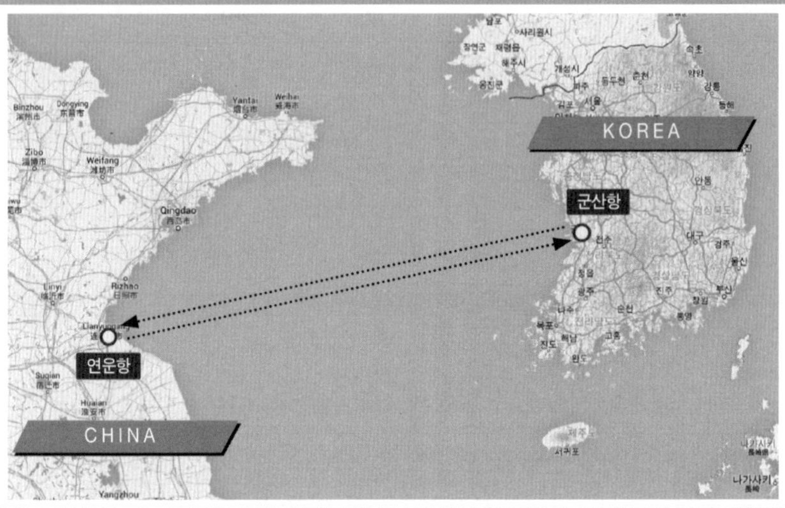

근본적으로 항만 배후산업단지 규모가 작기 때문에 발생한다. 물동량을 창출할 수 있는 기업의 수가 적고 기업의 규모도 작아 수출입기업의 비중이 타 지역에 비해 상대적으로 낮다. 물동량 창출을 위한 적극적인 마케팅을 추진할 주체가 없어 타 지역에서 물동량을 확보하는 것 또한 어려움이 있다.

전북에서 발생하는 물동량의 20% 정도만 군산항에서 취급하고 나머지는 부산, 광양에서 취급하고 있다. 물동량의 부족에 따른 항로, 항차 문제가 발생해 전라북도 물동량도 외부로 유출되고 있다. 즉, 군산항을 이용하려고 해도 첫째, 항로가 개설되지 않아 이용할 수 없고, 둘째, 항차가 적어 제시간에 수출할 수 없어 타 항만을 이용한다. 포트세일과 같은 지역 마케팅이 간헐적으로 수행되고 있으나, 포트세일에 참여하는 기업체 수도 적어 포트세일이 큰 성과를 거두지 못하고 있다.

최근 국제물류의 흐름을 볼 때 컨테이너 물동량을 중심으로 부두가 개발되고 있는 상황이나, 군산항은 컨테이너 비중이 낮고(2012년 기준 수입, 수출,

표 9-1 **군산시 인센티브 지원제도(2012년 기준)**

지원 대상	세부 내역	지원 금액	비고
선사	신규 화물	1~2년차: 2만 원/TEU 3년차: 1억 5,000만 원/TEU 4~5년차: 1만 원/TEU	· 적(積) · 공(空) 구분 없이 지급
	순증 화물	3만 원/TEU	
	신규 선사 운영비	2억 원	
	신규 항로 개설 선사 운영비	1억 원	· 기존 선사 신규 항로 개설 시
	볼륨인센티브	5억 원	· 제1기준(1억 5,000만 원): 처리물동량 · 제2기준(2억 5,000만 원): 기항 횟수 · 제3기준(1억): 기항 연수
	기존 선사 손실 보전금	1억 원	· 손실총액 49%내 1억 원까지
	연안 운송 장려금	1억 5,000만 원	· 항간거리 300해리 미만 항로
화주 · 포워더	적컨테이너	1억 5,000만 원/TEU	· 적컨테이너에 한해 지원
물류업체	본사 이전, 지사 개설	법인 설립: 4,000만 원 지사 개설: 2,000만 원	· 6개월 500TEU이상 처리

자료: 전라북도 내부자료.

각각 5.1%, 6.5%) 곡물 및 제지 관련 수출입 비중이 높아 비컨테이너 물량이 많다.

군산항 활성화를 위한 노력을 보면 물동량 확보를 위한 인센티브 지원, GCT Gunsan Container Terminal(군산컨테이너터미널) 운영, 포트세일 등이 있다.

현재 군산항은 물동량, 항로, 신규 선사 유치 등을 지원하고 있다. 구체적으로는, 선사, 화주·포워더, 물류업체에 신규 화물, 순증 화물, 항로 개설, 지사 개설, 적積 컨테이너 등에 대한 지원이 있다. 이러한 지원정책은 타 지원정책과 마찬가지로 다른 항만에서 수행하고 있고, 금액이나 내용에서 물동량을 유인할 수 있을 정도로 타 항만과 차별화되어 있지 않은 상황이다(표 9-1 참조).

포트세일은 2008년부터 간헐적으로 시행해오다가 최근 들어서는 적극적

표 9-2 **군산 포트세일 개최 현황**

행사명	일시	장소	주최 / 주관
2008년 군산 · 석도 간 취항 기념 포트세일	2008. 5. 6(화) 15:30	스다오호 선상	석도국제훼리
2011년 중국 포트세일	2011. 11. 13(일)~17(목)	중국 석도, 청도 일원	군산시 · GCT
2012년 국내 (서울) 포트세일	2012. 5. 9(수) 11:00~13:30	서울 그랜드앰배서더호텔(2F)	군산시, 군산지방해양항만청 · GCT
2013년 중국 포트세일	2013. 9. 3(화)~6(금)	중국 석도, 위해	군산시 · GCT

자료: 군산시 내부자료.

표 9-3 **GCT 연혁**

일자		연혁
2004	7. 22	법인 설립
	7. 26	항만운송사업 등록(군산지방해양수산청)
	8. 24	첫 모선작업 개시(주 1항차, M/V HANYANG, PSS)
	11. 8	특허보세구역 특허 취득(군산세관)
2006	11. 22	컨테이너화물 검색대 준공(군산세관)
2007	1. 8	자율관리 보세구역 지정서(군산세관)
2008	10. 1	군산 - 연운항(중국), 군산- 부산(피더)간 신규항로 취항 (주 2항차), 군산 - 연운항, 청도(중국)
2009	2. 10	군산-광양(피더) 간 신규 항로 취항(주 2항차)

자료: GCT 홈페이지.

으로 시행하고 있다. 군산시·GCT 주도로 진행되고 있으며, 군산항을 정기적으로 취항하고 있는 주요 항만과 관련된 선사 및 화주를 중심으로 실시되고 있다(표 9-2 참조). 또한 군산항은 항의 경쟁력 강화를 위해 GCT를 설립하여 운영하고 있다(표 9-3 참조).

3) 연운항의 역할 강화를 위한 노력

강소연해지역 발전계획에 나타난 연운항 관련 발전 계획은 다양하다. 중국 동부 지역의 중요한 경제성장 거점이자 배후부지가 광활한 신아시아 - 유럽 대륙교의 동쪽 시발점으로서 연운항이 중국의 중요한 종합교통허브로 역할을 할 수 있도록 계획되었다. 연해와 내륙 지역의 공동 발전을 위해 도시의 철강기업을 연운항으로 이전시켜 연해첨단제조업기지 건설에 필요한 철강 수요를 충족시키고자 한다. 국가급 탄소섬유생산기지를 건설하고 전국의 중요한 의약 선두 기업을 육성해 원천기술 확보와 지식재산권을 보유한 약품 개발에 집중 투자하고 있다. 강소성과 중국과학원이 에너지산업 분야의 협력연구로 기술 성과가 확산되고 이를 통해 청정에너지 신산업단지의 건설을 추진하고 있다.

연운항은 국가 연해 주요 항만 및 지역 중심 항만이자 강소 연해 핵심 항만이며, 중국 종합운수체계의 허브이자 상해국제항운센터 북부 지역의 중요한 축이다. 심수 항로 건설과 신항만의 개항, 컨테이너 간선 운송을 역동적으로 발전시키는 등 항만 기능 강화 및 서비스 영역의 확대로 중서부 지역 서비스 지원 기능을 강화한다는 구상을 하고 있다.

연운항에서 모스크바까지 연결되는 국제 블록트레인 신아시아 - 유럽 대륙교 전 노선을 관통하는 수출입 화물 통관과 수속을 간소화하고 국경 통관 시 무역 절차를 간소화하여 신아시아 - 유럽 대륙철도 인근의 화물을 연운항으로 유치하려고 노력하고 있다.

또한 연운항은 TCR의 유라시아와 연계가 가능하다는 장점을 최대한 살리는 한편, 타 국가와의 연계 터미널 신축을 통해 물동량 적체를 해소하고 TCR 관리를 강화하여 하드웨어상의 문제가 발생하지 않도록 노력하고 있다. 장기적으로는 TCR의 확장사업을 국가사업으로 추진해 중국 서부 개발에 필요한 물동량을 조달하는 거점으로서 역할을 하기 위한 사업을 추진 중이다.

3 | 군산-연운항 교역 확대를 위한 정책

1) 군산-연운항 교류 강화정책

군산과 연운항은 우호도시 협력 관계를 맺었으며(2011년 5월), 협력을 위한 MOU를 체결했다. 항만물류 등 산업 분야와 문화, 스포츠 등 각 분야에서 협력하기로 하고 교류를 추진하고 있으나 가시적인 성과를 내지는 못했다. 2012년 새만금마라톤대회에 초청하는 등 관공서 차원에서만 진행하는 소극적인 형태의 교류를 추진하고 있으며, 민간 교류나 학교 간 협력을 통한 유학생 교류는 추진되지 않고 있다.

산업 교류는 상호 확대를 희망하는 분야로 새만금과 연운항의 신도시가 완성되면(2015년 예정) 교역 규모가 확대될 것으로 전망된다. 향후 양 지역이 대규모 개발사업에 따라 산업구조가 변화될 것으로 예상되어 이에 따른 교역 확대 방안 연구가 필요하다.

2) 군산-연운항 교역 강화정책

2012년 기준, 군산에서 연운항으로의 수출은 차량이 주를 이루었고 가구, 의류가 뒤를 이었다. 연운항에서 군산으로의 수입은 의류가 가장 많은 가운데 사료와 무기화합물, 알루미늄의 순으로 나타났다. 2012년 기준, 수출환적 실적은 있었으나(아연 2,474톤) 수입 환적 실적은 없다(표 9-4 참조).

군산-연운항은 2010년부터 운항을 개시했으나 2012년 10월 항로가 폐쇄되었다. 무엇보다 글로벌 경기침체에 따른 물동량 감소가 주된 원인이었지만, TCR 물류 흐름이 원활하지 못한 것도 중요한 원인 중 하나다. 중국에서의 화물이 경기침체로 예상만큼 발생하지 않았고〔하이호 경금속(자동차 휠) 등〕, 지반 침하로 인프라에 문제가 생겼으며, GM대우 화물이 연운항에서 적체되다 보니 수출 납기를 맞추기 위해 TSR로 선회(부산항 이용)했다.

표 9-4 **군산-연운항 교역 현황 (2012년 기준)** [단위: 톤(R/T)]

OD	HS대종품목	내국적[컨]	내국적[일반]	외국적[컨]	외국적[일반]
수출	가구	2,709	0	9,002	0
	기타섬유.넝마	0	0	1,326	0
	의류(편물제 이외)	300	0	1,647	0
	차량	24,238	0	68,344	0
	철강제품	0	0	636	0
수입	기타 섬유 · 넝마	0	0	144	0
	무기화합물	0	0	0	5,108
	사료	0	0	0	5,977
	아연	0	0	0	2,474
	알루미늄	436	0	2,996	0
	의류(편물제 이외)	1,124	0	6,132	0
	조제 식료품	0	0	94	0
	철도차량	0	0	0	0
	토석 · 소금	0	0	0	1,859
	플라스틱	110	0	766	0
수출 환적	아연	0	0	0	2,474

경기가 침체되어 기본적인 물동량이 발생하지 않아 현재는 어려운 상태이나, 군산시와 GCT는 향후 경기회복에 대한 준비를 하고 있다. 항로 재개를 위해 선사와 포워더들을 대상으로 마케팅 활동을 전개하고 있다.

4 | 군산-연운항 교역 확대를 위한 제안

군산과 연운항 간 교역을 확대하기 위해서는 관 주도의 지역 간 상호 협력 사업을 개발해야 한다. 양 지역이 우선적으로는 시장논리에 따라 항만 활성화 방안을 모색해야 하나, 이 논리만으로는 활성화에 한계가 있다. 따라서 관 주도의 지역 간 상호 협력모델 개발을 통해 항만 활성화를 도모하는 접근

방법이 필요하다.

먼저, 양 지역 및 항만 간 정보 공유시스템이 구축되어야 한다. 양 지역에서 발생하는 화물의 데이터를 공동으로 활용함으로써 지역에서 발생하는 화물을 지역항만에서 취급하는 비율을 높이고 복합운송이 효율적으로 운영될 수 있어 양 항만 취급 물동량을 확보하는 데 용이해진다.

다음으로, '지역밀착형 국제 포워더 육성'이 필요하다. 군산항과 같은 중소항만은 항차나 항로가 불편하여 그 지역 소규모 화물이 지역항만에서 취급되지 못하고 있다. 그러므로 지역을 위해 물동량을 확보해줄 수 있는 포워더의 전략적 육성이 필요하며, 이들이 양 항만의 물류시스템을 충분히 이해하여 국제 포워더로 활동할 수 있도록 지원해야 한다.

또한 '군산-연운항 공동 포트세일'을 추진할 필요성도 있다. 군산과 연운항은 각각 화물을 유치하기 위해 포트세일을 시행하고 있으나, 타국의 선사, 화주, 포워더의 참석을 유도하는 데는 한계가 있다. 양 항만이 공동으로 포트세일을 시행해 홍보 효과를 극대화하고, 상호 협력을 강화하며 이를 통해 항만의 활성화 기반을 마련해야 한다.

군산과 연운항의 교역을 확대하는 사업이 실효성을 거두려면 지속적인 관계 유지를 통한 공동 어젠다의 발굴과 실행력을 담보할 수 있는 관의 적극적 역할이 우선적으로 필요하다. 단기적인 성과를 내기 위한 조급한 사업 추진보다는 양 지역이 장기적인 동반자라는 인식으로 상호 도움이 될 수 있는 지속 가능한 사업을 발굴해야 한다. 전라북도의 입장을 대변해줄 수 있는 강소성의 전문가를 전략적으로 육성할 필요가 있으며, 이들을 활용해 홍보와 공동 어젠다 발굴을 활발하게 추진해야 한다.

참 고 문 헌

김우호 외. 2008. 「항만의 경쟁력 평가모형 구축과 활용방안에 관한 연구」. 한국해양수산개발원.

김길수. 2008. 「우리나라 항만의 경쟁력 제고방안과 도선사의 역할」 ≪도선논단≫, 신년호, 24~35쪽.

곽봉환. 2002. 「인천항과 중국항만의 교역활성화 방안」. ≪ 교수논총≫.

이강진. 2013. 「군산-연운항 교역확대 위해 공동 협력시스템 구축 필요」. 전북발전연구원. ≪이슈브리핑≫, 116호.

전 북
리 포 트
2 0 1 3

제10장 새만금개발청 시대, 새만금 내부개발 활성화를 위한 새로운 접근이 필요하다

김재구 | 전북발전연구원 새만금지역개발연구부 연구위원

1. 새만금특별법 시행과 새만금개발청 출범
2. 창조경제와 새만금
3. 새만금 내부개발 활성화, 무엇이 필요한가

1 | 새만금특별법 시행과 새만금개발청 출범

1) 본격적인 새만금 개발 시대 개막, 새만금특별법 시행

새만금사업은 군산과 부안 간 방조제 33.9km를 축조하고, 내부 토지 283km^{2}와 호소 118km^{2}를 조성해 대중국 전진기지 및 동북아 경제중심지를 개발하기 위한 대규모 국책사업이다. 새만금에 조성되는 새로운 토지와 호소는 여의도 면적의 140배, 서울시 면적의 3분의 2에 해당하는 규모로, 향후 2020년까지(1단계) 산업 및 관광레저, 생태환경, 농업용지 등이 조성되어 '동북아 경제중심지'로 개발하는 국가적 전략사업으로 추진될 것이다.

지금까지 새만금사업은 수많은 우여곡절을 겪으면서 23년 가까이 진행되고 있다. 1991년도 새만금사업 초기 개발구상안에서는 새만금 지역을 100% 농업용지로 개발하기로 했으나, 2007년 4월에는 농업용지 72%, 비농업용지 28%로 개발계획을 변경했다. 이후 농업용지 위주의 토지이용계획은 새만금이 미래 성장동력으로서 역할을 하기에 문제가 있다는 지적에 따라 2008년 10월 새만금 지역을 농업용지 30%, 비농업용지 70%로 농업용지 중심에서

새만금사업 추진 경과

- 1987.05.12 | 새만금 간척사업 추진계획 발표
- 1991.12.28 | 새만금사업 시행 인가 및 착공
- 2001.08.21 | 매립면허 취소 소송(환경시민단체)
- 2006.03.16 | 대법원 판결(정부 측 승소)
- 2007.04.03 | 내부토지개발 기본구상 확정(농업 70: 복합 30)
- 2007.12.27 | 「새만금사업 촉진을 위한 특별법」 제정(2008.12.28 발효)
- 2008.05.06 | 새만금군산경제자유구역 지정
- 2008.10.21 | 내부토지개발 기본구상 변경(농업 30, 복합 70)
- 2010.04.27 | 새만금방조제 준공(33.7km)
- 2010.07.28 | 새만금방수제 착공(각 공구별)
- 2011.03.16 | 새만금 종합개발계획(MP) 확정
- 2011.12.30 | 새만금 신항만 공사 착공
- 2012.12.11 | 「새만금사업 추진 및 지원에 관한 특별법」 제정('13.09.12 시행)
- 2013.09.12 | 새만금개발청 출범

다기능 융·복합기지 조성으로 개발 기본 방향이 변경되었다. 이를 구체화하기 위해 새만금사업이 시작된 지 20년 만인 2011년 3월에야 비로소 새만금 종합개발계획Master Plan이 수립되었다.

새만금특별법 개정은 2012년 11월 5일 여야 공동 발의부터 시작해 18일 만인 11월 22일에 「새만금사업 추진 및 지원에 관한 특별법(안)」(이하 새만금 특별법)이 국회 본회의에서 통과되었으며, 현재 2013년 9월 12일부터 시행되고 있다. 새롭게 제정된 새만금특별법에 담긴 주요 내용은 크게 세 가지이다. 첫째는 국토교통부 산하에 새만금개발청을 신설하는 것이다. 그동안 새만금개발은 6개 부처로 나뉘어서 진행되다 보니 추진 속도가 느려질 수밖에 없었다. 부처별로 중복되거나 상충되는 사업 내용에 대한 부처 간 협의와 조정에 많은 시간이 소요되어 개발이 신속하게 이루어지지 않았다. 그러나 새

그림 10-1 **새만금개발청 출범과 세종시 청사**

자료: 새만금개발청 홈페이지.

만금개발청이 신설됨으로써 새만금사업은 일원화된 내부개발계획을 바탕으로 업무의 전문성과 효율성이 갖춰질 것으로 기대하고 있다. 둘째는 안정적으로 예산이 지원될 수 있도록 새만금 특별회계를 설치할 수 있는 근거를 마련하여 안정적인 재원 조달을 명문화했다는 것이다. 셋째는 '도로' 등 기반시설에 대한 국비 지원을 통해 새만금 지역의 토지 분양가 인하가 가능해졌다는 점이다. 이는 민간기업 투자 유치에 크게 기여할 것으로 전망된다.

2) 새만금개발의 컨트롤타워, 새만금개발청 출범

앞서 언급한 바와 같이 새로 제정된 새만금특별법이 시행됨에 따라 국내 최대 규모의 개발사업인 새만금사업을 총괄하는 새만금개발청도 2013년 9월 12일부터 세종시 청사에서 업무를 시작했다. 새만금개발청은 새만금사업이 1991년 공사를 시작한 이후 23년 만에 새만금사업을 전담할 중앙행정기관이 설립되었다는 점과 새만금개발청과 같이 단일 지역만을 전담하는 중앙행정기관이 설립된 것은 행복도시건설청에 이어 국내에서는 두 번째라는 점에서 새만금사업의 위상이 한층 높아질 것으로 기대된다.

새만금개발청은 2012.12월 제정된 「새만금사업 추진 및 지원에 관한 특별법」에 따라 차관급 중앙행정기관으로 설립되었으며, 그간 국토부, 산업부, 문화부 등 관계 부처에서 개별적으로 추진하던 새만금지구 내 명품복합도시

개발, 산업용지, 신·재생에너지용지, 관광·레저용지 등을 전담하여 추진하게 된다.

새만금개발청은 총 117명으로 구성되며, 새만금개발청사는 새만금 현지에 두는 것을 원칙으로 하되, 사업 초기의 업무 특성을 고려해 주요 사업을 착공하는 등 사업 본격화 시에 현지로 이전한다는 기본 방향을 정하고 우선은 국무총리실 등 정부부처가 위치한 세종시에 입지하기로 결정했다. 앞으로 새만금개발청은 기업 눈높이에 맞는 인센티브 제공, 수요자 중심의 개발계획 마련 등을 통해 국내외 민간 투자 유치에 적극적으로 나서는 한편, 새만금 지역이 환황해 경제권의 중심도시이자 우리나라 대표적인 수변도시로 성장할 수 있도록 최고의 정주 여건을 마련하는 데 중점을 둘 계획이다.

2 | 창조경제와 새만금

1) 박근혜 정부와 창조경제

창조경제란 "새로운 아이디어, 즉 창의력으로 제조업, 서비스업 및 유통업, 엔터테인먼트 산업 등에 활력을 불어넣는 것"(Howkins, 2001)이다.

일반적으로 창조경제는 창의력을 통해 기존 경제에 활력소를 제공하는 경제성장의 새로운 대안으로 인식되고 있다. 이에 박근혜 정부는 '일자리 중심의 창조경제'를 '국민 행복'을 위한 최우선 국정 목표로 설정하고, 1인당 국민총소득 4만 달러 달성과 지속성장을 위해서는 산업사회에서 지식(창조)사회로의 전환의 필요성을 강조하고 있다.

특히 창조경제를 "통섭 학문에 기반을 둔 상상력과 창의성 융합지식, 첨단과학기술에 기반을 둔 경제 운영으로 신성장동력을 창출하고 새로운 시장, 새로운 일자리를 만들어가는 정책"(이한구 새누리당 원내대표의 국회 교섭단체

그림 10-2 **창조경제의 구성 요소**

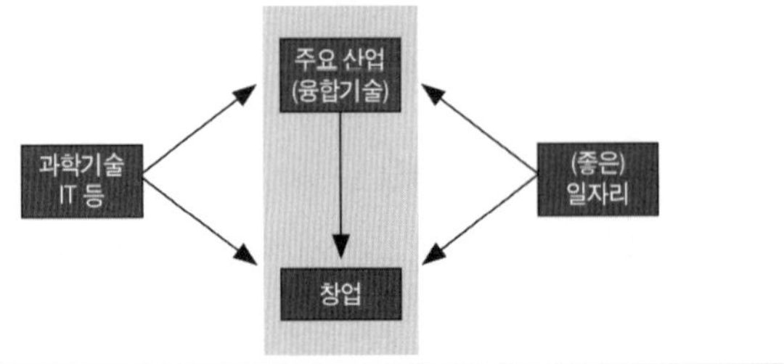

자료: 포스코경영연구소(2013).

대표 연설, 2013. 2. 5)으로 설명하면서, 규모의 경제, 정부 주도의 경제정책, 수직적 의사결정에 익숙해 있던 기존 우리나라 경제에 대해, 개인적인 창의성을 강조하는 창조경제는 어떤 의미에서 볼 때 질적 변화와 같은 경제발전 및 정책 패러다임 변화의 필요성을 강조하는 것이다.

이를 종합하면, 박근혜 정부가 말하는 창조경제의 핵심은 '융합', '성장축 다변화', '일자리 창출'로 요약된다. 즉, 창조경제는 과학기술과 창의적 아이디어가 결합되어, 기존 산업에서는 창출되지 못했던 새로운 수요와 시장과 함께 좋은 일자리를 창출하기 위한 것으로 특히 첨단과학기술 및 ICT를 기반으로 한 융합적이고 창의적인 경제를 창출하고 이를 운용하는 방식이라 할 수 있다.

2) 창조경제 구현을 위한 새만금의 역할

박근혜 정부에서 추구하는 창조경제의 추진 방향으로 볼 때, 새만금은 창조경제 구현을 위한 공간적·물리적 한계 극복이 용이하고 상상력과 창의력 극대화가 가능한 준비된 공간이라 할 수 있다. 왜냐하면 새만금은 매립을 통해 새롭게 조성되고 있으며, 자동차, 기계, 조선 등 주력산업과 함께 신재생에너지, 바이오, 환경, 해양관광 및 R&D 기반의 신산업 창출 그리고 융·복합

그림 10-3 **우리나라 산업경제 패러다임 변화**

산업화 1기		산업화 2기		창조적 지식정보화
울산, 여수, 포항, 구미 등		대덕 연구단지, FEZ, 과학비즈니스벨트 등		창조도시 '새만금'
제조업 중심의 일자리 창출	➡	IT · 전자 · 소프트웨어 중심의 고급 일자리 창출	➡	ICT와 신재생 · 환경 · 식품 · 문화 · 관광 융합을 통한 일자리 창출
국가 성장 기반 조성		국가 경쟁력 기반 조성		국민 행복 기반 조성

기반의 새로운 아이디어를 실현할 수 있는 여건을 보유하고 있기 때문이다. 이러한 여건 속에서 창조경제 구현을 위한 새만금의 역할은 다음과 같이 정리할 수 있다.

먼저 새만금은 노동, 자본 등 투입 중심의 양적 성장에서 생산성 중심의 질적 성장으로의 전환기에 있어 완충 작용이 가능하며, 이를 통해 국민 체감형 경제성장과 일자리 창출을 통해 '미래 창조도시'로서 역할을 할 수 있을 것이다. 이와 관련하여 새만금사업은 식량 자급을 위한 농지 조성을 목적으로 방조제 공사를 시작(1991년 11월)했으나, 2008년 10월 토지이용계획 변경(농업용지 30%, 도시용지 70%)을 통해 대규모 간척사업에서 창조도시 건설사업으로 전환됨에 따라 국가의 미래 먹거리를 창출하기 위한 대안으로 제시되고 있다.

또한 새만금은 창조경제 구현을 위해 필요한 혁신과 창업 기업을 위한 준비된 공간이라 할 수 있다. 일반적으로 대규모 과학기술단지는 대기업에 주로 도움이 되며, 실제로 창업 기업은 임대료가 싸고 문화가 있는 공간을 선호하는 것으로 알려져 있다. 또한 『창업국가』의 저자 사울 싱어Saul Singer에 따르면, 혁신은 리스크를 감수하고 실패에 관대한 '문화적 외곽지역cultural enclave'

그림 10-4 **새만금과 주변 지역의 창조경제 여건**

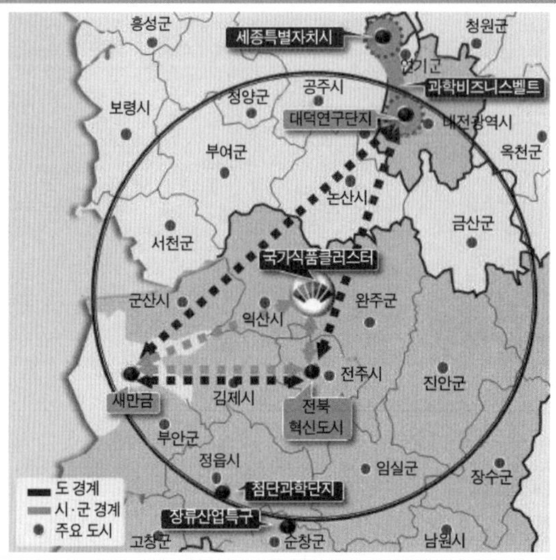

자료: 전라북도(2012).

혹은 '주변문화sub-culture'에서 발생한다. 따라서 수도권 등 기존 발전된 지역보다는 매립을 통해 조성되어 상대적으로 지가가 저렴하며, 대규모 관광용지와 함께 한문화 중심지인 전라북도를 배후지역으로 보유한 새만금이 혁신과 창업을 위한 필요조건을 갖추고 있다고 볼 수 있다.

이와 함께 새만금은 지역 내 계획되어 있는 풍력산업 클러스터, 자동차부품 클러스터 및 국제부품소재 제조물류 시범단지, 복합해양리조트 등과 세종시를 중심으로 한 국제과학비즈니스벨트와의 연계를 통해 창조경제 생태계에 하나의 구심점이 될 수 있을 것이다. 왜냐하면 새만금에서 전략적으로 육성될 신재생에너지산업, 자동차 및 기계 부품 등 주력산업 그리고 관광산업 등은 모두 ICT와의 융·복합이 용이한 대표적 산업이기 때문이다. 특히 이와 함께 주변의 국가식품클러스터와 민간육종연구단지, 새만금신항만 연계시 창조형 일자리 창출과 대중국 식품 수출을 바탕으로 농생명산업의 새로

그림 10-5 **동북아 경제중심지로서의 새만금 입지와 주변 주요 도시**

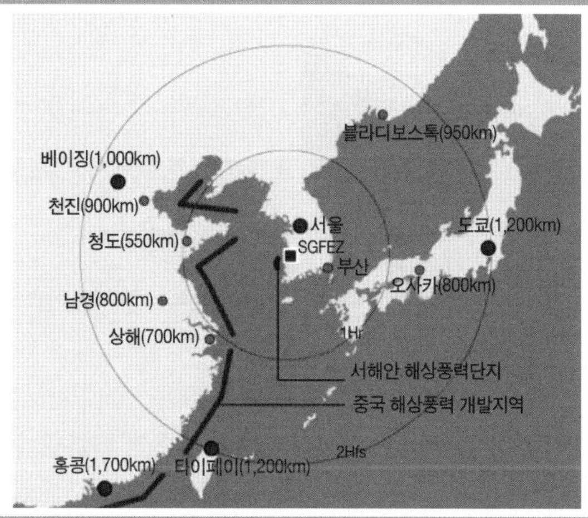

자료: 새만금경제자유구역청 홈페이지.

운 국가 성장동력화가 가능할 것이다.

마지막으로 새만금은 우리나라 서해안의 중앙부에 위치하여 대중국 전진 기지로서 재화의 생산과 유통의 중심지이자 대중국 교역의 교두보 역할을 하게 될 것이다. 동북아 경제중심지로서의 역할을 기대하고 있는 새만금은 항공교통을 이용해 3.5시간 이내 거리에 인구 100만 명 이상의 도시가 51개 존재하며, 항만과 공항 등 글로벌 인프라 구축과 함께 농업, 산업, 관광 그리고 도시 기능이 융·복합적으로 어우러져 글로벌 경제권과의 상생·협력을 위한 핵심 거점으로 활용이 가능하다.

3) 새만금은 앞으로가 더 중요한 현재 진행중인 사업

2013년 3/4분기 현재 새만금 산업단지의 공정률은 21.9%로 전체 면적 18.7km^2 중 4.10km^{2}를 매립했으며, 전년 동기 대비 6.6%p 상승했다. 새만금방수제 공사의 공정률은 54.3%로 전체 길이 5만 4,200m 중 2만 9,431m를

그림 10-6 **새만금사업 공정률(2013년 3분기 기준)**

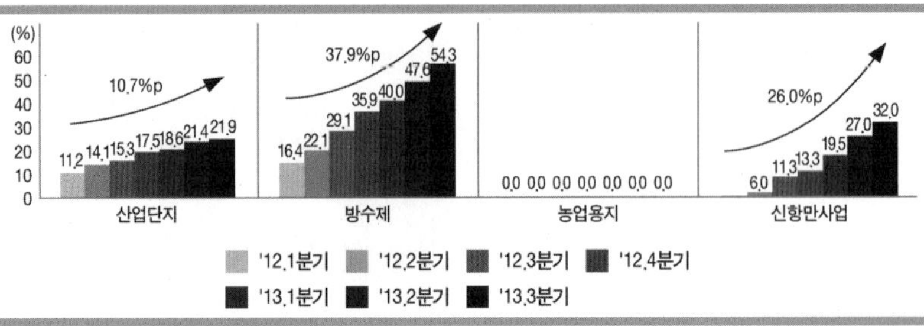

자료: 전라북도 도정통계.

완료했으며, 전년 동기 대비 25.2%p 상승한 것으로 나타났다. 2013년 7월 공사가 처음으로 시작된 농업용지는 사업 준비 건설사무소 및 하도급 사업 준비가 2013년 10월에 완료되었으며, 2013년 하반기부터 실제 공사가 시작될 예정이다. 신항만사업은 2012년 6월에 공사를 시작해 2013년 3분기 현재 32.0%의 공정률을 보이고 있다(그림 10-6 참조).

이와 같이 새만금은 20년 넘게 사업이 진행되고 있지만 내부개발이 본격적으로 시작된 지 3년도 되지 않았다. 이는 새만금이 앞으로의 투자와 지원이 더욱 중요한 현재 진행형인 사업이라는 것을 의미한다. 특히 기반시설 확충 및 투자 유치 등 앞으로 극복해야 할 문제들이 산적해 있으며, 대규모로 조성되는 새만금 복합도시용지와 관광용지에는 민간투자 유치가 반드시 필요하다. 따라서 새만금 내부개발의 원활한 추진을 위해서는 기존 새만금 종합개발계획에서의 부족한 부분을 보완하고 투자 유치를 활성화할 수 있는 여건을 조성해야 한다.

3 | 새만금 내부개발 활성화, 무엇이 필요한가

1) 새만금 종합개발계획 보완이 필요하다

2011년 3월 새만금 종합개발계획이 확정된 이후 민간투자 유치의 어려움에 따른 개발 지연, 공항 소음에 따른 용지 재배치, 새만금특별법 개정에 따른 여건 변화 등의 문제점과 더불어 민간투자 활성화 차원에서 수익구조 개선을 고려한 현실성 있는 변경에 대한 필요성이 대두되고 있다. 이에 새만금개발청에서는 2013년 11월에 새만금 종합개발계획 보완을 위한 용역을 발주했다.

새만금 종합개발계획이 수립된 이후 지금까지 새만금사업을 추진하는 과정에서 새만금 종합개발계획상 보완해야 할 주요 내용은 다음과 같이 정리된다.

① 수익구조 개선을 위한 공영 개발 방식 도입 및 선도지구 개발
② 보다 현실적이고 세부적인 단계별 개발계획 수립
③ 기반시설 조성계획 구체화
④ 과학연구, 신재생에너지용지 재배치
⑤ 기타 생태환경용지 인접용지 연계 개발, 부처별 업무 조정, 스마트 워터 그리드 확대 등

이상과 같이 제시된 사항 이외에 새만금 종합개발계획을 보완하는 데 가장 중요한 것은 대규모 국책사업인 새만금개발사업에 대한 정부의 의지를 어떻게 담아낼 것인가이다. 왜냐하면 새만금사업은 국책사업임에도 지금껏 지역사업으로 인식되고 있는 실정이며, 이는 국비 확보 및 투자 유치에 불리한 요소로 작용해왔기 때문이다. 따라서 보다 구체적인 개발계획과 함께 개

표 10-1 **부수 법안 주요 개정 내용**

부수 법안명	주요 내용
· 국유재산특례제한법 · 조세특례제한법 · 국가재정법	· 국 · 공유지의 처분 제한, 토지 · 건물 등의 임대 특례 반영 · 국내 · 외 투자기업 및 개발사업 시행자에 대한 세금 감면 · 새만금사업 특별회계 설치

발에 대한 정부의 지속적인 지원과 관련된 사항들을 보완함으로써, 원활한 사업 추진과 민자 유치 활성화에도 기여할 수 있을 것이다.

2) 새만금특별법 개정 후속 대책, 부수 법안 개정이 필요하다

지난해 11월 개정된 새만금특별법의 실효성을 확보하고자 「조세특례제한법」 등 3개 법안에 대한 개정안이 의원 발의되었다. 구체적으로 「조세특례제한법」에는 새만금사업 지역 내 개발사업 시행자 및 입주기업에 대한 세금 감면 조항을 신설하고, 「국가재정법」을 통해서는 새만금특별법상에 임의조항으로 명시된 새만금사업 특별회계를 설치해 재원을 안정적으로 확보할 수 있게 하며, 「국유재산특례제한법」에는 국·공유지의 처분 제한, 토지·건물 등의 임대 특례 조항을 반영하는 것이다.

이에 대해 「조세특례제한법」 및 「국가재정법」은 2013년 4월 18일 기재위 소위에 회부되었고, 「국유재산법」은 2013년 6월 20일 법사위 심의를 통과했다. 그러나 「조세특례제한법」 개정에 대해 지방세는 「지방세특례제한법」 개정 사항이라는 이유로, 「국가재정법」 개정에 대해 재정 운영 경직성 초래, 안정적 재원 확보의 실익이 적다는 등을 이유로 반대에 부딪힌 실정이다.

특히 「조세특례제한법」의 경우 감면체계(「지방세특례제한법」 또는 지방자치단체 조례 개정)가 다른 지방세 감면은 제외하더라도, 최소 경제자유구역 수준(외국인 투자기업에 대한 국세 감면)의 조세 감면이 새만금 전체 지역에 적용되도록 수정되어야 한다. 그렇지 않을 경우 경제자유구역 해제가 불가능하여 새만금 지역의 적용 법률, 인센티브 등의 이원화로 사업 시행에 어려움이 예상되기 때문이다. 최근 도레이사와의 MOU 체결(2013년 11월), OCI 열병합 발전소 기공식(2013년 10월) 등 새만금 지역 내 기업 유치가 본격화되는 가운데 경제자유구역 및 타 개발특구 등과 같거나 향상된 조세 감면 인센티브가 부여되어야 향후 기업 및 투자 유치 활성화가 가능할 것이다.

3) 새만금사업의 핵심은 예산 확보, 세부적인 재원 조달계획 수립이 필요하다

새만금사업에 소요되는 국가예산 약 10조 9,100억 원(국무총리실 외, 2011)은 대부분 새만금 내부개발을 지원하기 위한 SOC 등 기반 조성 예산이다. 이 역시도 당초 계획대로 국비 투입이 이루어져야만 내부개발과 투자 유치가 활성화되고 새만금사업이 속도가 날 것으로 기대할 수 있다. 관련 부처별로 적기 투자를 위해서 노력 중이지만 부처별 예산 감소, 박근혜 정부 재정 운용 방침 등으로 필수 소요 예산 확보마저 어려운 상황이다.

또한 새만금 종합개발계획에 단계별 예산(1단계 13조 2,000억 원, 2단계 8조 9,900억 원)만 기재되어 있을 뿐, 세부적인 재원 투자계획이 부재하여 적기 예산 투자를 기대하기도 어려운 실정이다. 따라서 새만금개발의 세부 사업별로 연도별, 재원별 재원 투자계획을 수립해 사업을 좀 더 체계적으로 추진해야 한다. 2013년 9월부터 시행되고 있는 새만금특별법 제5조 2항에는 국가와 "지방자치단체는 새만금사업이 안정적으로 추진될 수 있도록 재원 조달계획 등을 수립하여 필요한 재원이 반영되도록 노력하여야 한다"라고 명시되어 있다. 따라서 중앙정부 및 새만금개발청 그리고 지자체 차원에서 단계별뿐만 아니라 세부 사업에 대한 예산까지 포함된 재원 조달계획이 수립되어야 한다.

표 10-2 기반별 · 재원별 사업비 추정(단위: 조 원)

구분		사업비	기간별		재원별		
			2020년 까지	2021년 이후	국비	지방비	민자
총계		22.19	13.20	8.99	10.91	0.95	10.33
① 용지 등 조성비 (49.2%)	소계	10.91	6.61	4.30	3.43	-	7.48
	명품복합도시용지	3.32	1.83	1.49	-	-	3.32
	농업용지(방수제 등)	2.91	2.60	0.31	2.60	-	0.31
	새만금군산경제구역 산업용지	1.50	1.50	-	-	-	1.50
	과학 · 연구용지	1.13	-	1.13	-	-	1.13
	신 · 재생에너지용지	0.46	0.34	0.12	0.05	-	0.41
	생태환경용지	0.63	0.19	0.44	0.63	-	-
	도시용지	0.86	0.05	0.81	0.05	-	0.81
	다기능부지 명소화	0.10	0.10	-	0.10	-	-
② 기반시설 설치 (29.9%)	소계	6.64	2.80	3.84	5.03	-	1.61
	항만 및 배후 단지	2.55	1.06	1.49	1.41	-	1.14
	도로 및 철도	3.75	1.40	2.35	3.53	-	0.22
	생 · 공업용수 공급	0.34	0.34	-	0.09	-	0.25
③ 수질 개선 대책 (13.0%)	소계	2.89	2.89	-	2.08	0.65	0.16
	상류 유역	2.69	2.69	-	1.88	0.65	0.16
	새만금호 내	0.20	0.20	-	0.20	-	-
④ 기타 사업비 (7.9%)	소계	1.75	0.90	0.85	0.37	0.30	1.08
	폐기물처리시설	0.74	0.70	0.04	-	-	0.74
	신교통수단	0.61	-	0.61	0.31	0.30	-
	공동구	0.40	0.20	0.20	0.06	-	0.34

자료: 국무총리실 외(2011).

4) 외국인투자 활성화 차원에서 한중경제무역협력단지 조성이 필요하다

새만금에 대한 외자유치를 위하여 해외, 특히 중국 개별기업을 대상으로 투자 유치 활동을 추진하고 있으나, 글로벌 경기침체 및 대규모 사업인 새만금개발에 대한 투자 리스크 등으로 인해 중앙정부의 적극적인 지원 없이는 성공하기 어렵다는 공감대가 커지고 있다.

이러한 상황에서 새만금사업이 성과를 거두려면 글로벌 경제체제에서 G2

로 급부상한 중국의 자본을 활용해야 한다는 필요성이 제기되고 있다. 최근 중국의 해외정책은 과도한 외환보유고 해소, 기업의 글로벌화, FTA를 활용한 우회 수출 등을 위해 기업의 해외직접투자를 적극 장려하고 있다. 그중 대표적인 것이 중국의 해외경제무역협력단지 정책이다. 중국의 해외경제무역협력단지는 중국 기업의 해외투자 촉진을 위해 중국 정부(상무부)가 허가 및 지원하고 투자기업이 설립 운영하는 해외산업단지로, 생산·물류·서비스 전체나 일부 기능을 포괄하고 있다.

중국의 해외경제무역협력단지 조성에 있어 새만금은 최적의 여건을 확보하고 있다. 우선 새만금은 한국의 대표적인 국책사업으로 범정부적 추진동력을 갖추고 있으며, 중국과의 지리적인 접근성은 물론, 항만과 공항 등 물류 인프라와 함께 다양한 투자 인센티브를 제공할 수 있다. 또한 매립을 통해 조성되는 새만금은 부지 매입 및 주민 갈등 관련 문제 소지가 없으며, 광활한 용지 공급과 함께 원형지 제공 등 수요자(중국 기업) 맞춤식 부지 제공이 가능하다. 그리고 중국의 신형전략산업이자 새만금 배후지역인 전북의 주력산업인 자동차·기계, 태양광, 풍력, 바이오, 선박 등 산업 간 수직적·수평적 분업 및 상생을 통한 시너지 효과를 얻을 가능성이 높다.

따라서 대중국 전진기지로서 새만금의 조기 개발 촉진과 한중 간 상호 투자 확대·강화의 실천으로서 양국 정부의 적극적인 지원하에 새만금 부지를 활용해 중국 정부는 '해외경제무역협력구' 형식으로, 한국 정부는 최대 투자 인센티브가 보장되는 '경제자유구역' 형식으로 '새만금 한중경제무역협력단지(새만금 한중경협단지)' 조성을 추진할 필요가 있다.

새만금 한중경제무역협력단지를 통해 중국 기업은 중국과의 지리적 접근성에 대한 장점을 활용해 물류비용을 절감할 수 있으며, 한국의 FTA네트워크를 활용해 경쟁국과의 마찰을 최소화하여 이른바 '메이드 인 코리아' 제품으로 세계시장에 진출할 수 있을 것이다. 또한 한국은 외국자본 유치로 새만

그림 10-7 **새만금 한중경제무역협력단지 조성 여건**

새만금 한중경제무역협력단지 조성

한중 경제협력 및 창조경제 구현의 최적 여건

적극적 정부 지원	우수한 접근성	FTA와 산업 연계	맞춤식 부지 제공
· 새만금개발청 출범 · 각종 투자인센티브 제공 가능 · 지방정부의 적극적 지원 의지	· 중국과의 우수한 접근성 보유 · 항만, 공항 등 인프라 확충 예정 · KTX 등 광역교통체계 구축	· 한중 FTA 추진 · 국제경제에서의 FTA 허브 전략 · 태양광, 풍력, 자동차 · 기계 등 미래 전략산업 연계 가능성 · 식품산업의 경쟁력	· 광활한 용지 공급 가능 · 부지 매입 용이 · 지역주민 갈등 부재 · 교육, 의료 등 맞춤형 정주 여건 제공 가능

금사업의 조속한 추진이 가능하며, 인근 관광단지까지도 투자 효과를 기대할 수 있다.

5) 새만금 내부개발을 위해서는 새만금호 수질 관리가 동반되어야 한다

지금까지 새만금의 가장 큰 이슈는 제2의 시화호가 될 수 있다는 환경문제였다. 이와 더불어 대규모 농업용지와 함께 수변도시로 개발되고 있는 새만금에 있어 지속 가능한 물 순환체계 구축, 건강한 물 환경 조성 등은 무엇보다 중요한 요소라 할 수 있다. 과거 새만금이 겪어왔던 환경문제에 관한 논의를 바탕으로 볼 때, 새만금 내부개발을 추진하는 데 새만금호 내 수질 관리는 매우 중요한 역할을 하게 될 것이다. 따라서 새만금 내부개발이 본격화되고 있는 지금, 더욱 적극적인 물 관리정책을 추진해야 할 것이다.

과거 2001년 민관공동조사단 조사 결과 보고서, 국무조정실 및 지속가능발전위원회 등에서 논의된 내용을 토대로 환경부, 농림부, 해양수산부 및 전라북도에 추진할 1단계 새만금 수질 개선 대책을 발표했다. 이를 통해 환경기초시설 설치, 하수관거 정비 등 점오염관리를 중심으로 환경관리사업과 함께 매년 이행평가가 진행되었으며, 만경강과 동진강의 수질 개선에 긍정적인 영향을 미치고 있는 것으로 나타났다. 그러나 새만금호 목표 수질을 달성하기 위해 정부가 제시하고 있는 예측 농도〔만경강 만경대교 BOD 5.1mg/L, 총인(T-P) 0.173mg/L, 동진강 동진대교 BOD 1.8mg/L, 총인(T-P) 0.133mg/L〕에는 못 미치는 것으로 나타나 추가적인 노력이 요구된다. 특히 2011년에 수립된 2단계 새만금 수질 개선 대책은 새만금호 목표 수질을 달성하기 위해 1단계 추진 시 미흡했던 수량과 수질의 연계 관리, 비점오염원 관리, 축산계 오염원 관리, 총인 관리 등에 대한 논의가 지속적으로 이루어져야 한다.

참 고 문 헌

국무총리실·기획재정부·교육과학기술부·행정안전부·문화체육관광부·농림수산식품부·지식경제부·환경부·국토해양부·전라북도. 2011. 「새만금종합개발계획(Master Plan)」.

박동철. 2013. 「창조경제, 융합으로 새 시장 연다」. POSRI 보고서. 포스코경영연구소

싱어·세노르(Saul Singer and Dan Senor). 『창업국가: 창업국가 21세기 이스라엘 경제성장의 비밀』. 윤종록 옮김. 다할미디어.

전라북도. 2012. 「전라북도 종합계획(2012~2020)」.

전북발전연구원. 2013. 『창조전북: 기회와 도전』. 도서출판 한울.

전북통계협의회. 2013. 「통계로 보는 전북(3/4)」. 전라북도.

Howkins, John. 2001. *The Creative Economy: How People Make Money from Ideas*. Penguin.

제3부

문화관광의 새로운 블루칩 찾기

전　북
리 포 트
2 0 1 3

제11장 新한류의 확산과 전라북도 대응 방안

정명희 | 전북발전연구원 문화관광연구부 연구위원
김광국 | 전북발전연구원 문화관광연구부 연구원

1. 한류의 성장, 지속될 것인가
2. 한류문화거점 조성을 위한 전라북도의 잠재력과 과제
3. 전라북도를 한류문화거점으로 조성하자

1 | 한류의 성장, 지속될 것인가

1) 한류의 확산과 지속성장 가능성

우리나라 대중문화가 한류韓流라는 이름으로 확산되기 시작하면서 한류의 지속 가능성에 대한 우려의 시각도 있으나 한류의 확대가 당분간 지속될 것이라는 예측이 우세하다. 최근 한류의 내용이 한층 다양해지고 한류 영향의 공간적·내용적 범위가 확대되고 있다는 점에서 일단은 긍정적인 분석이 많다. '2012년 지식경제포럼'에서는 전 산업에 대한 한류의 생산 유발 효과가 2012년 기준 약 12조 원으로 추정되며, 현 추세대로라면 2015년에는 19조 8,000억 원, 2020년에는 평창동계올림픽의 3배에 이르는 57조 원에 이를 것이라는 예측이 발표되었다. 한류열풍이 국가브랜드와 한국 제품의 호감도 상승으로 이어지면서 한류의 경제 효과는 일반 기업에서도 가시화되고 있다. 대한상공회의소(2012)가 기업을 대상으로 실시한 조사 결과에 따르면 응답 기업의 약 51.9%는 한류가 한국 제품의 매출 증대에 효과가 있다고 응답했다.

그림 11-1 **한류의 경제적 가치와 파급효과**

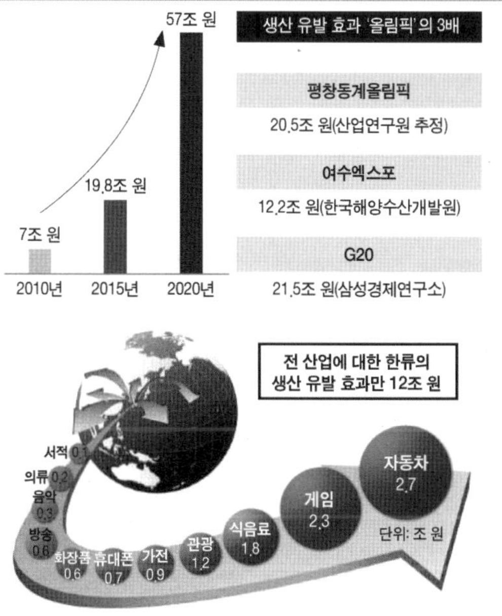

자료: 매일경제(2012).

한류의 확산은 국가와 한국 상품에 대한 우호적 이미지 구축, 한국 방문 증가 등 다방면에서 실질적인 영향을 미치고 있는 것으로 분석되고 있다. 2011년 외래 관광객 중 한류를 계기로 한국을 방문한 관광객이 약 10%를 차지하고, 대중문화 중심의 한류가 이제 음식, 패션, 의료 등으로 확대되면서 전반적인 내수시장 활성화에도 가시적인 성과를 보이고 있다.

일시적 현상으로 끝날 것으로 우려했던 한류 현상이 대중문화 중심에서 한국문화K-Culture 전반으로 확대되고 있다. 한류의 이러한 성과는 국내 대중문화산업의 비약적인 발전과 더불어 이를 뒷받침하기 위한 국가 단위의 정책적 지원이 효과를 거둔 것으로 볼 수 있다. 그렇다면 한류를 지역 발전과 연계할 수는 없는가? 수많은 한국 전통문화와 생활문화자원을 보유한 전라북도에서는 어떻게 준비해야 하는가? 이에 대해 논의를 시작하고자 한다.

그림 11-2 **한류가 국가브랜드에 미치는 영향**

"한류 접한 후 한국 제품 사고 싶어졌다" 46%
매경·한국문화산업교류재단 공동 해외 설문조사, 2012. 2
일본·중국·미국 등 9개국 현지인 3,600명 대상

"한류 때문에 한국 방문 100만 명(전체의 10%)"
한국관광공사, 2011

"한국, 서울보다 K-Pop이 먼저 떠오른다"
KOTRA, 2012.1, 유럽 젊은 층 1,209명 대상

자료: 한국문화산업교류재단(2012).

2) 한류 담론 흐름, 대중문화에서 한국문화 전반으로 확대

국내에서 한류의 흐름을 이해하기 위해서 방송매체(뉴스)와 신문사설 등 미디어에 나타난 한류 담론에 주목할 필요가 있다. 지금까지의 한류 담론 흐름을 통해 향후 한류와 관련된 과제를 도출할 수 있기 때문이다. 본 연구에서는 2000년부터 2012년까지 뉴스를 중심으로 한 방송매체와 신문매체를 분석했다.① '한류'라는 단어는 1990년대 후반부터 쓰이기 시작했으나,② 국내 언론에서는 2000년대부터 한류라는 용어가 본격화된 것으로 판단되었기 때문이다.

신문매체(사설만을 중심으로)에서는 겨울연가와 드라마를 중심으로 2005년-2006년 사이에 한류와 관련 담론이 가장 많았다. 이후 감소하다가 2011년 유럽의 한류 확산에 힘입어 노출 빈도가 다시 증가한 것으로 나타난다(표 11-1 참조). 2012년 역시 전년에 비해 증가할 것으로 예상된다.

---

① 한국언론재단 DB를 활용해 '한류'를 키워드로 검색한 자료를 활용했으며, 시간적 범위는 2000년부터 2012년 6월 30일까지로 한정했다.

② 한류의 시작에 대해서는 연구자마다 의견이 다를 수 있으며, 한국문화 전파의 관점에서 보면 1960년대 태권도의 전파를 한류의 시작으로 보아야 한다는 의견도 있다(정명희, 2012).

표 11-1 한류 관련 신문사설 빈도

구분	경향신문	국민일보	동아일보	대한매일	문화일보	서울신문	세계일보	쿠키뉴스	한국일보	한겨레	합계
2000											0
2001	2	1				1	1		3		8
2002			2			1	1		2		6
2003		1				1			3		5
2004	1		1		1				5	1	9
2005	5	5	2	1		3	1		3	1	21
2006	3	4		2	1	2			5	2	19
2007	4					1			2	1	8
2008	1		2	1		1			1	1	7
2009			1	3	1		2	3	1		11
2010			1			2			1		4
2011			2		2	1	1	3	3	1	13
2012			3		2			2			7
합계	16	11	14	7	7	13	6	8	29	7	118

주: 2012년 자료는 6월30일까지 자료를 기준으로 작성함.
자료: 한국언론재단 DB에서 중앙일간지 사설 자료 검색.

표 11-2 한류 관련 방송매체 노출 빈도

구분	뉴스 건수				구분	뉴스 건수			
	KBS	MBC	SBS	합계		KBS	MBC	SBS	합계
2000년				0	2007년	13	17	6	36
2001년	4	3		7	2008년	24	19	27	70
2002년	4	4	3	11	2009년	74	52	36	162
2003년	6	3		9	2010년	61	53	32	146
2004년	17	7	11	35	2011년	126	62	71	259
2005년	16	13	15	44	2012년	44	15	25	84
2006년		17	8	25	합계	389	265	234	888

주: 2012년 자료는 6월30일까지 자료를 기준으로 작성함.
자료: 한국언론재단 DB에서 해당 자료 검색.

방송매체에서는 2000년대 중반 이후 한류 관련 뉴스가 급속하게 증가하기 시작했다. 방송매체 역시 유럽의 한류 확산에 힘입어 2011년 노출 빈도가 급격하게 증가했다(표 11-2 참조).

표 11-3 **한류 담론의 내용 변화**

연도	2002년 이전	2003년	2004년	2005년
주요 주제	한류(역풍) (마케팅전략 도입)	드라마 관광(겨울연가)	드라마 관광(겨울연가)	드라마 관광(겨울연가)
주요 정책				· 한류대학원 설치 필요성 제기 · 한류우드 조성계획 발표(2조 원 규모)
기타 동향			태권도 한류	· 한류관광으로 양양공항 활성화 · 일본에서 겨울연가의 경제 효과 증대

연도	2006년	2007년	2008년	2009년
주요 주제	드라마 관광(겨울연가)	한류의 다양화	한류 드라마 관광	한식 세계화 문화모태펀드 조성(1억 달러 콘텐츠클럽)
주요 정책	· 서울시 한류 드라마 지도 작성 · 한류우드 착공 · 제주 '드라마+관광' 육성 전략 발표	한류엑스포(일본)	서울 한류페스티벌	· 디지털 콘텐츠 육성 · 한류월드 본격 추진 · 인천 한류페스티벌(인천시, 인천관광공사)
기타 동향	· 음식 한류 · 한국어, 비보이 한류 · 드라마+관광 · 애니매이션 관광	· 한류 드라마 실크로드 · 뮤지컬 한류 · 한국문화번역원 필요성 제기	한류 스타 활용 관광객 유치	· 화장품 · 미술 · 의료 · 식품 한류 성장세 · 전주비빔밥 대한민국 한류대상 수상 · 한국캐릭터(뿌까, 뽀로로, 마시마로)의 성장과 문화콘텐츠 육성정책

구분	2010년	2011년	2012년
주요 주제	유럽 한류열풍(프랑스 중심)	K-Culture 확산(한글 한류, 영화 한류)	· 의료 한류(매디텔) · 한류월드 개발 무산
주요 정책	· 한류전략연구소 발족 · 경주 한류축제 · 아시아송페스티벌 · 국제방송영상견본시	· 한식 세계화 본격화 · 한류 스타 양성소 및 전문 공연장 건립 결정 · 한류 스타의 거리 조성 및 패션 한류(동대문, 강남) · 한옥 활용 한류관광 및 스타 한류관광 육성	· 한류문화진흥단 출범 · 신한류 발전전략 발표 · K-Culture로 한류 확산(문학, 공연, 한국어)
기타 동향	· 드라마한류 위기론 · 성형(뷰티)한류성장 · 패션한류, 화장품 한류의 급격한 성장 · IT 결합형 신한류	· 한류 경제 효과 5조 원 · 의료 · 미용 중심 한류콘텐츠 발굴 성장세 · 한류 의료관광객 10만 명 달성 및 한류드라마 테라피 등장 · 경제한류, 정책한류 등한류정책 다양화 논의	· 식품한류, 패션한류, 교육한류, 농업한류 성장 · 외국공무원 연수 급증 · 외국인이 국내에서 지출한 의료비1억 달러 달성

한류 담론의 내용적 흐름을 보면 2006년까지는 겨울연가 중심의 '드라마'와 이와 연계한 '관광'이 주를 이루고 있었다. 2007년부터 한류의 논의 주제들이 뮤지컬 등 다양한 대중문화 분야로 확대되었고, 한류우드 조성, 한식 세계화, K-culture, 의료 한류 등으로 다양화되었다.

2005년 이후에는 중앙정부와 지방자치단체에서 정책적으로 관심을 가지기 시작했고, 이는 공연과 이벤트를 매개로 한 한류관광 마케팅전략, 한류관광 인프라 조성 등으로 구체화되었다. 국가 단위의 담론은 한글·음식·의료 등 분야별 R&D 기능 강화 및 국가브랜드 연계 방안과 관련한 논의가 주를 이루었고, 지역 단위에서는 외래 관광객 유치를 위한 관광 공간 조성과 한류 테마 이벤트 개발에 정책이 집중되고 있음을 알 수 있다(표 11-3 참조).

3) 한류의 새로운 발전전략이 필요하다

한류의 경제적·사회문화적 파급효과를 국가적인 문화 융성의 기회로 활용하기 위해서는 국가와 지방정부의 정책적 노력이 필요하다. 문화부는 지속적인 경쟁력을 갖춘 '신한류 3.0시대(K-Drama → K-POP → K-Culture)'를 위해 '전통문화의 창조적 발전전략(전통 한류)', '세계와 함께하는 대한민국 문화예술(K-Arts) 발전전략(현대 한류)', '콘텐츠 글로벌 경쟁력 강화 방안(한류 산업화)' 등을 추진해왔다.

그러나 지금까지 가수 싸이 등 대중문화를 중심으로 한 한류는 많은 성과를 거두었으나 공공부문에서 개입할 여지는 많지 않다. 대중문화에 기반을 둔 한류는 민간을 중심으로 시장의 성향을 가지고 있기 때문이다. 한류가 대중문화 중심에서 한국문화 전반으로 확대되기 위해서는 공공부문에서 새로운 발전전략을 모색해야 한다.

첫째, 문화부를 중심으로 한 중앙정부에서는 '성공적인 한류 모델'에 대한 정체성 확립과 이를 실현하기 위한 정책적 도구가 필요하다. 한류의 상품성

표 11-4 한류 관련 지방자치단체 주요 추진사업

구분	K-POP 전용 공연장 건립사업	한류 스타의 거리 조성사업	글로벌 스튜디오	한문화마을
지자체	미정(인천시, 서울시)	고양시, 서울강남구	부산시	세종시
사업 내용	대형공연장 및 중·소규모 공연장	K-pop 상품 판매장, 플래그십 스토어	원스톱 대형 스튜디오, 디지털 후반작업시설	전시+체험+쇼핑+숙박+교육을 종합한 한국형 모델시티로 조성
비고	2,000억 원 내외	1,500억 원 내외	영화진흥위원회, 부산시	중장기 사업으로 연구용역 중

과 발전 잠재력에도 불구하고 현재 한류가 음악, 영화, 드라마 등 감상 위주의 1차적 문화콘텐츠 수익구조에 머물고 있다. 한류를 지속시킬 수 있는 문화적 원천의 발굴과 한류 발전의 생태계 구축을 위한 실천 계획이 필요하다.

둘째, 한류가 대중문화 중심으로 시작해 국가 단위의 한류 지원·육성전략으로 추진되어왔으나, 궁극적으로는 지역문화정책과의 연계가 필요하다. 문화원형을 보유하고 있는 지역의 문화자산 가치를 재조명해 지속 가능한 발전전략 및 새로운 한류 수익구조를 만들어내야 하기 때문이다.

4) 한류, 지역 발전정책과 연계하라

지방자치단체에서는 한류를 지역개발사업과 연계하기 위하여 K-POP 공연장 건립, 한류 스타의 거리 조성사업 등을 추진하고 있다(표 11-4 참조). 드라마와 K-POP 등 대중문화 중심에서 의식주 중심의 생활문화, 순수예술, 사회운영시스템 등 한국문화 전반으로 한류가 확산됨에 따라 중앙정부 및 지방자치단체에서 한류를 지속시키고 활용하기 위한 정책이 증가했다.

이 밖에 한류와 관련하여 여러 지방자치단체에서 하드웨어 구축사업, 문화콘텐츠 및 관광상품 개발사업 그리고 한류 관련 이벤트 개최사업을 표 11-5와 같이 추진하고 있다. 전라북도에서도 지역 발전전략으로 한류와 연계하기 위한 방안을 모색할 필요가 있다.

표 11-5 **기타 한류 관련 지방자치단체 추진사업**

구분		사업 내용
하드웨어	서울	· 남산 한옥마을 내 한국 고유 상품을 구입하고 문화도 느낄 수 있는 공간 한류문화 체험관(한채미가) 건립 추진
	인천	· 2011년 인천국제공항이 있는 영종도에 한류문화리조트 조성사업 추진계획 발표 (총 100만 제곱미터 규모) · 한류 연예인을 주제로 한 대형 공연시설, 숙박시설, 한류스타양성소 등 한류문화 타운과 세계적 고급화 · 현지화 전략 기업타운으로 조성할 계획
문화 콘텐츠 관광	대구	· 산동 국제여행사와 의료관광 교류협력을 위한 업무협약을 체결하고 의료상품 및 지역관광을 연계한 중국인 의료관광객 유치에 집중
	제주	· SBS와 연계하여 문화콘텐츠 경쟁력 및 브랜드 가치를 높이기 위하여 〈뮤직 아일랜드〉를 SBS MTV에서 제작 · 방송할 예정
한류 이벤트	서울	· 서울시 강남구는 강남패션페스티벌을 2012년 강남한류페스티벌로 격상시시고 한류관광이벤트를 통해 중국인 관광 중심지로 개발할 예정
	인천	· 유럽, 동남아 등 총 61개 국가에서 외국인 6,600여 명이 참가하는 인천 K-POP 콘서트(2012. 9. 9)를 지속적으로 개최할 예정
	경북	· 2012. 9월 K-POP 콘서트와 커버댄스대회를 중심으로 한 경주 한류드림페스티벌 개최
	전북	· 2012 전북 방문의 해와 연계하여 K-POP 콘서트 개최
	관광공사	· 한국관광공사는 싱가포르에서 'Korean Festival 2012'를 개최하고, K-pop 및 한식경연대회, 한국 전통문화공연(한복쇼, 태권도, 부채춤)을 통해 한류관광 홍보 마케팅 추진
	민간	· 한류콘텐츠 및 파생상품 바이어를 중심으로 한류와 소비재를 연계하기 위한 '글로벌 한류마케팅대전(K-Wave 2012)' 개최(한국무역협회)

2 | 한류문화거점 조성을 위한 전라북도의 잠재력과 과제

전라북도를 한류문화의 거점으로 조성하기 위한 잠재력과 과제를 알아보기 위해 전문가 조사를 실시했다. 국내 문화관광 분야 전문가 및 한류 관련 연구자 73명을 대상으로 현재 한류 발전정책에 대한 평가와 전라북도 한류문화거점 조성에 대한 의견을 조사·분석했다.

표 11-6 **한류 발전정책의 효율성**

구분	매우 그렇다	그렇다	그렇지 않다	전혀 그렇지 않다	잘 모르겠다	합계
빈도(명)	3	45	16	3	6	73
구성비(%)	4.1	61.6	21.9	4.1	8.3	100

표 11-7 **지역문화정책에서 보완이 필요한 한류 발전정책**

항목		지역문화정책에서 보완 필요성					
		1순위	2순위	3순위	4순위	5순위	합계
전통 한류	1. 전통문화 저변 확대	11	7	9	8	2	27
	2. 전통문화 융화 촉진	4	8	6	2	3	18
	3. 해외 진출 활성화	1	2	2	1	4	5
	4. 전통문화 진흥 기반 조성	11	13	4	6	10	28
	5. 전통문화 향유 확대	4	4	4	5	3	12
현대 한류	6. 대표 콘텐츠의 전략적 육성	23	11	17	5	3	51
	7. 문화예술 전문인력 양성	3	9	7	17	7	19
	8. 스마트 문화예술 창조	2	1	1	2	0	4
	9. 한류지속화를 위한 문화예술 교류	1	2	5	1	8	8
한류 산업화	10. 콘텐츠 경쟁력 강화	10	9	9	14	7	28
	11. 건강한 콘텐츠 생태계 조성	2	3	2	4	5	7
	12. 글로벌시장 진출 지원		1	4	4	7	5
	13. 파급효과 극대화	1	2		3	8	3
	14. 호혜적 상호 교류 증진		1	3	1	6	4
합계		32	36	28	26	27	

1) 문화부 한류 발전정책, 지역문화정책에서 보완이 필요하다

문화부를 중심으로 한 현재 한류 발전정책이 한류의 지속적 발전에 효율적이라고 생각하는지에 대해 응답자의 65.7%가 '그렇다' 또는 '매우 그렇다'라고 응답했다. 전반적으로 한류 발전정책의 효과에 대해서 긍정적으로 평가하는 것으로 해석된다(표 11-6 참조). 그러나 한류 발전정책이 지역문화정책에 미치는 영향에 대해서는 응답자의 34.2%가 높은 편이라고 응답했고, 23.3%는 영향이 '낮은 편이다' 또는 '매우 낮다'라고 응답했다.

전문가들은 문화부 한류 발전정책 중 '전통문화 향유 확대' 정책이 한류 발전에 가장 중요하다고 평가했으며, '스마트 문화콘텐츠 개발', 'K-musical 등 지역 대표 콘텐츠 전략적 육성' 정책은 지역문화정책과 연계성이 가장 높다고 평가했다. 특히 지역에서 한류의 효과를 극대화하기 위해서는 '대표 콘텐츠의 전략적 육성', '콘텐츠 경쟁력 강화', '전통문화 저변 확대' 및 '전통문화 융화 촉진' 등 전통문화와 관련된 정책은 지역문화정책에서 보완할 필요성이 높다고 응답했다(표 11-7 참조).

2) 한류문화거점으로서 전라북도의 잠재력

전라북도를 한류문화의 거점으로 조성하기 위해서는 전라북도의 발전 미래상이 이와 부합하는지 분석할 필요가 있다. 전문가들은 전라북도의 현재 이미지로 전통문화도시(80.8%), 농업도시(11.0%), 문화예술도시(6.8%) 순으로 평가했으며, 전라북도가 지향해야 하는 미래상으로 전통문화도시(57.6%), 문화예술도시(30.1%), 관광도시(4.2%) 등이 바람직하다고 응답했다. 한류의 발전을 위한 지역의 과제가 전통문화와 대표 콘텐츠 육성이었다는 점에서 보면 전라북도의 발전 미래상이 한류문화거점과 부합되고 있음을 알 수 있다. 전문가들은 전라북도가 한류문화거점으로 발전하는 데 필요한 문화적 역량을 매우 높게 평가했다. 전체 응답자의 69.3%가 문화적 역량이 '매우 높다(19.2%)' 또는 '높다(52.1%)'고 응답했다. 또한 전문가의 72.6%는 한류문화거점이 전라북도의 지역적 여건과 적합하다고 응답했고, 83.6%는 한류문화거점 조성이 전라북도 지역경제 발전에 미치는 기여도가 높다고 응답했다(표 11-8 참조).

종합하면 전문가들은 전라북도가 한류문화거점으로서의 잠재력을 충분히 보유하고 있으며, 지역경제 발전에 기여도가 높을 것으로 응답했다.

표 11-8 **한류문화거점 조성을 위한 전라북도 역량평가 및 파급효과**(단위: 명, %)

구분	매우 높다	높다	보통이다	낮다	매우 낮다
전라북도의 문화적 역량	14(19.2)	38(52.1)	20(27.4)	1(1.4)	-
전라북도 지역적 여건 반영 정도	10(13.7)	43(58.9)	16(21.9)	4(5.5)	-
전라북도 지역경제 발전의 기여도	23(28.8)	40(54.8)	10(13.7)	-	-

표 11-9 **전라북도 한류문화거점 조성상의 문제**(단위: 명, %)

구분	빈도	구성비
기존 사업과의 중복성	17	23.3
지역 간의 형평성	3	4.1
사업에 관한 관계자의 이해 부족	22	30.1
예산 부족으로 인한 사업 구상의 어려움	28	38.4
기타	3	4.1
합계	73	100

3) 전라북도 한류문화거점 조성을 위한 추진 과제

전라북도를 한류문화거점으로 조성하는 데 존재하는 문제로는 '예산 부족으로 인한 사업 구상의 어려움'(38.4%)과 '사업에 관한 관계자의 이해 부족'(30.1%), '기존 사업과의 중복성'(23.3%) 등이 지적되었다(표 11-9 참조). 이는 전라북도가 한류문화거점 조성사업을 단순 지역사업이 아니라 국가사업으로 추진해야 하며, 예산의 안정적 확보가 선행되어야 함을 의미한다.

한류문화거점이 어떤 기능을 해야 하는지 개념화하기 위하여 한류문화거점 조성을 위해 필요한 선도사업에 대한 의견을 조사했다. 전문가들은 한류문화거점 조성이 되기 위해서는 '전통생활문화체험 광역거점 조성', '한류원형문화콘텐츠 지원센터 구축', '전통문화교육 플랫폼 구축' 등의 필요성이 높다고 응답했다(표 11-10 참조). 이러한 응답 결과는 한류문화거점을 전통문화의 체험거점, 콘텐츠 제작거점, 전통문화교육의 거점으로 구체화할 필요가 있다는 뜻으로 해석할 수 있다.

표 11-10 **한류문화거점 조성을 위해 필요한 선도사업** (단위: %, 점)

세부 사업 및 시설	사업의 필요성					
	매우 불필요	불필요	보통	필요	매우 필요	평점
1. 전통생활문화체험 광역거점조성(음식, 문학 등)	1.4	5.5	8.2	57.5	27.4	4.04
2. 한류원형문화 콘텐츠 지원센터 구축	2.7	4.1	17.8	50.7	24.7	3.90
3. 전통문화교육 플랫폼 구축	-	4.1	28.8	47.9	19.2	3.82
4. 한류원형문화 전문가 양성원 건립	-	6.8	35.6	42.5	15.1	3.66
5. 패션한류 장인공방 및 거리 조성	1.4	6.8	37.0	35.6	19.2	3.64
6. 한류문화상품 창조센터 건립	-	9.6	38.4	35.6	16.4	3.59
7. 한류기금 운영	4.1	6.9	27.4	53.4	8.2	3.55
8. 스토리 창조원 건립	1.4	6.8	37.0	47.9	6.9	3.52
8. 한류문화산업지구 조성	1.4	11.0	35.5	38.4	13.7	3.52
10. 전통문화산업 진흥원 건립	4.1	13.7	28.8	38.4	15.1	3.47
11. 재외 한국인 전통문화거점기지 조성	4.1	13.7	37.0	39.7	5.5	3.29
12. 한류박물관 건립	2.7	16.4	45.2	24.7	11.0	3.25
13. 한류 국제비즈니스센터(IBC) 조성	-	13.7	54.8	27.4	4.1	3.22

주: 평점은 매우 불필요(1점)~매우 필요(5점) 척도로 평가한 평균 점수임.

3 | 전라북도를 한류문화거점으로 조성하자

1) 한류문화거점 조성 필요성

한류의 지속적 발전을 위하여 한국문화원형의 체계적 발굴과 산업화를 통해 지역 발전과 국가발전을 선도하기 위한 구심적 구축사업이 필요하다. 문화부의 한류 발전전략이 국가 단위의 문화발전전략이라면, 한류문화거점 조성은 지역문화를 중심으로 한 지속 가능한 문화발전전략을 의미한다.

지금까지 한류가 드라마와 가요, 게임 등 대중문화 콘텐츠를 기반으로 발전해왔다면, 앞으로의 한류의 성패는 전통문화, 생활문화 등 한국문화원형에 기반을 둔 콘텐츠 창조전략에 달려 있다고 볼 수 있다. 문화산업의 새로운 수익구조를 개발하고 지역 발전과 동반 상생할 수 있는 모델로서 '한류문화거점' 조성이 필요하다. 다만 한류 발전을 위한 새로운 하드웨어 구축보다는 기존 인적·물적 인프라와 프로그램을 활용할 수 있는 문화거점으로 조성해야 한다.

전라북도는 한류원형문화origin of Korea를 보유한 중심 지역③으로서 새로운 시대의 한류문화거점으로 육성해야 한다. 한국문화의 원형을 발굴·육성하며 문화관광산업의 부가가치를 창출하는 것을 목표로 전라북도 한류문화거점 조성 구상(안)을 제안하고자 한다. 전라북도가 추구해야 하는 한류문화거점 조성사업은 문화부의 한류 발전전략과 연계하여 지역문화의 가치를 발굴하고 'K-culture + K-arts + K-entertain'의 기능을 융·복합화하기 위한 지역 단위의 새로운 한류문화정책이라 할 수 있다.

2) 한류문화거점 조성 필요성

전라북도는 의식주를 중심으로 한 생활문화, 전통문화 등 문화자원에서 상대적인 우위를 보이고 있으며, 전통문화자원의 활용에 선도적 역할을 담당해왔다. 전통문화중심도시사업을 통해 국가적 전통문화 육성에 선도적 역할을 담당해왔으며, 아태무형문화유산전당 등 인프라 확충을 통해 유·무형 문화의 중심지로서 위상을 갖추어왔다. 이제는 전라북도의 이러한 물적·인적 자산을 지역 발전전략과 어떻게 연계할 것인가, 국가적 문화경제모델로 키우기 위한 전략은 무엇인가에 대한 고민이 필요하다.

가장 중요한 것이 전라북도를 국가 단위의 한류문화거점으로 육성하고 생산적인 한류산업구조를 만들어낼 수 있는 방안을 모색하는 것이다. 현재 전주시 등 특정지역 중심의 사업을 전라북도 전역 또는 전국적으로 확대·연계

③ 한류원형문화의 중심지란 국내 유·무형의 전통적 문화자원이 잘 보존·계승되어 있으며, 지역장소성과 결합하여 현대적 의미로 재창조되는 잠재력을 보유하고 있는 중심 지역을 의미한다.

표 11-11 한류연계 전라북도 문화관광사업(예시)

문화예술콘텐츠 관광자원화사업	
▪ 풍물문화 기반 조성사업 ▪ 도심 수상공연 콘텐츠 개발사업 ▪ 한옥 경관 기반 공연 콘텐츠 개발사업	▪ 섬진강 소리문화체험마을 조성사업 ▪ 전북 SoundScape Design 조성사업 ▪ 천년한지 문화권 개발사업
문학관광자원 개발사업 및 네트워크 구축사업	
▪ 채만식 문학기행벨트 조성사업 ▪ 소설 아리랑 기행벨트 조성사업	▪ 가사문학벨리 조성사업 ▪ 이야기속문학마을 조성사업 ▪ 섬진강 문학기행벨트 조성사업
뷰티 쇼핑관광명소 개발사업	
▪ 보석 테마 뷰티 · 쇼핑 관광거점	▪ 복합쇼핑관광 거점 개발사업
창조형 녹색관광 명소화사업	
▪ 농촌체험 명소화마을 조성사업 ▪ 라이스팜(Rice Farm) 조성사업 ▪ 산림생태문화체험단지 조성사업	▪ 세계프리미엄갯벌생태 체험지구 조성사업 ▪ 운곡습지 복원 및 관광자원화사업 ▪ 금강 녹색바이오 관광지대 조성사업
종교문화자원을 활용한 힐링 관광거점 조성사업	
▪ 수류성당 종교체험 휴양단지 조성사업 ▪ 템플스테이 등 불교문화자원 개발사업	▪ 동학혁명기념공원 조성사업 ▪ 국제마음훈련원 조성사업 ▪ 치명자산 종교명소화사업

방안을 모색함으로써 시너지 효과를 모색해야 한다. 전라북도에서 한류와 연계가능한 사업은 표 11-11과 같이 '문화예술콘텐츠 관광자원화사업', '문학관광사업', '뷰티·쇼핑 연계사업', '창조형 녹색관광Green Tourism 명소화사업', '종교문화자원을 활용한 힐링관광거점 조성사업' 등으로 구체화할 수 있다.

3) 한류문화거점 조성, 문화부 정책과 연계하여 단계별 추진 필요

한류문화거점 조성사업은 문화자원을 활용한 시장상품논리와 예술창조논리가 조화를 이룰 수 있게 하고, 정책적으로는 산업적인 측면을 고려하여 접근할 필요가 있다. 특히, 구심적 역할을 할 수 있는 선도사업은 일시적 유행보다는 문화를 통해 지속적인 수익구조를 만들어낼 수 있도록 중장기적 차원에서 구상되어야 한다.

그림 11-3 **단계별 추진 방안**

1단계 (핵심 역량 구축기)	2단계 (핵심 역량 확장기)	3단계 (신기술 접목기)
한류콘텐츠 identity 확립 '성공적인 한류모델'에 대한 비전과 목표 설정	OSMU의 원칙에 따라 복합엔터테인먼트사업 확장	· 외부의 창조성(creativity) 및 신기술 접목 · 새로운 영역 확대
· 한류원형문화 콘텐츠 지원센터: 한국문화학술원, 창작센터, 한국문화체험관	· 세계음식수도 프로젝트: 세계발효마을연대회의, 한식스토리뱅크 구축 · 세계 종교문화거점 조성사업: 세계순례자대회, 기독교종교박물관 건립 · 영화관광 콘텐츠 개발 및 네트워크 구축: 영화복합클러스터 구축 및 영화이벤트 개최	· 창조산업 육성(장인공방촌, 문화펌웨어산업 육성) · 한류문화산업대학원 설립

한류문화거점조성사업은 중장기적인 관점에서 계획되어야 하며, 이를 실현하기 위한 단계적 추진전략이 수립되어야 한다. 단계별로 보면 1단계는 핵심 역량 구축기로, 국가 단위에서 지역문화 발굴 및 전승에 대한 구심적 역할을 수행할 수 있는 선도사업(예를 들어 한류원형문화 콘텐츠 지원센터) 추진 및 '지역문화와 연계한 한류 발전모델' 구축이 필요하다. 2단계는 OSMU one source multi use를 통해 부가가치를 극대화할 수 있도록 핵심 문화콘텐츠를 개발하고, 한류와 연계한 문화관광 비즈니스 모델 구축에 집중해야 한다. 마지막으로 3단계에서는 핵심 역량에 신기술을 접목해서 새로운 영역을 확대하려는 노력을 기울여야 한다.

사업의 추진 방식의 경우 사업 내용의 상징성과 파급효과를 고려할 때 한류문화거점 조성사업을 국비 지원사업으로 추진하는 것이 가장 효율적이며, 사업의 중복 투자를 최소화하기 위해서는 전통문화도시사업 등 관련 인프라가 구축되어 있는 전라북도가 최적이라 할 수 있다.

참 고 문 헌

고정민. 2009. 『한류, 아시아를 넘어 세계로』. 한국문화산업교류재단.

김교빈. 2005. 「'한국전통문화 콘텐츠 세계화 전략'과 인문학의 역할」. ≪인문콘텐츠≫, 제5호, 287~294쪽.

매일경제. 2012. 「비전코리아 국민보고대회 — 한류본색」 세미나 발표자료.

서민수. 2012. 「K팝의 성공요인과 기업의 활용전략」. 삼성경제연구소 CEO Information, 841호.

이은숙. 2002. 「중국에서의 '한류' 열풍 고찰」. ≪문학과 영상≫, 제3권 2호, 31~59쪽.

정명희. 2009. 「전라북도 통합문화권 설정에 따른 관광개발계획 수립연구」. 전북발전연구원

_____. 2012. 「전라북도 한류문화거점 조성방안」. 전북발전연구원.

정명희 외. 2011. 「광역권 개발전략을 위한 전라북도 통합문화권 설정」. 전북발전연구원. ≪이슈브리핑≫, 54호.

전 북
리 포 트
2 0 1 3

제12장 유네스코 음식창의도시 전주에 K-Food 세계화 허브 조성하자

장세길 | 전북발전연구원 문화관광연구부 부연구위원

장성화 | 전북발전연구원 새만금지역개발연구부 연구위원

김수은 | 전북발전연구원 산업경제연구부 부연구위원

변혜진 | 전북발전연구원 문화관광연구부 연구원

김동영 | 전주시정발전연구소 연구원

1. K-Food(한식) 세계화, 국내 거점(hub)이 필요하다
2. 정부의 K-Food 공간 조성정책의 성과와 한계
3. K-Food 콤플렉스의 개념과 역할
4. K-Food 세계화의 국내 허브, 왜 전주여야 하는가
5. 전통문화도시 2단계 전략으로서 K-Food 콤플렉스
6. 전주 K-Food 콤플렉스의 조성 방안

1 | K-Food(한식) 세계화, 국내 거점(hub)이 필요하다

1) K-Food에 대한 외국인의 관심 증가, 차세대 한류 주자로 성장

K-Pop 등의 한류 붐, 국제행사(G20, 엑스포 등) 개최 등으로 외래 관광객이 지속적으로 증가하고 있다. 최근 5년간 약 80% 증가했으며(한국관광공사, 2011), 2012년 방한 외래 관광객은 약 1,140만 명으로, 2021년에는 약 2,107만 8,000명이 될 것으로 전망된다(한국문화관광연구원, 2013).

외래 관광객의 증가만큼 K-Food에 대한 관심과 선호도 역시 증가하여, 2012년 한국관광공사 조사 결과, 한국 방문 목적 3위가 K-Food 체험(1위 쇼핑, 2위 관광지)으로 나타났으며, 2011년 외래 관광객 실태조사(한국문화관광연구원, 2012)에서도 식도락관광이 방한 중 활동 2위(46.1%)에 해당(1위 쇼핑, 69.9%)하는 것으로 나타났다. 한류 행사에 참가한 일본인을 대상으로 한 조사에서도 선호하는 한국문화로 드라마(75.8%), K-pop(65.6%), 한국음식(37.9%), 한국여행(36.5%), 한국어(30.6%) 등의 순으로 응답했다(한국문화관광연구원, 2011).

그림 12-1 **방한 외래객의 방한 중 활동** (단위: %)

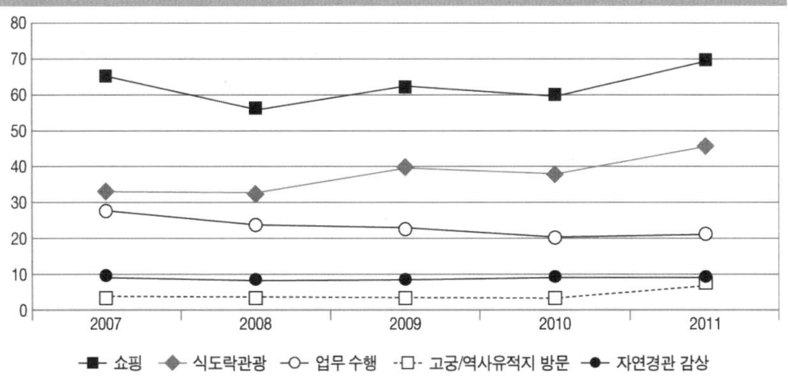

주: 중복응답, 2011년 상위 10위 기준.

자료: 한국문화관광연구원 「외래관광객 실태조사」.

여기서 눈여겨볼 대목은 식도락관광이 다른 목적과는 달리 지속적으로 증가하고 있다는 점이다. 실제로 2007년 33.2%에서 2011년 46.1%로 4년 동안 12.9%p 상승했다.

이러한 결과에는 한국음식의 가치가 세계적으로 인정받게 된 것이 한몫을 한 것으로 보인다. 한식이 영양학적으로 균형 잡힌 모범식으로 선정(WHO, 2004년)되었으며, 김치가 세계 5대 건강식품으로 선정(건강잡지 ≪Health≫, 2006년)되는 등 세계적인 웰빙식품으로서 K-Food에 대한 관심이 커지고 있다. 한식재단이 2011년 상·하반기에 조사한 결과에 따르면 K-Food에 대한 인지도가 24.2%에서 28.5%로 증가했으며, 호감도 역시 31.1%에서 41.0%로 증가했다.

2) 해외 진출 중심의 세계화 전략의 한계

K-Food가 신新한류의 차세대 주자로 부상하면서 정부는 K-Food 세계화를 강도 높게 추진하고 있으나 지나치게 해외 진출 중심으로 추진되면서 방

한 외래 관광객을 대상으로 한 정책이 미흡해졌고, 그러면서 외래 관광객의 식도락관광 수요를 제대로 충족시키지 못하는 문제점이 발생했다.

특히 이러한 문제점의 주요 원인 중의 하나로 K-Food 세계화를 위한 국내 거점의 부재를 꼽을 수 있다. 음식 종류별로 민간체험관(떡, 김치, 향토음식)이 있으나 방문객 수가 한정적이며 특정 음식만 대상으로 하기 때문에 K-Food에 대한 종합적 전시·홍보·교육·체험이 불가능하며, 지자체에서 추진 중인 특화거리 지원사업 역시 음식 판매 위주인 탓에 문화로서 K-Food에 접근하는 데 한계가 있어 문화산업클러스터로서 발전하지 못하는 문제를 드러내고 있다.

단순히 식도락관광 목적의 외래 관광객만이 아니라, 성장기 어린이의 식생활 개선을 위한 한국음식의 교육·체험과 해외 K-Food 종사자 및 K-Food 조리 전문인력의 교육·정보 제공이 가능한 공간, 그리고 K-Food의 세계화를 위한 연구개발 등이 동시에 수행되는 국내 거점이 필요하다.

즉, 외래 관광객, 성장기 어린이, K-Food 관련 종사자 등을 대상으로 하는 K-Food의 '연구개발·생산·소비·교육·관광' 기능이 집적화되어 있는 복합문화단지로서, K-Food 세계화의 국내 거점이자 국가 차원의 랜드마크 조성이 시급하다.

2 | 정부의 K-Food 공간 조성정책의 성과와 한계

1) 국내외 관광객 대상 음식 관련 공간 조성 정책사업

지자체 대상의 음식 관련 공간 조성 정책사업으로 '음식테마거리 관광 활성화 지원사업'(문화체육관광부, 한국관광공사)과 '우수 외식사업지구 육성사업'(농림축산식품부) 등이 있다.

문화체육관광부의 '음식테마거리 관광 활성화 지원사업'

① **사업 배경**

- 전국에 산재한 음식테마거리*는 그동안 외국인을 위한 언어 기반(메뉴판, 시식법, 테마음식 스토리 미활용) 부족, 접객 서비스 환경 취약, 업주 마인드 부족 등과 홍보·마케팅 등의 미실시로, 음식의 관광 상품화와 관광거점으로서의 역할 미흡

② **사업 개요**

- 사업 기간: 2012년 이후 계속 사업
- 지원 예산: 개소당 200억 원
- 추천 대상: 광역시·도별 선정 기준 고려 2개 지역 추천

③ **지원 내용**

- 음식테마거리 관광 인프라 개선: 언어 기반 개선(메뉴, 식자재, 시식법 등 포함된 메뉴판 개선), 테마음식 BI 개발, 음식 스토리 발굴 및 활용, 경영 개선, 소모품 지원 등
- 음식테마거리 홍보·마케팅: 테마거리 연계 관광코스 개발, 홍보물 제작·배포, 음식 관련 파워 블로거(국내외), 기자 및 여행사 팸투어 등 상품화 지원

④ **사업 현황(2013년 5월 현재)**

- 총 5곳 지정
- 전국 음식테마거리 200선 중 추천 업소 15곳에 대한 심사 거쳐 5개 지역 선정·지원: 서울 신당동 떡볶이거리(10개 업소), 부산 민락동 횟집거리(350개 업소), 대구 안지랑 곱창골목거리(60개 업소, 강원 강릉 초당두부거리(20개 업소), 전북 남원 추어탕거리(17개 업소)
- 테마거리별 국비 1억 원 투입. 특성별 전문 컨설팅과 상인회 등의 의견 수렴을 거쳐 추진 중

* 음식테마특화거리란 지역 고유의 농수산 식재료를 이용하거나 역사성 또는 스토리가 있는 지역특유의 음식을 취급하는 음식점이 일정한 구역(거리)내에 다수가 밀집되어 있는 지역을 말한다. 예를 들어 춘천의 닭갈비골목, 천안의 병천순대거리, 강진 청자골 한정식 맛길 등이 있다(한국관광공사).

자료: 2012 음식테마거리 관광 활성화 지원사업 운영계획(문화체육관광부) 참조.

농림축산식품부의 '우수 외식업지구 육성사업'

① **사업 배경**

· 우수 외식 상품·서비스의 제공이 가능하고, 지역 경제 활성화에 기여할 것으로 기대되는 지구를 선정하되, 지구 내 우수 식재료 소비촉진 사업을 중점 추진하여 국내 농어업과의 연계를 강화하고, 지자체 유사사업과의 차별화 시도

② **사업 개요**

· 사업 기간: 2012년 이후 계속 사업

· 지원 대상: 시·도지사가 지정한 우수 외식업 지구

· 지원 예산: 총 10개소, 개소당 2억 원(국고 50%, 지방비 50%)

· 선정 절차: 시·도지사가 지정한 우수 외식업지구 중에서 지구별 사업계획서를 종합적으로 평가하여 상위 5개 지구를 선정(근거: 「외식산업진흥법시행령」 제10조 및 제11조)

③ **지원 내용**

· 종사자 교육, 지구 경쟁력 제고를 위한 경영개선, 마케팅·홍보사업비 등 지원(지자체에 대한 경상보조 사업비 위주로 집행, 개별 업체에 대한 지원은 배제)

④ **사업 현황(2013년 5월 현재)**

· 총 8곳 지정

- 2012년(5곳): 전주 한옥마을, 대구 들안길, 함양 건강100세, 안산 댕이골, 평창 효석문화메밀마을
- 2013년(3곳): 부산 명륜1번가, 제주 용두암 어영마을, 서귀포 아랑조을거리

자료: 2013년도 우수 외식업 지구 육성사업 추진계획(농림축산식품부) 참조.

2) 정부부처별 사업 성격과 내용 혼재로 한식문화사업의 일관성 부족

표 12-1 **음식테마거리 관광 활성화 지원사업과 우수 외식업지구 육성사업 비교**

사업명	음식테마거리	우수 외식업지구	비고
주관 부서	· 문화체육관광부, 한국관광공사	· 농림수산식품부	
사업 목적	· 음식관광 산업화 · 관광서비스 인프라 개선 · 관광 홍보·마케팅과 연계한 음식테마거리 관광 활성화 · 외래객 유치 증진 및 내수 활성화	· 외식산업 경쟁력 강화 · 교육·경영 개선, 홍보 등 지원하여 특색과 품격 있는 선진 외식문화 조성	· 음식테마거리는 관광 및 지역 활성화에 초점 · 우수 외식업지구, 선진외식문화 조성 초점
주요 내용	· 음식테마거리 관광 서비스인프라 개선 · 음식테마거리 홍보·마케팅	· 외식 서비스 및 상품의 품질 제고를 위한 종사자 교육 · 지구 경쟁력 제고를 위한 경영 개선, 마케팅·홍보사업비 등	· 음식테마거리는 서비스인프라 개선에 초점 · 우수 외식업지구는 교육 및 마케팅에 초점
사업비 (예산 성격)	· 개소당 2억 원(자본 보조)	· 개소당 2억 원(경상 보조)	· 지원 규모는 비슷 · 사업별 예산 성격이 달라 사업 내용 상이(자본 보조는 시설비 위주, 경상 보조는 서비스 질 위주)
지정 현황	· 총 5곳	· 총 8곳	· 지역별로 서울 1곳, 대구 2곳, 부산 2곳, 강원 2곳, 경기 2곳, 전북 2곳, 경남 1곳, 제주 2곳으로 지역 균형을 고려한 선정
신청 요건	· 관련 업체 비중 50% 이상 · 단일 음식테마 업종 6개 이상 · 우수 음식점 비율 5% 이상 · 상인협의체 구성·활동 여부	· 관련 업체 비중 50% 이상 · 외식산업 매출액 규모가 40억 원 이상 또는 식재료 구매액 10억 원 이상 · 외식산업 관련 자격증 소지자 1명 이상 보유 업소 비율 70% 이상 · 우수 음식점 비율 10% 이상 · 우수 식재료 사용 비율 30% 이상	· 우수 외식업지구사업은 매출액 규모 및 식재료, 자격자 등 외식산업 전반에 걸쳐 기준 강화 · 지역별 관광객 규모와 유치 가능성, 잠재력에 대한 고려는 없음 ※ 서울시의 경우 기준을 높게 제시
선정 기준 (예시)	· 관광 활성화 가능성 · 관광 기반시설 개선 · 관광객 접객 환경 · 운영 역량	· 외식업 지구 특성 강화(전통 및 지역특색 반영 등) · 시설 및 환경 개선 · 식재료 공동구매 및 농어업 연계 강화 · 외식산업 전문인력 양성 · 외식 물가 안정 · 요리 축제, 행사 등 홍보	· 예산과 사업의 성격이 달라, 음식테마거리는 시설 개선 위주, 우수 외식업지구는 산업 전반과 인력 양성 및 교육 위주로 선정 기준 제시 · 우수 외식업지구가 대상지 규모가 더 크고, 사업 전반(식자재부터 교육, 홍보)을 다루고 있으나, 시설사업비 규모가 다소 적어 파급효과 미미

사업명	음식테마거리	우수 외식업지구	비고
향후계획	· 매년 진행 예정(미정)	· 매년 진행 예정(미정)	· 전체 사업의 중장기적인 로드맵 없어 단발성에 그칠 우려
특이사항	· 지역마다 산재한 음식테마거리를 국가 차원에서 정비	· 2013년 지구별 대표 테마 선정 · 서비스지구, 위생 · 환경지구, 전문한식지구로 선정	

3) 단순한 지자체 지원사업 수준으로 뚜렷한 기대 효과 미비

정부 추진 한식문화사업은 사업 목적과 선정 기준에서 국가적인 대표성보다는 지자체 차원의 활성화 및 외식산업의 질 개선 등에 주안점을 두고 있다. 특히 정부 주도 사업이라고 할 수 없을 정도로 정부의 추진 의지가 미약하고 단순한 지자체 지원사업 성격을 띠고 있어 이 같은 사업으로는 K-Food 세계화라는 목적 달성에 어려움이 있다.

정책사업 추진 과정에서 사업 타당성 검토 과정을 거치거나 매출 규모, 식자재 수급 부분까지 선정 기준으로 삼고 있지만, 사업 기간이나 사업 내용 등을 볼 때 단발성 사업으로 그칠 공산이 커 음식 및 외식산업 전반에 미칠 영향력은 크지 않을 것으로 보인다. 단지 지자체 역량에 따라 사업을 추진하고 정부가 이를 지원하는 상향식 방식을 띠고 있어 지역의 특성을 살리고 자생력을 키운다는 장점이 있으나, 음식산업 시스템 개선 및 관광 활성화에 대한 성과를 기대하기는 어려울 것으로 판단된다.

판매거리 조성 중심으로 추진된다는 점도 주요 문제점 중의 하나이다. 생산·판매·서비스·마케팅·연구개발·체험·연계관광이 복합적으로 이루어지지 못함으로써 산업으로서 K-Food의 전략적 접근이 불가능하며, K-Food 산업 육성 및 관광 활성화를 위해서는 복합적인 시설, 프로그램, 인력 양성 등 선순환 구조가 구축되도록 정부 차원의 종합적인 접근이 필요하다.

식도락관광의 성공적인 추진을 위한 K-Food 정책사업의 주요 내용은 두 가지 측면에서 고려되어야 하는데, 서비스 생산자 입장에서는 식자재 생산부터 연구개발, 전문인력 양성 및 종사자 교육 등에 대한 총체적인 검토와 개선이 필요하고, 관광객의 입장에서는, 주변 관광지와의 연계방안, 외식 장소에서의 공연, 이벤트 등 마케팅 강화, 교통·숙박·쇼핑 등 관광 인프라 구축 등이 요구된다. 바로 이러한 부분이 동시에 실현될 때 연구개발·생산·소비·관광이 연계된 테마형 문화산업클러스터이자 K-Food 세계화의 국내 거점으로 작동할 수 있을 것이다.

3 | K-Food 콤플렉스의 개념과 역할

1) 허브 앤 스포크 방식의 문화산업클러스터

허브 앤 스포크hub and spoke 방식은 지역이 갖는 공동의 목표를 달성하기 위한 개발체계로서, 노드node의 중심에 허브를 설정하고 허브를 중심으로 노드를 연결하여 스포크를 형성해 발전시키는 방식이다.①

그림 12-2 **허브 앤 스포크**

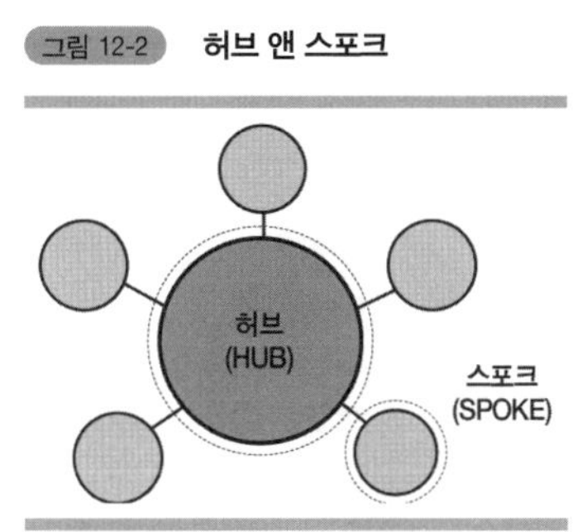

콘텐츠산업의 활성화로 다양한 '문화산업클러스터'가 조성되었지만, 기술의 발전 및 경쟁국가의 출현 등으로 새로운 방식의 전략이 부상하고 있다. 특히 생산-유통/융합-소비, 관광이 유기적으로 연계되어야 시너지 효과 창출된다는 점에서 '테마형 클러스터'가 부각되고 있다.

① 노드란 개별적으로 산재되어 있는 지역으로, 특정 목표와 목표 수립 계획을 통해서 발전할 수 있는 공통된 특성의 잠재력을 보유하고 있다. 허브는 산재된 노드를 가장 효율적으로 연결할 수 있는 중심 지점이며, 스포크는 개발 잠재력이 있는 노드가 허브와의 연결을 통해 발전한 개념이다.

한식을 고유의 전통문화로 본다면, 한식산업, 즉 전통문화산업의 경우 영세성, 산업공정 미분화, 관련 분야 간 협업 부족으로 활성화에 한계가 있기 때문에 지역성에 맞게 산업 가치사슬 영역이 융합된 클러스터 조성을 통한 협력과 고도화가 필요하다. 제조, 디자인, 융합기술, 비즈니스 기능, 교육 및 체험, 축제 등의 융합이 강조되는 것도 이 때문이다.

K-Food 콤플렉스는 생산-소비-관광이 연계되어 있는 문화산업클러스터이자, 개별적으로 산재되어 있는 K-Food 노드들을 연결시켜 스포크로 발전시키는 K-Food 세계화의 국내 허브가 될 것이다.

2) K-Food 콤플렉스의 개념과 역할

K-Food 콤플렉스란 "도보로 접근이 가능한 거리 안에서 일정한 지역에 다수의 K-Food 시설(생산·유통·소비·관광)이 위치하여 개별 시설의 특성을 유지하면서도 기능적 공간적 연계를 통해 상호 상승작용을 일으키고 시너지 효과를 나타내는 공간"을 의미한다.② 다시 말해 K-Food 연구개발, 산업지원, 유통지원, 판매, 전시·체험, 교육, 관광과 관련한 각종 시설이 집적화된 공간인 것이다.

그림 12-3 K-Food 콤플렉스

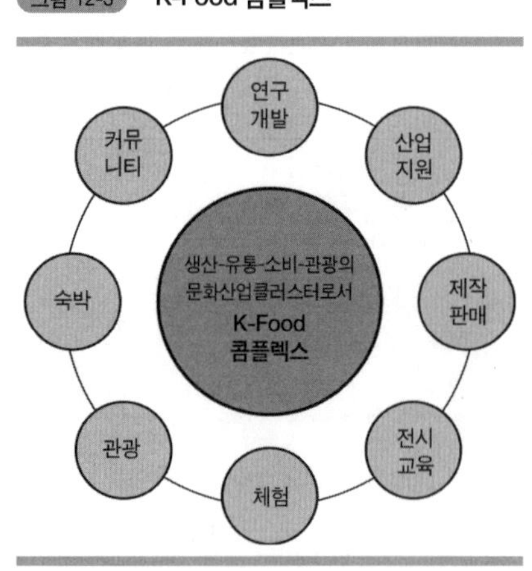

K-Food 콤플렉스는 가장 한국적인 K-Food 문화가 살아 있는 현장에서, 가장 한국적인 K-Food를 연구개발·생산·판매함으로써, 국내외 관광객 및 소비자가 가장 한국적인 K-Food를 소비·체험·관광할

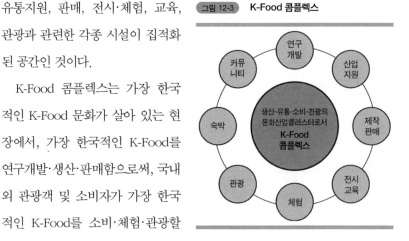

② K-Food 콤플렉스는 학제적으로 정의된 용어가 아니며, K-Food와 관련한 시설이 군집해 있는 현상과 경향을 설명하기 위해 사용된 조어이다.

수 있는, 바로 K-Food의 세계적 랜드마크를 지향하고 있다.

3) K-Food 콤플렉스 조성 지역의 선정 기준

K-Food 콤플렉스의 대상 지역은 K-Food를 대표하는 지역이자, K-Food의 '연구개발-생산-유통-소비-체험·관광'이 집적화되어 있는 문화산업클러스터, 그리고 신한류관광거점으로서의 역할이 가능해야 할 것이다.

따라서 조성 대상지 선정은 K-Food를 대표하는 상징성, 생활문화로 공유되고 있는지에 대한 계승성, 연구개발 역량 및 생산·판매시설, 국내외 관광객 현황 등 국내 거점으로서의 대표성, 지역 발전전략과 연계된 지속적인 발전가능성 등에 대한 고려가 반드시 필요하다.

4 | K-Food 세계화의 국내 허브, 왜 전주여야 하는가

1) 상징성과 계승성: 유네스코 음식창의도시 전주

전주는 예부터 "양반이 아전만 못하고, 아전이 기생만 못하고, 기생이 음식만 못하다"라는 소리가 있을 정도로 맛의 고장으로서 높은 상징성과 자부심을 보유한 지역이다. 전주의 대표 음식인 비빔밥은 2007년 문화관광부가 선정한 아름다운 한국음식 100선에서 당당히 1위를 차지할 정도로 한국음식으로서의 상징성이 매우 크다.

전주음식이 지닌 창의성의 전통과 배경에는 '가정식'이라는 특징이 있다. 이것은 프랑스 요리 등 '궁중요리'를 기반으로 하고 있는 타 문화의 전통음식과 전주음식이 대조되는 지점으로 특정 계층의 취향이 아닌 '민간의 취향과 필요'에 의해 만들어진 식문화라는 점에서 전주음식은 한국 사회를 대표하는 문화적 자산으로서 가치가 충분하다고 볼 수 있다.

가정요리에서 출발했다는 것의 또 다른 의미는 브리콜라주bricolage의 음식이라는 점이다.③ 브리콜라주 음식이라는 것은 전주음식의 창의성을 말하는 것으로, 의도되고 계획된 것에서 나오는 가치 또는 장인이나 전문가의 손끝에서 탄생한 가치가 아니라 주어진 환경 속에서 생계를 이어가는 가운데 대를 이어 전승되고 공유된 민간의 기술과 우연, 물질적 필요가 뒤섞여서 만들어진다는 점에서 전주음식이 브리콜라주 음식으로서의 독특한 창의성의 소산이라 할 수 있는 것이다.

전주음식은 필요에 의해 촉발된 창의성이 겹겹이 누적된 결과이기 때문에 항상 새로운 변화의 가능성을 내포한다. 즉, 미래지향적이면서 지속 가능한 음식문화가 전주음식의 또 다른 가치이다. 이러한 가치를 유네스코가 인정해 2012년 5월 우리나라 최초이자 세계에서 네 번째로 전주를 '유네스코 음식창의도시'로 지정했다.④

2) 음식관광의 대표성: 한옥마을 관광객 500만 시대, 전통문화체험 대표 도시로 성장

한옥마을은 2010년 한국관광의 별 선정, 2010년 세계 최초 도시형 슬로시티 지정, 2011년 한국관광 으뜸명소 선정, 2012년 미슐랭가이드 추천 관광명소로 선정되는 등 가장 한국적인 전통문화를 체험하기 위한 대표 지역으로 발돋움하고 있다.

---

③ 브리콜라주는 구조주의인류학의 대가 클로드 레비-스트로스(Claude Levi-Strauss)가 강조한 개념으로, 이는 장인의 작업과 달라서 특정한 목적에 맞게 고안되고 마련된 연장이나 재료의 존재에 크게 좌우되지 않는 것이 특징이다. 브리콜뢰르(bricoleur, 브리콜라주 활동을 하는 사람)가 사용하는 재료의 세계는 한정되어 있기 때문에 손쉽게 구할 수 있는 것으로 작업하며 계획에 따라 결과를 만들어내지 않는데, 이러한 활동으로 오히려 뜻밖의 놀라운 성과를 달성할 수 있다(전주시, 2011a 참조).

④ 전주에 앞서 콜롬비아 포파얀이 2005년, 중국 청두와 스웨덴 오스터순드가 2010년에 유네스코 음식창의도시로 지정되었다.

표 12-2 **한옥마을 방문객 수 예측치**(단위: 명)

방문객 수			방문객 수 예측치		
연도	전주	한옥마을	연도	전주	한옥마을
2007	3,187,383	1,095,760	2013	7,775,598	5,907,301
2008	4,014,842	1,306,187	2014	8,459,781	6,729,477
2009	5,184,138	2,848,961	2015	9,122,623	7,355,498
2010	5,293,719	3,500,795	2016	9,969,428	8,263,515
2011	6,186,622	4,092,451	2017	10,615,044	9,082,228
2012	7,119,183	4,932,262			

자료: 전주시 내부자료.

한옥마을 정비사업이 1차로 완료된 2002년 전주한옥마을을 찾은 관광객은 31만 명이었으나, 전통 정원형의 은행로 정비사업이 완료된 2007년에는 최초로 100만 명을 넘어섰고, 2009년 285만 명, 2010년 350만 명, 2011년 410만 명, 2012년 493만 명 등 관광객이 지속적으로 증가하고 있다. 2007~2012년 방문객 수를 바탕으로 선형추세를 이용한 시계열분석을 실시한 결과 2017년 한옥마을 방문객 수는 900만 명을 넘을 것으로 전망된다(표 12-2 참조).⑤

3) 클러스터로서의 대표성: 국가식품클러스터 배후지역, 연구개발-생산-소비-관광 역량 충분

한국을 대표하는 음식도시라는 상징성 외에 전주는 음식 관련 연구개발, 관광, 소비 기능도 타 지역에 비해 뒤지지 않는 역량을 갖추고 있어 문화산업 클러스터로서의 역량이 충분하다고 할 수 있다. 우리나라 식품산업의 메카인 국가식품클러스터(익산)의 배후지역으로, 전주에 K-Food 콤플렉스가 조성될 경우 식품산업과 음식관광 등이 연계되어 시너지 효과가 극대화될 가

⑤ 이 결과는 지난 6년간 전주 및 한옥마을 방문객 수 원자료만을 토대로 예측한 결과이므로 향후 추가적인 이벤트에 의해 예측치는 변동 가능하다.

능성이 높다.

또한 전주시는 로컬푸드의 일번지인 완주군, 그리고 발효식품의 본향인 순창·임실군 등과 인접하고 있으며, 음식과 전통주, 음식과 음악, 음식과 공예, 음식과 장소, 음식과 콘텐츠 등 음식의 동반 자원도 풍부하게 산재되어 있다. 농림축산식품부가 설립한 국제한식조리학교가 운영 중이며, 전주혁신도시 내에 입주하는 한국식품과학연구원을 비롯한 우리나라 유일의 전주비빔밥연구센터, 문화체육관광부가 추진하는 전통문화창조센터 등 연구개발 역량도 탁월하다. 그뿐 아니라 전주시는 문화체육관광부가 한국 방문의 해 대표축제로 선정한 한국음식관광축제, 국제발효식품엑스포, 비빔밥축제 등 음식 관련 축제 및 행사가 매년 다양하게 개최되고 있는 등 음식문화가 살아 숨 쉬는 도시이다.

4) 지역 발전 가능성: '대한민국 음식수도, 전주'를 위한 8대 전략 추진

2010년 11월 세계 최초로 도심형 슬로시티로 지정된 전주한옥마을은 슬로시티사업의 일환으로 전주에서 나는 채소와 식재료를 활용하고 전통적 방식으로 만든 음식에 대해 한옥마을 슬로푸드로 인증하는 슬로푸드인증제를 준비하고 있다.

더불어 유네스코 음식창의도시 선정 이후 '음식'을 지역 대표브랜드로 설정하고 종합발전계획을 수립하여 '대한민국 음식수도, 전주'라는 비전 아래 3대 목표 8대 전략을 수립·추진 중이다. 3대 목표로는 음식과 전통문화를 배경으로 장르를 넘나드는 융합형 창의도시, 건강 증진과 환경 보존으로 21세기 인류 삶의 가치 제고, 음식을 중심으로 지속 가능한 지식경제 산업도시이며, 목표 달성을 위한 8대 전략으로는 음식문화서비스 개선, 전주음식 인력 양성, 하드웨어 구축, 음식거버넌스 구축, 전주음식 산업화, 음식경연대회 개최, 전주음식 관광상품화, 음식창의도시 홍보를 수립하고 있다.

2013년에는 전북도와 외교부가 '한식 월드 베스트' 행사를 전주에서 공동 개최했다. 미국·일본·중국·이탈리아 등 10개 재외공관에서 예산을 치른 뒤 10명을 뽑아 5박 6일 일정으로 서울과 전주한옥마을, 금산사 템플스테이 등을 체험하고 8월 22~23일 경연대회의 본선을 진행했다. 2014년에는 초청 대상 국가를 20여 개국으로 늘릴 계획이다.

5 | 전통문화도시 2단계 전략으로서 K-Food 콤플렉스

1) 전통문화도시 조성사업의 한계: 음식 관련 선도사업 미추진

전주 전통문화도시 조성사업의 선도사업 추진 성과는 '전통문화자원 활성화사업' 12개 중 추진 완료 4개, 추진 중 4개, 미추진 4개이며, '전통문화도시 공간정비사업' 7개 중 추진 완료 3개, 미추진 3개로, 전체적으로 추진 완료 사업 7개, 추진 중 사업 5개, 미추진사업 7개이다(표 12-3 참조).

'맛과 멋의 거리 조성사업' 및 '한국음식 종합지원센터 건립사업' 등 음식 관련 선도사업 대부분이 미추진되어 전통문화도시 조성사업에서 음식 분야는 거의 배제되는 상황이다. 향교에서 남부시장까지의 천변거리에 골동품점, 한복점 등의 한국적 전통양식을 갖춘 상점들을 입지시켜 전주의 멋을 경험할 수 있는 공간으로 조성하고, 그 맞은편 천변도로에 전주가 자랑하는 음식문화를 주제로 한 테마형 맛집을 조성할 계획이었지만 추진되지 않고 있다(그림 12-4 참조). 한국음식종합지원센터 건립사업은 한스타일진흥원과 구별되는 독립적 공간을 확보, 비빔밥, 한정식 등의 전주음식과 한국음식을 체계적으로 연구하고 개발할 수 있는 시설로 운영할 계획이었지만 역시 추진되지 않고 있다(그림 12-5 참조).

음식체험이 관광 소비의 큰 부분을 차지함에도 음식 관련 사업이 추진되

표 12-3 **전통문화도시 선도사업 선정 및 추진 결과**

구분	사업명	추진여부
전통문화 자원 활성화	한스타일진흥원 건립사업	추진 완료
	한국음식종합지원센터 건립사업	미추진
	한지산업종합지원센터 건립사업	추진 완료
	한옥지원센터 건립 · 운영사업	미추진
	무형문화유산의 전당 건립사업	추진 중
	아태무형문화유산센터 유치 · 건립사업	추진 중
	한국전통문화체험관 건립사업	미추진
	한옥마을 전통문화 콘텐츠 확충사업(소리, 부채, 완판본)	추진 완료
	조선왕조 상징공간 조성사업	미추진
	전라감영 복원사업	추진 중
	지역 특성화 문화행사 활성화사업	추진 완료
	전통문화도시 홍보 방안 확충사업	추진 중
전통문화 도시 공간 정비	도심 보행 네트워크 정비 및 보행 환경 개선사업	추진 중
	전통문화 테마거리 조성사업(맛과 멋의 거리)	미추진
	도심 특화거리 정비(웨딩거리, 영화거리, 걷고 싶은 거리)	추진 완료
	한옥마을 전통문화경관 조성사업	추진 완료
	근대 역사건축물 주변 정비, 도심 랜드마크 야간경관 조성	미추진
	도심 공영주차장 확충사업	추진 완료
	재래시장 활성화, 문화자원 연계(남부시장 연계 도로 정비)	미추진

그림 12-4 **맛과 멋의 거리 조성사업**

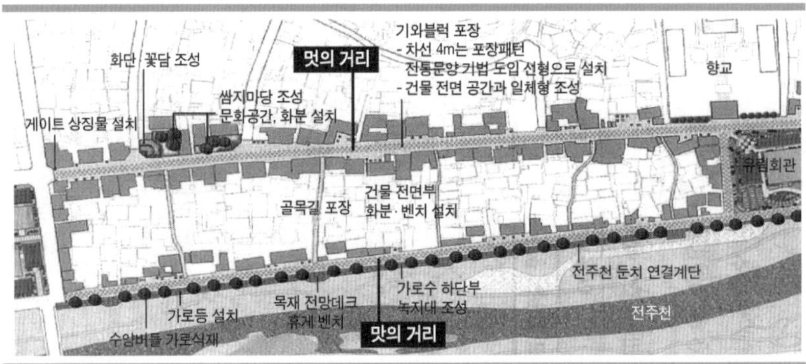

자료: 전주시(2007).

그림 12-5 **한국음식종합지원센터 건립사업**

자료: 전주시(2007).

지 않음으로써 관광객의 증가에도 불구하고 체류 관광객의 비율이 30%를 넘지 못하며(2011년 27%), 전주시 1인당 관광객의 관광 소비액이 평균 10만 원에 이를 정도로 현장에서의 소비가 매우 저조하다. 또한 전통문화도시의 성과가 한옥마을에 집중되고, 남부시장 및 구도심권으로 확장되지 못하고 있는데, 단적으로 2005년에서 2010년까지의 구도심권역 공시지가를 보면, 한옥마을을 중심으로 급격한 상승을 보이는 반면, 남부시장 일대와 약전거리 및 걷고 싶은 거리 일대 등은 지가가 급격히 하락하고 있는 것으로 나타났다.

2) '한문화 수도' 조성의 첫 번째 구상으로서 추진

문화도시는 '문화유산의 보존과 유럽의 문화적 통합에 기여한 도시'라는 유럽 문화도시의 개념을 차용한 것으로, 전주 전통문화도시 조성 역시 전통문화의 보존과 계승이라는 것에 집중되어 있다. 이에 반해 한韓문화K-Culture 사업은 한국문화의 세계화 전략으로서, 대중화·산업화·세계화를 통한 소비확산이 중요한 키워드이며, 따라서 한문화의 소비거점이 필요하다. 한문화 소비거점은 전통문화, 현대예술, 대중문화(콘텐츠)별 K-시리즈의 생산·유통·

소비가 통합적으로 집적화되어 있는 클러스터로서, K-시리즈별 대표 소비거점을 의미한다.

전통문화는 생활문화(의식주, 예술)와 관련된 것들로, 생활문화로서 공유되는 현장성이 담보되어야 한국스타일K-Style 소비가 가능하다. 전통생활문화와 전통예술이 부문별로 상징성을 지닌 동시에 생활문화로서 공유되고 있는 지역이 음식수도 전주라고 할 수 있다.

하드웨어 중심의 1단계 전통문화도시사업에 이은 2단계 전략의 첫 번째 구상으로 추진되는데, 전주 전통문화도시 선도사업 중 미추진된 사업 대부분이 음식과 관련되어 있다는 점(한국음식종합지원센터 건립사업, 맛과 멋의 거리 조성사업)에서 한문화수도 첫 번째 전략으로 음식 분야를 선정하는 것이 타당하다. 국가사업인 전통문화도시 조성사업 중 미진했던 음식 분야 사업과 연계해 K-Food 콤플렉스를 추진할 경우 국가 추진의 당위성을 확보할 수 있기 때문이다.

6 | 전주 K-Food 콤플렉스의 조성 방안

1) 이용 대상과 기능: 국내외 관광객, 아동청소년, 종사자를 위한 복합문화단지

K-Food 콤플렉스는 음식관광 거점, 음식교육·체험 거점, 연구개발·지원 거점의 역할을 담당하기 때문에 이용 대상은 전통문화 체험 목적의 국내외 관광객 및 국내 거주 외국인, 유·초·중·고등학생(단체방문 및 수학여행단), 관련 종사자 등으로 설정해야 한다.

연구개발 및 지원, 생산, 소비, 관광이 통합된 '테마형 문화산업클러스터'로서의 주요 기능과 주요 이용 대상을 연계할 경우 K-Food 콤플렉스의 기능

그림 12-6 K-Food 콤플렉스의 이용 대상과 주요 기능

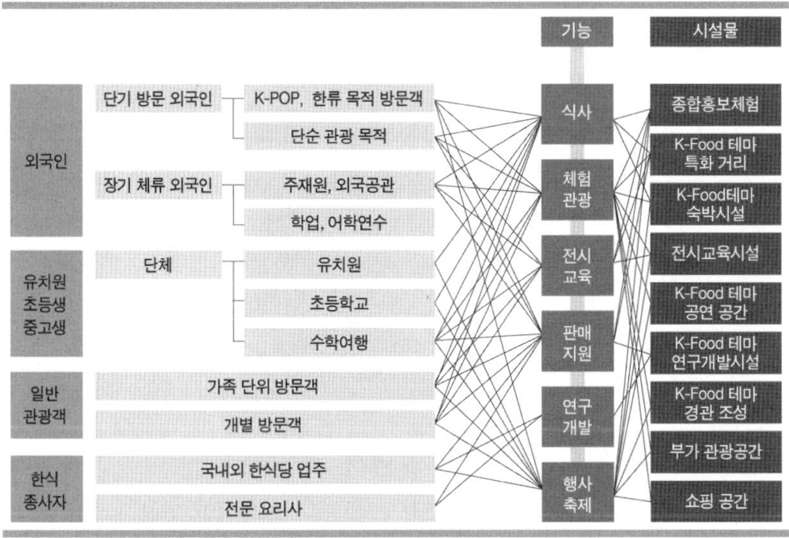

은 '식사', '체험관광', '전시교육', '판매지원', '연구개발', '행사축제' 등이 가능하다. 이러한 맥락에서 종합홍보체험시설, K-Food 테마의 특화거리 및 숙박시설, 전시교육시설, K-Food 테마의 공연 공간, 연구개발시설, 경관 조성, 부가적인 관광 공간, 쇼핑시설 등의 도입이 필요하며, 1년 365일 K-Food와 관련한 볼거리와 즐길거리가 지속되는 활성화 프로그램이 마련되어야만 그 역할을 수행할 수 있을 것이다.

2) 조성 대상 지역: 한옥마을 확장과 구도심 재생 연계된 공간 고려

2012년부터 2016년까지의 전통문화도시 선도사업은 전라감영 복원, 조선왕조 상징공간 조성, 도심 공영주차장 확충, 주요 특화거리 정비 등의 하드웨어 중심의 사업으로 구성되어 있다. 다양한 전시와 체험시설의 건립과 운영을 통한 1차적 관광 매력 조성은 한옥마을로 관광객을 끌어들이는 데 성공했으며, 2단계 사업에서는 유입된 관광객들의 한옥마을과 구도심권역에서의

소비 촉진을 위한 장소기반형 소비 공간 조성이 필요한 시점이다.

따라서 조성 대상 지역은 일차적으로 전주 대표 음식(가정식 백반, 전주비빔밥, 전주콩나물국밥)의 출발지로서 상징성을 갖는 공간을 고려하되, 전주한옥마을과 기능적으로 연계되어 궁극적으로 한옥마을의 외연을 확대하면서 동시에 구도심의 재생과 연계가 가능한 지역을 선정해야 할 것이다. 즉, 한옥마을 방문 관광객이 쉽게 접근할 수 있는 범위 내에서 가정식, 서민 음식의 특성을 현재에도 계승하고 있는 지역, 그리고 지역주민 주도의 구도심 재생이 가능한 지역이 대상지가 되어야 한다.

3) K-Food 콤플렉스 내 도입 시설 예시

K-Food 콤플렉스를 구성하는 주요 시설에는 총체적인 역할을 수행할 수 있는 'K-Food 진흥원(또는 K-Food 박물관)', 미래 세대를 위한 'K-Food 랩 및 A-Food 청년몰', 관광객과 시민을 위한 'K-Food 특화거리'와 'K-Food 콤플렉스 내 상설공연장'을 조성하고, 관광기반시설로서 'K-Food 테마 체험마을: K-Food 텔 및 게스트하우스촌'과 지속적인 활성화를 위한 'K-Food 콤플렉스 활성화 프로그램' 운영(운영 주체 및 예산 확보)이 이루어져야 하겠다.

K-Food 진흥원(또는 K-Food 박물관)

■ 조성 방향

· 경북 안동에 설립된 한국국학진흥원처럼 한국음식의 생활화, 산업화, 세계화를 위한 진흥사업의 총괄 거점 기관으로, 연구개발, 전시, 교육 · 체험, 비즈니스 지원 등을 담당

· 개별 음식(떡, 김치, 술 등)에 대한 박물관은 있으나 K-Food를 총괄하는 박물관은 없다는 점에서 전시 · 체험 · 교육 기능이 강화된 박물관 형식도 가능

K-Food 랩 및 A-Food 청년몰

■ 조성 방향

· 새로운 K-Food 개발 중심으로서 '푸드랩' 운영
  - K-Food의 세계화를 위한 새로운 음식 개발과 기존 점포 지원
  - 숨은 음식 고수들이 전혀 새로운 요리를 개발하는 1인 푸드창조센터 기능
· K-Food 인터내셔널 플랫폼으로서 '아시아푸드 청년몰'
  - 일본, 중국 등 아시아 국가 중에서 한국음식에 관심이 있거나 자국의 요리에 능통한 청년에게 공간 제공, 자국의 음식을 판매하거나 한국음식을 자국의 음식과 융합한 새로운 음식 판매
· K-Food 소비 촉진 위한 판매지원센터 운영
  - 판매 음식의 디자인, 음식 용기, 포장지, 소량 포장 상품 개발, 마케팅 등 지원

※ 일본 교토의 니시키시장 사례 참조

K-Food 특화거리

■ 조성 방향

· 한정식과 발효식품을 주축으로 한 음식문화의 종합세트장으로 조성하고, 전라북도 특색을 나타내는 특산음식을 맛보고 즐기는 공간으로 활용
· 조성 콘셉트: 4C(Culture, Charm, Creative, Comfort)의 Dynamic K-Food Tour
· 주식, 부식, 후식, 휴식의 네 가지 테마의 특화 거리 조성

	콘셉트	특징	종류
주식	Culture(문화적인)	가장 한국적인 맛의 고장 전북의 음식문화를 한 곳에서 체험	전주(가정식백반, 비빔밥, 콩나물국밥), 남원(추어탕), 부안(바지락죽, 백합죽), 진안(산채비빔밥) 등
부식	Charm(매력적인)	저장·발효식품을 중심으로 호남지역의 특성과 매력 제공	부안(젓갈류), 순창(된장, 고추장, 장아찌), 임실(치즈) 등
후식	Creative(창조적인)	풍요롭고 개성있는전북 반가의 전통음식문화 제공	전주(전주경단, 깨찰편), 남원(허브차), 장수(오미자차), 완주(한과, 감식혜), 고창(복분자즙) 등
휴식	Comfort(편안한)	특산품 이용한 주류와 풍류를 체험할 수 있는 공간 제공	전주(가맥, 막걸리, 모주), 장수(오미자주), 고창(복분자주), 부안(오디뽕주) 등

K-Food 테마 체험마을: K-Food텔 및 게스트하우스촌 등

■ 조성 방향

- K-Food 테마형 숙박촌 조성: 예) 슬로푸드텔
- 한옥마을 내 고가 민박집과 차별화되는 중저가의 게스트하우스촌: 다양한 K-Food를 직접 요리, 체험할 수 있는 재료, 시설 구비
  - 해당 부지 내 운영 중인 모텔 특화, 빈집을 활용한 거점 공간 조성
- 추진 방식: 국토해양부의 도시재생 선도지역 선정(2014년 3월까지 공모 접수, 4월 선정), 또는 도시활력증진지역 지원사업(광특회계)으로 추진

K-Food 콤플렉스 내 상설공연장

■ 국외 사례: 일본 오사카 덴진바시스지의 상설공연장 덴마덴진 한조테(天滿天神繁昌亭)

- 2006년 시장 안에 상인, 주민 성금으로 건설비 2억 3,000만 엔(약 30억 원)을 들여 216석 규모로 라쿠고(落語, 일본 전통만담) 상설공연장 조성 후 시장 활성화
  - 한조테 공연장에서는 1년 365일 1일 3회 공연
  - 공연장 조성 이후 시장 방문객은 평일 20~30%, 주말은 40%가량 증가
- 성공 비결
  - 전통예능공연장: 신나는 공연으로 지속적인 모객 효과
  - 대학생 스터디룸: 미래의 잠재 고객 유인
  - 1만 보(步) 걷기 증서: 일본에서 제일 긴(2.6km) 시장 다 걸으면 인증서 수여
  - 신사(神社) 스타일: 시장 입구를 도리이(鳥居, 신사 입구의 문) 형태로 디자인
  - 사투리 체험: 만담・상인 체험 등 오사카 특성을 살린 이벤트

K-Food 콤플렉스 활성화 프로그램

■ 조성 방향

- 1년 365일 K-Food 관련 주민 주도형 볼거리, 즐길거리가 끊이지 않도록 추진
- 일일 행사, 주간 행사, 월간 행사, 연간 행사 구상, 진행

- 일일: 1년 365일 상설공연. 예) 넌버벌퍼포먼스 〈비밥〉 OPEN RUN
- 주간: 〈버스커버스커 새러데이〉 프로젝트 - 즐거운 토요일밤
- 월간: K-Food 월별 전통음식 페스티벌. 예) 대보름날 음식축제 등
- 분기: 아시아푸드페스티벌 - 분기별 특정 지역 설정, 음식체험 등
- 연간: 세계 K-Food 대회: 음식창의도시 전략 중 세계한식대회 연계
- 기타: 테마 벽화거리, K-Food 스트리트 퍼니처, 야간경관 조성 등

기타 도입 시설

■ **한옥마을을 잇는 K-Food 테마길**

· 전주한옥마을과 K-Food 콤플렉스를 잇는 테마길 설정, 경관 조성

■ **콤플렉스의 랜드마크로서 가칭) 하늘정원과 하늘길**

· 콤플렉스 주요 거점 옥상에 하늘정원(예를 들어 남부시장 하늘정원)을 조성하고, 하늘정원을 잇는 하늘길을 연결, 콤플렉스의 랜드마크이자, 대표 관광시설 기능

4) 부처 간 칸막이 제거의 대표 사업으로 추진

기존의 K-Food(한식) 관련 사업은 부처별로 각기 추진되어 서로 중복되고 방향성이 혼재된 상태로 많은 예산이 투입됨에도 그 효과가 미흡한 편이다. 그간 추진되어온 부처별 대표사업으로는 농림축산식품부의 외식사업, 한식재단의 한식 세계화, AT의 글로벌 K-Food 사업, 문화체육관광부의 음식 한류관광 지원, 전통문화의 창조적 발전전략, 국토교통부의 스마트한 지방도시 재생사업, 중소기업청의 문화관광형시장 육성, 한국관광공사의 음식관광 사업 등이다.

한식분야는 박근혜 정부가 강조하는 '부처 간 칸막이 제거'가 필요한 대표적인 분야이고, 그런 점에서 부처 간 칸막이 제거를 통한 시너지 효과를 볼 수 있는 대표 사업으로의 가능성이 충분하다.

5) 정부의 도시재생 시범사업으로 추진

정부는 도시재생이 시급하다고 판단되는 지역을 국가 선도지역으로 지정해 국가 및 지자체에서 집중적으로 투자할 계획이다. 특히 도시재생 선도지역 대상을 2014년 3월까지 선정해 우선 지원할 예정인데, 일부 지자체에서는 이미 적극적인 유치 활동을 시작했다.

국토해양부 업무보고에서 주민 참여형 도시재생의 모범 사례로 전주한옥마을을 비롯한 도시재생사업지구를 소개하고 있으며, 전주시는 이것이 후속사업의 정부 지원을 확보하는 데 유리하게 작용할 것으로 전망하고 있다. 그러나 법 제정 지연으로 소액 예산만이 금년 예산에 반영되면서 시범사업 확대에는 시일이 소요될 것으로 예상되어 우선적으로 경쟁력 있는 사업을 시범사업으로 제안하기 위한 전략적인 대응이 필요하다.

도시재생 시범사업 추진 시 이에 효과적으로 대응하려면 다음과 같은 사항을 염두에 두어야 한다.

첫째, 방법상 '주민 주도형'으로 추진해야 한다. 시범사업 지정에 지역주민의 참여가 주요 요소가 될 것으로 예상되므로 지역주민 또는 상인 중심의 조직을 활용해 협동조합 설립 및 공동사업을 활성화함으로써 상업지역 재생사업으로 추진해야 할 것이다.

둘째, 문화 재생전략이 필요하다. 물리적 환경 정비를 중심으로 한 기존의 도시정비 법제의 경우 수익성 부족, 지역공동체 파괴 등 도심 활성화에 한계를 드러내면서 「도시재생 활성화 및 지원에 관한 특별법」이 2013년 6월 제정되었다. 이에 발맞춰 개발지역의 빈 점포 등을 활용한 예술인 창작공간 조성, 공공미술 프로젝트, 콘텐츠 융합형 문화체험공간 조성, 커뮤니티 복합센터 등 기존의 도시환경 내에서 커뮤니티의 가치를 높이고 방문객을 끌어들이는 상업 가로를 구현하는 등 다양한 시도가 이루어져야 한다.

6) 타 분야의 소비거점화 전략 수립 및 한문화 인터클러스터 추진

음식 테마의 첫 번째 구상에 이어, 한지문화산업클러스터, 공예문화산업클러스터, 소리문화산업클러스터, 풍물문화산업클러스터, 태권도문화산업클러스터 등 전라북도를 대표하는 전통문화를 산업적으로 융합한 테마형 문화산업융합클러스터를 조성하고, 중장기적으로 각 클러스터를 연계하고 융합한 한문화 인터클러스터화가 추진된다면, 명실공히 전라북도가 한문화 수도로 거듭날 수 있을 것으로 기대된다.

참 고 문 헌

농림축산식품부. 2013. "2013년도 우수 외식업 지구 육성사업 추진계획"

문화체육관광부. 2011. "2012년 음식테마거리 관광활성화 지원사업 운영계획"

전주시. 2007. 「전주 전통문화도시 조성사업 타당성조사 및 기본계획 수립연구」.

_____. 2011a. 「유네스코음식창의도시네트워크 가입신청서」.

_____. 2011b. 「전주 음식 창의도시 기본구상」.

한국문화관광연구원. 2011. 「2010년 외래관광객 실태조사」.

_____. 2012. 「2011년 외래관광객 실태조사」.

_____. 2013. 「2012년 외래관광객 실태조사」.

전 북
리 포 트
2 0 1 3

제13장 무형문화유산의 전쟁: 전북의 실태와 과제

장세길 | 전북발전연구원 문화관광연구부 부연구위원

김동영 | 전주시정발전연구소 연구원

1 | 국가 간 무형문화유산의 전쟁과 급변하는 정책

1) 무형문화유산의 전쟁: 경제논리와 내셔널리즘의 결합

창의경제가 부상하면서 세계 각국은 문화정체성을 확립하기 위한 전통문화의 보전뿐만 아니라, 산업적·경제적 가치 고양과 새로운 부가가치 창출을 위해 전통문화자원을 발굴하고 산업화·세계화하는 데 많은 노력을 기울이고 있다. 예를 들어, 전통문화산업의 경우 우리나라의 경우만 하더라도 시장 규모가 약 26조 8,000억~33조 4,000억 원 수준(2008~2010년의 전통문화산업별 매출액 기준)으로 추정된다. 향후 5년간 전통문화산업 전체 시장의 평균 증감률은 낙관적 전망 시 5.9%, 보수적 전망 시 1.4%가 될 것으로 예상된다(문화체육관광부, 2011 참조).

무형문화유산을 유네스코에 등재하면 대내외적으로 그 우수성이 알려져 무형문화를 활용한 전략(장소마케팅, 관광자원화, 문화상품화 등)이 활성화된다. 한 보고서에 따르면 유네스코 유산에 등재될 경우 해당 지역의 방문 통행량이 세 배로 증가한다. 세계 각국이 자국의 문화정체성 확립을 위해 무형문화유산을 발굴·보존하는 한편 유네스코 등재에 주목하는 이유가 여기에 있다.

무형문화유산을 둘러싸고 증대되는 한·중·일 간 갈등도 무형문화유산에 주목케 하는 요인이다. 강릉단오제가 2005년에 유네스코 '인류구전 및 무형문화유산 걸작'으로 등재되자 중국 내에서 '단오의 원조 논쟁'이 불거졌고, 한중 관계에 대한 중국민족주의Chinese nationalism의 표출로서 혐한嫌韓 감정이 불거지고 있다. 당시 한국에서는 중국의 동북공정東北工程, 베이징올림픽 성화 봉송 시 중국 유학생의 폭력사태, 그리고 급격히 팽창하는 중화주의에 대한 반발이 겹쳐지면서 반중反中 감정이 격화되었다.

강릉단오제 갈등 이후 유네스코 등재를 둘러싼 한·중 두 나라의 경쟁은 '무형문화유산의 전쟁'이라 불릴 정도로 치열해지고 있다. 강릉단오제 등재로 자극받은 중국은 2009년 중국단오제를 '용선축제'로 등재했으며, 2009년 '동의보감'이 등재되었을 때는 '중국침구'라는 이름으로 2011년에 등재했다. 한편으로 중국이 2006년에 농악을 조선족의 '농악무'라는 이름으로 등재하자 한국은 크게 반발했고, 최근 '풍물놀이'라는 이름으로 등재를 추진 중이다.

한·일 간 갈등도 불거질 기미를 보인다. 한 예로, 일본은 '일본의 전통적인 식문화'를 유네스코에 등재하기 위해 노력하는데, 전문가들은 우리나라의 '한식 세계화'에 위기를 느낀 일본의 견제 심리가 크게 작용했다고 분석한다.

우리나라는 '조선왕조궁중음식'을 등재하려고 추진했으나 보류되었으며, '김장문화'의 등재가 2013년 확정되었다. 이러한 상황에서 NPO '일본요리아카데미'가 2011년 6월 초 교토부 지사에게 일본 요리의 무형문화유산 등록을 정부에 건의하면서 일본음식의 등재가 추진되었다. 일본 내부에서 한국의 '조선궁중요리'의 유네스코 등재 보류에 안도를 표하면서 "일본 전통음식의 독자성과 세계적 일식 붐을 감안할 때 등재 가능성이 높다"라고 한 평가 전망이 이를 뒷받침한다(≪讀賣新聞≫, 2012년 2월 8일 자).

표 13-1 **중국 동북3성 조선족 국가급 비물질문화유산 등록 현황(2011년)**

지역	문학	무용	곡예	기예 잡기	전통 음악	민간 음악	민속	전통 미술	전통 기예	전통 의약	민간 신앙	계
길림성	-	2	1	2	2	1	4	-	1	-	-	13
요녕성	-	2	1	-	-	-	1	-	-	-	-	4
흑룡강성	-	-	-	-	-	-	-	-	-	-	-	-
계	-	4	2	2	2	1	5	-	1	-	-	17

자료: 이정원 · 공정배 · 김용범(2012) 참조.

표 13-2 **중국 동북3성 조선족 성급 비물질문화유산 등록 현황(2011년)**

지역	문학	무용	곡예	기예 잡기	전통 음악	민간 음악	민속	전통 미술	전통 기예	전통 의약	민간 신앙	계
길림성	-	12	2	6	-	4	7	-	10	1	-	42
요녕성	1	2	-	-	-	2	1	-	-	-	-	6
흑룡강성	-	6	-	1	2	-	3	-	-	-	-	12
계	1	20	2	7	2	6	11	-	10	1	-	60

자료: 이정원 · 공정배 · 김용범(2012) 참조.

중국이 조선족을 앞세워 무형문화유산을 대거 등재하면서 한국을 발등에 불이 떨어진 상황이다. 중국은 2006년부터 2011년까지 3차에 걸쳐 모두 1,219개 종목을 비물질문화유산목록(무형문화유산의 중국 대표 목록)으로 선정했다(www.ihchina.cn/inc/guojiaminglu.jsp 참조). 그런데 2011년에 발표한 제3차 목록을 보면, 조선족의 구전문학, 전통미술, 기예·잡기, 전통의약, 명절민속 등이 중국의 무형문화유산으로 범주화되었고, '아리랑', '씨름', '농악무', '그네뛰기 및 널뛰기', '전통혼례' 등 16종목이 중국의 국가급 대표 목록에 포함되어 있다. 이 중에서 '중국의' 농악무는 이미 2009년 유네스코 세계무형문화유산으로 등재된 상태다.

위기감을 느낀 문화재청은 가칭 무형문화유산법 제정을 추진하면서, 동시에 국가대표목록 선정을 위한 조사와 중요무형문화재 활성화 종합계획을 수

표 13-3 **한국 100대 민족문화상징과 중국 비물질문화유산 비교**

한국 100대 민족문화상징	중국 국가급 비물질문화유산	한국 100대 민족문화상징	중국 국가급 비물질문화유산
풍물굿(농악)	조선족농악무 (朝鮮族農樂舞)	탈춤	조선족농악무
판소리	반삭리(盤索里)	윷놀이	조선족유자유희 (朝鮮族遊茨游戏)
아리랑	아리랑(阿里郎)	김치	조선족포채(朝鮮族泡菜)
거문고	조선족민족악기제작기예 (朝鮮族民族樂器製作技藝)	떡	조선족타고제작기예 (朝鮮族打糕制作技藝)
대금	조선족민족악기제작기예	된장	조선족대장(朝鮮族大醬)
씨름	조선족솔교(朝鮮族摔跤)	초가집	조선족우자(朝鮮族尤茨)
한복	조선족복식(朝鮮族服飾)		

주: 문화체육관광부는 2005년~2006년까지 전문기관과 국민여론조사 통해 100대 민족문화상징을 선정함.
자료: 이정원 · 공정배 · 김용범(2012) 참조.

립했다. 법(안) 제안 이유에는 "중국이 조선족 '아리랑'을 자국의 무형문화유산으로 지정하여 발표하는 등 대외적으로 무형문화유산을 둘러싼 치열한 국제적 경쟁에 직면"했다는 내용이 포함되어 있다. 즉, 창의경제의 논리와 유네스코 등재를 둘러싼 내셔널리즘이 한·중·일 3국의 '무형문화유산의 전쟁'을 불러일으키고 있으며, 이러한 추세는 갈수록 격화될 것이다.

2) 유네스코 기준의 준용 및 전통문화 정책 기조의 전환

유네스코는 기존 제도를 종합한 '무형문화유산의 보호를 위한 협약Convention for the Safeguarding of the Intangible Cultural Heritage'을 제정했다(2003. 10. 17).① 국가별로 무형문화유산을 보존·관리했으나 협약 발효(2006. 4. 20) 이후에는 세계

① 유네스코는 1972년 '세계문화 및 자연유산 보호에 관한 협약', 1989년 '전통문화 및 민속보호에 관한 권고', 1993년 '인간문화재' 제도, 1999년 '인류 구전 및 무형유산 걸작' 제도를 채택했다.

표 13-4 「무형문화유산 보존 및 진흥에 관한 법률」(안) 주요 내용

구분	현행	변경	비고
용어 변경	무형문화재 보유자/보유단체 중요무형문화재 시·도지정문화재	무형문회유산 전승교수/전승단체 국가무형문화유산 시·도무형문화유산/이북5도무형문화유산	
무형문화유산 범위 확장 (제2조)	기능, 예능	전통적 공연·예술 공예, 미술 등에 관한 전통기술 한의약, 농경·어로 등에 관한 전통지식 구전전통 및 표현 의식주 등 전통적 생활관습 민간신앙 등 사회적 의식(儀式) 전통적 놀이·축제 및 기예·무예	유네스코 협약의 카테고리 한국적 수용
보전 원칙 변경 (제3조)	원형 유지	민족정체성 함양 전통문화의 계승 및 발전 무형문화유산의 가치 구현과 향상	무형≠원형
지정제도 추가 (제18조)	보유자(보유 단체) 반드시 병행 지정	전승 교수(전승 단체) 없는 종목 지정 가능 긴급보호무형유산 지정제도 추가	아리랑, 김치 등
이수증 심사, 발급 주체 변경(제26조)	보유자(보유 단체)	문화재청장이 심사를 거쳐 발급	기량 강화
전수교육 방법 추가 (제30조)	도제식 전수 교육	대학을 통한 전수 교육 추가 (전수 대학 선정, 재정 지원 등)	시대적 변화 반영
전통공예품 인증제 (제41조)	없음	전승자가 제작한 전통공예품 국가 인증	시장신뢰성 증대
전통공예품 은행제 (제43조)	없음	전통공예품 은행에서 체계적인 작품 구입, 수요기관 대여, 현지 전시 지원	공예품 수요 증대
창업·제작·유통 지원 (제44조)	없음	무형문화유산 전승자 창업 지원 전통공연 브랜드화사업 지원 전통공예품 유통망 구축 지원 등	자생력 확대, 관광자원화
국제교류 지원 (제45조)	없음	무형문화유산 국제교류(공연, 전시 등) 지원 전통공예품 해외 판로 개척 및 지원	해외 선양
지식재산권 보호 및 창출 (제51조)	없음	무형유산에 대한 국제특허출원 예방 전래된 기술체계 지식재산권 불인정 및 창조된 영역 지식재산권 인정	공유 확대, 창작 의욕 고취
전승자 권리 보호 (제53조)	없음	지정무형유산의 전승교수, 전승단체 외에 제3자의 명칭 사칭 금지	전승 질서 확립
무형유산법 집행기관 신설 (제46조)	문화재보호재단 일부 기능 수행	한국무형문화유산진흥원(법인) 신설 ·창업·제작·유통 지원 ·전통공예센터(전시·판매) 운영 ·새터민, 다문화가정, 해외 입양인 대상 전통문화(국악) 교육기관 운영 ·전통공예품 인증, 은행제 운영 등	무형유산 진흥정책 집행기관

적으로 공동무형문화유산의 관점에서 유네스코를 중심으로 발굴·관리되고 있다. 즉, 협약 집행기구인 '정부간위원회'에 참여하는 우리나라 역시 협약 내용에 부합하는 무형문화유산 관리체계를 구축해야 한다. 우리나라가 협약 이행을 위해 개선할 점은 첫째, 국가목록 작성과 무형문화유산의 범위를 확대해야 하며, 둘째, 전승공동체를 강조해야 하고, 셋째, 긴급무형문화유산의 목록을 작성해야 한다(문화재청·인하대학교산학협력단, 2011 참조).

이러한 환경 변화와 관련해 문화재청은 국내외 전승 환경 변화에 대응하면서 중요무형문화재를 미래지향적으로 보존·활용하기 위해 '중요무형문화재 활성화 종합계획'을 수립해 추진 중이다. '무형문화재 공연 활성화', '전통공예 진흥 기반 조성', '전수교육관 활성화', '전승자 보전·전승 지원 확대', '법적기반 및 실행기구 마련' 등 5개 핵심 전략에 22개 세부 과제를 추진 중이며, 5년간(2013~2017) 4,459억 원을 투입한다. 또한 문화재청은 유형문화재 중심의 「문화재보호법」에서 무형문화유산을 분리해 「무형문화유산 보존 및 진흥에 관한 법률(안)」(이하 무형문화유산법) 제정을 추진하고 있다(표 13-4 참조).

2 | 국가 경쟁에서 지자체 경쟁으로

1) 무형문화유산 거점 위한 강원도의 노력

강릉단오제는 유네스코에 등재된 이후 세계적 축제로 발돋움했다. '아시아 단오 한마당' 행사처럼, 중국, 일본, 북한, 인도네시아 등 단오 문화를 전승하고 있는 아시아권 국가(도시)의 참여를 통해 단오 문화의 세계적 메카로 조성해가고 있다.

강릉시가 주도한 국제무형문화도시연합Inter-City Intangible Cultural Cooperation Network: ICCN과 강릉ICCN세계무형문화축전은 강릉단오제의 유네스코 등재 이

그림 13-1 **ICCN의 활동**

자료: ICCN 홈페이지.

후 강릉이 무형문화유산 거점으로 발돋움하고 있음을 보여주는 증거이다. ICCN은 강릉이 2004년 국제시장단회의, 2005년 국제워크숍에서 제안한 기구이다. 2008년 이집트 국제시장단회의를 통해 정식 창설되었으며, 제4차 유네스코 무형문화유산 보호협약 당사국 총회(2012년 6월)에서 유네스코 자문기구로 정식 승인받았다.② 'ICCN세계무형문화축전'은 ICCN 회원국 간 순회 개최하며, 올해 강릉에서 10월 19일부터 28일까지 23개국 29개 팀, 국내 32개 팀이 참가할 예정이다.

2) 지자체 간 무한경쟁과 전라북도의 실태

강릉단오제는 전통문화자원을 활용해 지역경제를 활성화하려는 전국 지자체에 하나의 선례가 되었으며, 유네스코 등재를 위한 지자체 간 경쟁에 불을 붙이고 있다.

2012년 7월 현재 우리나라는 세계유산목록에 10건(잠정목록 14건), 기록유산목록에 9건, 무형유산목록에 14건을 등재시킨 상태다. 등재유산과 관련된 지역을 살펴보면 세계유산(잠정목록 포함)은 전남이 6건(고인돌유적, 도요지, 공룡화석지, 염전, 갯벌, 낙안읍성), 경북이 5건(석굴암·불국사, 해인사, 경주역사유적지구, 한국의 역사마을, 한국의 서원), 경기가 4건(화성, 고인돌유적, 조선왕릉,

② ICCN은 21개국 29개 도시, 8개 기관이 회원으로 가입해 있으며, 강릉시장이 대표이고 사무국도 강릉에 있다.

표 13-5 **유네스코 등재유산 현황(2012년 7월 20일 기준)**

구분			세계유산
연혁			· 1972년 '세계문화 및 자연유산 보호에 관한 협약' 채택 · 1988년 우리나라 가입
신청 주기 / 신청 마감			· 신청 주기: 매년 · 신청 서류 제출: 매년 2월 1일까지
절차			· 국내 - 신청 대상 선정: 세계유산분과 문화재위원회 심의 · 국제 - 자문기구 평가: 유네스코 비정부기구인 ICOMOS, IUCN에서 평가(제출 익년 4월까지) - 최종 심의 · 결정: 세계유산위원회에서 결정(매년 6~7월 중)
등재 현황	한국	등재	· 10건: 석굴암과 불국사, 해인사 장경판전, 종묘(1995.12.9), 창덕궁, 화성(1997.12.6), 경주역사유적지구, 고창 · 화순 · 강화 고인돌유적(2000.12.2), 제주화산섬과 용암동굴(2007.7.2), 조선왕릉(2009.6.30), 한국의 역사마을(하회마을과 양동마을)(2010.7.31)
		잠정목록	· 14건: 강진 도요지, 설악산 천연보호구역, 남해안 일대 공룡화석지, 염전, 서남해안 갯벌, 대곡천 암각화군, 남한산성, 중부내륙산성군, 공주 · 부여 역사유적지구, 익산 역사유적지구, 우포늪, 외암마을, 낙안읍성, 한국의 서원
	세계		· 962건(157개국): 문화 745건, 자연 188건, 복합 29건(이탈리아 47건, 중국 43건, 일본 16건 등) ※위험에 처한 유산: 38건(30개국), 공동등재 27건
구분			**기록유산**
연혁			· 1992년 유네스코 세계기록유산사업 창설 · 1997년 세계기록유산 목록화사업 시작
신청 주기 / 신청 마감			· 신청 주기: 매 2년마다 · 신청 서류 제출: 격년 3월 31일까지
절차			· 국내 - 신청 대상 공모 실시 - 신청 대상 선정: 동산분과 문화재위원회 심의, 세계유산분과 문화재위원회 심의 · 국제 - 평가 및 최종 심의 · 결정: 유네스코 등재심사소위 1차 평가(12월~익년 2월), 유네스코 국제자문위원회(IAC) 심의 (제출 익년 4~5월), 유네스코 사무총장 최종 발표
등재 현황	한국	등재	· 9건: 조선왕조실록, 훈민정음(1997.10.1), 직지심체요절, 승정원일기(2001.9.24), 해인사 대장경판 및 제경판, 조선왕조의궤(2007.6.14), 동의보감(2009.7.31), 일성록, 5.18 관련 기록물(2011.5.25)
		잠정목록	잠정목록 제도 없음
	세계		· 238건(96개국): 독일 12건, 오스트리아 12건, 러시아 11건, 폴란드 10건, 멕시코 9건, 중국 7건, 일본 1건 ※ 공동등재 17건

구분			무형유산
연혁			· 2003년 무형문화유산보호협약 채택 · 2005년 우리나라 가입 · 2008년 무형유산 대표목록 및 긴급보호목록 제도 시작
신청 주기 / 신청 마감			· 신청 주기: 매년 · 신청 서류 제출: 매년 3월 31일까지
절차			· 국내 - 신청 대상 선정: 무형분과 문화재위원회 심의, 세계유산분과 문화재위원회 심의 · 국제 - 검토 및 평가: 정부간위원회 등재심사소위원회(제출 익년 1~5월), - 최종 심의 · 결정: 무형문화유산보호정부간위원회에서 결정(제출 익년 9~11월)
등재 현황	한국	등재	· 14건: 종묘제례 및 종묘제례악(2001.5.18), 판소리(2003.11.7), 강릉단오제(2005.11.25), 강강술래, 남사당놀이, 영산재, 제주 칠머리당영등굿, 처용무(2009.9.30), 가곡, 대목장, 매사냥(2010.11.16), 택견, 줄타기, 한산모시 짜기(2011.11.29)
		잠정목록	잠정목록 제도 없음
	세계		· 232건(86개국): 중국 29건, 일본 20건 , 크로아티아 11건, 스페인 10건, 터키 9건, 프랑스 9건 ※ 공동등재 14건

남한산성, 중부내륙산성군) 등이다. 무형문화유산은 공동유산의 성격이 짙다고 하더라도, 강릉단오제(강원), 강강술래(전남), 종묘제례 및 종묘제례악(서울), 남사당놀이(경기), 제주 칠어리당영등굿(제주), 처용무(경북), 한산모시 짜기(충남), 매사냥(전북, 충남)처럼 특정 지역과 관련된 유산이 상당수 포함되어 있다.

특정 지역 유산이 유네스코에 다수 등재되면서 자신의 지역과 관련된 무형문화유산을 등재하기 위한 지자체 간 경쟁이 치열해지고 있다. 특히 2012년부터 유네스코 등재를 국가별로 1개씩을 제한하면서 경쟁은 더 심해지고 있다. 우리나라는 2012년에 '아리랑'이 유네스코 무형유산에 등재되었으며, 2013년에는 '김치와 김장문화'의 등재를 추진 중이다.

이와 같이 유네스코 중심의 관리체계 및 등재를 위해 정책 전환과 법 제정이 추진되고 있지만, 전라북도는 뚜렷한 대응 방안을 내놓고 있지 않다. 전

그림 13-2 **지역별 중요무형문화재 보유자 현황(2012년 6월 30일 기준)**(단위: 명)

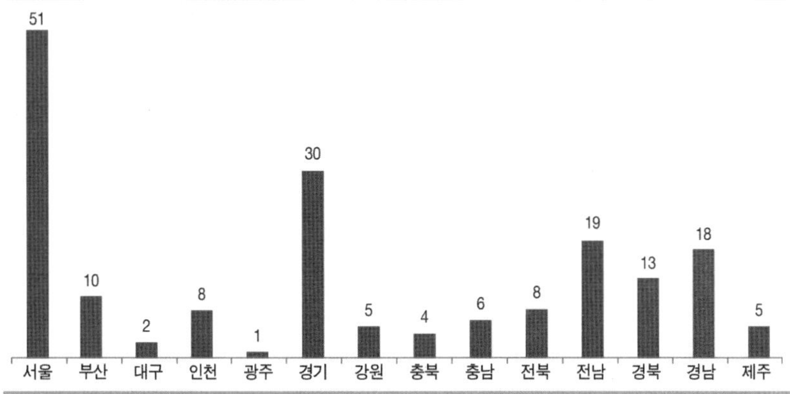

자료: 문화재청(2012).

라북도는 여전히 현행법 내에서의 제도 개선에 집중하고 있다. 무형문화재 지정·관리에 대한 개선 방안을 마련하고 있으나, 현행법 내에서의 개선 방안에 그치고 있다. 제정 추진 중인 신법 및 전환된 정책에 따른 대응전략은 아니다. 또한 전라북도는 국립무형유산원, 유네스코 아태무형유산센터가 조성된 무형문화유산의 거점지역인데도 유네스코 등재와 무형문화정책 전환에 따른 대응은 미흡한 것으로 평가받는다.③

우리나라 모든 곳이 무형문화를 공유하지만 국가지정문화재는 지역 간 편차가 크다. 즉, 무형문화의 발굴, 보존, 활용은 지자체, 학계, 전문가의 노력에 따라 달라진다. 새로 선정될 무형문화유산 국가목록도 민관이 손을 잡고 얼마나 노력하는가에 따라 지역별 선정 결과가 달라질 것이다. 전라북도의 적극적인 대응이 필요한 이유다.

③ 이 연구가 ≪이슈브리핑≫으로 발표된 이후에 전라북도는 2013년 1월부터 8월까지 '무형문화유산 활용 지역발전 방안 구상' 연구용역을 실시했고, 용역 결과를 토대로 2014년부터 사업을 추진하고 있다.

3 | 무형문화유산 수도로서 전북의 추진 과제

1) 국가대표목록 선정을 위한 전라북도 차원의 조사 · 연구 필요

문화재청이 무형문화유산의 보전과 활용을 위해 준비 중인 신법은 현재의 「문화재보호법」과 무형문화유산을 보는 시각이 근본적으로 다르다. 현행법에 의한 무형문화재 정책은 역사적·학술적·예술적 가치가 뛰어난 항목만 보호 대상으로 삼고, 원형성·수월성·고급성에 집중한다. 이에 반해, 신법에서는 살아 있는 문화, 전승성이 강한 무형문화유산 발굴에 초점을 맞춘다.

이를 위해 문화재청에서는 '대한민국 무형문화유산 국가목록 작성연구' 및 '무형문화유산 온라인 전수조사'를 진행 중이다. 전자는 한국민속학회가 용역을 받아서 비지정 무형문화유산을 대상으로 진행하고 있으며, 후자는 전북대학교 20세기민중생활연구소에서 진행하고 있다.

'대한민국 무형문화유산 국가목록 작성연구'가 중요한 이유는 향후 국가지정문화재로 지정할 수 있는 기본 자료가 될 뿐 아니라 유네스코 등재 후보로 선정할 가능성도 높기 때문이다. 선정 기준은 국가나 시, 도의 비지정 무형문화재 가운데 전승성이 강하면서도 누구라도 우리 문화로 생각할 수 있는 것을 우선 선정했다. 과거와 달리 공동체 전승을 우선 배정했다는 점이 특징이다. 그런데 사업에 참여한 연구자들이 유네스코 기준에 맞춰 61개의 비지정 무형문화유산 대표목록을 선정했는데, 전라북도와 관련한 항목은 소수다.

이러한 현상이 발생한 이유는 참여 연구자들의 지역별 분포와 무관하지 않다. 연구자는 7명으로, 서울 4명, 경북 1명, 전남 2명의 연구자들이 참여하고 있다. 전남 연구자가 선정한 천일염, 돌살, 죽방렴, 갯벌어로, 무속신화 등과, 서울 연구자가 선정한 메나리(동부민요), 창극, 거문고정악, 향악정재, 장고춤, 수연장, 오양선 등이 연구자 지역과 관련이 깊다는 사실이 이를 뒷받침

표 13-6 **비지정 무형문화유산 대표목록**

비지정 무형문화유산 대표목록	우선순위
아리랑, 김치, 고려인삼, 구들, 잠녀, 막거리, 장(장류), 종가문화, 천일염, 시나위, 향악정재	상위순위
연등회, 도깨비, 꺼메기(질그릇), 젓갈, 지게, 죽방렴, 풍수, 갯벌어로, 오일장, 추석, 정월대보름, 삼복, 장승과 솟대신앙, 어촌계, 상계, 사물놀이, 출생 및 육아의례, 전통혼례, 상장례, 제례, 그네타기, 윷놀이, 씨름, 거문고정악, 창극, 연례악, 메나리(동부민요), 전래동요, 아박무, 향발, 선유락, 당악정재, 가인전목단, 춘앵전, 이야기꾼, 서사민요, 전통항해술, 무속신화, 토정비결, 떡, 장고춤, 부채춤, 소고춤, 퉁소음악, 해금음악, 헌선도, 수연장, 오양선, 보 관개기술, 사상체질의학	순위 없음

자료: 한국민속학회(2011).

해준다.

비지정 무형문화유산을 발굴해 유네스코 무형문화유산으로 등재하고자 국가목록을 준비하는 문화재청의 계획에 신속하게 대응하고 있는 지역으로는 전남, 경북, 강원이 대표적이다. 강원도는 강릉단오제에서 경험했듯이 학자, 공무원, 지역민이 새로운 유네스코 등재를 위해 힘을 모으고 있으며, 유네스코 심사기준도 이 항목(community identity)을 중요시한다. 또한, 안동 하회별신굿탈놀이가 중요무형문화재로 지정되어 세계적 유산으로 이름을 떨치고 있음은 모두가 주지하는 바다. 최근에는 영광법성포단오제가 국가중요무형문화재로 지정되어 영광굴비와 함께 관광객의 발길을 모으고 있다.

문화재청이 전북대학교에 의뢰해 진행 중인 '온라인전수조사'에 따르면, 전북 지역에 약 3,500여 항목의 무형문화유산이 있는 것으로 조사되었다. 실태조사가 상세조사로 이어져야 한다. 유네스코 분류법에 따른 기초목록을 바탕으로 인벤토리(상세목록화)를 가지고 있어야만 한다. 유네스코 등재를 위한 국가목록 선정 과정에서 선정자들이 이 자료를 참고할 수 있기 때문이다. 유네스코 분류법에 따른 기초목록을 작성해놓지 않으면 전라북도 무형문화유산의 국가대표목록에 포함되는 것이 어려워지며, 이는 유네스코 무형문화유산 등재 역시 어려워짐을 의미한다.

첫째, 집단전승 실태 연구팀(전문가, 공무원, 공동체 구성원)의 가동이 절실하다. 유네스코에서는 뛰어난 개인 기량이 아니라 많은 사람이 참여해서 전승하는 공동체 및 집단의 무형문화유산을 선호한다.

둘째, 중요무형문화재 지정, 유네스코 등재를 위한 준비 과정은 기존의 조사·연구 방법과 다르기 때문에 새로운 방식의 조사·연구가 이뤄져야 한다. 새로운 지정체계는 기존 항목 분류와 완전히 다르다. 즉, ① 구전 전통 및 표현, ② 공연예술, ③ 사회적 관습, 의식 및 축제 행사, ④ 자연과 우주에 대한 지식과 관습에 속한 무형문화를 선정한다. 개인이 가지고 있는 예·기능을 보고 지정하는 것은 한 항목(②)뿐이다. 즉, 다양한 무형문화유산 발굴이 필요하다.

셋째, 준비에 장기간이 필요하다. 학자, 공무원, 무형문화 보유 집단(마을, 개인)이 함께 발굴 및 연구한 후, 학술적 검증 절차를 거쳐 국내외 관계자로부터 인정을 받아야 한다. 준비 기간은 적어도 3~4년 이상이 소요될 것으로 본다.

2) 무형문화유산 관련 시 · 도 역할 분담: 전북, 전승 교육 및 산업 중심

문화재청은 지금처럼 무형문화유산과 관련해 지자체 간 무한경쟁을 부추기기보다 지역별 역할을 분담해 시너지 효과를 가져오도록 노력해야 한다. 전북은 국립무형유산원이 2013년 들어섰으며, 아태무형유산센터도 국립무형유산원으로 옮겨 왔다. 전통문화 자원이 풍부한 지역을 대상으로 정부 차원의 전통문화도시 조성사업도 진행 중이다. 따라서 전북에 무형문화유산과 관련한 코어 역할을 부여해도 큰 무리는 없을 것이다. 구체적으로, 아시아·태평양 국제네트워크의 허브이자 무형문화유산의 전승·교육 및 활용·산업화의 거점으로 조성할 필요가 있다.

강원(강릉)은 강릉단오제가 세계적 축제로 발돋움한 것처럼, 무형문화축제의 거점으로 육성하는 것이 타당하다. ICCN세계무형문화축전을 보다 발

그림 13-3 **국립무형유산원(위), 한국전통문화전당(가운데), 한지산업지원센터(아래)**

전시켜 명실공히 세계 최고의 무형문화축제로 성장할 수 있도록 지원이 이뤄져야 한다. 이와 관련해 ICCN세계무형문화축전과 중복되지 않도록 전주아태무형문화축제를 전환할 필요가 있다. 전북의 역할에 맞춰 산업 관련 행사 또는 무형문화유산의 정보, 전승·교육 관련 행사를 주관하는 방법을 고민

표 13-7 **무형문화유산 관련 축제 현황**

강릉세계무형문화축전		
개요		일시: 2012.10.19~10.28 / 장소: 강릉시 단오문화관, 강릉임영관 등 도심 일원 / 주제: 무형문화와 가치, 도시에서 발견하다 / 주최: 강릉시, ICCN / 주관: 강릉세계무형문화축전조직위 / 규모: 23개국 29개 팀, 국내 32개 팀
프로그램	전시	참여 나라별 작품 전시
	공연	해외 초청 공연: 각 나라별 공연 / 국내 초청 공연: 중요무형문화재 공연, 인류무형문화유산 공연, 강원도무형문화재 공연, 강릉무형문화 공연, 특별공연
	체험 행사	참여 나라별 체험 행사, 국내 체험 행사
	국제회의	ICCN 국제 시장단 회의, ICCN 청소년 포럼
비고		2012년 첫 개최
전주아시아태평양 무형문화유산 축제		
개요		일시: 2012.6.1~6.3 / 장소: 전주한옥마을 일원 / 주제: 삶, 놀이 / 주최: 전주시 / 주관: 전주문화재단 / 규모: 10개국 15개 팀, 200여 명
프로그램	전시	국내외무형문화유산 초청 전시, 아태생활문화사진전, 시민참여공모전
	공연	해외무형문화유산 초청 공연, 국내무형문화유산 초청 공연
	부대 행사	학술세미나, 아태문화퍼레이드, 아태문화장터, 로컬페스타, 체험마당
비고		2013년부터 문화재청에서 주관
부천무형문화엑스포		
개요		일시: 2010.9.28~10.12 / 장소: 부천영상문화단지 / 주제: 전통을 딛고 미래를 발견하다 / 주최: 부천시 / 주관: 부천무형문화엑스포조직위 / 규모: 세계각국 무형문화기능 보유인 600여 명
프로그램	전시	기획전시, 해외전시, 특별전시
	공연	공식행사, 기획공연, 특별공연, 거리퍼포먼스
	체험 행사	무형문화재 보유자의 시연 및 함께 작품 만들기
	기타 행사	경연대회, 이벤트 등
비고		신임 시장 취임 이후 축제 폐지

할 수 있을 것이다.

무형문화유산법(안)은 무형문화유산 진흥사업과 활동을 효율적으로 지원하기 위해 '한국무형문화유산진흥원'을 설립하도록 규정하고 있다(법안 제46조). 주요 사업은 전통공예품 제작기술 및 디자인 개발, 상품화 지원, 전통공예품 인증 및 판매 사업, 전통공예품의 구입·대여·전시 등 전통공예품 은행 운영, 전통공연 브랜드화사업 및 국내외 공연활동 지원, 무형문화유산에 관련된 개인 또는 단체와의 상호 연계·협력사업, 새터민, 다문화가정에 대한 전통문화교육 및 체험사업, 해외입양·해외이주 한민족에 대한 전통문화교육 및 체험사업, 그 밖의 무형문화유산 진흥에 관한 사업 등이다.

진흥원은 무형문화유산 관련 총괄조직인 국립무형유산원, 그리고 국제기구인 아태무형유산센터와 공동 활동이 필요하다. 즉, 진흥원은 두 기관과 같은 지역에 있어야 시너지 효과가 발생하기 때문에 전북에 설립하는 것이 합리적이다. 예산 절감 측면에서도 전북이 타당하다. 비용 추계를 보면, 필요한 사무 공간은 2,280m^{2}로 매년 임차료만으로 10억 원 이상이 소요된다. 전북에 위치할 경우 국립무형유산원을 활용할 수 있다. 전국적 활동 위해 서울(비용 추계는 서울을 가정)에 두는 것이 옳다는 주장도 있을 수 있으나, 안동에 설립한 '국학진흥원'의 사례만 보더라도 지역에 설치한다고 해서 전국적 사업화가 불가능한 것은 아니다.

3) 무형문화유산 활용 및 국제화 전략

아태무형유산센터 유치를 계기로 전북을 무형문화유산의 아시아태평양 지역 거점화가 필요하며, 이와 관련해 아시아태평양 지역 내 유네스코 가입 국가가 참여하는 국제교류행사 및 공동프로젝트를 구상해야 한다.

아태무형유산센터는 아시아태평양 지역의 무형유산에 관해 한국은 정보·네트워킹, 중국은 훈련, 일본은 연구 기능을 특화하여 각각 3개를 설치해 운영 중이다. 아태무형유산센터의 2013년 사업계획(안)에 따르면, 무형유산의 국가별 현황조사와 이를 데이터베이스화하는 무형유산 정보화 기반 조성 및 무형유산 기관 및 전문가의 네트워크구축사업을 주된 업무로 추진할 예정이다. 구체적으로, 무형유산정보화 기반 조성, 무형유산 협력네트워크 구축, 무형유산진흥과 가시성 제고, 아태무형문화유산 종합정보시스템 구축 등을 전략적 목표로 삼고 있다.

그림 13-4 아태무형문화유산센터의 국가별 기능과 역할

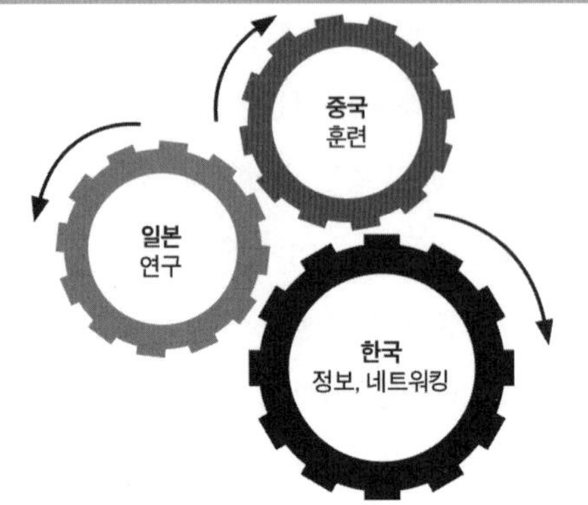

아태무형유산센터가 들어선 전북은 무형문화유산의 아시아태평양 거점으로, 첫째, 무형문화유산을 활용한 창조산업의 중심으로서 '(가칭) 아시아태평양 창조센터' 건립을 제안한다. 아시아태평양 창조센터는 광고·건축·미술품·공예·디자인·패션·영화·출판·소프트웨어·게임·음악·공연·방송 등의 창조산업에 아시아태평양 무형문화유산을 활용하기 위한 R&D 기능을 담당한다.

둘째, '(가칭) 아시아태평양 전통공예산업 박람회'를 개최하되, 아태무형유산센터를 유치한 한중일 도시 간 순회 개최를 제안한다. 이 사업은 카테고리 2급의 유네스코 무형문화유산센터를 가진 한·중·일 3국의 네트워킹을 강화하면서, 동시에 전북을 무형문화유산의 산업화 거점으로 조성하는 효과가 있다. 전통공예는 전통적 보존정책에서 현대적 활용 방안 및 상품화로 방향이 이동하고 있다. 특히 무형문화유산의 대표 분야이자 현대적 활용이 가장 용이한 장르이다.

일본은 전통공예의 산업적 접근을 위해 「전통적 공예품 산업의 진흥에 관한 법률」을 제정(1974)하고 공예품을 인증·육성하고 있으며, 전통공예품의 유통을 위해 '전통공예센터'를 운영한다. 중국은 전통공예품과 기법 보호를

위해 전문가로 구성된 심의위원회를 거쳐 공예품 국가 인증제도 운영하고 있다.

또한 아시아태평양 전통공예연합회를 구성하고, 유네스코 공식박람회로 '아시아태평양 전통공예산업 박람회'를 제안할 필요가 있다. 아태지역 전통공예가들과의 협업 전시회, 국내 전통공예의 해외 시장 진출 가능성 검증, 해외 공예 경향 파악, 해외 공예인과의 교류, 기업의 상품구입 등의 프로그램을 추진한다.

전통공예품 활성화를 위한 K-스타일 디자인센터 건립 또한 시급하다. 외국 것을 빠르게 베껴내는 패스트 팔로어fast follower가 아니라 시대를 앞서가는 퍼스트 무버first mover가 되려면 디자인 혁신이 필요하기 때문이다.

무형문화유산의 경우 국가적 차원에서 전통디자인의 지식재산권 보호 및 전통문화의 현대적 디자인화 작업에 대한 종합적 전략이 필요하다. 2013년 실시될 「산업디자인진흥법」 개정 및 무형문화유산진흥법의 제정에 맞춰 무형문화유산의 산업적 활용에서 문제가 될 수 있는 디자인의 제도적 보호체계 구축해야 한다. 무형문화유산의 경우에도 상업적 이용에 대한 통제와 이익의 공유, 전통문화표현물에 대한 무단공개 금지 필요성이 있을 경우 지적재산권 제도를 통해 보호할 필요가 있다.

하지만 현실적으로 무형문화유산은 저작권의 경우 보호기간이 지났거나 대중의 공유public domain에 속하게 되어 보호될 가능성이 적고, 특허권·실용신안권·디자인권(구 의장권) 등의 경우 새로운 창의적 기술이라고 보기 어려워 인정되지 않는 것이 대부분이다. 다만 국제적으로 우리의 무형문화유산이 다른 국가에서 그 나라 국민의 특허권으로 인정되지 않도록 유의할 필요가 있다.

이러한 맥락에서 전통적인 방식에 현대적 라이프스타일을 결합한 'K-스타일 디자인'이 필요하며, 이를 창조하기 위한 'K-스타일 디자인센터'가 시급하

그림 13-5 **무형문화유산 활용 전략 및 추진 과제**

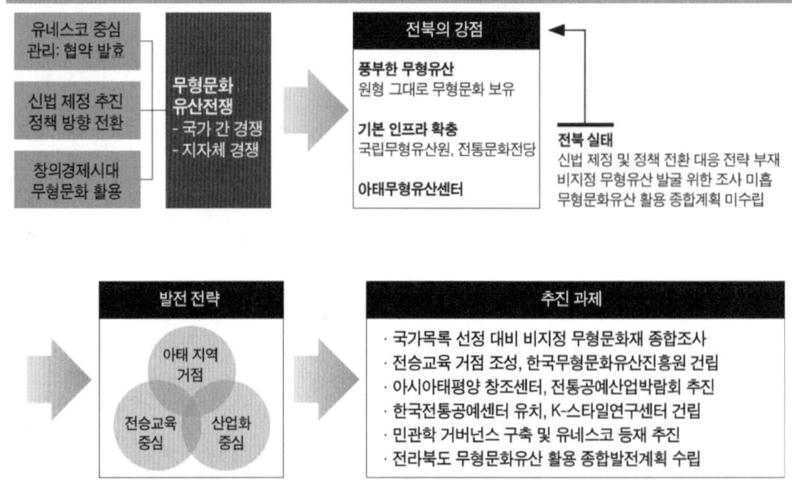

다. 정부 차원에서 전통공예의 디자인 혁신, 전통이미지와 첨단상품의 연계를 위한 종합적 연구와 개발을 추진할 수 있는 센터를 건립하도록 적극 제안할 필요가 있다. 참고로 베이징 시의 디자인 예산은 5만 위안(약 900억 원)으로, 우리나라 국가 디자인 예산(430억 원)의 2배 이상이다.

'K-스타일 디자인센터'는 전통디자인의 데이터베이스 구축 및 환경 변화에 대한 현대적 디자인의 개발뿐만 아니라, 무형문화유산 활용 및 전통상품의 유통과 마케팅을 위해 필요한 조직이다. 문화재청이 구상 중인 '한국전통공예센터'를 유치해 연계하는 방안을 강구할 필요가 있다. 문화재청은 전통공예공방의 열악한 마케팅 환경을 개선하기 위해 전통공예센터를 건립하고 가격에 대한 소비자의 신뢰성 증대, 공예품에 대한 유통거점 형성, 온라인 판매망 구축 등을 추진할 예정이다.

참 고 문 헌

문화재청. 2012. 「주요업무 통계자료집」.

문화재청·인하대학교산학협력단. 2011. 「가칭 무형문화유산 보존 및 진흥에 관한 법률연구」.

문화체육관광부. 2011, 「전통문화산업 육성진흥방안 연구: 실태조사」.

이정원·공정배·김용범. 2012. 「아리랑의 유네스코 세계무형문화유산 목록 등재로 비롯된 한중간 문화갈등 배경 연구: 중국 조선족 문화의 이중정체성을 중심으로」. ≪한민족문화연구≫, 제40집.

한국민속학회. 2011. 「대한민국 무형문화유산 국가 목록 작성 연구: 비지정 무형문화유산 목록을 중심으로」.

≪讀賣新聞≫. 2012. 2. 8. "和食のユネスコ世界無形文化遺産への登録申請, どうなる?"

www.ihchina.cn/inc/guojiaminglu.jsp

전 북
리 포 트
2 0 1 3

제14장 중국 강소성과의 교류 20주년, 맞춤형 관광 전략 필요하다

김형오 | 전북발전연구원 문화관광연구부 연구위원
양지인 | 전북발전연구원 문화관광연구부 연구원

1 | 중국 강소성 관광객 유치 필요하다

1) 중국인 관광객의 지속적인 증가

중국은 경제의 급성장과 소비의 고급화, 개방정책 확대로 인해 해외 출국 관광객 수가 급증하고 있으며, 중국인 아웃바운드 관광객 수는 2011년 7,025만 명, 2020년 약 1억 명으로 추정된다(WTO).

한국의 외래 관광객 수는 1978년 100만 명을 넘어선 이래 꾸준히 증가해 지난 2012년 사상 최초로 1,000만 명을 돌파했다. 한국을 방문한 중국인 관광객은 2005년 71만 명, 2009년 134만 명, 2012년 283만 명으로 매년 빠르게 증가하고 있으며, 전체 외래 관광객 중 중국인이 20%가 넘는 비율을 차지했다(그림 14-1 참조).

전라북도를 방문한 외래 관광객은 2009년 11만 8,000명, 2010년 12만 4,000명, 2011년 12만 8,000명, 2012년 17만 1,000명으로 지속적으로 증가하는 추세이다. 2011년도 전라북도를 방문한 단체 외래 관광객 인센티브 지급 현황을 국적별로 살펴보면 중국(33.0%), 싱가포르(31.9%), 대만(11.0%), 일본

그림 14-1 **연도별 외래 관광객 방한 추이**(단위: 1,000명)

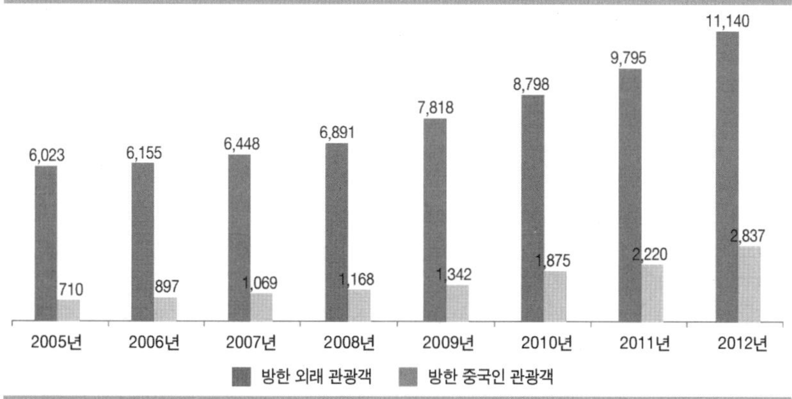

자료: 관광정보시스템, 출입국 관광통계.

그림 14-2 **전북 방문 외국인 국적(1만 920명 대상)**(단위: %)

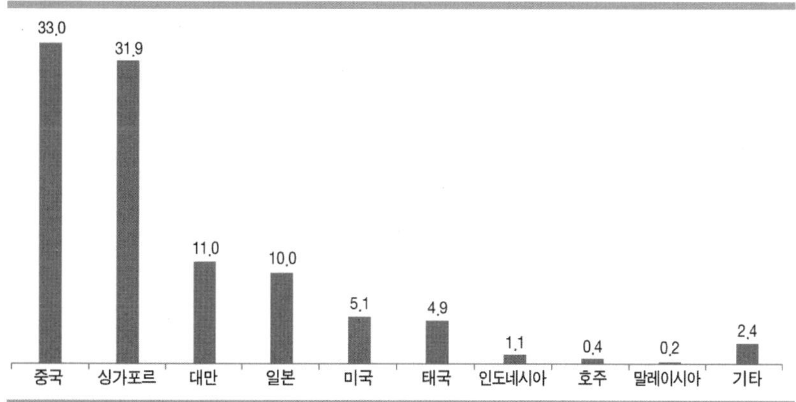

자료: 전라북도 내부자료(2011년 기준).

(10.0%) 등의 순으로 나타났다(그림 14-2 참조).

2) 지자체별 중국과의 관광교류의 중요성 확대

전라북도와 강소성은 1994년 자매결연 한 이후 정치, 경제, 문화예술 등 다양한 영역에서 서로의 정보를 교류하며 우호적 협력 관계를 유지하고 있

그림 14-3 **강소성 개요**

- 중국 동부 해안 중심에 위치
- 전체 면적은 102,600km², 중국 총면적의 1.1%
- 2011년 인구는 약 7,899만 명으로 중국 인구의 5.9%
- 2002년 기준으로 연평균 0.8%의 꾸준한 증가 추세

그림 14-4 **최근 5년간 전라북도와 강소성 간 교류 현황**

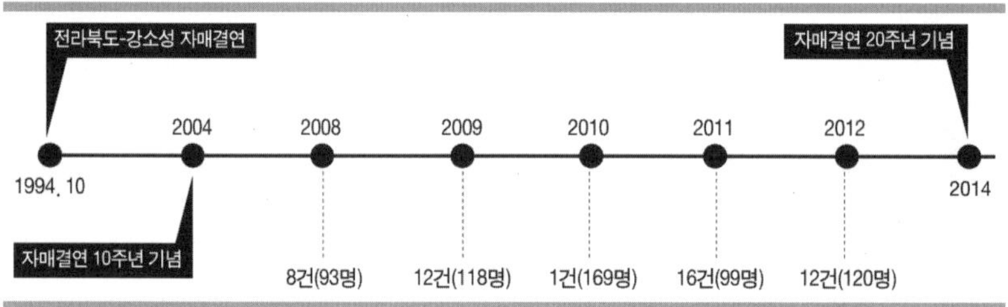

다. 2008년부터 최근 5년간 문화, 언론, 스포츠, 청소년, 공무원 인적교류 등 총 61회, 599명이 교류를 통해 각국을 방문했고 인적교류(28회), 경제교류(11회), 문화교류(6회) 등 교류활동을 활발하게 추진하고 있다.

현재 타 지자체에서는 순수 교류협력에서 관광·투자 유치로 발전하는 경향을 보이고 있으며, 이에 전라북도 역시 중국 시장에 대한 경쟁력을 갖출 수 있는 체계적이고 실천적인 방안을 마련해야 한다. 특히 2014년은 전라북도·강소성 간 교류 20주년을 맞이하는 뜻 깊은 해이므로 보다 적극적인 관광교류 콘텐츠 개발이 필요하며, 이는 강소성 시민들을 전라북도로 유인할 수 있는 계기가 될 것이다.

2 | 전라북도 관광에 대한 강소성 전문가 의견조사

1) 강소성 소재 여행사 관계자 의견조사

강소성에 소재하는 해외여행 상품 판매 상위 20위 여행사를 대상으로 강소성 시민들의 한국 및 전라북도 여행에 대한 선호도를 조사했다. 2013년 5월 9일~5월 30일까지 약 20일간 강소성사회과학원의 협조를 통해 진행되었다. 조사 내용은 한국 여행 선택 요인, 선호하는 한국 관광 상품 가격, 관광일정, 쇼핑 품목, 전북 여행 상품 판매 여부 및 이유, 경쟁력 있는 관광 상품, 중점 개발 관광상품 분야 등으로 구성했다.

조사 결과 한국 여행 선택 요인으로는 '여행 경비가 저렴'하다는 것을 꼽았고, 상품 가격은 '70만 원~100만 원 미만'을, 쇼핑 품목는 '향수·화장품'을, 관광 일정은 '3박 4일'을 가장 선호하는 것으로 나타났다(그림 14-5 참조).

그림 14-5 강소성 내 해외여행사 대상 한국 여행 선호도 조사 결과

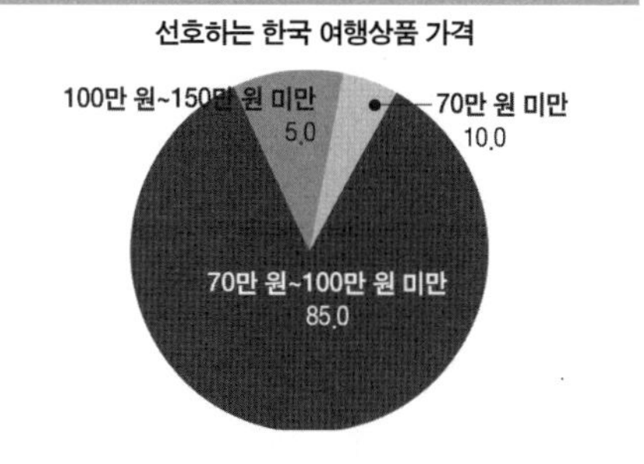

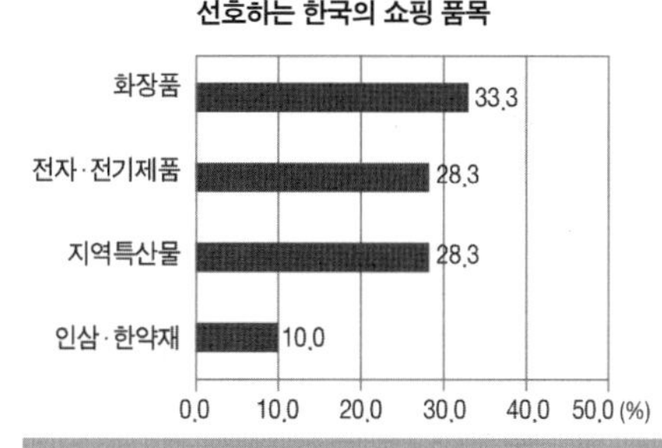

강소성 내 여행사 20곳 모두 전라북도 관광 상품을 판매한 적이 없는 것으로 나타났으며, 판매하지 않는 이유로는 '전라북도를 잘 알지 못해서'가 가장 많았고, '전라북도 담당 여행사가 없어서', '접근성이 좋지 않아서' 순으로 나타났다. 또한 전라북도 관광 상품 판매 시 가장 경쟁력 있는 분야는 '식도락/음식문화체험'을 가장 많이 꼽았고, '전통문

그림 14-6 강소성 내 해외여행사 대상 전라북도 관광상품 관련 조사 결과

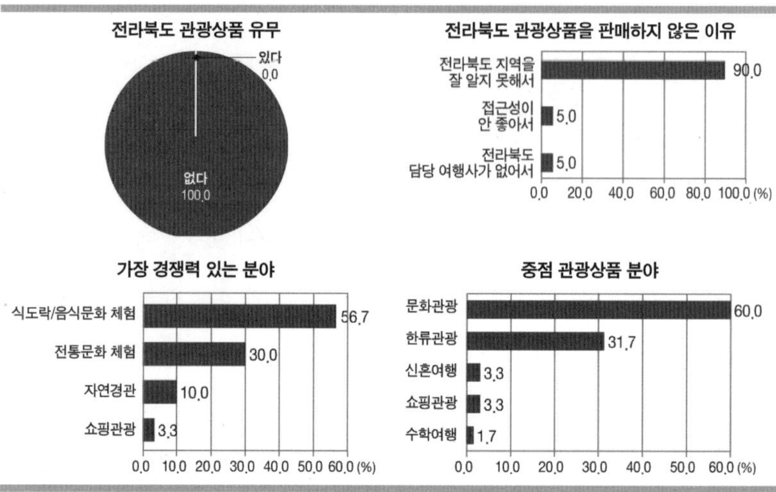

화체험', '자연경관'이 그 뒤를 이었다. 강소성 관광객 유치를 위해 중점적으로 개발해야 하는 상품으로는 '문화관광', '한류관광', '쇼핑관광' 등을 꼽았다 (그림 14-6 참조).

2) 강소성 관광 전문가 인터뷰 조사

강소성사회과학원, 강소성 여유국, 남경시 여유국, 강소성 소재 주요 여행사 등 강소성 내 관광 전문가를 대상으로 전라북도 인지도 향상을 위한 홍보 마케팅, 전북을 대표하는 관광 콘텐츠 발굴, 교류확대 방안, 강소성 관광객 확대를 위한 수용태세 개선에 관한 내용으로 조사했다.

조사 결과 첫째, 중국인들의 한국 여행 목적지는 서울·경기, 제주도가 대부분으로 전라북도에 대한 인지도가 매우 낮아 강소성 현지 홍보 방안 마련이 필요한 것으로 나타났다. 둘째, 전라북도 대표 콘텐츠 개발 및 상품화가 필요하다. '태권도', '식도락 투어', '한문화 체험', '자연생태자원' 등을 활용한 신규 문화관광 콘텐츠 발굴이 시급하다. 또한 강소성 시민이 선호하는 관광

지는 서울과 제주도 중심이므로 전라북도 단일 관광상품 구성뿐만 아니라 '서울-전주-부산'을 패키지화하는 상품 개발이 우선되어야 한다는 점이다.

"최근 강소성에서는 학교 수업과목으로 태권도를 지정하는 곳이 늘어나고 있다. 특히 청소년층을 중심으로 태권도의 정신수련과 실용적인 측면을 강조하고 있다. 이에 무주 태권도원 개원과 발맞추어 강소성 내 태권도 도장이나 학교 등을 상대로 태권도 관광상품을 개발하는 방안을 적극 검토하기를 바란다"(강소성 여유국 관계자).

"양 지역 간 교류의 핵심 콘텐츠로 수학여행은 적절한 아이템이라 생각된다. 수학여행은 강소성 교육을 담당하는 부처 즉 교육청 중심으로 진행되고 있다. 단, 해외로 보내는 데 안전 문제가 걸려 있기 때문에 관련 규정을 준수해야 하는 문제점 때문에 학교 자체적으로 승인하지는 않는다"(남경시 여유국 관계자).

"전라북도 지역만을 가지고 상품화하는 것은 현 단계에서는 상당히 어렵고 중국인 관광객들에게 인지도가 높은 지역과 연계 상품 개발이 효과적이라는 생각이 든다"(강소성 여행사 관계자).

셋째, 2014년은 전라북도·강소성 교류 20주년인 해로 양 지역 간 교류 촉진을 위한 원년으로 발전시키기 위한 정책적 판단이 필요한 시점이다. 공공부문과 민간부문의 수용 태세 개선을 통해 중국 관광객 유치를 확대해야 하며, 이를 위해 민관 협력을 높일 수 있는 거버넌스 체계 구축이 필요하다.

"양 지역 간 '20주년 기념의 해' 행사의 필요성은 우리 모두가 공감하고 있는 부분이며, 반드시 양 지역 정부가 주도하여 우선 지자체 중심의 교류상품을 추진하고 이후 민간 측면에서 추진할 수 있는 사업들을 고려해봐야 한다"(강소성 여유국 관계자).

그림 14-7 **의견조사 및 인터뷰 조사 시사점**

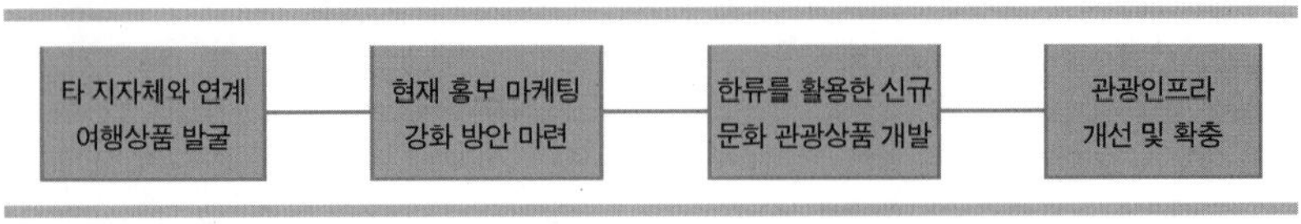

타 지자체와 연계 여행상품 발굴	현재 홍보 마케팅 강화 방안 마련	한류를 활용한 신규 문화 관광상품 개발	관광인프라 개선 및 확충

"강소성과 전라북도 여행사 간에 상호 협력 관계를 형성해야 한다. 중국 강소성 여행사 입장에서는 전라북도를 아는 것만큼이나 중요한 것이 현지 여행사와의 관계 형성이다. 전라북도 여행사와의 교류를 통해 공동 상품을 개발하고 업무적인 부분에서도 협력할 수 있는 방안을 검토해볼 필요가 있다"(강소성 여행사 관계자).

3) 시사점

중국 내 한국 여행 판매 상품은 대부분 2박 3일 또는 4박 5일 일정으로 서울·경기와 제주도를 중심으로 구성되어 있으므로 우선적으로 타 지역과 연계할 수 있는 상품을 개발하고, 추후 전라북도의 독자적인 여행 패키지 상품을 개발하는 것이 효율적이다. 타 지자체에 비해 접근성 및 관광 인프라 측면에서 열위에 있으므로 전라북도 핵심 매력물을 발굴하여 차별화된 상품을 개발해야 하며 전라북도에 대한 인지도 역시 매우 미약하므로 강소성 현지 홍보 마케팅 방안도 동시에 진행되어야 한다.

전라북도는 한문화K-Culture의 핵심 거점 지역이므로 전북의 강점인 '음식', '체험', '전통문화' 등을 활용한 신규 문화관광 콘텐츠를 발굴해야 한다. 중국에 비해 비교우위가 낮은 자연경관보다 한옥마을 비빔밥 체험, 한지 체험 등과 한류를 활용한 상품 개발에 집중해야 한다. 또한 전라북도 내 특1급 호텔은 1개소로 숙박 인프라가 매우 미흡한 상황이다. 단체 관광객을 유치할 수 있도록 숙박시설에 대한 개·보수 예산 확충 및 신규 민간 투자자에 대한 인센티브 지원 방안 마련이 시급하다.

3 | 강소성 관광객 유치를 위한 방향 설정

첫째, 홍보 마케팅의 강화가 필요하다. 강소성 내 영향력이 높은 매체를 통해 홍보 효과를 극대화하고 전라북도 관광 인지도를 제고하며 강소성 현지 TV 관광프로그램 방영, 관광설명회, 여행사 초청 팸투어 실시 등 타깃별·매체별 홍보 마케팅 방안을 마련해야 한다.

둘째, 대표 관광상품을 개발해야 한다. 전북의 지역성 및 창의성에 바탕을 둔 특화관광 상품 개발을 통해 강소성 관광객 유치 확대 및 관광 목적지 다변화를 추구해야 한다. 세계태권도의 교육·수련·연구의 중심이자 태권도의 정신과 문화를 함께 공유할 수 있는 교류의 장 '무주 태권도원'을 활용한 관광상품과 오감을 통해 한식을 느끼고 체험할 수 있는 음식관광상품, 중국 내 수학여행 1위인 강소성 청소년 수학여행단 유치를 위한 현장견학 및 문화체험 프로그램 개발이 필요하다.

셋째, 관광교류가 확대되어야 한다. 2014년은 전라북도와 강소성 간 자매결연 20주년을 맞는 기념의 해로 양 지역 간 상호 발전적 협력과 상호 교류의 내실을 다지기 위한 기념행사를 추진해야 한다. 또한 전라북도·강소성 간 정치·경제·문화·사회 면 등에서 상생할 수 있는 미래지향적 협력 방안을 구축해야 한다.

4 | 강소성 관광객 유치를 위한 5대 추진 과제

1) 온 · 오프라인 홍보 마케팅 강화

중국 현지 포털 사이트, 소셜네트워크 서비스 등을 활용해 관광 목적지로서 전라북도를 알리고, 중국 강소성 현지 주요 방송매체를 활용해 전북 방문

그림 14-8 **강소성 관광객 유치를 위한 3대 목표 및 5대 추진 과제**

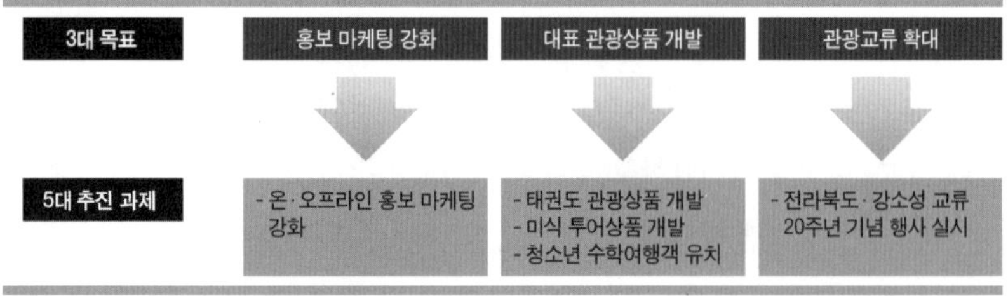

매력을 홍보하는 광고 및 특집 프로그램들을 제작 방영하도록 유도한다. 또한 강소성 정부 여행 담당자 및 여행 관계자를 대상으로 팸투어를 실시해 전라북도 관광을 홍보하고 제반 여건에 대한 이해도를 높인다.

(1) 온라인 홍보 마케팅 전개

중국 최대 포털사이트인 '시나닷컴'과 중국판 트위터 '시나웨이보' 등을 활용해 온라인상에서 전라북도 관광 홍보 마케팅을 전개한다. 또한 중국 최대 검색사이트의 여행 카페인 '바이두여행카페', 중국 최대 검색사이트의 한국 여행 카페인 '한국여행카페', 여행 경험 교류 카페인 '류마마여행카페', 각 나라별 여행 공략 카페인 '환쳐왕카페' 등 중국 대표 바이럴 홍보사이트에 전북 관광 콘텐츠 포스팅을 전개한다.

(2) 방송매체를 통한 언론 홍보 활동 강화

강소성 내 영향력이 높은 방송사, 신문사, 라디오 등에 전라북도 '볼거리', '먹거리', '숙박', '각종 문화행사' 등을 홍보해 인지도 향상을 도모해야 한다. 최근 전북도민일보와 신화일보新華日報는 지면 교류 등 우호 협력을 지속적으로 추진하고 있어 이를 양 지역 간 홍보 활동의 가교로 활용할 필요가 있으며, 특히 강소성 내 영향력이 높은 매체를 활용한 홍보 방안을 강구한다.

표 14-1 **관광상품별 홍보 마케팅 방안(안)**

관광상품	타깃	주요 구매 의사 결정권자	홍보 수단
수학여행 상품	초등학교 고학년, 중고생	부모	교육기관, 유관여행사
태권도 관광상품	프로 태권도인	매니저, 본인	태권도협회
	아마추어 태권도인	본인/소속 동호회 혹은 태권도 도장	태권도협회/체육교육기관
미식 투어	청년층 혹은 미혼 여성	부모, 본인	TV, 신문, 온라인 홍보
	가족 여행객	가족, 여성 구성원	TV, 신문, 온라인 홍보

(3) 여행사 초청 팸투어 실시

전북 관광자원을 홍보하기 위해 강소성 관광 전문가, 여행사, 언론매체 기자들을 중심으로 전북 관광 팸투어를 실시한다.

2) 태권도 관광상품 개발

태권도라는 단일 소재로 구성되는 공간에서 실행되는 프로그램인 만큼 단편적 체험이 아닌 수련-교육-오락-문화 연계형 프로그램을 개발한다. 또한 태권도공원과 연계할 수 있는 구체적인 전략과 청정자연을 활용한 관광프로그램, 동·하계 레저스포츠 등 다양한 체험과 체제유도형 프로그램을 구성해야 한다.

(1) 강소성 · 전라북도 태권도인 겨루기 및 품새 대회 개최

강소성 및 전라북도 태권도인이 참가해 겨루기 및 품세, 단체전, 개인전 종목에서 연마한 기량을 선보이고 태권도인 간의 우정과 화합을 다지는 축제의 장을 마련해야 한다.

(2) 태권도 지도자 양성 프로그램

세계 태권도 수련인들의 최고 연수·교육뿐만 아니라 태권도 지도자를 대상으로 한 전문화된 교육프로그램 개발이 필요하며 동양철학, 청소년 인성 및 예절 교육과 동·하계 레저스포츠 강습 및 지도 등과 연계한 프로그램 개발이 필요하다.

(3) 주변 관광자원과의 연계 프로그램

전통사찰, 향교 등 국가지정문화재와 연계한 문화체험형 상품과 무주 구천동의 청정자연을 활용한 관광프로그램, 무주리조트와 연계를 통한 스키 프로그램 등 동·하계 레저스포츠 체험, 민속공예품 제작 체험, 반디별천문과학관 등 주변 관광자원과 연계한 상품을 개발해야 한다.

(4) 전라북도 내 태권도 축제와 연계 상품 개발

강소성 태권도인들의 대규모 모객을 위해서는 전북 도내에서 개최되고 있는 '세계태권도문화엑스포'와 '세계청소년태권도캠프'를 연계한 상품 개발을 추진해야 한다.

제7회 세계태권도문화엑스포

기간: 2013. 7. 12~17 / 규모: 국내·외 태권도 인 2,500명 / 주최: 전라북도, 무주군, 태권도진흥재단, 대한태권도협회 / 장소: 전라북도, 무주군 일원

제5회 세계청소년태권도캠프

기간: 2013. 7. 22~28 / 규모: 전 세계 34개국 200명 / 주최: 태권도진흥재단(TPF), 세계태권도연맹(WTF) / 장소: 무주군 태권도원 T1 경기장

3) 미식 투어 상품 개발

한식 세계화를 선도하는 전주비빔밥을 중심으로 부침개, 떡 등 한국의 잔치음식 강습과 조리 및 시식 체험을 통해 전통 음식과 접할 수 있는 기회를

제공한다. 또한 유네스코 음식문화창의 도시로 선정된 전주한옥마을을 중심으로 순창고추장마을, 임실치즈마을 등 전북의 특화된 다양한 음식관광자원과 연계한 상품을 개발해야 한다.

(1) 외국인을 대상으로 전통요리 강습 프로그램

전주비빔밥, 김치, 부침개 등 지명도가 높은 전통음식의 재료 선정에서 구입까지 손질, 조리, 시식을 할 수 있는 강습 프로그램을 통해 전북의 음식문화에 대한 이해를 높인다.

(2) 전북 맛집 투어 코스 개발

전라북도 주요 관광지와 연계한 당일 코스, 1박 2일, 2박 3일 코스 등 미식체험 관광코스를 개발하고 체류형의 경우 농촌 민박과 연계하여 지역의 경제 활성화를 도모한다.

(3) 중국인이 선정한 전북의 맛집 발굴

전라북도를 방문하는 중국인을 대상으로 맛집, 지역 음식점 평가, 설문조사 및 만족도 평가 등의 분석을 통해 경쟁력 있는 맛집 및 음식을 선정하여 홍보 마케팅 도구로 활용한다.

4) 청소년 수학여행단 유치

강소성 학생들에게 한국의 문화를 체험할 수 있는 기회를 제공하는 수학여행 프로그램 개발 및 지원을 통해 강소성과 인적·문화적 네트워크를 강화한다. 전라북도의 문화·경제·산업 등의 현장 견학 및 체험을 통해 한국문화에 대한 이해도를 높이고 국제마인드 함양에 기여할 수 있게 한다.

(1) 문화체험코스

국내·외로 공연활동을 펼치는 임실 필봉농악과 전통음악인 판소리에 근간을 두고 세계음악과 융합을 시도하는 전주소리축제 등을 연계하는 문화체험 관광상품 개발이 필요하다(예: 임실 필봉농악, 템플스테이, 전주소리체험 등을 연계)

(2) 레저체험코스

여름철 서해안에서의 해양레저관광과 계곡을 활용한 래프팅, 겨울철 무주 스키장, 장수 승마체험장 등 청소년들이 다양한 레저를 체험할 수 있는 상품을 개발할 필요가 있다(예: 완주 에코어드벤처, 무주 스키 또는 래프팅, 장수 승마체험 등을 연계).

(3) 생태체험코스

자연 생태 탐방코스로서 생태적 가치가 뛰어난 지역을 연계한 도보길을 직접 걸으며 변산반도 해안 갯벌생태 관찰 및 체험 프로그램 구성을 추진한다(예: 변산마실길, 갯벌 체험, 지리산 둘레길 등을 연계).

(4) 지역축제 연계상품 개발

한국의 대표 농경문화인 '김제지평선축제' 참여를 통해 한국 농경문화체험을 이해·학습할 기회를 제공한다. 또한 순창 장류와 임실 치즈 체험을 통해 한국 음식문화에 대한 이해를 증진시킨다(예: ① 황금들녘 달구지여행, 인간허수아비 퍼포먼스, 남포 들녘마을 이동, 각종 체험, ② 전통고추장 민속마을 장류 체험, 임실치즈테마파크 견학, 임실치즈마을 치즈 만들기 체험).

강소성 수학여행 추진기관: 강소성 교육국제교류서비스센터

- 강소성 교육국제교류서비스센터는 1988년에 설립된 강소성 교육청 직속 기관으로 주요 업무는 해외유학, 해외수학여행, 교사국제교육, 어학연수 등 다양한 국제교류활동을 전개함
- 매년 여름 · 겨울방학을 이용한 수학여행 4,000명, 교사 해외교육 2,000명, 자비유학 800여 명 등 1만 5,000여 명 학생의 국제교류 활동을 지원하며, 현재는 강소성 내 규모가 가장 큰 국제교류기관으로 자리 잡음
- 1996년 수학여행을 시작으로 현재까지 총 2만여 명(총 4만여 명의 절반 수준)의 학생을 해외로 보냄
- 강소성은 해외수학여행 규모 면에서 전국 1위이며, 단일 기관으로는 최대 규모임

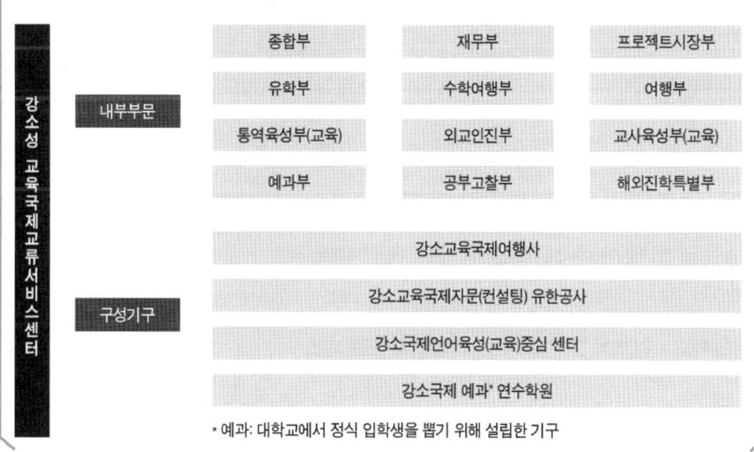

* 예과: 대학교에서 정식 입학생을 뽑기 위해 설립한 기구

5) 전라북도 · 강소성 교류 20주년 공동사업 추진

강소성과의 교류·협력 관계 개선 및 증대를 제고하기 위해 전라북도 대중국 교류협력기반을 체계화하고 양 지역 간 상호 발전적 협력 모델 수립과 교류 활성화를 촉진하고자 한다. 국내·외 지자체별 교류 핵심이 일반 교류에서 관광교류 중심으로 변화함에 따라 2014년을 양 지역 간 관광교류 원년元年으로 발전시키고자 한다.

그림 14-9 전라북도 · 강소성 교류 20주년 기념사업 추진 네트워크(안)

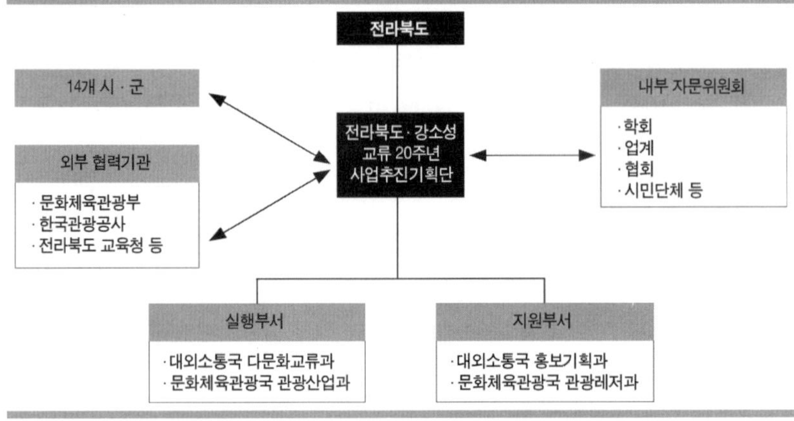

(1) 전라북도 · 강소성 교류 20주년 기념행사 추진

전라북도와 강소성 간 상생 협력 모델을 실천하여 우호 협력 및 미래지향적 한·중 관계로 발전하고자 한다. 이를 위해 전라북도·강소성 상호 방문 추진, 한·중 상생포럼 개최, 각종 문화교류 확대, 관광교류 활성화, 동호회 중심 체육교류 행사 추진 등을 추진할 예정이다.

전라북도 · 강소성 교류 20주년 기념행사 프로세스

- 일정

  2013. 8: 전라북도 · 강소성 교류 20주년 기념행사 의견 교환

  2013. 9: 전라북도 · 강소성 교류 20주년 태스크포스팀 구성

  2013. 9~12: 전라북도 · 강소성 교류 20주년 마스터플랜 수립

  2014. 1: 전라북도 · 강소성 교류 20주년 선포식(강소성)

  2014. 3: 전라북도 · 강소성 교류 20주년 선포식(전라북도)

  2014. 3~12: 각종 문화교류 행사, 세미나, 포럼, 체육행사 등 개최
- 사업 기간: 2014년
- 주최 · 주관: 전라북도, 강소성

(2) 전라북도 · 강소성 교류 20주년 공동 사업

첫째, 전라북도·강소성 공동 선포식을 추진한다. 2014년 1월 선포식은 강소성 현지에서, 3월에는 전라북도에서 각각 선포식을 연다. 주요 내용으로는 양 지역의 우호관계 발전 경위 및 향후 미래지향적인 발전 모델 제시로 한다.

둘째, 전라북도·강소성 상호 문화교류를 확대한다. '강소성 문화주간'과 '전라북도 문화주간'을 지정해 양 지역의 전통문화를 집중적으로 홍보한다. 추진 시기는 2014년 5월과 6월 중 일주일씩으로 한다.

셋째, 전라북도·강소성 상생포럼을 추진한다. 경제·통상·관광·문화·산업·체육 등 다양한 분야에 걸쳐 미래지향적 상생포럼으로 발전시킨다. 이를 통해 양 지역 간 지역경제 발전에 기여할 수 있는 정책 방향을 모색하며 향후 실효성 높은 연구 결과를 도출한다.

넷째, 전라북도·강소성 체육 동호회 행사를 개최한다. 양 지역의 국기 종목인 탁구와 태권도 종목을 매개로 체육교류를 활성화한다. 탁구 교류는 강소성 주관으로 전라북도 탁구협회와 강소성 탁구협회를 중심으로 교류를 추진하며, 태권도 교류는 전라북도 주관으로 각종 대회를 개최한다.

전 북
리 포 트
2 0 1 3

제15장 동남아시아 의료관광 성장에 따른 전라북도 추진 방안

이동기 | 전북발전연구원 정책사업연구부 연구위원
김형오 | 전북발전연구원 문화관광연구부 연구위원
양지인 | 전북발전연구원 문화관광연구부 연구원

1. 의료관광이 떠오르고 있다
2. 전라북도, 의료관광 작지만 강하다
3. 전라북도 의료관광, 미래 성장동력으로 키우자

1 | 의료관광이 떠오르고 있다

1) 박근혜 정부, 창조경제 융합모델로 의료관광을 육성한다

최근 의료기관이나 병원 등에 외국인 환자가 부척 많이 늘어나고 있다. 예전에 의료기관에 방문한 사람은 내국인이 대부분이었으나, 이제 외국인 환자도 쉽게 볼 수 있다. 그것도 의료관광코디네이터가 곁에 붙어 다니면서 맞춤형 의료서비스를 제공하고 필요한 경우 주변 관광도 하면서 여가를 즐길 수 있게 해준다. 달라진 병원의 모습이다. 2011년 기준 국내 외국인 의료관광객은 12만 2,297명이 방문했으며, 이는 2009년 6만 201명에 비해 무려 49%가 증가한 수치이다. 진료비 수익은 총 1,809억 원으로 2010년 대비 75.3% 증가했다. 외국인 의료관광객 1인당 평균 진료비는 149만 원이다. 입원환자의 경우 평균 진료비는 무려 662만 원이다. 국내인의 1인당 평균 진료비 101만 원에 비하면 의료관광객을 통해 벌어들이는 비용은 만만치 않다. 2011년 외국인 환자 통계 자료에 의하면 의료관광객 유치를 통해 발생하는 생산 유발 효과는 2,210억 원으로 추정되고, 취업 유발 효과도 2,572명으로 추정될 정도로 그 파급효과는 매우 크다.

박근혜 정부도 의료관광을 창조경제의 핵심 모델로 육성하기 위해 다양한 구상을 하고 있다. 의료관광은 의료, 관광, 의료기기, 제약, 정보기술, 생명공학기술 등이 융합한 창조경제의 대표적인 모델이기 때문이다. 의료관광시장도 성숙되고 있고 미래에 유망한 고부가가치산업으로서 발전할 가능성이 높아 성장동력으로 키워보겠다는 생각이다. 의료관광에 대해 적극적인 중앙부처는 기획재정부이다. 기획재정부는 최근에 한국 의료의 해외 진출 확대를 위해 메디컬코리아벨트 구상을 발표했다. 중동·중앙아시아·러시아·중국·몽골·동남아의 의료관광시장을 연계해 국내 의료 수출을 확대하겠다는 복안이다. 의료 수출 확대를 위해 「국제의료사업 육성지원 특별법」을 제정해 제도적인 지원과 더불어 해외 진출 전문펀드를 500억 원 조성하여 세계 의료시장에서 한국의 위상을 높이겠다는 전략이다. 또한 보건복지부는 지역특화 의료기술 지원 확대 및 글로벌 헬스케어 인재양성센터 설립 등을 추진하고, 문화체육관광부는 종합안내 홍보센터 구축, 의료관광상품 개발 및 해외 홍보 마케팅, 인프라 개선 등을 통해 지역별 차별화된 의료관광클러스터 구축을 지원할 예정이다.

2) 동남아시아, 세계 최대 의료관광 신흥시장으로 부상하고 있다

최근 동북아 경제권의 급성장으로 동남아시아가 새로운 의료관광시장으로 부상하고 있다. 한국을 방문하는 의료관광객을 보면 2011년 기준 중앙아시아 의료관광객은 전년 대비 82%가 증가했고, 중동은 91.9%, 러시아는 89.3%, 몽골은 75.6%, 중국은 50.3%가 증가했다. 동남아 및 자원부국, 신흥개발도상국 등이 중심이 되어 경제발전과 더불어 의료관광 수요가 증가하고 있다. 방한하는 의료관광객은 대부분 소득 수준이 높은 계층이며, 우수한 의료기술 및 서비스를 이용하기 위해 한국을 방문한다. 세계 각국뿐 아니라 국

그림 15-1 **신흥 의료관광시장 증감률**

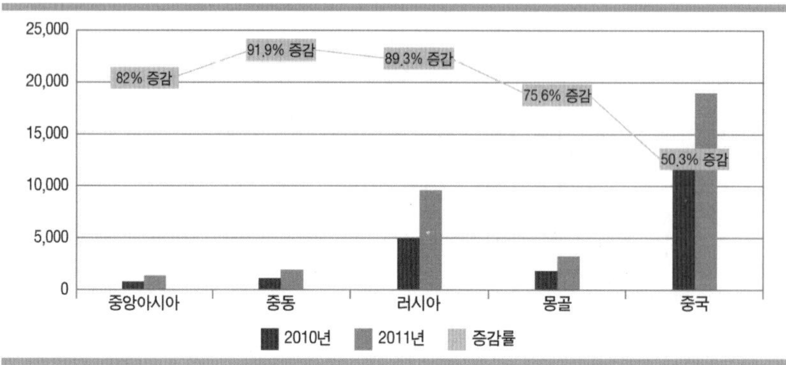

자료: 한국보건산업진흥원, "외국인환자통계"(2010, 2011).

내에서도 신흥 의료관광시장으로 부상하고 있는 동남아시아 의료관광객 유치를 위해 다양한 마케팅 및 홍보, 차별화된 의료서비스 상품 등을 마련했다. 세계 의료관광시장도 순항 중이다. 세계 의료관광시장은 연 12% 성장하고 있다(Mckinsey&Co). 2008년 600억 달러였던 의료관광시장이 2012년에 이르러서는 1,000억 달러로 성장했다. 전 세계 관광객은 10억 명으로 추정되고, 그중에 의료관광객은 5,370만 명으로 약 5.4%를 차지한 것으로 추정된다(RNCOS, 2012). 글로벌화 및 국제 의료서비스 시장 확대에 따라 의료관광은 새로운 블루오션으로 등장하고 외국인 환자 유치를 위해 국가 간 경쟁이 치열해지고 있다.

따라서 전라북도도 중국, 러시아, 몽골, 베트남, 카자흐스탄, 우즈베키스탄 등을 중심으로 의료관광 교류협력을 확대하고 관련 정보 등을 제공하여 신흥 의료관광시장을 점유하기 위한 노력을 본격화해야 한다.

3) 아시아 각국, 유커 모시기 3시간 전쟁이 벌어지고 있다

해외병원으로 의료관광에 나서는 유커遊客(중국인 관광객)가 급증하면서 이들을 잡기 위해 아시아 각국이 치열한 경쟁을 벌이고 있다. 중국 중산층은

2020년에 4억 명으로 이를 것으로 전망되고, 소득 증가로 중국 소비자 10%가 의료서비스에 관심이 있을 것으로 추정할 정도이다(Mckinsey&Co, 2012). 중국 중산층은 연간 가처분 소득이 1만 6,000달러에서 3만 4,000달러 사이인 계층을 말한다. 이들 중산층은 소득 증가에 따라 다양한 여가활동에 관심이 많다. 특히 의료관광에 대한 관심은 매우 많다. 중국 의료관광객들은 의료서비스만을 선택하지 않는다. 이들은 간단한 건강검진, 성형에 관심이 많고 이와 연관된 쇼핑, 관광 등을 동시에 즐기고자 하는 성향을 가지고 있다. 중국 의료관광객 50만 명을 유치할 경우 5,700명의 일자리 창출 효과가 발생할 것으로 예측하고 있다(HM&Company). 그만큼 중국 의료관광객 유치는 지역경제 활성화는 물론이고 새로운 일자리 창출을 가능하게 한다.

의료관광객을 유치하려면 항공기로 3시간 이내의 거리에 있어야 경쟁력이 있다는 것이 정설이다. 중국을 기준으로 그러한 조건에 부합하는 국가 중 의료관광에 적극적인 국가는 태국과 싱가포르, 인도 등이다. 산업연구원(2013)에 따르면, 태국과 싱가포르, 인도는 외국 의료관광객을 각각 156만 명, 72만 명, 73만 명 유치할 정도로 의료관광 대국으로 성장하고 있다. 우리나라도 중국인 의료관광객 수가 2009년에 4,725명에서 2011년에 1만 9,222명으로 증가할 정도로 빠르게 성장하고 있다. 또한 국내에서 비행 거리 5시간 이내에 인구 500만 명 이상인 도시가 90여 개 존재하고, 2시간 이내에 인구 100만 명 이상인 도시가 40여 개 존재해 지리적으로 다른 국가에 비해서 우위를 가지고 있다. 전라북도는 중국과 지리적으로 인접해 있어 중국 의료관광객을 유치할 수 있는 잠재력이 크므로 의료관광객 유치를 위한 전략 마련이 필요하다.

4) 국내 지자체, 의료관광객 유치를 놓고 뜨거운 전쟁 중이다

최근 각 지방자치단체에서는 의료관광객을 유치하기 위해 앞다투어 행정

역량을 집중하고 있다. 2011년 기준을 보면 서울이 7만 7,858명, 경기 1만 7,092명, 부산 6,704명, 대구 5,494명 등을 유치했고 지속적으로 의료관광객 수가 증가하고 있다. 의료관광객 증가는 지방자치단체의 적극적 노력을 통해 이루어진 결과이다. 서울 강남구는 메디컬투어센터를 개설하고 특화 병원 소개 및 진료의료서비스 등을 제공하고 있다. 제주는 10개소 선도병원을 지정해 의료관광을 추진하고 있고, 중국어 및 영어 등을 구사할 수 있는 의료관광코디네이터를 양성해 운영하고 있다. 그 결과 제주도는 2011년에 920명이었던 의료관광객이 2012년에 1,650명으로 대폭 증가했다. 인천은 인천의료관광재단을 출범시켜 의료관광 전반을 관리하고 관련 사업을 추진하고 있다. 대구는 의료관광에 더 적극적이다. 중국 광둥 성 선전 시에 대구의료관광 홍보관을 설립하고 22명의 전담인력을 배치해 의료관광객 유치를 추진하고 있을 정도이다. 부산 또한 부산국제의료관광박람회를 개최하고 전담부서를 설치하는 등 의료관광에 관심이 많다. 이처럼 국내 지방자치단체는 의료관광객 유치를 위해 의료관광 전담기구 설치, 해외 홍보 및 마케팅 시행, 박람회 개최 등 다양한 활동을 추진하고 있다. 그러나 전라북도의 경우 의료관광 전담부서가 없어 의료관광의 추진력을 발휘하지 못하고 있다.

2 | 전라북도, 의료관광 작지만 강하다

1) 전라북도 의료관광의 잠재력

전라북도의 의료관광은 작지만 강하다. 전라북도의 의료 인프라 및 관광을 연계할 수 있는 자원은 타 지역 못지않게 풍부하다. 전라북도 의료관광은 빠르게 성장하고 있다. 2009년부터 2011년까지 짧은 기간에 의료관광객 수는 3배 증가했고, 의료관광객을 통한 진료 수익도 무려 7.4배나 증가했다. 후

그림 15-2 **지역별 외국인 환자 1인당 평균 진료비**

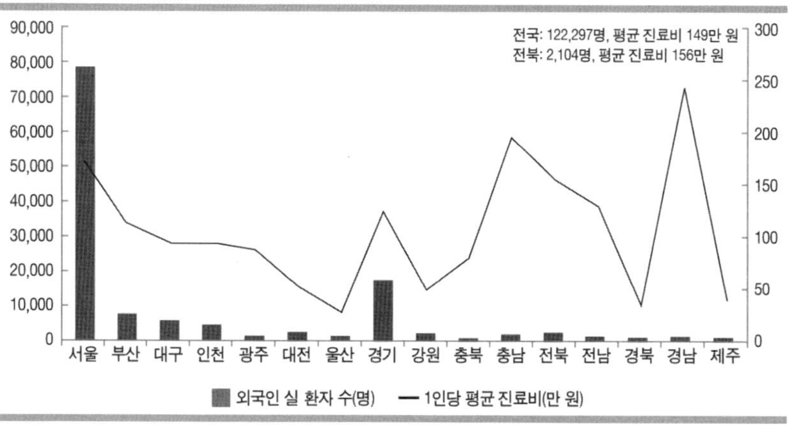

자료: 한국보건산업진흥원(2011).

발주자인 전라북도의 의료관광 성장은 타 지역의 성장 속도보다 빠른 것은 분명하다. 전라북도는 2011년에 의료관광객이 2,104명이 방문했고, 이는 전국 지자체 중 여섯 번째에 해당한다. 도 단위로 비교하면 경기도에 이어 두 번째에 해당한다. 의료관광객 1인당 진료비는 156만 원으로 전국에서 4번째에 해당한다. 그러나 의료관광객 대부분인 80%가 수도권에 집중되어 있어 전라북도의 의료관광객 점유율은 1.7%에 불과하고, 진료 수입 점유율도 1.8%에 그치고 있다. 또한 의료관광객 유치에 대한 도내 의료기관 등의 관심이 저조한 상태로, 의료관광객 유치는 2011년 기준으로 익산(1,335명, 63.5%), 군산(595명, 28.3%), 전주(174명, 8.3%) 등을 중심으로 이루어지고 있는 상태이다. 전라북도 의료관광을 선도하고 있는 기관은 원광대병원이다. 원광대병원은 국제진료협력센터를 설치하고 외국인 전용 병동 신설 및 몽골·우즈베키스탄·베트남 등을 대상으로 의료관광객 유치를 추진하고 있다. 그러나 여전히 도내 의료기관들은 수입 둔화로 인해 의료관광객 유치를 위한 전용 수용시설 및 전문인력 배치 등 신규 부문 투자에 부담을 느껴 쉽게 나서지 못하고 있다. 또한 의료관광객 유치를 위해서는 병원, 숙박, 음식, 관광, 쇼핑,

안내, 교통 등의 정보가 원스톱으로 제공되어야 하나, 의료관광객 수용 요소별 불편 사항이 전라북도 방문을 주저하게 하는 요인으로 작용하고 있다. 그리고 의료관광객 유치에 각종 규제가 존재해 적극적으로 나서지 못하고 있다. 의사와 환자 간 원격진료가 불가하고, 상급 종합병실(100개 이상, 복지부령으로 정하는 20개 이상의 진료과목 등) 외국인 환자 5% 제한, 외국인 국내 진료 원천 불가, 투자 개방형 의료법인 설립 금지 등 각종 규제가 존재하기 때문이다(전국경제인연합회, 2013).

2) 전라북도 의료관광의 발전 방향

전라북도 의료관광 잠재력은 타 지역에 못지않다. 최근 한류 영향 및 동남아시아 신흥 의료관광시장 성장으로 방한하는 외국인 의료관광객은 지속적으로 증가할 것으로 전망된다. 이러한 상황에서 전라북도 의료관광이 발전하기 위해 고려해야 할 과제는 다음과 같다.

첫째, 의료관광객 유치를 위한 단계별 추진 기반 및 인프라 구축이 필요하다. 외국인 의료관광객 유치 및 방문에 있어 유치, 홍보, 입국·체류, 출국 등의 과정에서 발생할 수 있는 불편 요소를 최소화할 수 있도록 정책 방향을 설정해야 한다. 또한 전라북도 고유의 의료관광 콘텐츠 및 의료관광 인프라 등을 구축하고, 의료관광객의 방문 저해 요소를 해소해 외국 의료관광객 유치를 확대하는 전략이 필요하다. 이를 위해 치료 중심의 해외 환자 유치 및 힐링 중심의 의료관광 투트랙two track을 추진하고 '홍보→유치→입국·치료·체류 및 연계관광→인프라 강화' 등 단계별 추진전략을 수립해야 한다.

둘째, 의료관광산업의 신성장동력화를 통한 신규 일자리 창출이 필요하다. 의료관광은 높은 성장성, 높은 전후방 효과를 가진 융합산업으로 지역경제 성장에 미치는 파급효과가 크며, 인적 서비스 중심 산업으로 일자리 창출 효과가 높은 창조경제의 새로운 비즈니스 모델이다. 의료관광 취업유발계수는 21.2명으로 제조업 9.8명 대비 2배 이상, 전 산업 15.3명보다 많다(한국관광공사·문화체육관광부, 2011). 의료관광객 1명 유치 시 진료, 연계 관광 등으로 1인당 약 300만 원의 수입이 발생한다(문화체육관광부, 2013. 7. 17). 국내 최상급 병동 간호서비스의 경우 외국인 환자 2.5명당 간호사 1명, 외국인 환자 50명당 간호보조원 3명의 일자리 창출이 가능하다(≪동아일보≫, 2013년 7월 22일 자). 따라서 제조업이나 농업 중심의 업종에서 일자리 창출 한계가 발생하고 있는 만큼 의료관광을 전라북도의 성장동력을 주도할 수 있는 산업으로 육성하고 이를 통해 양질의 일자리를 창출해야 한다.

3 | 전라북도 의료관광, 미래 성장동력으로 키우자

풍부한 성장 잠재력을 지닌 전라북도 의료관광을 발전시키려면 세 가지 방향으로 정책을 추진해야 한다. ① 의료관광 홍보 및 마케팅을 강화하고, ② 의료관광객 발굴 및 유치 기반을 공고히 하며, ③ 의료관광 인력 양성 및 인프라 구축 등이 필요하다.

그림 15-3 **전라북도 의료관광 발전 과제**

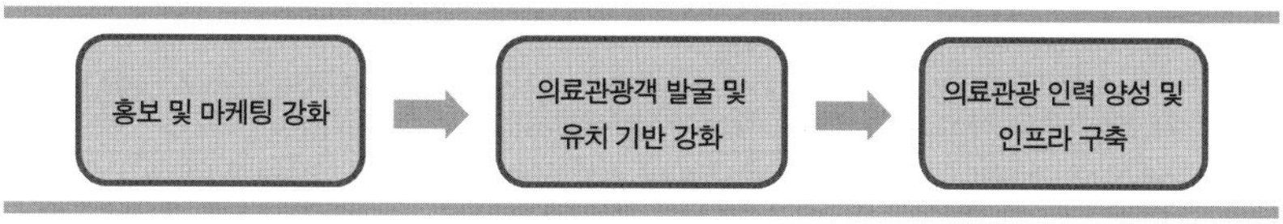

홍보 및 마케팅 강화 → 의료관광객 발굴 및 유치 기반 강화 → 의료관광 인력 양성 및 인프라 구축

1) 홍보 및 마케팅을 강화해야 한다

전라북도 의료관광 인지도 향상과 국가별 차별화된 홍보·마케팅 추진이 필요하다. 이를 위해서는 첫째, 의료서비스와 관광이 복합된 의료관광 추진에 필수적인 다국어 의료관광 홈페이지를 구축해야 한다. 전라북도 관내 의

료관광 협력기관의 상세 정보 제공, 의료분야 진료과목별 정보 제공, 의료관광상품과 연계하여 각종 관광자원, 문화시설, 음식, 관광코스, 숙박 등의 정보를 종합적으로 제공할 수 있는 국문 및 다국어 홈페이지 구축이 요구된다. 또한 홈페이지 가입 회원을 대상으로 한 온라인 의료관광 상담 및 예약 시스템, 스마트폰 전용 웹사이트도 마련해야 한다.

둘째, 전라북도 의료관광의 인지도를 높이기 위한 글로벌 브랜드 개발이 필요하다. 전라북도 의료기관 등에서 외국인 의료관광객 유치를 위해 홍보 활동을 하고 있으나, 전라북도 차원의 통합된 브랜드가 없어 홍보의 일관성 및 효과성이 미흡하다. 전라북도 의료관광 브랜드 개발을 위해 CI, 슬로건 등 전라북도 의료관광의 이미지를 상징화하는 글로벌 브랜드를 개발해야 한다.

셋째, 한류와 연계한 온·오프라인 홍보 마케팅 강화가 요구된다. 한류 문화와 연계해 대상 국가에 블로그를 개설하여 온라인상에서 전라북도 의료관광 홍보 마케팅을 전개해야 한다. 현지 내 영향력 있는 방송사, 언론사 등에 전라북도의 의료관광 등을 홍보해 인지도를 높이고, 전문 홍보업체를 활용해 전문성을 강화한다. 국내 KBS월드, 아리랑 TV 해외 방영 방송, 해외 주요 관광지 전광판 등을 통해 해외 노출 확대도 고려해볼 수 있다.

넷째, 나눔의료 활동 및 의료기관 해외 현지 마케팅 활동 지원이 요구된다. 도내 의료기관의 해외 나눔의료 활동 및 의료기관의 해외 현지 마케팅 활동 지원 등을 통해 의료관광상품을 홍보하여 해외 환자 유치를 추진해야 한다. 전북대병원, 원광대병원 및 한방병원, 대한적십자사 전북지사, 민간병원 등의 해외나눔 의료봉사 등과 연계해볼 수 있을 것이다.

다섯째, 메디컬 코리아Medical Korea 공동마케팅 참여 및 인천국제공항 의료관광센터와 홍보 연계가 필요하다. 한국 의료관광 활성화를 위해 만든 메디컬 코리아 등을 통해 전라북도 의료관광 홍보 및 마케팅 추진이 필요하다. 메디컬코리아 행사에 전라북도 의료관광부스 운영, 참여 의료기관 지원 및 의료관광상품 개발 지원 등을 추진해야 한다. 메디컬 코리아는 한국의 의료기술을 세계시장에 알리고, 의료관광산업의 활성화를 지원하고자 한국보건산업진흥원 주관으로 운영되고 있다. 메디컬코리아는 한국 의료기술의 홍보 및 의료관광상품을 홍보하는 동시에 세계 각국의 의료기관, 유치업계, 보험업계, 의료관광 관계자 등이 참여하는 전시행사를 매년 개최하고 있다. 또한 한국관광공사에서는 인천국제공항을 방문하는 외국인 및 재외동포 등을 대상으로 한 의료관광정보센터를 설치하여 지방자치단체 의료관광상품 홍보 및 의료기관 연계 등을 추진하고 있다. 의료관광센터에 전라북도 의료관광 정보를 제공해 의료관광 홍보 및 의료관광객 유치를 추진한다.

여섯째, 의료관광 팸투어를 실시하여 전라북도 의료관광을 홍보해야 한다. 의료관광 전문기자단, 여행사, 언론사, 의료관광 전문가, 해외 의학기자단 등을 중심으로 팸투어를 실시해야 한다. 특히 한국국제의료협회와 연계하여 해외 의학기자단 팸투어를 실시해 전라북도 의료기관의 특화된 기술을 해외 의학전문기자들에게 홍보한다. 의료관광 팸투어 실시할 때 지역행사와 연계하여 해당 지방자치단체 및 의료기관과 공동 이벤트 개발도 고려해볼 수 있을 것이다.

일곱째, 홍보 브로슈어 및 의료관광 가이드북 제작이 필요하다. 전라북도 의료관광을 소개하고 의료관광상품 및 의료서비스, 관광자원, 숙박, 휴양시설, 문화시설 등을 종합적으로 소개하는 홍보 브로슈어 제작을 추진해야 한다. 의료관광에 참여하는 의료기관 및 의료서비스, 의료관광상품 등이 설명된 의료관광 가이드북 제작도 필요하다.

2) 의료관광객 발굴 및 유치 기반 구축을 위해 노력해야 한다

전라북도 의료관광시장 형성을 위해서는 의료관광객 발굴 및 유치 기반 강화가 필요하다. 이를 추진하기 위한 과제로서는 첫째, 해외 병원 교류협력 확대를 지원하고 해외 환자 유치 연계를 추진해야 한다. 전라북도 의료기관과 해외 병원과의 협약체결 등을 지원하고 활성화하도록 함으로써 도내 의료기술의 지원 및 의료진 교류 등을 통해 의료관광객 유치를 추진한다. 원광대병원은 건립비용을 지원하여 몽골철도중앙병원 검진센터를 열고, 몽골 국립암센터 및 우즈베키스탄 암센터와 협약을 체결한 바 있다.

둘째, 해외 보험회사 및 국내 기업의 해외 법인, 해외 기업 등의 포상의료관광객 유치를 추진한다. 포상의료관광은 해외 기업체 우수 임직원에게 포상 차원에서 포상관광과 의료관광을 접목해 골프나 문화행사 등 일반적인 접대문화 대신 체계적인 건강검진을 통해 최고의 의료진과 최상의 의료서비스를 경험하게 하는 프로그램이다. 2011년 중국 동풍열달기아자동차에서 우수 딜러 33명을 대상으로 포상의료관광을 추진했고, 2012년 중국 현대자동차 판매법인에서 중국 내 우수 고객을 대상으로 포상의료관광을 추진한 사례가 있다. 따라서 미국 및 중국, 몽골, 중동, 중앙아시아 등 해외 보험회사 및 국내 기업의 해외 법인체, 해외 기업 등과 포상의료관광 유치 협력을 추진하고, 현지 여행사와 전라북도 내 여행사와 연계를 통해 포상의료관광객 유치를 추진한다. 중국의 여행사 CITS는 2011년 중국 바오젠유한공사 우수 직원 1만 1,200명을 제주도로 포상관광을 보냈고, CIGNA International은 약 480만 명의 글로벌 보험 가입자를 보유한 보험사이다. 이러한 업체와 연계하는 방안도 고려해볼 필요가 있다.

셋째, 전라북도 의료관광을 활성화하기 위해서는 의료관광 전문 유치업체 육성 및 인센티브 부여가 이루어져야 한다. 현재 전라북도 내에서는 외국인 환자 유치 업체로 4개소가 등록되어 있다. 전주 1개소(정품여행), 익산 3개소(원광보건WMT, 한올메디투어, 세계로메디투어) 등이다. 그러나 이러한 업체들은 대부분 의료관광 유치 전문 업체라기보다는 일반 여행업을 병행하는 업체여서 의료관광객 유치에 한계가 있다. 따라서 유치 실적 우수 업체 등을 선정해 홍보 및 마케팅 비용을 지원하고 실적 우수기관을 중심으로 인센티브를 부여해야 한다. 한국관광공사 선정 우수 업체는 고려의료관광개발, 현대메디스(현대그룹과 한라그룹 공동 투자), 코비즈, 파라다이스, 휴케어, 코엔씨, 하나투어ITC, 블루메디 등이다.

넷째, 전라북도 중국 해외사무소 연계를 통한 의료관광 홍보를 추진한다. 중국 해외사무소는 전라북도 국제교류협력 증진에 관한 조례에 근거하여 현재 상하이에 출장소가 설치되어 있으며, 전라북도 내 중소기업의 수출 지원과 관광객 유치, 교류 및 도청 업무 지원 등의 기능을 수행하고 있다. 의료관광 추진을 위한 해외 사무소의 역할은 중국 지역기관·의료협회·에이전트와의 친선 교류 확대, 블로그 및 트위터 등을 활용한 홍보 및 마케팅 시행, 각종 세미나 및 박람회 참여 등을 통해 전라북도 의료관광을 홍보하고, 전라북도에 학술회의 및 의료 관련 세미나, 의료진 연수 유치 등을 추진할 수 있다. 또한 강소성江蘇省과 전라북도 교류 20주년을 맞이하여 강소성 시민 및 기업을 대상으로 의료관광객 유치도 가능하다.

다섯째, 전라북도에 방문하는 의료관광객을 대상으로 의료관광상품 개발이 필요하다. 먼저 의료관광상품으로 '의료, 한옥 숙박, 미용, 검진, 전통문화 체험, 음식관광, 선택관광, 통역'이 포함된 원스톱 패키지 상품 개발을 고려해야 한다. 대부분 의료관광상품이 의료 중심으로 의료서비스만을 받고 귀국하는 경우가 있어 패키지 의료관광상품 개발이 필요하다. 전라북도 의료기관의 의료서비스와 전통문화, 음식, 미용 및 검진 등이 종합적으로 포함된 패키지형 의료관광상품 개발을 추진해야 하는 이유이다. 이와 관련해 국내 의료관광객 유치 1위 의료기관인 청심국제병원(경기 가평)은 대표적인 성공사례이다. 청심국제병원에서는 패키지를 중심으로 한 의료관광상품을 운영하며(표 15-1 참조), 총 41개국에서 연 3만 5,000명의 의료관광객이 방문하고 있다.

표 15-1 청심국제병원 주요 원스톱 패키지

상품명	주요 내용
종합건강검진 패키지	5성 호텔식 특실 숙박, 정밀건강검진, 선신마사지, 사우나, 스파, 보트관광
산부인과 분만 패키지	공항 픽업, 출산, 한방 산후 보양, 관광, 신생아 비자 대행
정신과 재활 패키지	공항 픽업, 종합검진, 입원, 재활치료, 한방치료
양 · 한방협진 특화진료	유방암 · 소화기 암 클리닉, 뇌혈관질환 클리닉, 당뇨 클리닉, 디스크 클리닉, 수중재활 클리닉, 비만 클리닉 등
선택관광	남이섬 및 파주 DMZ 투어, 온천수 테라피 관광 등

자료: 문화체육관광부(2013. 7. 17)에서 재구성.

기타 의료관광상품으로는 '한방, 명상, 음식치유, 숲치유, 수水치유' 등을 연계한 상품 개발을 고려해볼 수 있다. 의료관광객이 선택한 진료과별 연평균 증가율이 가장 높은 것은 한의과이다(한의과 127.2%, 성형외과 90.9%). 전라북도는 한방병원 및 한의원 등의 의료기관 및 인력 여건이 타 지역보다 우수해 전통의학인 한방을 중심으로 명상, 음식치유, 숲치유 및 수치유 등을 연계한 의료관광상품 개발이 가능하다. 특히 모악산은 한방특구 조성 및 현대단학의 발원지로서 명상의 메카로 이미지가 형성되어 있어 외국인 방문이 증가하고 있다. 영국, 미국, 캐나다, 러시아, 일본 등에서 모악산을 방문해 명상 수련을 하고 있다. 대표적인 해외 사례가 인도 히말라야에 산자락에 위치한 아난다 스파Ananda spa이다. 이 스파는 세계 최고最古의 전통의학인 아유르베다를 응용한 전통치료, 음식치료, 요가 등의 의료관광상품을 제공해 의료관광객이 집중되고 있다.

3) 의료관광 인력 양성 및 인프라 구축이 필요하다

전라북도 의료관광 활성화 및 일자리 창출을 위해서는 의료관광 전문인력 양성 시스템 구축이 요구되고, 의료관광객 유치를 위한 컨트롤 타워인 의료관광센터 설립이 필요하다. 세부적인 과제는 다음과 같다.

첫째, 의료관광 전문인력 양성이 필요하다. 의료관광 활성화를 위해 외국어 능력 및 의료적인 전문지식 등을 갖추고 국제 의료관광시장을 이해할 수 있는 전문인력을 양성함으로써 일자리를 창출해야 한다. 의료관광 전문인력을 양성하는 과정으로는 의료관광 코디네이터 양성 과정, 의료관광 푸드코디네이터 양성 과정, 의료관광 국제간병사 양성 과정 등을 운영할 수 있다. 또한 다문화 이주 여성을 활용한 의료관광 전문인력 양성 과정 운영도 고려해볼 수 있다. 다문화 이주 여성은 해당 국가의 의료관광객의 심적 안정을 도울 수 있으며 어학 실력이 뛰어나 의료관광 교육만 이수할 경우 양질의 인력이 될 수 있다. 그리고 융합형 산학협력 교육과정 운영이 요구된다. 의료관광 자격증을 취득해도 실무 경험이 없어 현업에서 채용할 만한 인재를 찾지 못하는 일자리 미스매치가 발생하고 있다. 따라서 교육기관 및 의료기관이 참여하는 산학연계프로그램을 통해 바이오헬스, 생물학, 관광컨설팅, 마케팅, 현장실습 등의 융합교육과정을 운영해야 한다.

둘째, 의료관광 컨트롤 타워인 전라북도 의료관광센터 설립을 고려해야 한다. 전라북도 의료관광사업을 성공적으로 추진하려면 의료관광센터 설립 등을 통해 합리적인 운영체계를 구축해야 한다. 의료관광센터 설립 등을 통해 의료관광 유관 기관(병원, 에이전시, 지자체 등) 네트워크를 구축해 의료관광을 촉진해야 한다. 현재 전라북도 의료관광 유치를 위해 등록한 의료기관은 26개소가 있다. 전주(15개), 군산(4개), 익산(4개), 완주(1개), 순창(1개), 부안(1개) 등이다. 의료관광센터는 의료관광 홍보 및 의료관광상품 개발, 프로그램 운영, 의료관광객 유치 및 사후관리, 의료관광 통계자료 및 DB 구축 등의 역할을 수행하도록 한다.

셋째, 한방휴休 메디컬스트리트 조성이 요구된다. 의료기관 및 피부관리실 등이 집적되어 있는 지역을 중심으로 의료관광객을 유치할 수 있는 상징적 메디컬 특화거리 조성이 필요하다. 한방병원, 한방의원, 피부관리실, 피부과의원 등이 집적화되어 있는 지역을 중심으로 특화거리를 조성해 의료관광객 유치 분위기를 형성하도록 해야 한다. 대표적 사례가 부산 글로벌뷰티메디컬스트리트 조성사업과 대전 서구 메디컬 스트리트 조성사업이 있다.

참 고 문 헌

건강보험심사평가원. 2011. 『건강보험요양기관현황 통계자료집』.

김석중. 2009. 「강원도 선도산업 활성화 방안-의료관광을 중심으로」. 강원발전연구원.

김태영. 2008. 「의료관광과 경남의 정책과제」. 경남발전연구원.

_____. 2010. 「한방의료관광클러스터 구축 및 발전 방안에 관한 연구-경남 산청군을 중심으로」. 경남발전연구원.

김홍식. 2009. 「경기도 의료관광산업 발전방안에 관한 연구」. 경기개발연구원.

계명대학교 산학협력단. 2011. 「대구경북의 한방체험 자원을 활용한 관광발전방안 연구」. 계명대학교.

≪동아일보≫. 2013. 7. 22. "의료관광, 수출처럼 '산업정책'으로 키우자".

대전광역시. 2011. 「대전시 의료관광 육성 중장기 계획」.

대한상공회의소. 2013. 「의료서비스산업 발전을 위한 정책과제 연구」.

문화체육관광부. 2013. 7. 17. "관광불편 해소를 위한 제도개선 및 전략 관광산업 육성방안 발표"(보도자료).

박민규·김종대·송은정. 2007. 「대구지역 의료관광산업 발전방안」. 대구경북연구원.

박세훈·윤현철. 2011. 「강원영동지역관광산업현황과발전방안-의료관광산업을중심으로」.

산업연구원. 2013. 「의료관광산업의 국제경쟁력 분석과 정책과제」. ≪e-KIET 산업경제정보≫, 제555호(2013. 4. 4).

유승각. 2009. 「강원도 의료관광산업 활성화를 위한 기초 연구」. 강원발전연구원.

유정우. 2009. 「부산지역 보건의료관광 국제마케팅 전략 및 네트워크 방안」. 부산발전연구원.

유정우·우석봉. 2008. 「부산지역 보건의료관광산업 육성방안 연구」. 부산발전연구원.

유지윤. 2011. 「의료관광통계 생산방안 연구」. 한국문화관광연구원.

윤형호. 2007. 「서울시 의료관광의 국제마케팅 육성방안」. 서울시정개발연구원.

정형옥외. 2010. 「경기도 의료관광분야 여성 일자리 창출방안」. 경기도가족여성연구원.

한국보건산업진흥원. 2011. 『2010 외국인환자 통계』.

한국관광공사. 2013. 『의료관광 우수사례집』.

한국관광공사·문화체육관광부. 2011. 『한국 의료관광 총람 2012』. 한국관광공사.

전 북
리 포 트
2 0 1 3

제4부

농업 · 농촌 · 농민이 살아야 지역이 산다

전 북
리 포 트
2 0 1 3

제16장 동북아 농생명수도 구축 전략

이민수 ı 전북발전연구원 농업농촌연구부 연구위원

1. 농업의 위기와 희망
2. 박근혜 정부, 창조경제 기반 농식품 성장전략 추구
3. 농생명수도 구축의 필요성
4. 동북아 농생명수도와 전라북도 여건
5. 동북아 농생명수도 구축 과제

1 | 농업의 위기와 희망

1) 세계 최대 농업 강국들과의 FTA 확대

농업 부문의 가장 큰 위협은 시장 개방 진전에 따른 수입 농산물 증가와 이로 인한 농가 경영의 불안정성 확대이다. 1994년 우루과이라운드UR 농업 협상 이후 본격적인 개방농정이 추진되기 시작했다. 특히 정부는 경제 영역 확대를 통한 국가 성장을 핵심 전략으로 추진하면서 교착상태에 빠져 있는 다자간 협상인 도아개발어젠더DDA의 대체 수단으로서 양자간 자유무역협정FTA을 적극 추진했다. 정부는 2004년 발효된 한·칠레 FTA를 시작으로 FTA를 동시다발적으로 추진하고 있다. 2011년에 발효된 한·EU FTA, 2012년에 발효된 한·미 FTA와 함께 현재 협상이 진행되고 있는 중국과의 FTA는 세계 최대 농업 강국들을 대상으로 한다는 점에서 우리 농업이 직면한 개방의 폭과 강도는 세계 어느 나라의 경우보다 크다.

2) 기후변화, 농자재 비용 상승 등으로 갈수록 악화되는 농가 경영 환경

1990년대 중반 이후 기후변화, 원자재 수급 불안정 등으로 인한 농자재 가격의 지속적인 상승도 농가 경영 악화에 핵심적인 요인이다. 시장 개방으로 농가 판매가격은 정체되어 있는 반면, 농가 구입가격이 더 빠르게 상승하면서 농가 교역조건은 지속적으로 악화되고 있다. 1995~2010년 사이에 농산물 가격은 27.6% 상승한 데 비해, 중간투입재 가격은 126.4% 상승했으며, 소비자물가도 72.2%나 올라 실질 농업 소득이 큰 폭으로 하락했다.

3) 영세고령농 증가

농가의 고령화와 가구원 수 감소 현상이 급속하게 진행되고 있다. 농가 인구의 연령별 비중 변화를 보면, 65세 이상은 1995년 16.2%, 2000년 21.7%, 2005년 29.1%, 2011년 33.8%로 빠르게 증가하고 있다. 농업·농촌에서 빠르게 진행되고 있는 고령화는 농업 노동력의 질적 저하와 농촌지역 경제의 활력을 저해하는 주요 장애 요인이 되고 있다. 특히 영세고령농의 증가로 농가 간 소득격차가 지속적으로 확대되고 있다.

4) 낮은 농업 기술 수준

저성장 시대 위기를 극복하고 미래 성장동력을 개발하기 위해서는 농식품 분야의 연구개발이 점점 중요해지고 있으며, 선진국들도 바이오, IT 등과 연계한 농업의 융·복합기술 R&D 투자를 확대하고 있다. 그러나 우리나라는 농촌진흥청을 중심으로 꾸준히 농업 R&D에 투자했는데도 농업 기술 수준이 선진국에 비해 아직 낮은 수준에 머물고 있다. 예를 들면, FTA 체결 국가들과의 농업 생산기술 수준을 비교하면 한국은 67%(2009년)에 불과하다. 유리온실을 활용한 파프리카의 생산성은 네덜란드의 60% 수준에 머물러 있다.

5) 빠른 농업 구조조정으로 농업 생산성 향상

우루과이라운드 이후 한국 농업은 빠른 구조조정으로 농업 생산성이 지속적으로 향상되어왔다. 농가의 호당 경영 규모는 1990년 1.19ha에서 2011년 1.45ha로 거의 정체 상태로 나타나지만, 농업의 구조는 대농으로의 집중화가 빠르게 진행되었다. 1990~2010년 사이에 3ha 이상 농가의 경작 면적 비중은 10.2%에서 40.4%로 4배 증가했으며, 한우 30두 이상 사육 농가 비중도 9.0%에서 65.7%로 7.3배 늘어났다. 우루과이라운드 이후 농업 생산은 24% 증가했으며, 특히 농업 노동력 구조 조정이 선진국보다 2~3배 빠르게 일어나 농업 부문의 노동생산성 성장률은 비농업 부문의 1.5배나 되었다.

6) 식품산업의 발전과 농식품 수출의 급격한 증가

최근 식품산업의 발전도 농업의 새로운 희망이다. 우리나라 농식품 수출은 1981년 21억 달러에서 1988년 32억 달러로 30억 달러 돌파에 7년이 걸렸고, 이후 40억 달러 돌파는 20년이 걸릴 정도로 정체 상태에 있었다. 그러나 2008년 농식품을 신성장동력화하기 위한 대책을 수립하고, 체계적인 수출 드라이브 정책을 추진해 3년 만에 25억 달러가 증가하는 성과가 있었다. 정부의 농식품 수출 종합대책 마련 후부터 2011년까지는 연평균 16.6%라는 높은 성장세를 보였으며, 이는 같은 기간 국가 전체 수출 증가율 5.1%에 비해 약 3배 이상 높은 성장률이다.

7) 귀농 · 귀촌 증가로 신규 인력의 유입

최근의 귀농·귀촌의 증가는 농촌경제에 새로운 활력이 되고 있다. 귀농·귀촌 가구수는 2001년 880호, 2005년 1240호, 2010년 4067호 등 2000년 이후 꾸준히 증가했다. 특히 2010년에는 약 1만 호, 2012년에는 약 2만 7,000호로 베이비붐 세대의 은퇴와 함께 급격한 귀농·귀촌이 이루어지고 있다. 이러한 귀농·귀촌의 증가에 따라 귀농·귀촌인은 농업뿐만 아니라 새로운 비즈니스 창출에 매우 중요한 인적자원이 되고 있다.

8) 웰빙과 식품안정성에 대한 소비자 관심 고조로 국내 고품질 농산물 선호도 증대

소비자의 웰빙well-being 의식, 건강에 대한 관심 고조, 안전한 고품질 농식품에 대한 선호 증가 등은 국내 농산물 소비 확대의 새로운 활로가 되고 있다. 현재 한우 고기와 수입 쇠고기의 가격 차이는 3~5배나 되고, 고추와 마늘 등 국내 농산물 가격도 대부분 중국산과 2배 이상 차이를 보인다. 그러나 소비자의 국내 농산물 선호로 고품질 국내 농산물이 국내에서 안정적으로 소비되고 있다.

2 | 박근혜 정부, 창조경제 기반 농식품 성장전략 추구

박근혜 정부는 4대 국정 기조, 21대 국정 전략하에서 140개 국정 과제를 제시했다. 이 중 농림축산식품부 소관 과제는 농식품산업의 신성장동력화, 안정적 식량 수급체계 구축, 누구나 살고 싶어 하는 복지 농어촌 건설, 농어가 소득 증대, 농축수산물 유통구조 개선 등 5개 과제이다. 5개 과제 중 첫 번째 핵심 국정 과제가 농식품산업의 신성장동력화이다. 신성장동력화를 위해 다양한 정책이 제시되고 있지만, 핵심은 융·복합화로 농식품산업을 창조경제로 발전시키는 전략이다. 농업·농촌이 가지고 있는 다양한 자원을 융·복합화로 농식품의 6차 산업화를 추진하고, 농업과 ICT·생명공학 등 첨단기술과 융합하여 농식품을 최첨단 고부가가치 산업으로 육성하는 것이다.

1) 농업과 생명공학 융합으로 농업을 신성장 생명산업으로 육성

박근혜 정부는 생명과학이 중심이 되는 바이오 경제 시대를 선도할 수 있는 농생명과학 중심의 창조적 산업으로 농식품산업을 육성하기 위한 정책을 추진하고 있다. 이를 위해 생명자원통합 DB를 구축하고, 생명자원을 산업화하기 위한 지원센터 9개소(곤충 3, 미생물 1, 천연색소 2, 양잠 3)를 설립할 예정이다. 이와 함께 농식품 R&D가 창조경제적 성장전략을 지원할 수 있도록 '차세대 바이오그린 21사업'을 농촌진흥청을 중심으로 추진하기 위한 계획을 수립했다. 특히 종자 강국 도약을 위해 김제의 민간육종연구단지 조성 및 20개 유망 종자 개발 Golden Seed 프로젝트(2012~2021년, 4,911억 원)를 추진하고, 농식품 R&D 확충 및 국가식품클러스터 조성을 통한 글로벌 첨단식품산업 육성을 핵심 정책으로 추진하고 있다.

2) 농업과 ICT 융합으로 저비용 고효율의 스마트농업 구현

농업은 ICT(정보통신)·BT(바이오)·ET(환경)·NT(나노) 등의 첨단기술과 접목되면서 고부가가치 융합산업으로 발전하고 있다. 농산물 생산·유통·소비의 공급사슬 과정에서 농식품과 ICT 기술 융합을 통해 생산 정밀화, 유통 효율화, 경영 합리화가 가능하다. 박근혜 정부는 창조경제 구현의 핵심으로 농업과 ICT 융합을 통해 고령화에 따른 노동력 부족, 지구온난화와 기상이변, 복잡한 유통구조에 따른 고비용 구조, 급변하는 소비자 기호 변화에 대응하고자 한다. 이를 위해 온실 원격제어, 품질·이력관리 등 IT융합비즈니스 모델 개발, 농업인·국민 체감형 ICT 융합 R&D 로드맵 수립 등을 핵심 과제로 추진하고 있다.

3) 농업·농촌의 잠재자원과 1·2·3차 산업의 융·복합화로 신가치 창출

박근혜 정부는 농촌 활력 핵심 전략으로 농산물 생산을 가공과 유통 및 서비스산업과 연계하고, 1·2·3차 산업 간 융·복합화로 농식품 부가가치를 제고하는 한편, 일자리를 창출하고자 6차 산업화를 추진하고 있다. 6차 산업화 정책의 목적은 농산물의 생산·가공·판매를 연계하거나 농촌관광과도 연계해 소득을 향상시키고, 일자리를 창출함으로써 농업·농촌에 새로운 활력을 불어넣는 데 있다. 지역농업과 융·복합화되는 대상으로는 농산물은 물론 지역문화, 전통, 경관, 이미지, 지역유물 등 유무형의 농촌자원을 포괄한다. 이를 위해 농림축산식품부를 중심으로 유관 기관(농촌진흥청, 농산물유통공사, 농어촌공사, 농협 등)과 TF를 구성하여 농식품 6차 산업화 종합대책을 수립하고 있다.

3 | 농생명수도 구축의 필요성

1) 혁신 통한 클러스터 이익 창출이 식품산업 경쟁력 확보에 중요한 열쇠

세계경제가 지식기반경제로 전환된 이래 '혁신'과 '클러스터 이익'이 산업 경쟁력의 핵심 원천 역할하고 있다. 산업클러스터란 "비슷한 업종의 다른 기능을 하는 관련 기업·기관들(연구개발 기능을 담당하는 대학 및 연구소, 생산 기능을 담당하는 대기업 및 중소기업, 각종 지원 기능을 담당하는 벤처캐피털과 컨설팅 등)이 일정 지역에 모여 네트워크 구축과 상호작용을 통해 사업 전개, 기술개발, 부품 조달, 인력·정보 교류 등에서 시너지 효과를 발휘하는 것"으로 설명된다. 따라서 동북아 농생명수도 구축을 통한 '클러스터 이익'은 정태적 국지화경제localization economies로 나타나는 산업 내 전문화 효과와 동태적 외부경제external economies 효과로 창출할 수 있다.

2) 동북아 농생명산업을 선도하는 허브 형성이 신동력 창출의 원동력

지식의 교환·창출 및 네트워킹이 클러스터 이익 창출의 원동력이라는 점에서 동북아 농생명산업 및 식품산업을 선도할 수 있는 허브로서 식품클러스터 형성 촉진이 중요하다.

혁신에 필요한 지식(특히 암묵지)의 이전은 '지역' 차원에서 보다 활성화될 수 있다는 점에서 '지역성'을 가진 국가산업클러스터를 우선 조성하고 네트워크 외부효과를 통해 국제적인 산업클러스터로 성장이 가능하다. 농생명산업 측면에서도, 개인적 차원에 머물러 있는 지식을 사회자본화하기 위해서는 산업혁신클러스터의 형성 및 효율적 작동이 매우 중요하다.

4 | 동북아 농생명수도와 전라북도 여건

1) 전북은 농생명산업과 식품산업으로 특화

전라북도는 농생명산업과 식품산업을 지역 전략산업으로 선정해 집중 육성하고 있다는 점에서 지역 정책적 관점의 입지적 우위성을 보유하고 있다. 전북의 식품산업은 생명공학biotechnology 기술과의 융합을 통해 전통발효식품과 건강기능성식품의 개발 및 상용화를 추진하고 있다.

전북은 농림수산업이 상대적으로 발달해 식품클러스터 정책 추진에 유리한 환경을 보유하고 있다. 다양한 식품 원자재의 지역 내 공급이 가능하여 최근 식품산업의 지역화regionalization 추세에 부응할 수 있는 잠재력도 지니고 있다. 이에 따라 전북은 전략산업인 식품산업과 농업의 상생 효과를 극대화할 수 있는 강점을 가지고 있다. 지역화는 식재료의 근거리 재배 및 조달을 통해 편이성과 친환경성을 제고하고 에너지 자원의 절감을 도모할 수 있다.

2) 농생명산업 공공기관 이전

농생명 및 식품 관련 이전 예정 공공기관에 기반을 두고 NIS National Innovation System(국가혁신체계)와 RIS Regional innovation system(지역혁신체계) 차원의 식품정책을 연계할 수 있기 때문에 국가식품클러스터를 조기에 형성 및 활성화 할 수 있는 잠재력을 보유하고 있다. 국가 차원에서도 전북의 농업 및 식품산업의 경쟁우위를 감안해 농업 및 식품 관련 공공기관을 이전할 계획이다. 이전 공공기관과의 협력을 통해 NIS 차원의 정책과 RIS 차원의 정책 연계가 용이하며 시너지 효과를 극대화할 수 있다.

재배에서 생산에 이르는 전 과정을 통합적으로 관리하는 것이 중요하다. 따라서 농업 및 식품 중심의 이전 공공기관과의 연계를 통해 클러스터의 발전력을 극대화할 수 있다는 장점을 보유하고 있다.

3) 전통 · 발효식품과 건강기능성식품의 글로벌 연구개발 및 공급기지화의 잠재력 보유

전북은 식품 관련 연구개발 및 생산 기반을 확충하여 글로벌 연구개발 및 생산기지로서의 성장 잠재력을 보유하고 있다. 전북은 세계적으로 수요가 증가하고 있는 발효식품과 건강기능성식품에 특화하여 안정적인 연구개발 및 생산 기반을 구축 중이다.

4) 농생명산업과 식품산업의 효율적 공급망 구축 가능

식품산업의 경쟁력을 갖추기 위해서는 효율적인 공급망의 구축이 필요하며, 이러한 면에서 전북은 상대적 우위성을 보유하고 있다. 전북은 역내 식재료 공급, 연구개발, 생산 기반이 양호하여 3자 또는 4자 물류산업과 효율적으로 연계할 경우 세계적인 식품공급망 구축이 가능하다.

5) 연관산업과의 연계를 통한 동반 성장 가능

농생명기업과 식품기업의 경쟁력 강화를 지원할 수 있는 연관산업 기반도 양호하여 농생명산업의 지속적인 경쟁력 강화가 가능하다. 전북 전략산업의 일환인 기계산업에 식품기계산업 육성계획이 수립되어 있어 식품업체의 설비 구축과 효율화를 효과적으로 지원할 수 있다. 한편 또 다른 전략산업인 대체에너지산업과도 폐기 농식품을 대체에너지원으로 사용함으로써 연계가 가능하다. 일본을 비롯한 선진국들은 폐기 농식품으로 대체에너지를 개발 중이다.

6) 특산물을 활용한 중소클러스터의 높은 집적과 활성화 지역

전북에는 기초지자체 단위로 식품 중심의 미니클러스터가 활성화되어 있어 농생명 연구기관과 국가식품클러스터와의 연계를 통해 시너지 효과를 창출하는 데 유리하다. 이전 농생명 연구기관, 국가식품클러스터, 전북 지역 내 중소클러스터와 연계·발전시킴으로써 식품산업 고도화를 통한 농업 구조 개선의 효과 또한 극대화할 수 있다.①

7) 새만금 개발로 인한 연계성의 극대화 달성 가능

새만금 지역은 장기적으로 농업원료 생산지로 활용해 국제경쟁력을 갖춘 농생명산업 및 식품산업을 육성할 가능성을 보유하고 있다. 새만금 신항과 수출 물류 인프라가 구축될 예정이어서 국내 식품수출기지로 발전할 가능성이 높다.

---

① 장수(Mt. Apple Power 클러스터), 정읍(환원순환농업 클러스터), 임실(낙농-치즈 클러스터), 고창(복분자), 무주(산머루), 완주(감산업), 남원(친환경흑돈), 진안(친환경 홍삼·한방) 등.

5 | 동북아 농생명수도 구축 과제

네덜란드의 경지 면적은 초지를 제외하면 국민 1인당 0.052ha로 우리나라 국민 1인당 경지 면적 0.037ha의 1.4배에 불과하다.② 네덜란드는 세계에서 국민 1인당 경지 면적이 가장 작은 국가 중의 하나이지만, 현재 세계 1위의 농식품 수출 국가이다. 네덜란드는 농업 노동력 1인당 농식품 수출(14만 달러)과 경지 단위면적당 농식품 수출(제곱미터당 1.86달러)도 세계 1위이다. 이와 함께 세계 감자 종자 수출의 60% 이상을 점하고 있으며, 계란, 감자, 맥주, 치즈 등의 농식품 수출도 세계 상위권을 차지하고 있다. 특히 전 세계 화훼와 분화의 대부분은 네덜란드를 통해 유통된다. 유리온실 면적은 약 11만 ha로 전 세계 유리온실의 약 4분의 1을 차지하고 있다.

네덜란드가 글로벌 농식품 수출을 주도하게 된 이유는 경쟁력을 갖춘 농업경영인, 기술집약적 농업 생산구조, 효율적 유통체계, 수입 농산물을 활용한 가공산업 경쟁력, 강력한 R&D 지원, 일관된 정부정책과 제도 등 다양한 요인이 복합된 결과이다. 전라북도가 네덜란드와 같은 글로벌 농식품 수출 기지가 되려면 이처럼 농업과 연계된 모든 가치사슬(종자, 생산, -가공, 식품, 수출)에서의 혁신이 필요하다.

전라북도는 농업과 연관된 전후방산업의 집적화를 통해 규모경제, 범위경제 및 복합경제 효과를 발휘할 수 있는 기반을 마련하고 있다. 첫째, 농기계산업은 기계·전기·전자·부품소재·생물·식품산업과 연계되는 고기술 및 고자본 집약적 국가 기반산업으로서, 김제를 중심으로 광역농기계클러스터가 구축되고 있다. 둘째, 민간육종연구단지를 거점으로 농촌진흥청(완주혁신도시),

---

② 네덜란드 경지 면적, 수출 실적 등은 2007년 통계로 통일했음. 관련 통계는 statline.cbs.nl, FAOSTAT, Li Weimin(2009). Dutch agricultural through the eyws of a Chines economist 활용.

그림 16-1 **전북 혁신도시 연계 광역클러스터**

방사선육종연구센터(정읍)가 위치하고 있어 종자산업 R&D 인프라가 구축되고 있다. 셋째, 익산의 국가식품클러스터 조성을 통해 글로벌 식품 수출을 위한 국가적 거점이 조성되고 있다. 이처럼 농업의 후방연계산업(종자, 농기계, 농자재)과 전방연계산업(식품)의 연계를 통해 전라북도를 농생명산업도시로 육성해야 한다.

1) 동북아 농업기술을 선도하는 기술집약적 시설농업 육성

전라북도는 타 시·도에 비해 시설현대화와 유통체계 개선 등에 대한 투자를 지속적으로 추진해왔다. 이에 따라 대농으로의 집중화가 상대적으로 빠르게 진전되면서 농업 생산성이 지속적으로 향상되어왔다. 그러나 농가 집중화와 생산성 향상은 대부분 경종농업 위주로 진행되었다. 따라서 향후 농업 생산성 향상을 통한 지속적인 농업 소득 확보를 위해서는 경종농업을 벗어나 고부가가치 원예작물의 생산 확대를 위한 시설농업에 대해 집중적인 투자가 필요하다.

전라북도는 시설농업 비중이 낮고, 시설농업 후발주자이긴 하지만, 기술 수준은 전국에서 가장 높다. 즉, 국내 농식품 수출 성공 품목으로 자리 잡은 시설원예 핵심 작목인 파프리카와 화훼는 전라북도의 농산무역과 로즈피아가 국내 생산과 수출을 선도하고 있다.

정부는 FTA 등 시장 개방에 대응하고 원예산업을 우리농업의 신성장동력 산업으로 육성하기 위해 첨단온실 신축 등에 대한 지원정책을 추진하고 있다. 2013년에는 기존에 추진되던 농어촌 구조 개선 특별회계 내 시설 현대화 사업 지원(이차 지원, 운영 규모 700억 원)과 함께 첨단온실 신축 지원을 위해 FTA 기금 사업으로 '첨단온실 신축 지원(800억 원)'이 추가되었다.

이처럼 전라북도의 시설농업 기술기반과 정부의 육성정책은 전라북도 농업을 기술집약적 시설농업으로 개편하기 위한 매우 좋은 기회이다. 이와 함께 전라북도는 첨단기술 기반 시설농업의 거점이 될 수 있는 경쟁우위 요인을 가지고 있다. 첫째, 전북은 준고랭지 및 평야 곡창 지대가 인근에 공존하는 형태로 기술 확장성이 높다. 전북 동부권은 고원 지역으로 여름 작기 시설원예 경쟁력이 매우 강하고, 서부권은 평야지 특성을 활용한 겨울 작기를 중심으로 운영하면 동부권과 상호 보완관계 형성이 가능하다. 따라서 계절별 단품 수출에서 연중 경쟁력 높은 다품목 패키지 형태의 수출이 가능하다. 둘째, 시설원예 전문 연구기관을 확보하고 있다. 시설원예 연구개발 핵심 기관인 농촌진흥청이 혁신도시로 2015년까지 이전할 예정이며, 시설원예 현장 기술인력 교육기관인 한국농수산대학도 혁신도시로 이전된다. 셋째, 수출 물류거점 확보가 용이하다. 새만금신항 및 군산항을 중심으로 수출 물류 인프라를 구축하고 있다. 넷째, 국가식품클러스터의 대규모 식품기업과 연계해 안정적인 국내 원료 공급기지 형성이 가능하다.

그림 16-2 **농생명산업의 가치사슬**

기초 연구		응용 개발 연구		제품 개발 연구
① 전북과학기술원	⇔	② 농촌진흥청 등 5개 혁신도시 이전 기관 ③ 연구개발특구	⇔	④ 민간육종연구단지 ⑤ 국가식품클러스터
기초 연구, 응용 연구, 제품 개발로 이어지는 가치사슬 집적화를 통한 농생명 연구거점 육성				

2) 혁신도시 이전 농생명 연구기관을 중심으로 농생명 연구단지 조성

이를 위해 우선 생명과학이 중심이 되는 바이오 경제 시대를 선도할 수 있는 농생명과학 중심의 창조적 산업 생태계가 구축되어야 한다. 기초 연구, 응용 개발 연구, 제품개발연구로 이어지는 농생명산업 가치사슬의 연구집적화를 통해 전라북도를 농생명산업 연구의 국가 거점으로 육성해야 한다. 이를 위해 첫째, 농생명 기초원천 연구 역량 강화를 위해 전북과학기술원을 설립하고, 지역 특성을 살려 전북과학기술원을 농생명과학, 미생물 융·복합 부문으로 특화할 필요가 있다. 이를 통해 기초·원천 연구개발과 농생명 핵심 기초 연구인력 양성이 우선적으로 이루어져야 한다. 둘째, 전북혁신도시 이전하는 농촌진흥청 등 5개 연구기관(농촌진흥청, 국립농업과학원, 국립식량과학원, 국립원예특작과학원, 국립축산과학원)을 중심으로 지역 대학과 연계하여 농생명 연구개발 및 교육 중심의 농생명 연구단지 조성이 필요하다. 셋째, 농생명 연구단지를 중심으로 농생명 특화형 전북연구개발 특구를 조성할 필요가 있다. 특구를 중심으로 R&D 중심 농생명산업을 육성하고, 지역의 혁신역량을 결집해야 한다. 넷째, 민간육종연구단지와 국가식품클러스터를 기업하기 좋은 첨단 농생명기술 융·복합단지로 조성해 글로벌 경쟁력을 지닌 제품개발 연구가 활발하게 이루어지게 해야 한다.

그림 16-3 **국가식품클러스터: 식품삼각벨트의 중심**

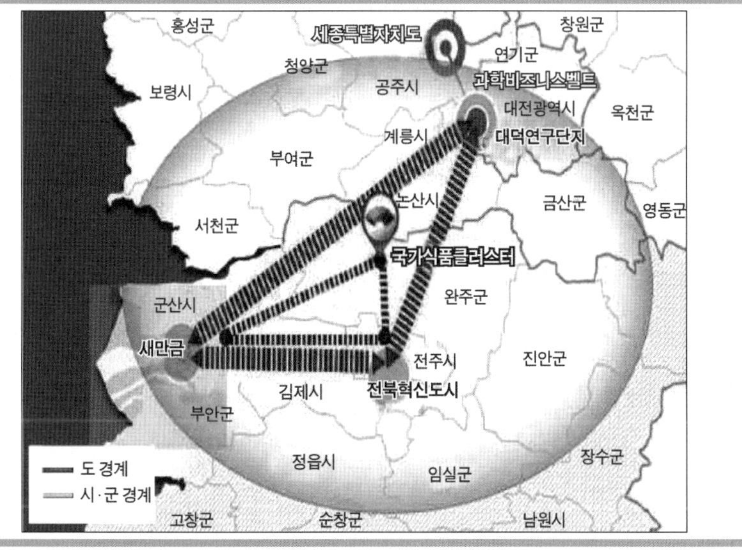

자료: 농림수산식품부(2012).

3) 국가식품클러스터를 중심으로 농식품 수출 거점 조성

국가식품클러스터의 R&D·제조 기능, 새만금의 물류·산업 기능, 전주·완주의 농생명혁신도시, 대덕연구단지·세종과학벨트(IT·BT 연구기관)의 R&D 기능을 네트워크로 연결해 국가식품클러스터를 글로벌 5대 식품클러스터③로 육성해야 한다. 즉, R&D를 기반으로 한 '식품 R&D 삼각벨트'를 중심으로 전국의 지역농식품클러스터·연구소·대학 등과 네트워킹하는 핵심 지역으로 국가식품클러스터가 확장되어야 한다. 이를 통해 2020년까지 핵심 식품기업 150개소와 연구소 10개소의 입주를 달성하고, 국내 농식품 수출의 선도거점이 되도록 국가식품클러스터를 육성할 필요가 있다.

이와 함께 국가식품클러스터가 전라북도 및 국내 농업과 동반 성장할 수

③ 글로벌 4대 식품클러스터로는 네덜란드의 푸드밸리, 덴마크·스웨덴의 외레손, 미국의 나파밸리, 이탈리아 에밀리아 로마냐가 있다.

있도록 지원할 필요가 있다. 이를 위해 첫째, 국가식품클러스터 내 기업과 연계할 수 있는 고부가가치 원료 농산물의 전략적 발굴을 적극 지원해 국내 수출 농업의 전략적 거점이 되어야 한다. 둘째, 국가식품클러스터에 구축되는 글로벌식품가공무역 기지를 국내 농수산물 수출 거점으로 기획하고 도내 농산물의 해외 수출을 지원해야 한다. 셋째, 국내 농수산물의 기능성 발굴을 통해 가공제품의 고부가가치화 및 다양화로 해외 수요를 충당하는 글로벌 생산기지로 육성·지원해야 한다.

참 고 문 헌

농림수산식품부 국가식품클러스터추진팀. 2012. 「국가식품클러스터 종합계획(안)」. 농림수산식품부.
전북발전연구원. 2013. 『창조전북: 기회와 도전』. 도서출판 한울.

FAO. 2010. *FAO Statistical Yearbook 2010: World food and agriculture*. Rome: FAO.
Weimin, Li. 2009. "Dutch agricultural through the eyws of a Chines economist." LEI.

제17장 전라북도 로컬푸드 활성화 방안

이민수 | 전북발전연구원 농업농촌연구부 연구위원

1. 로컬푸드란 무엇인가
2. 왜 로컬푸드인가
3. 로컬푸드, 전라북도 중소농 육성 핵심정책이 되어야 한다
4. 전북 로컬푸드 어떻게 활성화할 것인가
5. 전라북도 로컬푸드 발전비전 및 전략

1 | 로컬푸드란 무엇인가

1) 로컬푸드의 다양한 정의

로컬푸드는 지역의 경제와 환경을 살리고 건강을 지키기 위해 지역에서 생산된 먹거리를 지역에서 소비하는 농식품체계를 말한다. 이는 농장에서 식탁까지의 거리를 최대한 줄여 지역 내 농식품 수급체계를 확보하고, 생산자와 소비자 간의 사회적 거리를 줄여 공동체를 만들려는 노력의 일환으로 볼 수 있다.

로컬푸드는 지역(로컬)의 범위를 어떻게 볼 것인가에 따라 다양하게 정의된다(Agricultural and Agri-Food Canada). 공간적 거리는 지역에 따라 다양하게 정의되는데, 예를 들어 미국 아이오와에서는 74km, 워싱턴 D.C에서는 250km, 영국 런던에서는 160km, 영국 그 외 지역에서는 약 50km 이내에서 생산된 농식품을 로컬푸드로 정의한다. 시간적 거리의 경우 대부분 24시간 이내에 소비자에게 배달될 수 있는 식품과 행정구역인 도나 시·군의 경계 내에서 이루어지는 경우를 로컬푸드로 정의한다.

표 17-1 **로컬푸드의 공간적 정의**

국가	문헌 또는 단체	공간적 정의
영국	영국농민시장연합회(National Association of Farmers' Market)	반경 48km 이내
	런던농민시장(London Farmers' Market)	외곽순환도로에서 160km 이내
미국	미국의 신선지역식품 정의(Fresh and local food in the U.S, 2007)	400km 이내, 차로 하루 안에 갈 수 있는 거리
	신옥스퍼드미국어사전(New Oxford American Dictionary)	반경 160km 이내
	미국 농업법(2008 Farm Act)	생산지에서 640km 이내, 생산된 주(State) 내

자료: 국승용(2012).

국내에서도 로컬푸드에 대해 다양하게 정의하고 있다. 농촌진흥청(2010)에 따르면, 5~100km 내의 지역생활권역이나 인근생활권역에서 생산·가공·유통되는 안전하고 신선한 친환경 먹거리로서 공신력 있는 기관의 인증마크를 획득한 것을 로컬푸드라고 한다. 원주군(2009)의 경우 생산자와 소비자에게 적정한 가격을 보장하고 지속 가능한 방법(자원 순환 및 에너지 저투입 등의 친환경적 방법을 사용함으로써 지구온난화 방지 및 생물의 다양성 확보에 기여하는 모든 과정)으로 원주시 지역에서 생산·가공되어 직거래 또는 물류센터를 통한 2단계 이하의 유통단계를 거쳐 시민에게 공급되는 농식품을 일컫는다. 또한 완주군(2011)은 생산자에게 적정한 가격을 보장하고, 소비자에게 건강하고 안전한 먹거리 접근성을 보장하기 위해, 지속 가능한 방법으로 완주군 지역에서 생산·가공되어, 직거래 또는 로컬푸드 물류센터를 통한 2단계 이하의 최소 유통단계를 거쳐 주민에게 공급되는 농식품을 의미한다.

2) 외국의 로컬푸드 사례

일본, 미국, 영국 등과 같은 주요 선진국에서는 로컬푸드 운동을 활성화하고자 다양한 방안을 추진하고 있다. 일본은 2002년 '식·농 재생계획' 수립을 통해 중앙정부 차원에서 지산지소地産地消 운동을 본격적으로 지원하고 있다.

최근에는 2010년 '6차 산업화법', 2011년 '지역 농림수산물 이용 촉진 기본방침'을 통해 식품가공, 외식, 관광 등 다른 업종과의 연계를 적극적으로 지원하고 있다. 또한 지자체에서는 지산지소 조례 제정과 지산지소 추진협의회 구성을 통해 지산지소 운동을 추진 중이다.

주요 성과

- 지역농산물 직판장(2009): 전국 1만 6,816개소, 연 매출 8,767억 엔, 농민 가격수취율 80%, 가공품 판매로 농가 부가가치 향상
- 학교급식 지역농산물(채소) 비중 확대: 2004년 64.0%(33품목) → 2007년 66.6%(44품목)
- 기타: 농촌관광 연계 지역 레스토랑, 일본 경제단체연합회 협조를 통한 지역기업의 사원식당 내 지역농산물 공급 등

미국은 오바마 정부가 들어서면서 연방정부 차원에서 종합적인 로컬푸드 정책인 '먹거리 생산농부 알기Know Your Farmer, Know Your Food'를 수립해 시행 중이다. 기존 농무성과 교육부 등의 로컬푸드 관련 인력으로 팀을 구성하여 로컬푸드 관련 정책을 통합해 추진하고 있다.

주요 성과

- 농민장터(famer's market): 매년 1,000개소씩 증가, 2012년 7,500개소, 전국협회 결성
- 지역공동체지원농업(CSA): 전국 1,000개소 이상 추정
- 농가-학교 직거래(farm-to-school): 2011년 전국 2,300개 프로그램, 1만 개 학교 참여
- 농가-대학 직거래(farm-to-college): 2011년 167개 대학 참여
- 지역식량정책위원회(food policy council): 2011년 주정부, 시정부, 카운티 포함 전국 100개 이상 운영

미국, 일본 등에 비해 영국은 정부, 지자체, 비영리단체NPO 등 사회의 다

양한 주체들이 힘을 합친 거버넌스 구조가 매우 잘 갖추어져 있다. 정부기관, 민간연구소, NPO 등의 연합으로 이루어진 가장 대표적인 거버넌스 조직인 'Making Local Food Work'는 로컬푸드 커뮤니티 사업체(사회적 기업)나 프로젝트 컨설팅을 지원하고 있다. 사업 분야로는 CSA Community Supported Agriculture, 농민장터, 생협, 동네빵집 및 정육점, 학교급식, 커뮤니티 텃밭 등을 중심으로 로컬푸드 운동을 활성화하고 있다.

주요 성과

- 농민장터(famer's market): 2009년 전국 800개소 이상, 전국협회 결성
- 지속 가능 먹거리 도시네트워크 결성: 2011년 카디프, 브리스틀, 맨체스터 등 20개 도시
- 지역공동체후원제빵(real bread campaign): 지역산 밀과 식재료 활용 전통발효 빵집 인증·지원하는 NGO 주도 캠페인으로 전국에 100곳 이상

3) 국내 로컬푸드 사례

국내의 로컬푸드 운동은 2008년 전북 완주군이 국내 최초로 도입한 이후 점차 확산되고 있는 추세이다. 로컬푸드의 유형은 각 나라별 특성에 따라 다소 차이가 있지만 공통적으로 농민시장, 지역공동체지원농업, 학교급식, 농산물 직매장 등의 형태로 구분할 수 있다.

로컬농민장터의 형태인 원주 새벽시장은 1994년 우루과이라운드 대책으로 원주시농업경영인회가 시에 요청하여 하천 둔치를 직거래장터로 이용하면서 시작되었다. 4월 하순부터 12월 초순까지 매일 새벽 4시부터 오전 9시까지 개장하며, 직접 생산한 신선농산물을 판매하고 있다. 2009년 기준으로 등록된 생산자 450여 명 중 1일 평균 170여 명의 생산자가 장터에 참여하고 있으며, 1일 평균 3,200만 원의 매출을 올리고 있다(연매출 75억 원, 소비자 연 22만 명 방문).

완주 용진 로컬푸드 직판장은 완주군과 용진농협이 공동 출자하여 일본식 1일 유통 로컬푸드 직매장을 2012년 4월에 개장했다. 150여 농가가 참여하고 있으며, 생산자가 가격 결정, 진열, 수거를 책임지고, 10%의 수수료를 지불하고 있다. 신선채소, 육류, 가공품 등 200여 개 품목을 판매하며, 1일 1,000여 명이 방문하며 1일 평균 1,500만 원의 매출을 올리고 있다.

꾸러미CSA사업 형태인 전국여성농민회총연합 '언니네텃밭'은 2009년 횡성군 여성농민회 소속 다섯 가구가 제철농산물을 소비자 21가구에 택배로 보내는 사업으로 시작되었다. 현재 홍천, 상주, 김제 등 전국 14개 생산자공동체 110여 명의 생산자 회원이 도시 소비자 1,000여 명의 회원에게 매주(또는 격주) 꾸러미(두부, 콩나물, 계란, 제철채소 및 반찬류)를 택배로 배달하고 있다. 소비자는 월 회원제로 운영되며, 소비자가 월 회비 10만 원을 선납하고 주 1회(월 4회) 또는 격주(월 2회, 2개월)로 생산자가 보내는 꾸러미를 받는다.

완주군의 농가 레스토랑인 '아하라'는 농촌 여성 일자리 창출 및 농가 소득 창출을 위해 완주군 지원사업으로 2012년 9월부터 운영하고 있다. 식단은 20인 이상 단체가 이용할 수 있는 채식뷔페(1인당 7,000원)와 가족 단위로 이용할 수 있는 상차림코스(1인 1만 2,000원)가 있다. 여성 공동체 3명이 주식회사 아하라를 설립해 위탁운영하고 있으며, 월 1,000여 명이 방문하여 약 1,000만 원의 매출을 올리고 있다.

완주군의 거점농민가공센터는 농식품 가공품의 부가가치를 농가에 환원하고, 가공식품 제조 허가와 관련한 농민의 부담을 덜어주기 위해 농민들이 자신의 농산물을 들고 와서 필요할 때 사용할 수 있는 공동가공시설이다. 공공성을 위해 완주군이 직접 설립·소유하고 있으며, 주민창업공동체인 '농부의 부엌' 등 2개 법인이 위탁 운영하고 있다.

서울 마포구의 '장독대프로젝트'는 커뮤니티키친community kitchen 형태로 2012년 마포 시민단체(민중의 집)가 매개가 되어 도시민들이 공동으로 장독대를 운영·관리하면서 직접 장을 담아 먹는 프로젝트이다.

2 | 왜 로컬푸드인가

1) 로컬푸드는 지역의 일자리와 소득을 증가시킨다.

로컬푸드는 지역경제에 다양한 긍정적 효과를 가져온다.

첫째, 지역농산물 소비가 증가하면 지역경제와 일자리 창출에 직접적으로 기여한다. 예를 들어, 가계 음식료품비 770만 원① 중 10%를 로컬푸드 소비에 사용한다면(수입 농식품 등을 지역 내 농식품으로 대체할 경우), 전라북도는 로컬푸드 판매로 연 5,000억 원(770만 원×10%×66만 가구)의 소득이 창출될 것이다.

학교급식 두부 사례

- 현재 전라북도 학교급식 두부는 거의 수입 콩을 사용한 대기업 제품
- 수입 콩을 도내에서 생산한 콩으로 대체하면 농가는 18억 원(학생 1인당 두부 소비액 6,000원×초·중·고 학생 30만 명)의 소득 창출
- 도내 생산 콩을 직접 가공해 두부로 판매하면 40억 원(농가 18억 원+지역 두부 제조업체 22억 원)의 소득 발생

둘째, 승수효과②를 통해 로컬푸드의 경제적 효과가 지역경제에 파급·확

---

① 가계 음식료품비는 통계청에서 발표한 가계동향조사(2011) 자료를 활용했으며, 음식료품비에는 음료, 주류, 식사비를 포함했다.

② 승수효과는 투자(소비)에 의한 직간접 효과를 모두 고려한 개념이다. 예를 들어 A가 100만 원의 식품을 B마트에서 소비했을 때, B마트가 100만 원을 전부 서울로 송금했을 경우에는 지역 내 100만 원 소비만 일어났으므로 승수는 1이 된다. 이와 달리 B마트 주인이 50만 원을 지역의 레스토랑에서 사용하고, 레스토랑 주인은 25만 원을 지역 농산물 구매에 사용했을 경우 지역 내에는 최종적으로 175만 원의 소비가 일어났으므로 승수는 1.75가 된다.

대 및 재생산된다. 지역 생산·소비의 선순환으로 기존 농식품유통 구조에 비해 2~3배의 승수효과가 발생한다.

농민장터 사례

· 수출 중심 대규모 지역농이 1달러의 농산물을 판매하면 지역에 최종적으로 총 1.7달러의 소득이 발생하지만, 농민장터에서 소비된 1달러는 지역에 최종적으로 2.8달러의 소득을 발생

· 100달러를 사용했을 경우 일반 대형 슈퍼는 25달러, 지역슈퍼는 52달러를 지역에 재사용하지만, 농민장터는 62달러를 지역에 재사용

지역 레스토랑 사례

· 100달러 사용했을 때 체인점 레스토랑은 31달러만 지역에 재사용하나, 지역 레스토랑은 79달러를 지역에 재사용

자료: Sonntag(2008).

미국 디트로이트 로컬푸드 사례

· 인구수가 전주시와 유사한 미국 디트로이트 시를 대상으로 한 연구에 따르면, 지역농식품 사용이 20% 증가할 경우, 지역소득이 5억 달러 증가하고, 신규로 4,700명의 고용이 창출되며, 2,000만 달러의 세수가 증대되는 것으로 나타남.

자료: Hesterman(2011).

셋째, 농가직판 활성화를 통해 지역 내 관광·식당과의 연계를 통한 시너지 효과가 발생하며, 식생활교육서비스·로컬푸드 정보 제공 등의 신규 일자리 영역을 창출한다.

2) 로컬푸드는 환경을 보호한다.

우리나라는 2000년 이후 푸드마일리지가 세계에서 가장 빠르게 증가한 국가로, 2010년 현재 1인당 푸드마일리지는 7,085t·km로 프랑스에 비해 약 10배 수준으로 나타났다. 2003년 이후 일본, 영국, 프랑스는 푸드마일리지가

그림 17-1 **국가별 1인당 푸드마일리지**(단위: t · km/인)

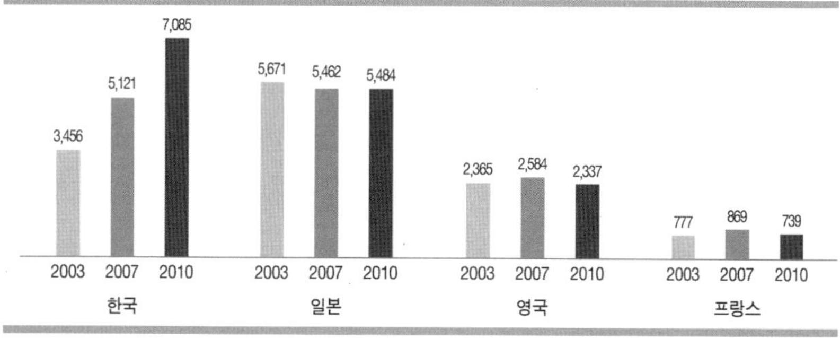

자료: 국립환경과학원(2012. 5. 17).

그림 17-2 **국가별 1인당 식품 수입량(왼쪽), 국가별 1인당 CO2 배출량(오른쪽)**(단위: kg, kgCO2)

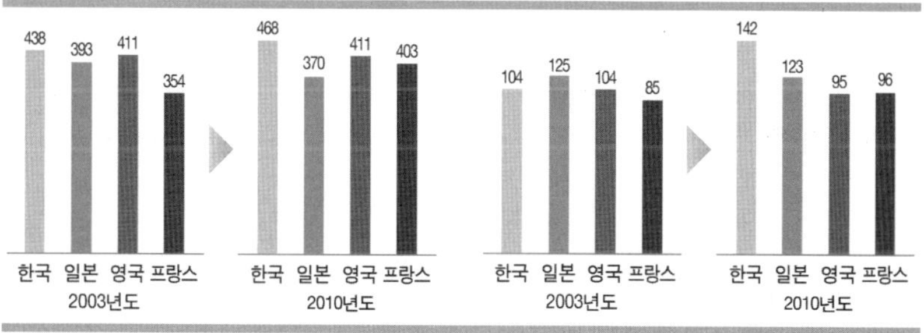

자료: 국립환경과학원(2012. 5. 17).

감소 추세이지만, 한국은 매년 10.8%씩 증가하는 것으로 나타났다.

또한 푸드마일리지를 구성하는 식품 수입량 및 이산화탄소 배출량에서도 우리나라는 비교 대상 국가 중 1위를 차지한 것으로 나타났다. 만약 로컬푸드를 통해 현재 7,000km의 농식품 수송 거리를 70km 이내로 줄이면 푸드마일리지가 99% 감소되는 효과가 있다. 따라서 푸드마일리지와 온실가스 감축을 위해 로컬푸드 소비를 확대할 필요가 있다.

3) 그 외 로컬푸드의 효과들

로컬푸드는 경제적·환경적 효과뿐만 아니라 사회적, 건강, 식품 안전성 측면에서도 긍정적인 효과가 있다. 로컬푸드를 통한 농민과 소비자의 접촉이 증가할수록 사회적 관계 회복 및 지역사회의 소통을 활발하게 하는 것으로 나타났다. 연구에 따르면 농민장터에서는 일반 슈퍼마켓보다 생산자와 소비자 간의 대화가 10배 이상 이루어지는 것으로 나타났다(Halweil, 2003).

로컬푸드에서 공급되는 식품은 상대적으로 신선하고, 많은 가공을 거치지 않아 풍부한 영양소를 함유하고 있다. 또한 다양한 농식품 생산이 가능하여 전국 시장에서는 구입할 수 없는 토종 채소 등 건강에 이로운 농식품 생산이 용이하며, 유통 시간의 단축으로 신선농식품의 선도 유지가 용이하고, 냉장 등에 소요되는 비용이 절감된다.

식품 안전성 측면에서도 로컬푸드는 농식품 생산자와 소비자 간 연계 및 신뢰를 강화하기 때문에 긍정적인 효과가 있다. 유통단계의 축소로 기존의 유통과정에서 나타날 수 있는 오염 등의 식품 안전 문제를 원천적으로 제거할 수 있다. 또한 소비자가 유통과정을 직접 확인하는 것이 용이하여 소비자 신뢰가 증대되며, 이는 생산자와 소비자 간의 교류 활성화로 이어져 농식품의 거래를 발전시킬 수 있다.

대부분의 경우 로컬푸드는 장바구니 형태로 신선하게 배달되며, 이로 인해 장거리 유통에 필요한 개별 포장재 사용이 감소할 것이며, 지역의 토종 작물과 전통음식의 소비 활성화로 지역의 토종 종자와 전통식단이 보존되는 효과를 가져올 것이다.

3 | 로컬푸드, 전라북도 중소농 육성 핵심정책이 되어야 한다

1) 전라북도 농업 현황: 농가 소득은 상대적 증가, 양극화는 심화

2000~2010년의 농가 소득 증가율(불변가격)은 전국 5.1%, 전북 16.1%로

표 17-2 **농업 소득 현황**(단위: 1,000원, %)

시 · 도별	2000년	2010년	증감률	전국 평균 대비	
				2000년	2010년
경기	12,214	6,710	-45.1	1.01	0.77
충남	13,474	8,331	-38.2	1.12	0.96
전북	11,456	11,450	-0.1	0.95	1.32
전남	10,874	7,649	-29.7	0.90	0.88
경북	13,287	9,086	-31.6	1.10	1.04
전체	12,053	8,698	-27.8	1.00	1.00

주: 2005년 불변가격 기준.
자료: 통계청, 농가경제통계.

전북이 전국 평균에 비해 3배 이상 높은 것으로 나타났다. 또한 전국 대비 전라북도 농가 소득은 2000년에 0.88에서 2010년에는 0.97로 증가했다. 이처럼 전라북도의 농가 소득이 증가한 것은 다른 지역의 농업 소득의 하락폭에 비해 전라북도의 하락폭이 작았기 때문이다.

민선 4기 이후 추진되어온 고부가가치 농산업구조 개편정책의 지속적인 추진으로 전라북도의 억대 수입 농부는 전국에 비해 크게 증가한 것으로 분석되었다. 전국의 농업 총수입 1억 원 이상인 농가 비율은 2005년 4.2%에서 2010년 5.0%로 증가했지만, 전북은 2005년 2.3%에서 2010년 7.0%로 증가해 전국보다 높은 것으로 나타났다.

그러나 전라북도의 농가 양극화는 타 지역에 비해 더욱 심화되었다. 2010년의 5분위 소득 비율은 전북(13.9배)이 전국 농가(11.7배)보다 큰 것으로 나타났다. 이러한 격차는 하위 농가일수록 판매 수익 감소와 경영비 증가 폭이 크기 때문이다. 소득 1분위(하위 20%)의 농업 소득률은 2000~2010년에 34.4% 감소한 반면, 소득 5분위(상위 20%)의 농업 소득률은 같은 기간 13.4% 감소했다.

그림 17-3 **전국, 전북의 농가 양극화 추이**

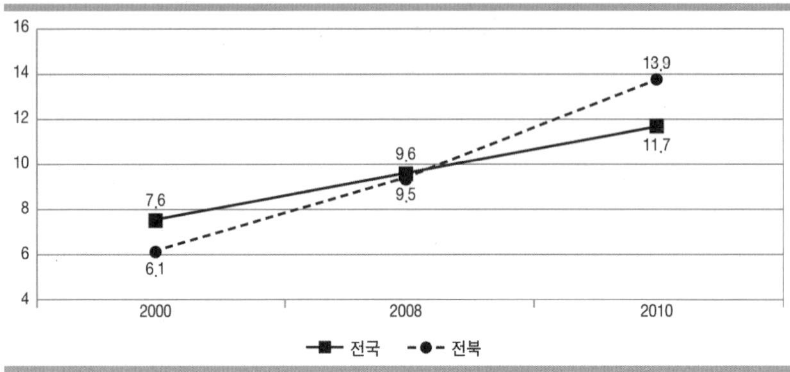

자료: 통계청, 농가경제조사.

표 17-3 **농가 계층별 구분**

구분	규모화된 전업농	중소 가족농	재촌탈농 가구
경지 면적 기준 (통계청, 2010)	21.3%(2ha 이상)	42.6%(0.5~2ha미만)	36.1%(0.5ha 미만)
농업 소득 기준 (남원시, 2012)	28.1%(2,000만 원 이상)	41.9%(500만~2,000만 원 미만)	30.1%(500만 원 미만)

주: 일반적으로 소농(~0.5ha 이하), 중농(~1.5ha 미만), 대농(1.5ha 이상)으로 구분해왔으나, 이는 평균 경지 면적이 1ha 정도였던 1980년대의 구분 방법으로, 여기서는 전북 호당 경지 면적이 1.6ha인 점을 고려해 '0.5~2ha 미만'을 중소 가족농으로 구분함.

2) 전라북도 농정 방향: 로컬푸드를 중소농 육성 핵심 정책으로 추진

농가의 양극화를 해소하기 위해서는 규모의 효율성을 달성하기 어려운 중소 가족농의 특성에 맞는 새로운 정책 추진이 필요하다. 전라북도 농가는 크게 3계층(규모의 효율성이 가능한 전업농 30%, 중소 가족농 40%, 경지규모와 농업소득이 극히 미미한 재촌탈농 가구 30%)으로 구분할 수 있다(표 17-3 참조). 이러한 계층별 농가 특성을 고려해 향후 전라북도의 농정방향은 계층별 맞춤 정책을 수립해야 한다.

향후 농업정책 방향은 성과를 나타내고 있는 고부가가치 농산업구조 개편 정책을 지속적으로 추진하면서 중소농이 농업 소득을 안정적으로 확보할 수

그림 17-4 **농가계층별 당면 과제와 전략**

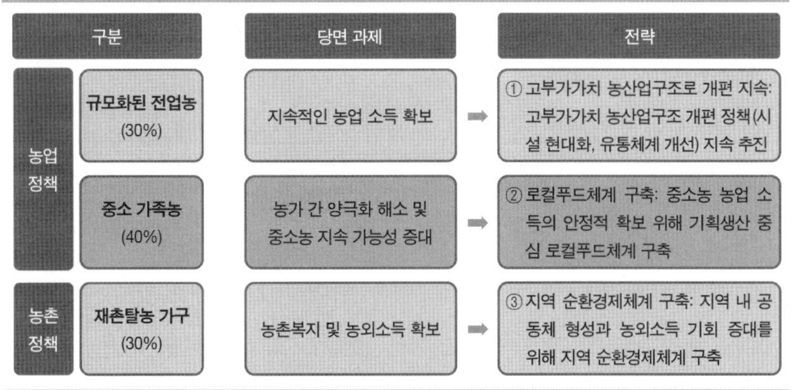

그림 17-5 **농가소득 향상을 위한 차별화 전략**

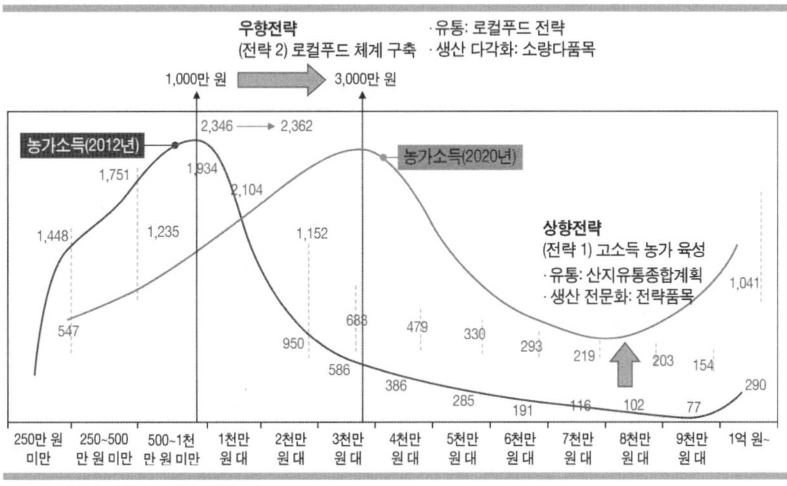

자료: 남원시, 농가소득관리프로그램.

있는 로컬푸드 정책을 추진해야 한다. 고소득 농가 육성과 함께 1,000만 원 수준에 머물러 있는 다수의 중소 농가 소득을 3,000만 원 수준으로 우향시키는 로컬푸드체계 구축이 향후 주요 정책 과제가 될 것이다.

4 | 전북 로컬푸드 어떻게 활성화할 것인가

1) 소비자 설문 결과

대형마트와 로컬푸드 직매장을 이용하는 소비자를 대상으로 현장 설문조사(전북발전연구원, 2012)③를 실시한 결과, 응답자의 98.2%가 보통 이상의 로컬푸드 직매장 이용 의향④을 나타냈으며, 이 중 65.7%는 적극적인 이용 의향을 나타냈다. 품목별 로컬푸드 이용 확대 의향 조사에서는 신선채소 83.2%, 제철과일 79.7%, 육류 73.2%, 양념류 71.0%, 곡류 70.9%, 가공품 68.9% 등 신선채소에 대한 확대 의향이 가장 높은 것으로 분석되었다. 또한 일반 농산물보다 로컬푸드에 대해 20% 이상의 추가 지불 의사가 있는 응답자가 47.6%로 나타났다.

로컬푸드 유형별 이용 의사⑤ 조사에서는 직매장(65.7%), 농민가공품(61.0%), 동물복지 축산물(51.9%), 농민장터(45.7%), 인증식당(45.2%), 꾸러미(36.5%)의 순으로 로컬푸드 직매장을 적극 이용할 것으로 분석되었다. 로컬푸드 활성화의 장애 요인⑥으로는 판매처 부족(83.7%), 정보 부족(65.7%), 판매 종류 한정(62.5%), 인증시스템 부재(53.0%), 공급 불안정(47.4%) 등으로 나타났다.

2) 외국의 로컬푸드 활성화 정도

2010년 영국의 식료품전문조사기관인 IGD의 소비자조사에 따르면, 영국

---

③ 대형마트(205명)와 로컬푸드 직매장(244명)을 대상으로 2012년 11월 3일부터 6일까지 현장 설문조사를 실시했다.

④ 품목별 구매 의향(확대, 유지, 감소) 중 '확대' 비율.

⑤ 유형별 이용 의사(5점 척도: 적극 이용, 다소, 보통, 거의, 전혀) 중 '적극 이용' 비율.

⑥ 요인별 장애 정도(5점 척도: 매우, 다소, 보통, 거의, 전혀) 중 '다소 그렇다' 이상의 비율.

의 로컬푸드 소비자는 2006년 15%에서 2010년에는 30% 증가한 것으로 나타났다. 일본(2009년)은 직판장에 참여하는 농가가 35만 호로 총 농가의 12% 수준으로 전체 유통의 5~10%를 차지했다. 프랑스(2005년)는 농가의 16.3%가 직판 활동을 하며, 직판 농가 중 47%가 농가 가공을 수행하고 있는 것으로 나타났다. 그리스와 이탈리아에서 생산물의 50% 이상을 직판하는 농가의 비율은 각각 24%, 17%로 나타났다(허남혁, 2012).

3) 국내 로컬푸드 미활성화 이유: 생산과 소비의 불일치

설문조사의 로컬푸드 적극 이용층 47.6%와 외국의 로컬푸드 시장 20% 수준을 고려할 때 국내 로컬푸드 잠재 시장은 10% 이상일 것으로 추정된다. 로컬푸드의 잠재 수요는 확대되고 있지만, 국내 조직화된 로컬푸드 시장은 약 2% 이내로,⑦ 잠재 수요의 현실화를 위한 전략이 필요하다.

이처럼 국내에서 로컬푸드 시장이 미미한 이유는 생산과 소비가 불일치하기 때문이다. 생산측면에서는 생산 후 판매할 소비처가 없으며, 중소농가의 미조직화로 공급 가능 물량이 없다. 반면, 소비 측면에서는 신뢰할 만한 로컬푸드 판매점이 없으며, 가공품 등 다양한 로컬푸드 제품이 부족하다.

4) 전북 로컬푸드 활성화를 위한 단계적 발전 방향

생산과 소비의 불일치를 해소하기 위해서는 단계별 발전전략이 필요하다. 초기에는 농가 유인책이 필요하므로 공공급식과 직판장을 중심으로 안정적인 공공형 시장 형성과 생산 기반 구축에 주력해야 한다. 두 번째 단계로는 안정적 시장을 바탕으로 로컬푸드를 공급할 수 있는 중소농가 조직화 및 생

⑦ 농수산물 국내공급액 55조 원(한국은행 산업연관표, 2010) 중 어느 정도 조직화되어 직거래체계가 판매가 이루어지는 국내 유기농(0.5조 원), 생협(0.6조)의 시장점유율 고려하여 추정.

그림 17-6 **단계적 로컬푸드 시장 확보 전략**

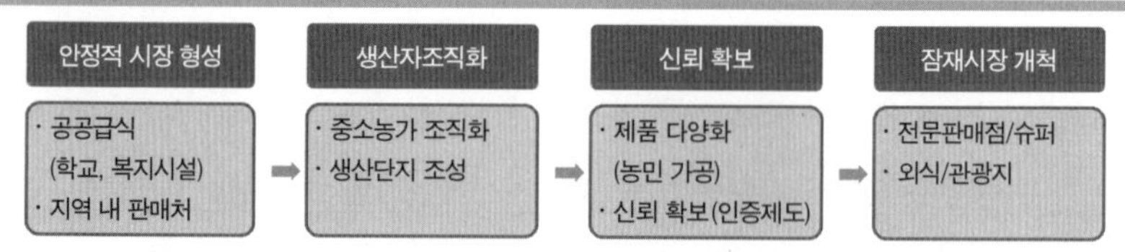

그림 17-7 **전북 로컬푸드 단계별 발전전략에 따른 시기별 주요 내용**

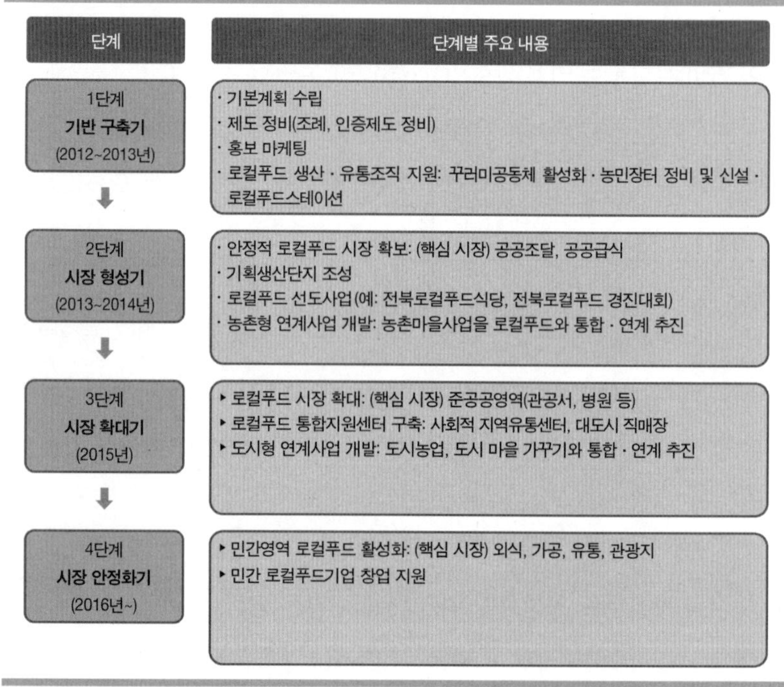

단계
단계별 주요 내용
1단계
기반 구축기
(2012~2013년)
· 기본계획 수립
· 제도 정비(조례, 인증제도 정비)
· 홍보 마케팅
· 로컬푸드 생산 · 유통조직 지원: 꾸러미공동체 활성화 · 농민장터 정비 및 신설 · 로컬푸드스테이션
2단계
시장 형성기
(2013~2014년)
· 안정적 로컬푸드 시장 확보: (핵심 시장) 공공조달, 공공급식
· 기획생산단지 조성
· 로컬푸드 선도사업(예: 전북로컬푸드식당, 전북로컬푸드 경진대회)
· 농촌형 연계사업 개발: 농촌마을사업을 로컬푸드와 통합 · 연계 추진
3단계
시장 확대기
(2015년)
▸ 로컬푸드 시장 확대: (핵심 시장) 준공공영역(관공서, 병원 등)
▸ 로컬푸드 통합지원센터 구축: 사회적 지역유통센터, 대도시 직매장
▸ 도시형 연계사업 개발: 도시농업, 도시 마을 가꾸기와 통합 · 연계 추진
4단계
시장 안정화기
(2016년~)
▸ 민간영역 로컬푸드 활성화: (핵심 시장) 외식, 가공, 유통, 관광지
▸ 민간 로컬푸드기업 창업 지원

산단지 조성이 필요하다. 세 번째는 생산 기반이 확보되면 가공품 포함 로컬푸드 제품을 다양화하고, 인증제 도입으로 소비자와의 신뢰를 확보해야 한다. 마지막으로 민간 영역인 전문 판매점 및 슈퍼와 외식업체 등으로 로컬푸드 제품의 공급을 확대해야 한다. 전북 로컬푸드 단계별 발전전략에 따른 시기별 주요 내용을 제시하면 그림 17-7과 같다.

5 | 전라북도 로컬푸드 발전비전 및 전략

1) 전북 로컬푸드 발전비전과 4대 전략

전라북도는 2012년 100억 원 규모의 로컬푸드 시장을 2016년까지 2,000억 원 규모로 확대하기 위해 시장 활성화, 생산자조직화, 가공·유통활성화, 통합운영체계 구축의 4대 전략을 수립했다(그림 17-8 참조).

그림 17-8 **전북 로컬푸드 발전 비전과 목표, 전략**

비전	**생산자와 소비자 모두가 행복한 지속 가능한 전북농업 · 농촌 육성**
목표	· 로컬푸드 시장 활성화: 100억(2012년) → 2,000억(2016년) · 로컬푸드 생산자조직화 - 참여 농가 500농가(2012년) → 2만 농가(2016년) - 협동조합(작목반) 20개(2012년) → 450개(2016년) · 로컬푸드 가공 · 유통 활성화 - 거점농민가공센터 1개(2012년) → 28개(2016년) - 로컬푸드유통센터 1개(2012년) → 14개(2016년)
전략	**1. 로컬푸드 시장 활성화** - 공공급식 연계 - 시 · 군 로컬푸드 직매장 활성화 - 전북 꾸러미 활성화 - 로컬푸드 식당인증제 실시 - 순회 농민장터 활성화 **2. 로컬푸드 생산자조직화** - 로컬푸드 마을협동조합 조직화 - 전북 두레농장 구축 - 광역품목 협동조합 조직화 - 핵심 전략품목 협동조합 조직화 - 전북로컬푸드밸리 조성 **3. 로컬푸드 가공 · 유통활성화** - 거점농민가공센터 구축 - 시 · 군 로컬푸드 유통센터 구축 - 제휴푸드(광역유통) 체계 구축 **4. 통합운영체계 구축** - 전북로컬푸드 종합전략 수립 - 제도기반 정비(조례, 행정시스템정비) - 로컬푸드 정보 · 홍보센터 운영

2) 전북 로컬푸드 전략 1: 시장 활성화

로컬푸드 시장 활성화를 위하여 우선적으로 새로운 로컬푸드 시장을 개척해야 한다. 시장 활성화를 위한 1단계로 안정적 공공급식 시장을 형성하고, 직매장 및 꾸러미 사업을 중심으로 시·군 진행 사업을 활성화할 필요가 있다. 2단계는 지역 식당, 농민장터, 체험연계 직거래, 단체급식(관공서, 대학)을 중심으로 새로운 시장을 개척해야 한다. 마지막으로 단체급식(대기업, 연수원)과 일반 영역(슈퍼, 외식재료, 가공재료)으로 시장을 확대해나가야 한다.

안정적인 공공급식 시장을 중심으로 2016년까지 로컬푸드 시장에서 전북의 농축산물 시장 규모를 5% 수준으로 형성하려면 시·군 급식센터 설립을 통해 전북 급식 농산물을 로컬푸드로 공급해야 한다. 또한 시·군 직매장 설치 및 순회 농민장터 지원과 거점농민가공센터 구축, 6차 산업과 연계한 농가 레스토랑 육성 등 다양한 정책적 수단이 뒷받침되어야 한다(표 17-4 참조).

표 17-4 **로컬푸드 시장 목표 및 정책 수단**(단위: 억 원)

구분	시장 규모	로컬푸드 시장 목표			정책 수단
		2014	2015	2016	
학교급식	500억(전북 급식 시장 1,000억 원 중 농산물, 쌀, 김치 비중 적용)	100	300	500	· 친환경 차액 지원과 시·군 급식센터 설립 통해 전북 급식 농산물을 로컬푸드로 공급
복지급식	100억(약 4만 명, 100억 원 시장)	10	30	50	· 복지시설평가제도에 지역농산물 사용 항목 포함
단체급식	1,000억(7조 3,000억 원 시장 중 전북 3%, 식품 50% 비중 적용)	10	50	100	· 관공서, 병원(1차), 지역 내기업(2차) 대상 · 로컬푸드 사용 기업 홍보, 시상식
직매장	4,500억(마트, 슈퍼 신선식품 15조 원, 전북 비중 3% 적용)	200	300	500	· 시·군 직매장 설치 지원, · 순회 농민장터 지원
농민 가공	5,700억(식품가공 농산물 19조 원, 전북 비중 3% 적용)	50	150	250	· 거점농민가공센터 구축 · 6차 산업, 향토산업마을 연계
지역 식당	1,500억(외식업 농산물 5조 원 중 전북 비중 3% 적용)	10	50	150	· 로컬푸드 식당인증제 · 6차 산업과 연계한 농가 레스토랑 육성 · 로컬푸드 사용 식당 홍보, 시상
꾸러미		10	50	150	· 택배비, 연중 생산시설 지원
지역 생협	300억(2012년 약 100억, 매년 20~30% 성장)	150	200	300	· 지역 생협을 활성화하기 위한 협동조합 지원 조례 제정
전체		540	1,130	2,000	

3) 전북 로컬푸드 전략 2: 생산자조직화

품목별 생산자조직화 및 로컬푸드 생산단지 조성 방안으로 시·군 생산 비효율 품목인 구근·과일·잡곡류를 중심으로 특정 생산단지를 광역 단위로 육성하며, 생산이 용이한 품목인 엽채류 및 조미채소는 마을협동조합, 두레농장을 통한 생산단지를 조성해 공급한다. 반면, 생산이 어려운 품목인 과채류 및 가공품류를 중심으로 품목협동조합을 육성해 생산자를 조직화할 필요가 있다. 이러한 생산자조직화를 통해 중소농 2만 농가를 조직화하여 중소농가들과 연계한 다품목 연중 생산체계를 구축한다(그림 17-9, 표 17-5 참조).

그림 17-9 **로컬푸드 생산단지 조성 방안**

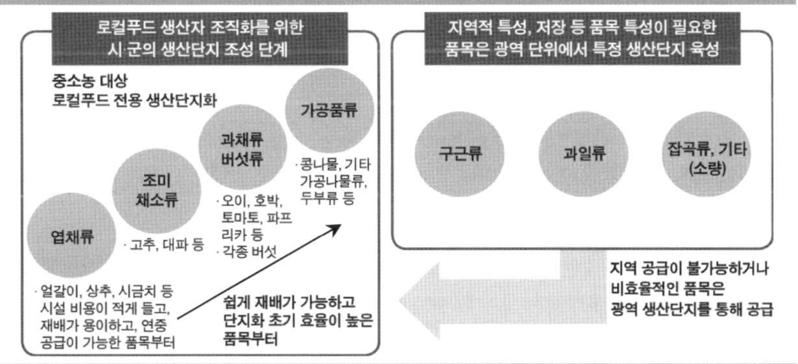

표 17-5 **로컬푸드 생산자조직화 핵심 정책**

기본 방향	핵심 정책	목표(2016년)
기존 마을사업 통합 · 연계	· 마을형 로컬푸드협동조합 육성: ① 관광 · 체험형, ② 가공형, ③ 직판 중심형	280개소(시 · 군당 20개소) ※ 기존 마을사업 400개소: 향토산업마을 100, 체험마을 250, 종합마을개발 56
고령농 · 영세농 복지정책과 통합	· 전북 두레농장: 고령농, 귀농자 참여형 공동농장	60개소(시 · 군당 5개소)
광역 품목 생산단지 조성	· 광역 단위 품목협동조합(작목반) 육성: 시 · 군 단위 생산 비효율적 품목 중심	28개소(시 · 군당 2개소): 친환경농업지구(48개) 연계
핵심 전략품목 집중 육성	· 핵심 전략품목 협동조합(작목반) 육성: 유정란, 두부, 콩나물, 떡류 등	56개소(시 · 군당 4개소): 핵심 전략작목 시 · 군별 육성
전북 로컬푸드 이미지 극대화	· 전북로컬푸드밸리 조성: 로컬푸드 특화단지, 관광루트 조성	30개소: '로컬푸드' 메카 이미지를 극대화하기 위해 골짜기 지역을 로컬푸드단지로 특성화

4) 전북 로컬푸드 전략 3: 가공 · 유통 활성화

거점농민가공센터 및 로컬푸드 통합유통센터 구축과 광역로컬푸드사업단을 운영해 로컬푸드의 가공·유통 활성화를 도모한다.

표 17-6 **로컬푸드 가공 · 유통 활성화 핵심정책**

기본 방향	핵심 정책	목표(2016년)
농민 가공 조직화	· 거점농민가공센터 구축: 주요 가공품은 밑반찬류, 천연조미료, 잡곡류, 주요 시설은 밑반찬조리실, 건식가공실, 섭식가공실	28개소(시 · 군당 2개) ※ 시 · 군당 신규 1개소, 시설 보완 1개소
통합물류체계 구축으로 유통단계 축소	· 로컬푸드 통합유통센터 구축: 순회수집시스템, 신선 · 편이 전처리시설, 저장시설	14개소(시 · 군당 1개소)
시 · 군 연계 광역물류시스템 구축	· 광역로컬푸드사업단 운영: 아파트 순회 농민장터 운영, 광역 품목 시 · 군 간 연계 · 유통	1개소(광역) ※ 공모 방식으로 선정

5) 전북 로컬푸드 전략 4: 통합운영체계 구축

전북 로컬푸드 종합전략 수립, 제도기반 정비와 로컬푸드 정보 및 홍보센터를 운영하여 로컬푸드의 통합운영체계를 구축하고자 한다.

표 17-7 **로컬푸드 통합운영체계 구축 방안**

기본 방향	핵심 정책	목표(2016년)
제도 기반 구축	· 전북 로컬푸드 조례 제정 · 로컬푸드 전담 행정체계 구축 · 로컬푸드 인증제 도입	조례 제정: 2013년 인증제 시행: 2014년
패키지형 공모사업 시행하여 시 · 군 로컬푸드 선도	· 패키지형 공모사업 시행: 종합적인 시 · 군 로컬푸드육성계획(생산, 가공 · 유통, 시장 활성화)과 연계한 2~3년 공모사업	14개 ※ 시 · 군 민간 전담조직(사업단)을 통해 지원
전북 로컬푸드 홍보 활성화	· 로컬푸드 창업경진대회(민간공모) · 우수 사례 · 개인 · 단체 · 시 · 군 시상 · '전북로컬푸드의 날' 제정 · 로컬푸드교육정보센터 운영(웹, 잡지)	

6) 사업 추진전략

현재 시·군마다 로컬푸드 추진 여건과 역량이 상이하므로 지역 상황에 따라 유연하게 사업비가 투입되도록 패키지형 공모사업을 설계해 시·군 맞춤형 로컬푸드 계획을 추진할 수 있도록 지원해야 한다. 또한 시·군 로컬푸드

계획 수립, 전담조직 활성화에 초점을 맞추어 최소한의 예산을 지원하고, 기존 시·군에서 추진하던 공동체사업, 광특사업 등과 연계할 필요가 있다.

공공급식이 로컬푸드 핵심 전략과 연계되어 추진되도록 행·재정적으로 통합하고, 시·군 단위에서 수행이 어려운 로컬푸드 인증제도(식당인증제, 생산인증제 등) 운영과 전북 로컬푸드의 날 제정, 창업경진대회, 우수 시·군 사례 포상 등을 통해 중소농 육성 핵심 정책으로 전북 로컬푸드를 적극적으로 홍보할 필요가 있다. 이와 함께 많은 사업비 투입이 필요한 H/W사업은 도 광특회계사업이나 국·도비 공모사업을 통해 역량을 갖춘 시·군을 대상으로 지원해야 한다.

표 17-8 **로컬푸드 사업 추진전략**

구분	개별 사업 (전북 직접사업)	패키지형 지원사업 (전북 공모사업)	비고
전체 시·군 대상 (S/W사업)	· 제도 기반 정비 - 전북로컬푸드조례 - 로컬푸드인증제(식당, 생산) - 행·재정 시스템 통합 정비 · 전북 공통사업 - 아파트 순회농민장터 - 로컬푸드 창업경진대회 - 전북로컬푸드의 날 · 우수 사례·단체·시·군 시상 · 부진 시·군 패널티 - 차년도 공모사업 예산 삭감	· 필수 사항 - 시·군 로컬푸드 조례 제정 - 민간 전담조직 설립 - 교육·홍보 사업 등	공모 신청 전제조건 공모 예산으로 지원
일부 시·군 대상 (H/W사업)	· 국·도비 공모사업 예: 도기술원 파일럿플랜트(거점농민가공센터) · 광특회계사업 예: 농식품 6차 산업화	· 선택 사항 - 생산: 두레농장, 생산단지 조성 등 - 가공·유통: 거점가공센터 등 - 시장: 직매장, 꾸러미 등	공모 예산 지원 필요한 핵심 H/W 제시
		· 지자체 연계사업 - 학교급식, 6차 산업 - 마을기업, 사회적 기업, 협동조합	공모 예산 외 핵심 시설에 대한 시·군 지원 계획

참 고 문 헌

국립환경과학원. 2012. 5. 17. "우리 밥상, 신토불이 찾기 어려워졌다…푸드마일리지 증가세" (보도자료).

국승용. 2012. 「로컬푸드와 지역 농식품산업의 활로」. 한국농촌경제연구원 엮음. 『농업전망 2012』. 한국농촌경제연구원.

농촌진흥청(김행란·김양숙). 2010. 「농진청의 로컬푸드 활성화 계획」. 지역사회생활개선학회 발표문.

완주군. 2011. "2011 로컬푸드 전국대회 in 완주" 자료집(2011. 9. 24).

원주시 농업기술센터. 2009. 『원주푸드 활성화 추진계획』.

허남혁. 2012. 「충남 지역순환식품체계 구축 기본계획」. 충남발전연구원.

Born, B. and M. Purcel. 2006. "Avoiding the local trap." *Journal of Planning Education and Research*, Vol. 26, pp. 195~207.

Halweil, Brain. 2003. "The Argument for Local Food." *World Watch,* Vol. 16, No. 3.

Hesterman, Oran. 2011. "Buying Local Makes Economic Sense." retrieved January 30, 2013, from http://zesterdaily.com/world/buying-local-makes-economic-sense

Sonntag, Viki. 2008. *Why Local Linkages Matter: Findings from the Local Food Economy Study.* Seattle, WA: Sustainable Seattle.

제18장 농어촌 과소화 마을, 어떻게 할 것인가

이창우 ı 전북발전연구원 새만금지역개발연구부 부연구위원

1. 농어촌 마을의 과소화 · 공동화, 이대로 좋은가
2. 과소화 마을 증가 및 문제점
3. 농어촌 과소화 마을 특징
4. 정주 여건 개선 방안

1 | 농어촌 마을의 과소화 · 공동화, 이대로 좋은가

전국적으로 농어촌의 인구 감소세는 약화되고 있으나, 마을 단위 인구의 과소화 및 공동화는 증가하고 있다. 과소화 마을①은 2005년 2,048개소(5.7%)에서 2010년까지 5년간 1,000개소 이상이 증가하여, 2010년 기준으로 전국의 20호 미만 과소화 마을 수는 총 3,901개소로 전체 농어촌 마을(3만 6,496개소)의 8.5%를 차지하고 있다.

농어촌 마을의 소득 문제, 기초적인 서비스 여건 취약 등의 이유로 인구의 외부 유출이 일어나면서 과소화 현상이 대두하고 있다. 이러한 농어촌 마을

① '과소'는 사전적으로는 어느 지역의 인구 따위가 지나치게 적음을 의미하는 것으로 과밀과 상대적인 의미의 어휘이다. 일정 지역의 인구가 점차적으로 줄어들어 다른 지역보다 적어진 상태를 의미하는 결과론적 개념이다(정기환 외, 1999). 과소화 지역은 과소한 상태로 진행하는 과정에 놓인 지역을 의미하며, 과소화 지역을 판단하는 기준은 연구자마다 다양하고 조작적이며, 통상 정량적인 지표를 사용한다. 이 글에서는 최근 전국 조사에 기초한 관련 연구에서 기준으로 삼았던 20호 미만 가구수를 과소화 마을의 기준으로 분석한다.

표 18-1 **농어촌 마을의 규모별 구성 비율 변화**(단위: 개소, %)

구분	20호 미만	20~59호	60~99호	100~149호	150호 이상	합계
2005년	2,048 (5.7)	17,780 (49.3)	8,174 (22.7)	3,253 (9.0)	4,786 (13.3)	36,041 (100.0)
2010년	3,091 (8.5)	19,281 (52.8)	7,291 (20.0)	2,525 (6.9)	4,308 (11.8)	36,496 (100.0)

자료: 통계청, 인구주택총조사 · 농림어업총조사(2005, 2010).

의 과소화 문제 심화는 농어촌의 어메니티amenity 보전과 활용, 주민 참여를 통한 상향식 농어촌 정책, 귀농·귀촌 장려 등과 같은 최근의 정책 기조와도 배치되는 것으로, 향후 농어촌의 발전 방향을 모색하기 위해 면밀하고 지속적인 관찰이 필요하다.

2 | 과소화 마을 증가 및 문제점

1) 농어촌 과소화 마을 증가

농어촌의 과소화 마을은 지속적으로 증가하고 있으며 전라북도, 전라남도, 충청북도의 순으로 과소화 마을이 많이 분포하는 것으로 나타났다. 그중에도 전라북도의 과소화 마을은 전체 마을 수의 20.1%인 1,027곳에 이른다. 이는 전국 전체 과소화 마을인 3,091개의 33.2%에 해당하는 매우 높은 수치이다. 시·군별로 살펴보면 진안군이 전체 마을 수의 38.8%가 과소화 마을로 나타났고, 순창 28.9%, 정읍 24.7%, 임실 23.0% 등으로 동부 산악권역의 마을 여건이 상대적으로 열악한 실정이다.

표 18-2 **시 · 도별 과소화 마을 분포 변화** (단위: 개소, %)

구분	2005년	2010년	
	과소화 마을	마을 수	과소화 마을
광역시	15(1.6)	998	60(6.0)
경기도	82(2.1)	4,042	148(3.7)
강원도	87(4.0)	2,195	114(5.2)
충청북도	164(5.8)	2,897	258(8.9)
충청남도	106(2.4)	4,517	158(3.5)
전라북도	714(14.1)	5,108	1,027(20.1)
전라남도	505(7.7)	6,650	780(11.7)
경상북도	161(3.1)	5,167	223(4.3)
경상남도	212(4.4)	4,752	322(6.8)
제주도	2(1.2)	172	1(0.6)
전체	2,048(5.7)	36,498	3,091(8.5)

주: 괄호 안은 시 · 도별 마을 수 대비 과소화 마을 수 비중.
자료: 통계청, 인구주택총조사 · 농림어업총조사(2005, 2010).

그림 18-1 **과소화 마을 분포 변화**

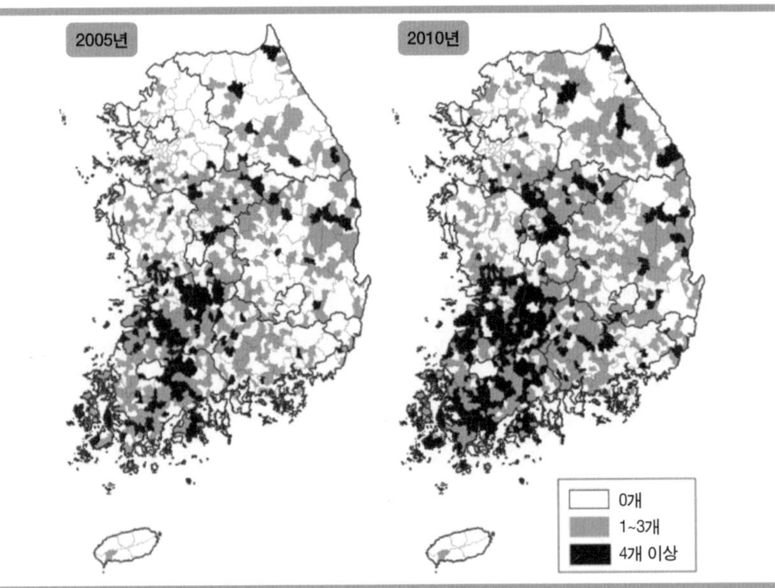

자료: 성주인 · 채종현(2012).

표 18-3 **전라북도 시 · 군별 농촌 과소화 마을 현황**(단위: 호, %)

구분	2005년			2010년			증감률
	마을 수	과소화	비율	마을 수	과소화	비율	
전국	36,041	2,048	5.7	36,498	3,091	8.5	2.8
전라북도	5,065	714	14.1	5,108	1,027	20.1	6.0
군산시	337	33	9.79	335	50	14.9	5.1
익산시	577	48	8.32	574	84	14.6	6.3
정읍시	555	102	18.38	559	138	24.7	6.3
남원시	334	49	14.67	334	54	16.2	1.5
김제시	546	80	14.65	542	115	21.2	6.6
완주군	481	66	13.72	490	75	15.3	1.6
진안군	274	67	24.45	294	114	38.8	14.3
무주군	149	21	14.09	150	12	8.0	-6.1
장수군	197	22	11.17	199	44	22.1	10.9
임실군	255	38	14.90	256	59	23.0	8.1
순창군	300	63	21.00	304	88	28.9	7.9
고창군	557	49	8.80	563	88	15.6	6.8
부안군	503	76	15.11	508	106	20.9	5.8

자료: 통계청, 농림어업총조사(2005, 2010).

그림 18-2 **전라북도 시 · 군별 농촌 과소화 마을 현황**

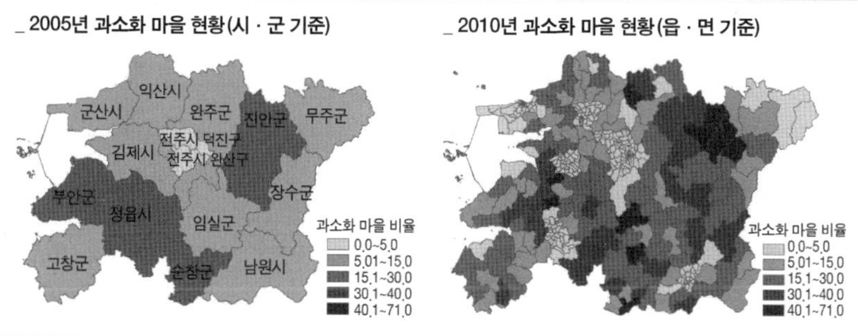

자료: 통계청, 농림어업총조사(2005, 2010).

전라북도는 산악권역(동부)과 해안권역(서부)이 지형적 여건 차이로 다른 과소화 양상을 보이고 있다. 진안군, 장수군, 임실군, 순창군과 같이 임야 비

그림 18-3 **시 · 군별 임야 및 농지 비율(2010년)**(단위: %)

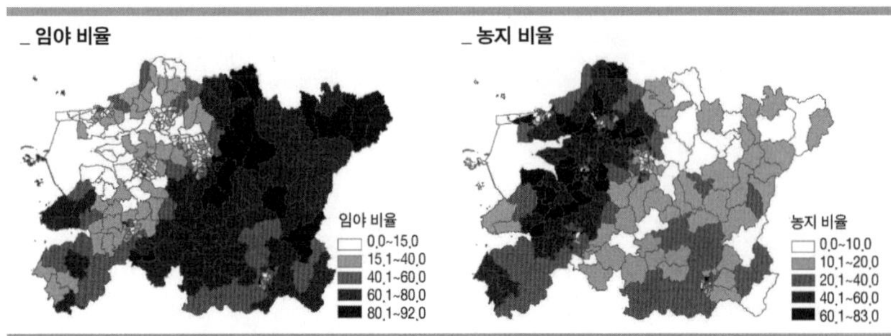

자료: 국토해양통계누리(www.index.go.kr).

율이 높은 지역에서 과소화 마을 분포 비중이 높게 나타나고 있다. 이렇게 산악권역과 해안권역의 마을 여건이 다르므로 과소화 마을 해결을 위해서는 지형적 입지 여건에 따라 차별화된 정책 마련이 필요하다.

2) 농어촌 과소화 마을 정주 여건 열악

전라북도 농어촌 과소화 마을의 개선을 위한 정주 여건을 살펴보면 전라북도는 전국 평균과 비교해 상대적으로 높은 노령인구 비율 및 노후 주택 비율을 나타내고 있다. 전라북도 노령인구(65세 이상) 비율은 전국의 11.3%보다 높은 16.4%로 나타났으며, 그중에서도 임실군과 순창군이 매우 높게 나타났다. 노후 주택(1979년 이전에 건축한 단독주택)의 비율(34.91%)도 전국(30.64%)에 비해 매우 높은 상태로, 그 가운데에서도 고창군과 정읍시의 노후 단독주택 비율이 매우 높게 나타났다.

기존 주택들은 정비되지 않고 노후한 상태로 방치되어 있으며, 기반시설 정비가 체계적으로 이루어지지 않아 생활환경이 열악한 실정이다. 또한 기반시설이나 생활환경도 체계적으로 정비되지 않은 경우가 많다. 이러한 농어촌 주거환경을 개선하기 위한 여러 정책이 시행되고 있으나, 아직까지 효율성이 낮은 것이 현실이다. 이렇게 농어촌 마을의 주거 여건은 빈집 및 슬

그림 18-4 **시 · 군별 노후 주택 및 노령인구(65세 이상 인구) 비율**

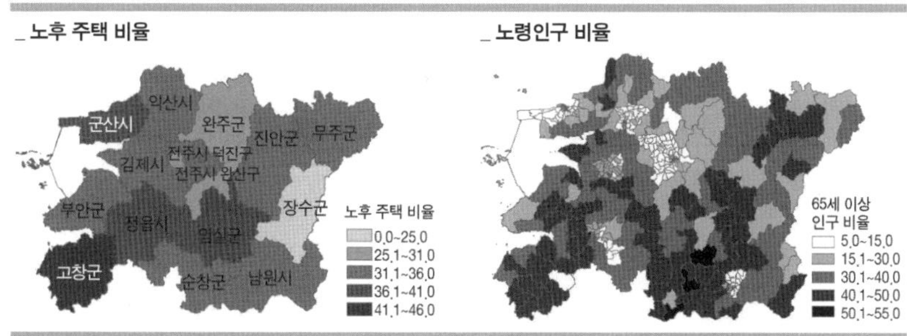

자료: 통계청, 2010 인구주택총조사.

그림 18-5 **과소화 마을 빈집 실태**

레이트지붕으로 인한 주거의 안전성이 위협받고 있으며, 노후한 주택 등의 문제가 제기되고 있어 추가적인 정책 마련이 필요한 현실이다.

농어촌 마을이 현재와 같이 과소화가 되지 않게 하기 위해서는 단기적 대책을 지양하고, 젊은 층과 귀농·귀촌인이 유입될 수 있는 마을 환경을 조성해야 한다. 과소화 마을에는 대부분 아동이 적어 보육시설 역시 적게 분포하고 있는데, 이러한 상황 탓에 젊은 층 인구 유입에 어려움을 겪는 악순환이 반복된다.

또한 농어촌 마을의 노인층이 도시지역으로 빠져나가지 않고 농어촌 마을에 지속적으로 거주하게 하는 데 의료시설 및 노인복지시설은 매우 중요한

표 18-4 **농어촌 주거공간 조성사업별 비교**

구분	농어촌 주거환경 개선사업	정주권 개발사업	문화마을 조성사업	전원마을 조성사업	농촌 마을 종합개발사업
사업 목적	주거환경 개선	농어민 복지 향상을 위한 면 단위 종합개발	정주공간 재편, 분산 마을 집단화	도시민의 농촌 유입 촉진	살고 싶고 찾고 싶은 정주공간 조성
공간 범위	자연마을	면	중심마을 이상	자연마을	3~5개 마을의 소권역
사업 대상	택지 조성, 주택 개량, 마을 내 도로 정비, 상하수도 정비	마을 기반 정비, 농촌 산업 개발, 문화복지시설, 환경보전시설	택지 조성, 주택 건축, 공동이용시설, 상하수도 정비	택지 조성, 주택 건축, 마을 기반 시설, 공동이용시설	마을 경관 개선, 기초생활시설, 소득기반시설, 지역 역량 강화
사업 규모	20호 이상 (대부분 소규모)	면 전체	100~300호 → 50호 이상	20호 이상	3~5개 마을의 소권역
사업 주체	시장 · 군수	시장 · 군수	시장 · 군수	시장 · 군수 · 구청장,농어촌공사, 마을정비조합 등	시장 · 군수
사업비	10~14억 원/마을	45억 원/면	30~50억 원/마을	10~30억 원/마을	40~70억 원/권역
도입 시점	1976년	1990년	1991년	2004년	2004년
추진 실적	5,445개 마을 (1976~1991년)	795개 정주권 면 (1990~2007년)	197개 마을 (1991~2004년)	123개 마을 (2004~2010년)	301개 권역 (2004~2010년)

자료: 최혁재 외(2010).

그림 18-6 **전라북도 지역아동센터 및 노인복지센터**

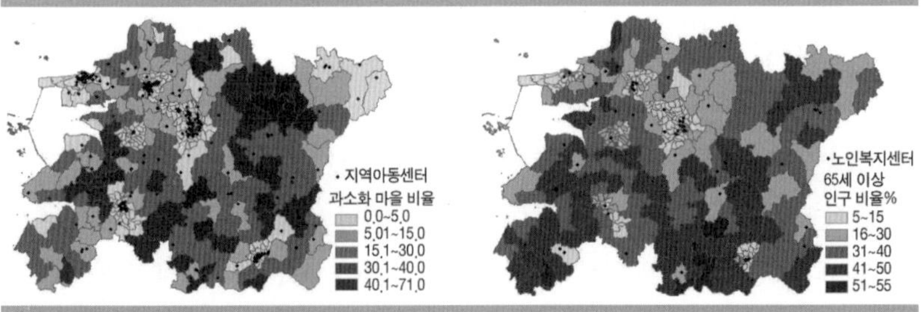

자료: 보건복지부(2011), 전라북도사회복지협의회(www.jbcsw.or.kr).

요소이다. 노령인구 비율이 높은 지역에 노인복지시설의 필요성이 절실하나, 오히려 도시지역에 많이 분포하고 있는 현실이다.

3 | 농어촌 과소화 마을 특징

1) 노령인구와 노후도 여건으로 농어촌 과소화 마을 유형 분류

여기서는 농어촌 과소화 마을의 여건 및 특성별로 차별화된 정책을 수립하기 위해 노령인구 비율 50% 이상, 이하와 노후 주택 비율 50% 이상, 이하를 기준으로 과소화 마을 유형을 네 가지 유형으로 분류했다(그림 18-7 참조).

그림 18-7 **과소화 마을 유형 분류 기준**

	65세 인구 50% 이상	65세 인구 50% 이하
노후 주택 50% 이상	A 유형 ·사업 추진을 위한 젊은 사람이 부족 ·전반적인 마을의 주거환경이 노후	C 유형 ·사업 추진을 위한 사람들이 있음 ·전반적인 마을의 주거환경이 노후
노후 주택 50% 이하	B 유형 ·사업 추진을 위한 젊은 사람이 부족 ·전반적인 마을의 주거환경이 양호	D 유형 ·사업 추진을 위한 사람들이 있음 ·전반적인 마을의 주거환경이 양호

주: 노후 주택은 건축한 지 30년 이상 된 주택을 기준으로 함.

2) 과소화 마을 유형별 특징

농어촌 과소화 마을의 유형 분류를 통해 유형별 특징을 분석해보았다. 과소화 마을의 실태조사(설문)에서 나타난 유형별 경향은 공통적으로 거주 기간이 길었으며, 의료시설과의 거리, 대중교통 편리성, 친인척과의 거리를 주거환경에서 중요하게 여겨졌다. 노령인구가 많을수록 교통시설에 대한 불편 및 요구사항이 높고, 노령인구 비율이 마을에서는 귀촌자에 대한 거부감이 높게 나타났다. 또한, 노후 주택 비율이 높은 마을에서는 편의시설에 대한 요구사항이 높게 나타났다(그림 18-8 참조).

그림 18-8 과소화 마을 유형별 특징

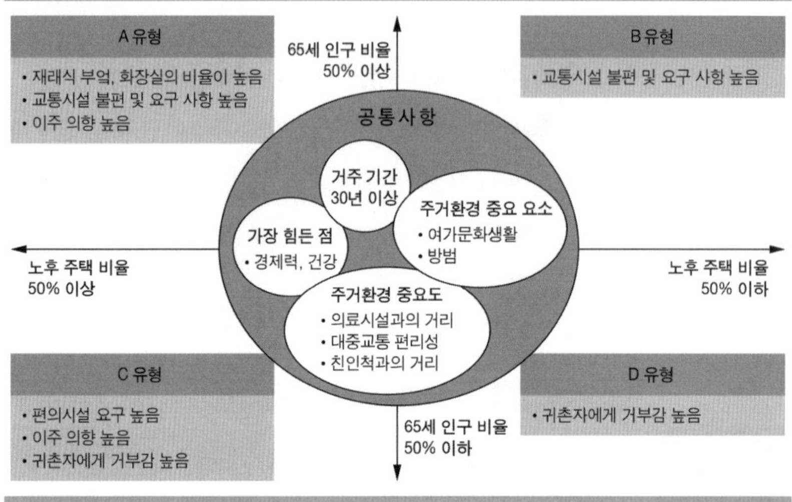

4 | 정주 여건 개선 방안

1) 소프트웨어와 하드웨어를 연계한 패키지 사업

농어촌 과소화 마을의 유형별 특징을 통한 정주 여건 개선 방안으로 하드웨어 부문인 주거 여건 개선사업과 소프트웨어 부문인 수익사업 등을 연계한 패키지사업으로 시너지 효과를 극대화하는 방안이 필요하다. 농어촌 마을에서는 주거환경의 개선도 중요하지만, 주거환경 개선에 선행하여 소득원 개발, 작목반 구성 등의 요소 또한 중요한 요소이기 때문이다.

농어촌 마을의 정주 여건 개선을 위한 소프트웨어 부문 사업으로 노년 교육, 건강생활 프로그램 등이 필요하며, 하드웨어 부문의 경우 공통적으로 마을 경관 조성, 환경보전시설 지원, 생활편의시설 조성 등이 필요하다. 또한 노후 주택 비율이 높은 경우 노후 주택 빈집 정비와 슬레이트 철거가 필요한 것으로 나타났다(그림 18-9 참조).

그림 18-9 **부문별 과소화 마을 정주 여건 개선 방안**

소프트웨어 부문	하드웨어 부문
· 마을 기획 컨설팅 · 홍보 마케팅 · 마을 리더 양성 · 주민 교육 및 마을 사업 교육 · 노년 교육: 노인대학, 한글교육, 실버컴퓨터교실 등 · 건강생활 프로그램: 생활체조, 건강관리시설, 영화상영관 등 · 마을 상품 개발	· 농어촌 체험시설 · 마을 경관 조성: 소공원 조성, 담장 정비, 꽃길 조성 등 · 마을 기반 정비: 도로, 주차장, 상하수도, 전기, 통신 · 노후 주택, 빈집 정비 · 폐슬레이트 철거 · 환경보존시설 지원: 쓰레기 처리, 하수도처리시설 · 임대 · 분양주택 조성 · 생활편의시설 조성: 마을회관 개보수, 정자, 주차장 등

2) 과소화 마을 특성별 차별화된 추진전략 수립

그림 18-10 **과소화 마을 유형별 추진전략**

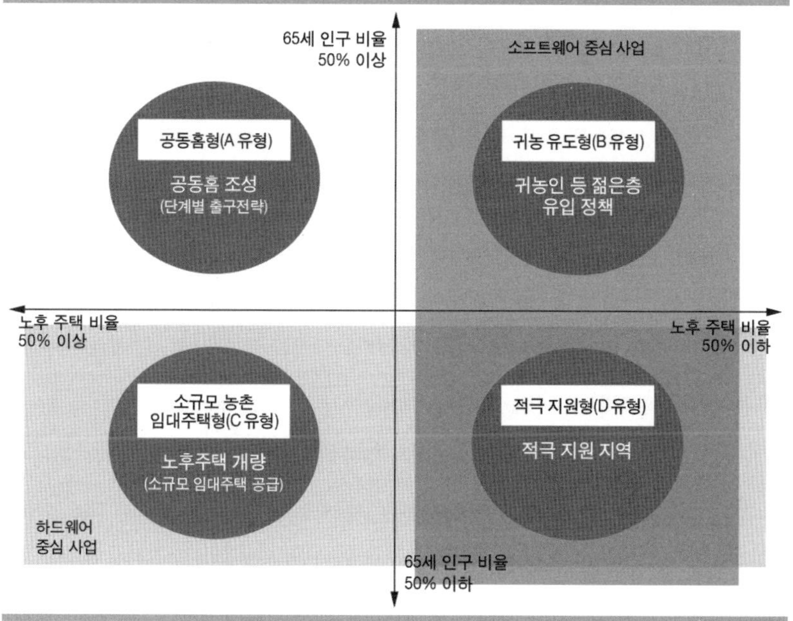

그림 18-11 과소화 마을 유형별 적용 가능 사업

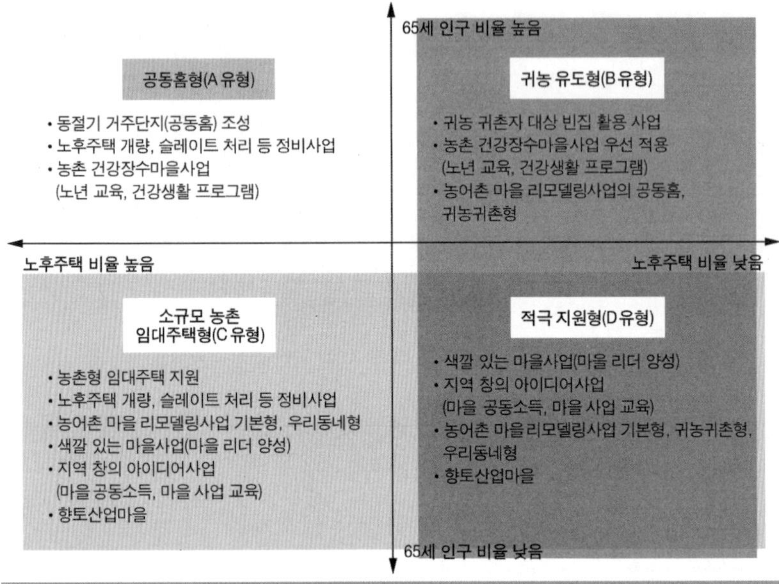

노령인구가 많고 노후 주택 많은 유형인 공동홈형(A 유형)은 기존 시설(마을회관, 경로당, 빈집 등)의 특성을 고려한 리모델링으로 공동홈 조성이 가능하다. 또한 기존 시설을 연계·확장하여 소규모(5~10호) 중심으로 부엌, 식당 등 일부 공간을 공동으로 활용하는 방안이 가능하다. 특히 혹서기나 혹한기에 거주할 수 있게 해야 한다. 과소화 마을 유형 중 여건이 가장 안 좋은 유형이기 때문에 선택과 집중을 통해 확대되는 것을 최대한 억제하고, 장기적인 계획 수립과 지속적인 모니터링이 필요하다.

노령인구가 많고, 노후 주택이 적은 유형인 귀농 유도형(B 유형)은 귀농인 등 젊은 층 유입정책 및 소프트웨어 중심의 개선정책이 필요하다. 젊은 귀농인의 경우 농사를 지을 수 있는 논이나 밭을 확보하고 마을의 기존 주택을 개보수해 생활하려는 경우가 많다. 이러한 귀농인들에게 빈집을 제공할 수 있는 활용형과 개선이 불가능하고 마을 경관 개선을 위한 제거형으로 구분해

그림 18-12 **과소화 마을 공동홈 조성(안**

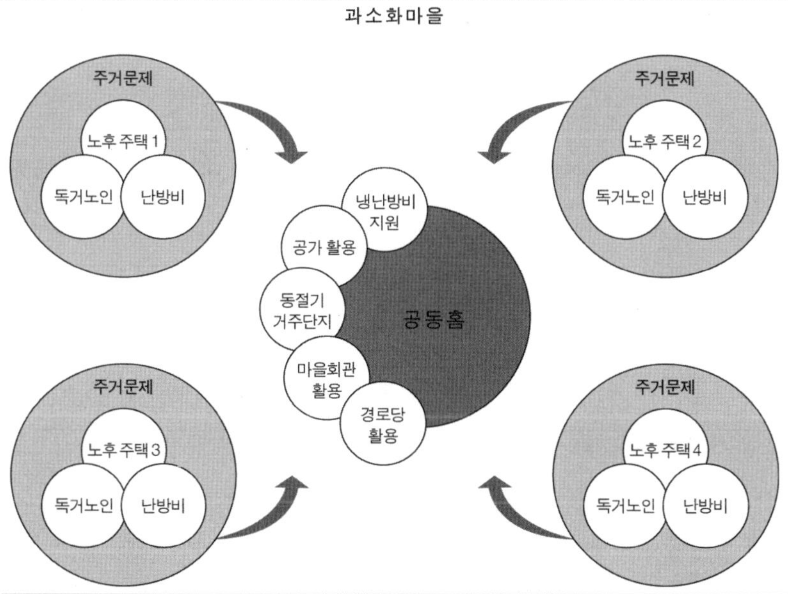

그림 18-13 **귀농인을 위한 빈집의 활용**

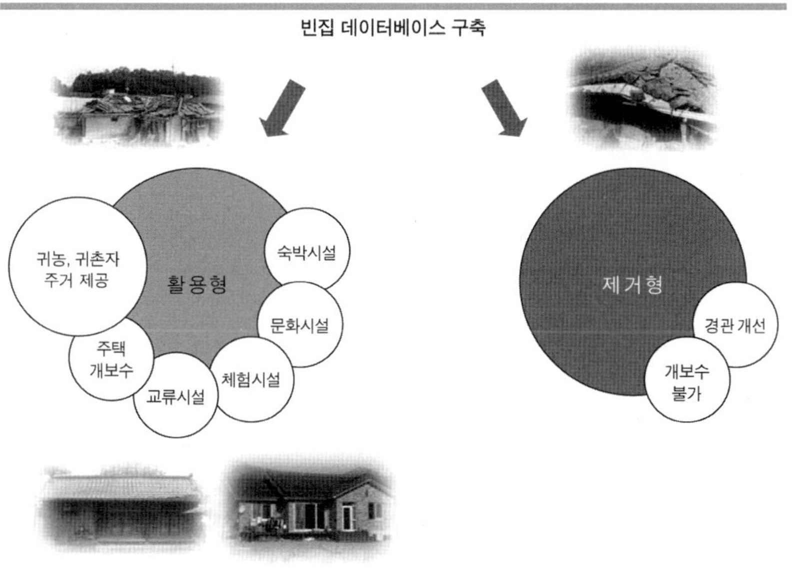

데이터베이스 구축해 관리해야 한다.

노령인구가 적고, 노후 주택이 많은 유형인 소규모 농촌 임대주택형(C 유형)은 인프라 여건이 열악하여, 노후 주택 개량, 농촌 임대주택(4~10호 내외의 소규모) 공급 등 하드웨어 중심으로 해결 방안을 구성해야 한다. 적극 지원형(D 유형)은 노령인구도 적고, 노후 주택도 적은 양호한 마을에는 수요대응형 버스시스템Demand Responsive Transportation: DRT, 찾아가는 은행, 보건소, 도서관 등의 서비스를 확대해 생활편의시설의 접근성을 제고해야 한다. 또한 귀농 유도형과 소규모 농촌 임대주택형의 사업을 적용할 있다.

한편 농어촌 과소화 마을의 확대로 인해 개별 마을 차원에서만 과소화 마을 문제의 해법을 찾는 것은 근본적인 한계가 있으므로 인접 농어촌 과소화 마을을 연계해 정주 여건 개선을 위한 편의시설(문화시설, 커뮤니티 시설 등) 확충 등의 노력이 요구된다.

참 고 문 헌

강미나 외. 2012. 「농촌지역의 주거품격 향상을 위한 농촌 주택정책 방안 연구」. 국토연구원.

성주인·채종현. 2012. 「농어촌의 과소화 마을 실태와 정책과제」. 농정포커스 제21호. 한국농촌경제연구원.

최혁재 외. 2010. 「농어촌지역 삶의 질 제고를 위한 농어촌뉴타운사업 발전방안」. 국토연구원.

보건복지부. 2011. 「전국 지역아동센터 실태조사보고서」.

제19장 귀농 · 귀촌 여성, 전북 정착을 위한 해법 필요

박신규 | 전북발전연구원 여성정책연구소 여성가족정책팀 부연구위원
조경욱 | 전북발전연구원 여성정책연구소 여성가족정책팀 연구위원
조아영 | 전북발전연구원 여성정책연구소 여성가족정책팀 연구원

1. 귀농 · 귀촌 여성의 전북 지역 정착 방안이 요구된다
2. 사례조사를 통해 본 전북 귀농 · 귀촌 여성의 생활 경험 및 정책요구
3. 귀농 · 귀촌 여성의 지역 정착을 위한 정책 방향
4. 귀농 · 귀촌 여성의 지역 정착을 위한 세부 과제

1 | 귀농 · 귀촌 여성의 전북 지역 정착 방안이 요구된다

1) 전북 지역 귀농 · 귀촌 인구 증가 추세

최근 약 10년간의 전국 연도별 귀농·귀촌 가구 현황을 보면, 2001년 귀농·귀촌 가구는 880가구에서 2004년 처음으로 1,000가구를 넘어서고, 2009년 이후 4,000가구를 웃돌아 2011년에는 1만 가구 이상으로 역대 최대치를 기록하며 지속적으로 증가 추세를 보이고 있다. 이러한 현상은 베이비붐 세대의 은퇴와 경기침체로 인한 일자리 부족, 정부와 지자체의 귀농·귀촌 지원 등에 따른 것으로, 농업·농촌의 새로운 활력소로 작용할 것으로 기대된다.

구체적으로 2001~2012년 상반기까지 누적된 귀농·귀촌 가구수 현황을 보면, 귀농·귀촌이 가장 많은 곳은 경북으로 전체의 20.8%를 차지하며, 경남(15.1%), 전북(15.0%), 전남(14.4%)이 그 뒤를 잇는다. 2012년 상반기 현황만을 보면, 귀농·귀촌 가구수는 8,706가구이고, 인구는 1만 7,745명(가구당 2.2명)으로 나타나며, 지역별로는 충북(23.9%), 전북(15.9%), 경북(15.1%) 등 상위 네 개 도가 70.5%를 차지했다.

그림 19-1 **연도별 귀농 · 귀촌 가구 추이**

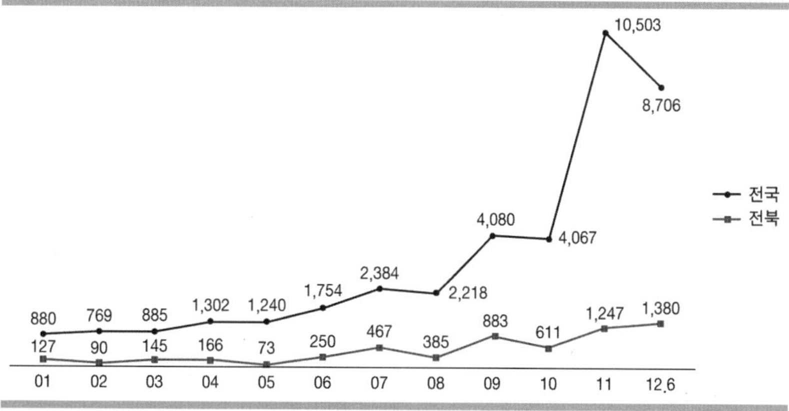

자료: 농림수산식품부(2012).

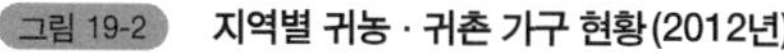

그림 19-2 **지역별 귀농 · 귀촌 가구 현황(2012년)**

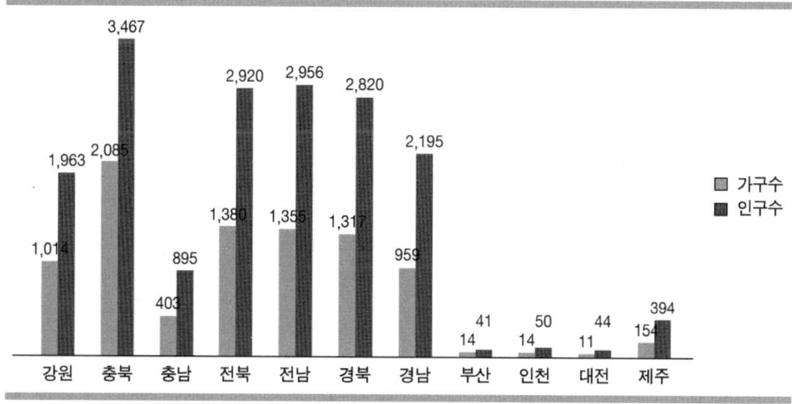

자료: 농림수산식품부(2012).

전라북도는 2001년 127가구에서 증감의 변화를 보이다가 2011년 1,000가구를 넘었고, 2012년 도내로 이주한 귀농·귀촌 가구는 총 2,533가구로, 이 가운데 귀농①은 61.1%, 귀촌은 39.9%로 나타났다. 지역별로는 고창군이 787

① 이 글에서는 귀농·귀촌의 개념에 대해 도시에서 농촌으로 이주한 가구 중 농업이 주 소득원인 경우를 귀농으로, 농업이 주 소득원이 아닌 경우를 귀촌으로 규정한다.

가구로 가장 많았고, 김제(433가구), 남원(247가구), 정읍(224가구), 순창(194가구)이 뒤를 이었다. 연령별로는 50대의 귀농·귀촌 가구가 29.3%로 가장 많았다. 이주 후 영농 종사 분야로는 전국(기타 46.4%, 경종 35.5%의 순)과 달리 경종 분야(벼, 배추 등 노지작물)가 43.2%로 가장 많았고, 귀촌 등 기타(41.3%), 원예 분야(시설작물 등, 7.5%), 과수 분야(4.7%), 축산 분야(3.3%)의 순으로 나타났다.

가구 단위로 귀농·귀촌하는 경우가 많아(2012년 귀농·귀촌 가구의 평균 인원 2.2명) 귀농·귀촌 인구 증가에 따라 귀농·귀촌 여성도 증가 추세를 보이고 있다. 귀농·귀촌 여성의 증가는 여성 인적자원의 농촌 유입으로 이어져 농촌사회 활성화에 기여할 것으로 기대된다. 하지만 한편으로 귀농·귀촌 가구의 정착 실패 원인 중 하나로 여성의 적응력 저하가 하나의 요인으로 작용되는 것으로 보고된 바 있다(김철규 외, 2011). 이처럼 귀농·귀촌 여성의 정착이 귀농·귀촌 가구의 안정적인 정착과도 직결되므로 귀농·귀촌 여성의 정착률을 높이는 방안이 모색되어야 한다.

2) 귀농 · 귀촌 지원정책 현황과 한계

농림축산식품부는 2009년 귀농·귀촌 종합대책을 수립해 귀농·귀촌 인구의 정착률을 높이고 귀농·귀촌 단계에 맞는 다양한 지원사업과 프로그램을 제시하는 등 본격적으로 귀농·귀촌 지원정책을 전개하고 있다. 귀농교육프로그램 지원, 창업자금 및 컨설팅 지원, 전원마을 조성, 도시민 농촌 유치 지원사업 등 기존의 정책사업들을 패키지화하여 제시했고, 귀농·귀촌의 지원 근거를 마련하기 위해 「농어업·농어촌 및 식품산업 기본법」 개정을 추진하면서 농업농촌종합대책 기본계획을 5년마다 수립하도록 했다.

한편 전라북도는 단계별 귀농·귀촌인 유치정책을 귀농·귀촌 지원정책의 근간으로 삼고 있으며, 각 시·군에서는 경제적 지원 및 정착 지원정책을 수

그림 19-3 **현재 귀농귀촌 단계별 지원 방안 및 운영체계**

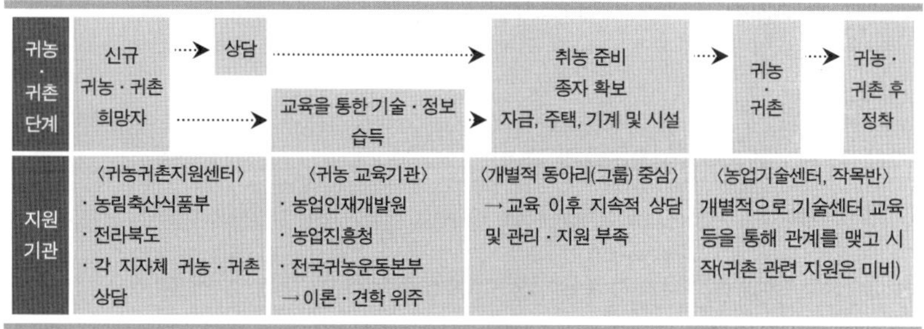

립해 추진하고 있다. 전라북도는 중앙정부의 귀농·귀촌 정책에 부응하면서 일선 시·군을 지원하기 위한 제도적 기반으로 2012년에 '전북 귀농인 지원 조례'를 제정했고, 14개 시·군은 '귀농·귀촌 지원 조례'를 제정해 다른 지자체의 시·군보다 더 다양한 지원사업을 펼치고 있다. 광역 단위에서는 귀농귀촌 지원센터 설립으로 종합 정보관리 및 서비스를 제공하며, 각 시·군은 귀농·귀촌 전담부서를 두어 귀농·귀촌 지원 추진계획을 수립하고, 주거환경 마련과 농가 소득 창출을 위한 융자 지원, 맞춤형 일자리 창출을 위한 시스템 구축 마련 등 귀농·귀촌 정착 지원사업을 확대·추진 중이다.

그러나 현재 귀농·귀촌 지원정책은 도시민 유치 지원사업에 집중되어 기존 귀농·귀촌인에 대한 지원사업은 제한적이다.

따라서 전북 지역의 귀농·귀촌을 활성화하기 위한 정책으로 귀농·귀촌인 유치정책과 기존에 들어와 있는 귀농·귀촌 인들이 지역사회에 연착륙할수 있는 지원정책이 필요하다. 특히 현재 가구주와 함께 유입된 귀농·귀촌 여성이 지역사회에 정착할 수 있는 방안 마련은 귀농·귀촌 가구의 안정적 정착에 주요 요소로 작용할 것이다 .

2 | 사례조사를 통해 본 전북 귀농 · 귀촌 여성의 생활 경험 및 정책 요구

1) 귀농 · 귀촌 여성의 정착 경험

전북 지역에 거주하는 귀농·귀촌 여성의 생활 실태를 알아보고자 귀농·귀촌 동기와 실제 정착의 어려움, 영농 생활 및 귀촌 활동 등에 대해 현장조사와 함께 심층면접을 실시했다. 조사는 지역별 분포와 귀농·귀촌 시기, 지역사회에서의 영농과 사회활동의 경험이 있는 귀농·귀촌 여성 20명의 사례를 대상으로 이루어졌다.

분석을 통해 나타난 귀농·귀촌 동기는 자연친화적 삶에 대한 욕구, 남편의 귀농 요구, 자녀에게 도시와는 다른 환경을 부여하고 싶은 욕구 등으로 다양했다.

조사 대상자들은 귀농·귀촌의 사전준비로 귀농·귀촌에 대한 의미와 농촌 이해교육 등의 중요성을 제기했고, 현재 귀농·귀촌에 대한 상담과 정보가 가구 단위로 진행되기에 농촌사회에서 생활하고자 하는 여성에게는 적당한 상담과 정보가 제한적임을 지적했다. 또한 이주 초기 단계에 여성은 도시와 다른 정주환경으로 인해 생활상의 불편함을 겪고 있었다. 도시와 다른 주거형태와 위생상태 등으로 힘들어했고, 대부분의 사례들이 냉난방과 의료, 교통 문제 등을 지적했다. 특히 농촌에 내려와 농업이나 다른 활동으로 바로 소득을 올리기는 어렵기 때문에 농촌 정착 과정에서 무엇보다 경제적 문제로 가장 힘들어했다 .

2) 귀농 · 귀촌 여성의 교육 참여와 활동 경험

귀농·귀촌 교육과 관련해 이번 연구의 사례조사 대상자들은 귀농·귀촌 교육의 중요성과 함께 여성의 특성을 반영한 교육프로그램 미비, 강사 활용 문제, 소농 위주의 교육이 아닌 대농을 위한 교육, 귀농·귀촌자의 다양한 특성을 반영하지 못한 교육프로그램 개설, 친환경 농업 욕구에 맞지 않은 교육 등을 문제점으로 지적했으며, 여성만을 위한 귀농학교의 필요성을 제시했다.

이들은 농촌 지역사회에서 자기개발 프로그램이나 문화활동에 참여하고 있으며, 이 과정에서 일자리를 얻는 사례도 발견되었다. 농촌사회가 고령화되고 과소화되는 상황에서, 귀농·귀촌 여성과 지역민은 서로 세대적으로나 문화적으로 차이가 있어서 교류 관계를 형성하기에 많은 한계점이 있었다.

3) 귀농 · 귀촌 여성의 정책 수혜 경험과 요구 분석

귀농·귀촌 지원정책이 가구 단위 지원에 머물러 있어 여성이 체감할 수 있는 지원정책은 거의 없는 것으로 나타났다. 귀농·귀촌 여성들은 정부나 지자체에서 제공하는 귀농·귀촌 지원정책이 본인들이 체감할 수 있는 지원정책이었으면 좋겠다는 의견과 함께 생활에 밀접한 정책 지원이 이루어질 것 등을 요구했다. 단순한 귀농·귀촌인 유치 전략으로서의 지원정책이 아니라, 농촌에서 살아갈 수 있는 귀농·귀촌 정책, 즉 귀농·귀촌 여성들의 모임을 지원할 수 있는 정책이나 농촌 정주환경 개선정책 등 귀농·귀촌 여성의 농촌살이를 지원하는 작은 지원정책을 요구했다.

4) 정책적 시사점

사례조사를 통해 얻은 정책적 시사점은 다음과 같다.

첫째, 단순히 도시민을 농어촌에 유치하는 단계에 머무르지 않고 주거나 소득 등 귀농·귀촌인의 지역사회 정착까지 돕는 지원 프로그램을 확충할 필요가 있다. 귀농·귀촌의 정착 경험에서 귀농·귀촌을 준비하고 실행하는 도시민들이 불필요하게 경험할 수 있는 어려움을 최소화하는 데에 정책의 초점을 맞추어야 할 것으로 보인다.

둘째, 유입되는 귀농·귀촌 여성의 특성을 반영한 정책 수립이 요구된다. 귀농·귀촌 여성들은 귀농·귀촌의 탐색과 준비 단계에서 여성들을 위한 정보와 교육에 대한 요구를 제기했고, 교육과 활동에 대한 지원 부족으로 문화적 욕구나 사회적 활동에 대한 참여 욕구를 충족시키지 못하고 있었다.

셋째, 귀농·귀촌 여성의 일자리 창출과 연계 지원으로 경제적 어려움을 해결할 필요가 있다. 귀농·귀촌인은 농업을 통한 소득이 많지 않으므로 이주 정착 단계에서 경제적 어려움에 처하게 된다. 사례연구에서 귀농·귀촌 여성들은 방과 후 학교 강사와 프로그램 공급, 지역자원 조사, 도농 교류, 교육 및 연구활동 등의 활동을 활발하게 하면서 지역사회 및 경제활동을 병행하고 있었다. 특히 이와 같은 분야는 귀농·귀촌 여성의 지역사회 활동으로 분류되는 측면이 있기 때문에 농촌이 필요로 하는 인력 수요를 파악하고 지역사회가 필요로 하는 인력의 공급원으로서 귀농·귀촌 여성들을 양성·채용하는 방안 마련이 요구된다.

3 | 귀농 · 귀촌 여성의 지역 정착을 위한 정책 방향

1) 귀농 · 귀촌 지원정책의 단계별 지원 강화

현재 중앙정부나 지자체에서 진행하는 귀농·귀촌정책은 단계적 지원으로 구성되어 있지만 여전히 인구 유치 차원에서 추진된다. 따라서 농촌 이주를 희망하는 도시민들이 정보 탐색, 준비·실행, 정착의 각 과정에서 불필요하게 경험할 수 있는 어려움을 최소화하는 데 정책의 초점을 맞추고 지역에 정착할 수 있는 여건을 조성해야 한다. 현재의 단계별 지원 과정 강화 방안에서 귀농·귀촌 여성들이 지역사회에 정착할 수 있는 방안은 지역의 새로운 일자리 창출과 연계이다. 농업 소득이 감소하고 비농업 분야 소득 기반이 취약한 농어촌 현실에서 귀농·귀촌인은 정착 초기 단계에서 경제적 어려움에 직면하게 되므로 농촌의 안정적인 정주를 위해 지역의 새로운 일자리에 대한 요구가 발생하게 된다. 농촌은 농업의 2, 3차 산업화와 문화, 복지, 보건의료, 교육 등의 사회서비스 분야가 취약하다. 따라서 이 분야를 통해 귀농·귀촌 여성을 위한 일자리 연계와 창출을 지원하는 방안 마련이 필요하다.

2) 성인지적 귀농 · 귀촌정책 수립

귀농·귀촌 인구의 증가 추세 속에 여성 귀농·귀촌 인구도 계속 증가하고 있는데도 중앙정부 및 지자체의 관심과 지원은 남성 가구주를 중심으로 이루어지고 있다. 여성들이 귀농·귀촌 시 겪는 어려움을 해소하고 그들이 가지고 있는 역량과 재능을 최대한 발휘할 수 있도록 그에 맞는 정책이 마련되어야 한다.

이를 위해서는 귀농·귀촌 지원정책의 단계별 지원 강화 과정에 성인지적 지원전략이 수립되어야 한다. 가구주 중심의 귀농·귀촌 통계 생산은 지양하고, 각 정책 및 사업의 대상 또는 수혜자로서 '여성'을 반영하는 성별 통계 생산이 필요하다. 또한 기존의 귀농·귀촌 관련 기구(귀농귀촌지원센터, 귀농귀촌협의회 등)에 여성의 참여를 확대하고 여성 관련 정보를 보강하는 작업을 시행하며, 맞춤형 귀농교육에도 여성을 고려한 교육과정을 편성할 필요가 있다. 정착에 필요한 경제적 지원에서 여성을 위한 맞춤 일자리 창출 및 연계도 고려하고, 귀농·귀촌 여성 인력을 지역사회에 환원하는 정책도 수립해야 한다.

4 | 귀농 · 귀촌 여성의 지역 정착을 위한 세부 과제

1) 지역 특성을 반영한 수도권 여성 귀농학교 개설

현재 전라북도의 수도권 귀농학교에서는 영농기법과 작물 위주의 이론 교육, 시·군별 특화품목 현장 교육을 2박 3일 정도의 짧은 일정으로 진행하고 있으며, 여기에 여성의 특성을 반영한 교육은 부재하다. 따라서 전라북도 차원에서 귀농·귀촌 여성을 위한 수도권 귀농·귀촌학교를 개설해 운영함으로써 귀농·귀촌 여성의 유입을 촉진하고, 여성을 위한 귀농·귀촌 교육 시 다양한 정보 수단을 활용해 귀농·귀촌에 대한 올바른 이해를 도울 수 있는 방향으로 의식 교육을 강화해야 한다.

추진 방안으로는 전라북도 수도권 귀농학교에 여성 귀농학교를 동시에 개설해 여성을 위한 귀농·귀촌 이해교육프로그램을 개설하고, 귀농귀촌지원센터를 통해 시·군의 귀농·귀촌 사업설명회를 진행하며 지역별 여성 귀농·귀촌인 멘토링단을 구성해 사례발표 및 멘토링 프로그램을 개설하는 방법을 고려할 수 있다. 또한 현재 단기로 진행되는 이론과 현장실습의 귀농학교 교육내용을 이론과 현장탐방교육으로 분리해서 운영하고, 각 시·군 단위 귀농·귀촌학교와 수도권 귀농·귀촌 프로그램을 연계해 운영하는 방안도 생각해볼 수 있다. 이는 전라북도 미래농업과를 주관 부서로 하여 전라북도 마을만들기협력센터, 각 시·군 귀농·귀촌 담당 부서와 협력하여 추진할 수 있다.

2) 전북 귀농 · 귀촌 DB 구축에서 성별 통계 생산

전국 단위의 귀농·귀촌인 통계는 통계청에서 행정자료를 연계해 작성한 귀농인 통계와 농림축산식품부에서 지자체를 통해 작성한 귀촌인 통계를 공동으로 발표하는 형태로 만들어진다. 그런데 현재 이러한 통계에서는 귀농·귀촌 가구주를 기준으로 한 성별 분리만 존재해 여성 귀농·귀촌인의 특성을 파악할 수 있는 통계는 전무한 상태라고 볼 수 있다.

여성 귀농·귀촌인의 특성을 파악하는 것은 그들이 단순히 농업인력에 그치지 않고 농촌사회를 활성화하는 인력으로 활용될 수 있는 방안을 모색하는 데 중요한 자료가 된다. 따라서 귀농·귀촌 여성의 특성을 파악할 수 있는 통계가 필요하다.

전라북도에서 귀농·귀촌 DB 구축 작업에 성별 분리 통계를 작성하고, 시·군 단위의 행정을 통해 수집되는 귀농·귀촌 DB 구축에 성별 통계가 이루어지도록 각 항목별 내용에 대한 성별 특성을 추가하며, 가구 단위의 이력카드를 개인 단위의 이력카드로 분리해 성별 분리 통계가 우선적으로 진행되게 한다. 이는 전라북도 미래농업과를 주관 부서로 하고 전라북도 마을만들기 협력센터 및 각 시·군과 협력하여 추진한다.

3) 귀농 · 귀촌 여성의 재능기부단 결성 및 지원

농림축산식품부는 도시민의 다양한 재능을 농어촌에 기부함으로써 농어촌 공동체를 활성화하기 위해 2011년부터 스마일 재능 뱅크를 운영하고 있다(www.smilebank.kr). 2012년을 기준으로 재능 기부 분야와 재능 기부를 요청한 마을 539개를 분석해보면, 재능 기부 영역은 지역 개발과 의료·복지·교육, 농림어업 등이었다. 전라북도에서도 귀농·귀촌 여성을 중심으로 지역사회에 봉사할 수 있는 재능기부단이 형성되어 지역민과 교류하는 장이 마련된다면 귀농·귀촌 여성의 정착을 돕는 데 하나의 방안이 될 수 있을 것이다.

이를 위해 각 시·군의 귀농·귀촌 담당 부서(귀농귀촌지원센터 포함)를 중심으로 귀농·귀촌 여성 재능기부단을 조직해서 운영하고, 현재 완주군 재능기부단이 귀농귀촌협의회 회장, 마을공동체 대표 등의 운영단을 조직해 재능기부단의 활동과 운영 계획을 수립하는 것과 같이 각 시·군 귀농·귀촌지원센터가 귀농·귀촌 여성을 중심으로 재능기부단 운영위원회를 구성해 운영하도록 한다. 이는 전라북도 미래농업과와 각 시·군 귀농·귀촌 담당 부서가 주관하고 전라북도 귀농귀촌지원센터와도 협력해서 추진할 수 있을 것이다.

4) 귀농귀촌지원센터의 구인·구직 정보 수집 및 제공

귀농·귀촌 가구는 농업으로 가구소득을 충족하지 못해 경제적 어려움을 경험하고 있으며, 귀농·귀촌 여성들은 요양보호사, 방과 후 지도사, 행정보조 등의 일자리에 취업하고 있다. 농촌에는 특히 농사일처럼 계절에 따라 변하는 노동력 수요와 농업의 6차 산업화 과정에 필요한 인력에 대한 수요도 있어, 귀농·귀촌 여성의 일자리 요구와 지역사회에서 필요로 하는 인력 수요를 연계하는 시스템을 구축해야 한다.

따라서 각 시·군의 귀농·귀촌 업무 담당이나 귀농귀촌지원센터에서 지역 일자리 SOS 창구를 도입해서 운영하고, 지역 일자리 SOS 창구에서는 노동력 수요를 파악해 지역별 데이터베이스를 구축한다. 그리고 여성 귀농·귀촌인이 일자리를 구하고자 상담·신청하면 지역 내 필요 노동력 수요를 고려해 일자리를 연계한다.

또 다른 방안으로는 각 시·군의 귀농·귀촌 업무 담당 부서나 귀농귀촌지원센터에서 필요 인력과 일자리에 관한 정보를 수집하고 공지·연계함으로써 지역사회의 인력 부족과 귀농·귀촌인의 일자리 부족 문제를 완화할 수 있을 것이다. 이는 전라북도 귀농귀촌지원센터, 고용노동부, 새일센터 등과 협력해 각 시·군 귀농·귀촌 담당 부서(귀농귀촌지원센터)와 함께 추진할 수 있다.

5) 새일센터의 농촌형 시범사업 운영

귀농·귀촌 여성이 안정적으로 지역에 정착하도록 지원하려면 귀농·귀촌 여성의 문화적·교육적 욕구를 파악하고 일자리를 창출·연계할 수 있는 조직이 필요하다. 경력 단절 여성을 위한 새일센터를 농촌형 새일센터로 모델화하여 도와 시·군의 귀농·귀촌정책을 전달하고 귀농·귀촌 여성의 교육 및 일자리 관련 욕구를 반영할 수 있는 지원서비스를 마련해야 한다.

추진 방안으로는 농촌형 새일센터 모형 구축과 농촌형 시범사업 운영을 제안할 수 있다. 우선 전자와 관련해 현재 여성가족부가 추진하려는 유형별 새일센터 지원사업을 지역화하여 귀농·귀촌 여성에 대한 지원서비스를 구축하는 방안이 있다. 농촌형 새일센터는 기존 새일센터의 기본 사업 영역에 농촌 여성의 특성과 요구를 고려하여 사업 내용과 교육 대상, 교육훈련 분야 및 내용을 재구성해 운영하도록 한다. 새일센터의 예산은 기본적으로 여성가족부와 고용노동부, 지방자치단체에서 지원하는데, 주로 프로그램별로 예산이 지원되므로 귀농·귀촌 여성을 고려한 프로그램을 개발해 예산을 지원받을 수 있게 한다.

한편 농촌형 새일센터는 귀농·귀촌 여성을 포함한 농촌지역 여성을 대상으로 직업훈련과 상담, 일자리 연계, 사후관리의 영역에서 운영되도록 하며, 새일센터를 중심으로 귀농·귀촌 여성의 일자리 창출과 연계를 위한 거버넌스를 구축하도록 한다. 전라북도에서는 현재 농촌형으로 분리되는 '남원새일센터'를 농촌형 시범사업으로 운영해 농촌지역 새일센터가 향후 귀농·귀촌 여성을 위한 지원기관으로 자리매김하도록 한다. 이는 전라북도 미래농업과와 여성청소년과가 주관이 되어 전라북도 귀농귀촌지원센터, 각 시·군 귀농귀촌 담당, 새일지원센터와 협력해서 추진할 수 있다.

6) 귀농 · 귀촌 여성의 교육 · 돌봄서비스 협동조합 설립 및 지원

「협동조합기본법」(2012년 12월 시행)에 의해 5명 이상이 모이면 누구나 대부분의 업종에서 협동조합을 만들 수 있는데, 2013년 3월 기준 전국에 695개의 협동조합이 설립되어 있다. 귀농·귀촌 여성이 자신의 경력과 역량을 지역사회에 환원하는 데 교육·돌봄서비스 협동조합이 좋은 방안이 될 수 있다.

한편 전라북도 지역사회서비스투자사업분석에서 농촌지역의 대상별로 욕구와 시장성을 중심으로 살펴보면, 교육과 돌봄서비스에 대한 사업이 중요 사업으로 분석되므로 귀농·귀촌 여성들의 인력 특성을 고려하면서 교육·돌봄서비스 협동조합을 결성해 사회서비스 제공 기관으로 등록하는 방안을 모색해볼 수 있다.

이를 추진하기 위해서는 먼저 새일센터를 중심으로 교육·돌봄서비스 협동조합 설립과 운영 컨설팅을 지원하는 프로그램, 전문인력 양성 과정을 개발하며 각 시·군의 여성회관과 연계해 프로그램을 운영하도록 하는 방안이 있을 것이다. 대상 선정은 각 시·군의 귀농귀촌지원센터를 통해 파악한 귀농·귀촌 여성의 이력 중 교육 관련 자격증이나 교육 경력이 있는 대상자와 돌봄서비스 관련 자격과 이력이 있는 인원을 중심으로 협동조합을 형성하도록 독려할 수 있다.

또 다른 방안으로는 지역사회서비스투자사업의 제공 기관의 역할을 부여하는 것이 있다. 지역사회서비스투자사업의 제공 기관으로 귀농·귀촌 여성의 교육·돌봄서비스 협동조합 결성을 지원하는 방안을 모색해볼 수 있다. 지역사회서비스지원단과 현재 전북 자활센터, 여성 새일센터를 통해 귀농·귀촌 여성 인력을 개발하고 교육하는 과정도 마련해 새로운 지역인프라로 구성할 수 있다. 이는 전라북도 미래농업과와 사회복지과가 주관하고 전라북도 귀농귀촌지원센터, 각 시·군 귀농·귀촌 담당, 새일지원센터, 전라북도 지역사회서비스지원단, 전북자활센터 등과 협력해 추진할 수 있을 것이다.

7) 다문화마을학당의 자원봉사자 인력 활용

전라북도에서는 다문화가족의 정착을 지원하기 위해 결혼이민자의 한국어 능력을 향상시키고, 지역자원을 연계하는 전북형 서비스 전달체계 구축으로 2013년부터 다문화마을학당을 운영하고 있다. 다문화마을학당의 주요

인력은 자원봉사자로 채워지며, 현재 자원봉사자의 모집 규모는 3개 시(전주, 군산, 익산), 15명 이상이고 기타 11개 시·군은 12명 이상 규모로 계획·진행되고 있다. 11개 군 단위에서는 자원봉사자 모집이 어려운 상황으로, 인력 수급에 문제가 제기되고 있는 실정이다. 따라서 현재 지역별로 유입되어 있는 귀농·귀촌 여성의 이력을 파악해 다문화마을학당의 자원봉사자 인력으로 활용하는 방안을 모색해볼 수 있다.

추진 방안으로는 각 시·군의 다문화가족지원센터의 자원봉사자 인력 수급을 조사하고, 각 시·군 귀농·귀촌 담당 부서의 여성 귀농·귀촌인 이력조사를 통해 자원봉사자를 발굴하고 연계할 수 있다. 또한 다문화마을학당 자원봉사자들의 자격 요건인 한국어 교육 60시간 이수 자격 요건을 부여받기 위하여 시·군의 여성 회관 프로그램에 한국어교육 강좌를 개설하고, 다문화마을학당의 자원봉사자에 대한 교육은 현재 거점다문화가족지원센터에서 운영하므로 귀농·귀촌 여성에 관한 자원봉사자 교육프로그램을 실시하도록 한다. 이는 전라북도 미래농업과와 다문화교류과가 주관하며, 각 시·군 다문화가족지원센터와 각 시·군 귀농·귀촌담당과 그리고 여성회관 및 새일지원센터 등이 협력해 추진하도록 한다.

참 고 문 헌

김정섭 외. 2012. 「귀농·귀촌정책 및 교육 체계화 방안」. 농림수산식품부.
김철규 외. 2011. 「귀농귀촌인의 성공적 정착과 농촌사회 발전 방안 연구」. 농림수산식품부.
농림수산식품부. 2012. 10. 17. "농식품부 '13년 귀농·귀촌 예산 큰 폭 증가"(보도자료).
오은주 외. 2012. 「새일센터 유형별 특성별 사업운영 모델개발. 한국여성정책연구원.
유학열. 2010. 「충남의 귀농·귀촌 실태 및 지원방안 연구」. 충남발전연구원
전라북도. 2013. 「귀농·귀촌 활성화 종합대책」.
채성주. 2012. 「충북 농촌지역 도시민 정주 촉진을 위한 전략」. 충북발전연구원.
통계청. 2013. "2012년 귀농·귀촌인 통계".

국가통계포털 홈페이지. http://kosis.kr
농림축산식품부 홈페이지. http://www.maf.go.kr
전라북도귀농귀촌지원센터 홈페이지. http://www.jbreturn.com
통계청 홈페이지. http://kostat.go.kr

전 북
리 포 트
2 0 1 3

제5부

복지와 여성, 그리고 삶의 질

제20장 | 전라북도 삶의 질 정책의 방향과 전략

제21장 | 전라북도 지방이양 복지재정의 효율적 운영 방안

제22장 | 전라북도 사회복지시설 기능 재조정의 필요성과 방안

제23장 | 2013 통계로 보는 전북여성의 삶

전 북
리 포 트
2 0 1 3

제20장 전라북도 삶의 질 정책의 방향과 전략

장세길 ı 전북발전연구원 문화관광연구부 부연구위원

황영모 ı 전북발전연구원 농업농촌연구부 부연구위원

이중섭 ı 전북발전연구원 여성정책연구소 사회복지팀 연구위원

1. 지금 왜, 삶의 질인가
2. 삶의 질 정책의 가치와 방향
3. 전라북도 삶의 질 정책 방향

1 | 지금 왜, 삶의 질인가

1) 대안경제의 출현

지역주민의 소득과 생활수준이 향상되려면 지역경제의 양적 확대가 불가결하지만, 단순한 양적 확대만으로는 생활수준의 전반적 향상이 가능하지 않다. 지역경제 영역에서는 국민경제와 달리 주민 간 균형화된 삶의 질 향상과 주민복지 증진이 중요한 시대적 과제가 되고 있기 때문이다. 특히 속도사회와 경쟁사회의 모순이 확대되면서 이에 대한 반성과 성찰을 기반으로 하는 생활양식이 변화하고 있으며, 그 대안으로 슬로라이프가 대두되고 있다.

IT업계의 속도 코드(얼리어답터 early adopter)도 간편함에서 대중화 코드(슬로어답터 slow adopter)로 변화하고 있다. 이제는 슬로라이프에 기반을 두고 느림 slow, 음식 food, 여행 tourism, 도시 city, 여가 entertainment 등이 동시에 성장하고 있다. 슬로라이프의 전면화와 연계된 슬로시티는 '주민 참여 → 관광객 증가 → 지역브랜드 가치 상승 → 지역경제 활성화'를 이뤄낼 대안적 지역 발전전략으로 주목받고 있다.

이러한 시대적 변화에 부응하여 전라북도의 농업·농촌은 낙후되고 침체된 상태에서 벗어나기 위해 농촌 가치를 새롭게 재발견하고 주민 주도로 지역의 힘을 키워나가는 지역력地域力 강화의 새 시대를 만들어가고 있다. 여러 지역에서 시도되고 있는 주민 주도의 마을 만들기, 함께하는 공동체사업, 로컬푸드의 확대 등은 지역이 주체가 되어 농촌의 미래를 결정하는 질적 변화의 시그널이자 지역 경쟁력의 원천으로 기능하고 있다.

2) 성장 패러다임의 한계

전라북도 경제는 2000년 19조 2,000억 원에서 2009년 32조 원으로 지난 10년간 양적으로 66.7%나 성장했다. 대형 국책사업의 유치, 다수의 기업 유치 등으로 일자리가 늘었고, 도민 1인당 지역내총생산GRDP도 2003년 1,220만 원에서 2009년 1,850만 원으로 50.9%나 증가했다. 이러한 지역경제의 양적 증가로 지역경제는 꾸준한 성장세를 이어가고 있지만, 실업률과 빈곤율 등은 호전되지 않아 도민이 피부로 느끼는 체감경기는 여전히 제자리걸음을 하고 있는 상황이다. 이는 곧 기업을 유치한 성과가 바로 고용의 확대와 질 좋은 일자리로 이어지지 않는 문제가 있음을 증명하고 있다.

국가 전체적으로도 대기업 중심의 경제활동 구조는 사회의 불균형을 심화시키고 있어 이에 대한 시정(재분배)과 건강, 환경, 복지 등을 중시하는 사회적 여건 변화로 전환되고 있다. 즉, 물질적 풍요로움보다 정신적인 안정감을 가져다주는 사회적 요소를 추구하는 여러 실천 노력이 민간영역(사회적 경제 영역)을 중심으로 확산되고 있다.

GRDP가 높다고 행복한 것은 아니며, 생활경제 전반을 포괄하는 사회적 여건을 어떻게 만들 것인지가 시대적 핵심 과제로 떠오르고 있다. 기업 유치 등을 통한 지역경제의 성장과 외부 인구의 유입이 지역에서 지속되지 못하는 이유는 지역사회의 다양한 생활경제 터전을 안정적으로 구축하지 못한

그림 20-1 **문화 향수 실태조사의 주요 내용에 대한 전국 평균과 전북 평균 비교**

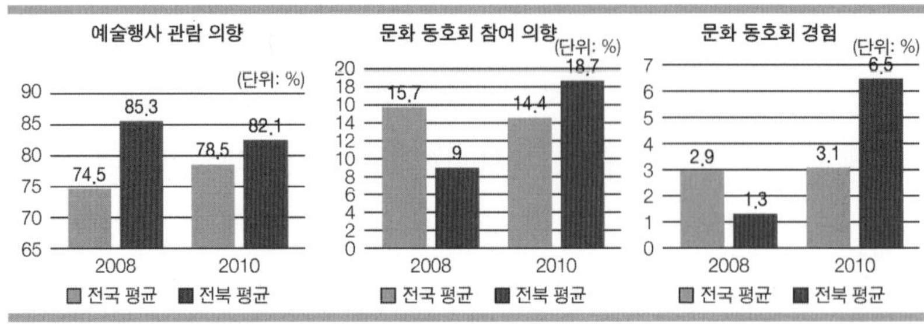

자료: 문화체육관광부(2008, 2010) 참조.

것에서 기인한다. 이는 곧 삶의 질을 어떻게 향상시켜나갈 것인지의 중요성으로 이어지고 있다.

3) 문화적 · 사회적 욕구의 확대

사회적 여건의 변화는 도민이 생활 속에서 필요로 하는 욕구의 전환으로 이어지고 있는데, 다양한 문화적·사회적 욕구의 확대가 바로 그것이다. 예컨대 전북 도민의 예술행사 관람 의향은 2010년 82.1%로 전국 평균의 78.5%보다 높으며, 문화 동호회에 참여하고자 하는 의향도 5년 사이 2배 이상 증가했다(그림 20-1 참조). 전북 도민의 80.1%는 체육활동 등을 통해 건강한 생활을 희망하고 있지만, 실제 생활체육에 참여하는 비율은 30.0%로 희망과 생활 속에서 실천의 간극이 존재한다. 1주일에 1~3회에 걸쳐 30분 이상 운동에 참여하는 비율은 30.0%로 전국 평균 32.0%에 미치지 못해 도민이 원하는 건강권을 확보하기 위해 체육활동 참여의 기회를 확대할 방안을 찾아야 한다.

문화, 체육, 여가에 관한 전북 도민의 욕구는 지속적으로 확대되고 있어 이제는 지역경제 내에서 여가경제leisure economy의 비중도 높아지고 있다. 지난 20년간 문화, 오락, 서비스업에 사용하는 지출비는 연평균 9.3%가 증가하고 있으며, 지난 5년간 가계지출에서 문화·여가비가 차지하는 비중도 2배 증가했고, 활동형 여가에 참여하는 비율도 2.5배 증가했다.

이러한 사회적 변화는 문화, 체육, 여가에 대한 사회적 욕구가 이제 '있는 사람의 선택적 욕구'에서 '모든 사람이 누려야 할 보편적 욕구'로 전환되고 있음을 증명해준다. 그렇기 때문에 행복한 삶을 위한 사회권으로서 문화, 체육, 여가에 대한 정책 대안을 실질적으로 마련해야 하는 시점이다.

4) 미래사회의 경쟁력은 'GRDP가 아니라 삶의 질'

이제는 경제적 성공이 행복을 가져오는 것이 아니라 행복이 경제적 성장을 가져오는 원천으로 인식되어야 한다. 우리 사회는 '양적 성장에서 질적 성장으로, 산업경제에서 창조경제로, 속도사회에서 슬로사회'로 전환되고 있다. 그렇기 때문에 도민의 소득과 생활수준의 향상을 위해서는 '생산경제'와 '생활경제'를 동시에 포괄하는 정책과 전략을 마련해야 한다.

이제는 지역 발전의 양대 축으로 기존의 '개발 패러다임인 산업경제'와 '행복 패러다임인 삶의 질 향상'을 동시해 추구하는 전략이 필요하다. 이러한 지역 발전 패러다임에 따른 사업은 그림 20-2와 같은 형태로 추진되어야 한다.

그림 20-2 **전라북도 삶의 질 정책의 추진 배경과 방향**

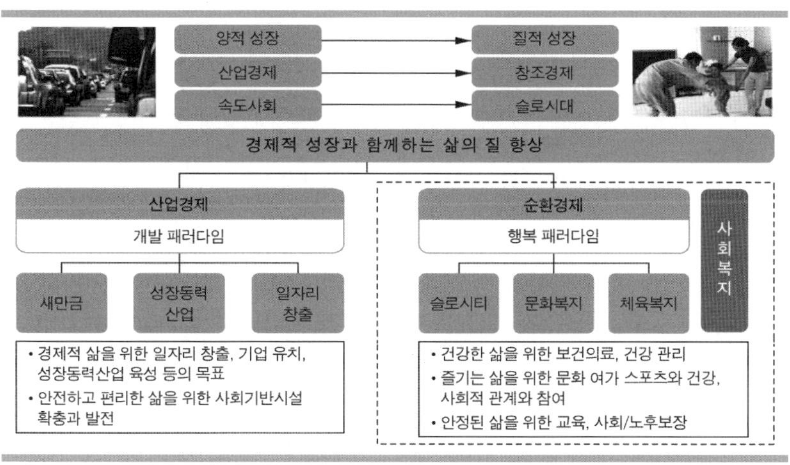

그림 20-3 외부 의존 지역경제와 지역 순환경제의 구조 비교

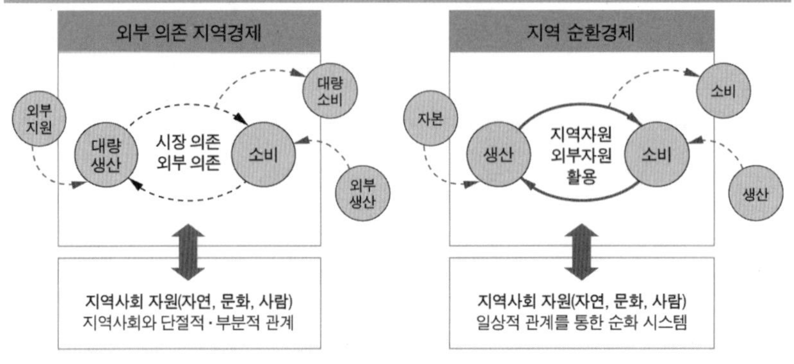

주: 원의 크기는 양적인 규모를, 화살표의 실선은 주된 흐름, 점선은 부차적 흐름, 두께는 그 양을 의미함.
자료: 구자인 외(2011).

2 | 삶의 질 정책의 가치와 방향

1) 지역 순환경제 지향

지역 순환경제는 자원의 한계를 외부에 의존하는 외래형 개발이 지역 발전 잠재력을 훼손하는 등 획일적 개발논리에 대한 반성에 기반을 두고 있다. 일정 지역의 특정한 자연적·인적·문화적 자원을 지속 가능한 발전의 핵심 요소로 파악하고 이를 활용해 사회 전체의 발전을 지향하는 가치를 담고 있다.

지역 순환경제는 지역자원에 기초를 둔 지역산업 형성, 자치·환경·문화 보전, 복합산업화, 종합적 지역개발계획과 같은 효과적 진흥전략 수립을 강조하고 있다. 이를 위해 지역자원 활용, 향토기업 육성, 지역주체 간 파트너십, 사회적 경제로의 변환과 혁신 능력, 사회적 학습 증진, 외부자본 통제 등을 핵심 요건으로 꼽고 있다.

지역 순환경제는 지역이 자립할 것이냐 아니냐의 문제가 아니라, 지역이 자기 발전에 대한 통제력을 얼마나 가질 것인가의 문제에 대한 대안적 가치를 담고 있다. 이러한 지역 순환경제는 화폐로 계산되는 비용-편익의 차이를

그림 20-4 실체적 경제구조에서의 살림살이 경제의 파악

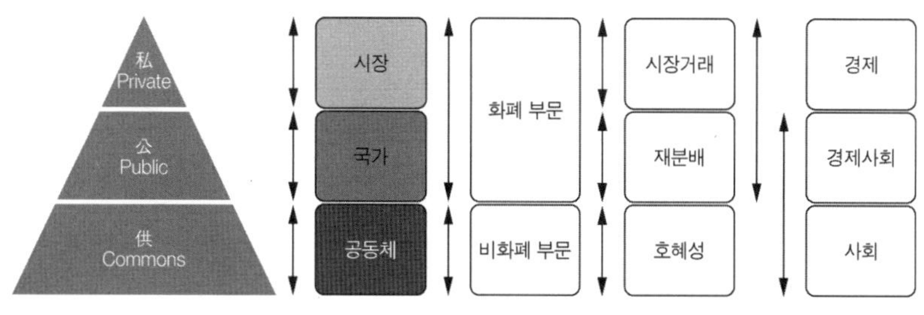

극복하는 '돈벌이 경제'와 구별되는 '살림살이 경제'의 성격을 띤다. 실체적 경제를 시장영역private, 국가영역pubic, 사회적 영역commons 등의 층위로 나눌 때 공동체와 사회적 관계를 중시하는 관점에 근거하고 있다.

2) 행복권의 추구

"GDP는 틀렸다"(스티글리츠 외, 2011). 우리나라의 GDP 규모는 세계 14위이며 교역 규모는 세계 9위이지만, 정작 우리 국민이 느끼는 삶의 질은 OECD와 G20 39개국 가운데 27위에 그친다(한국개발원, 2008년 조사). 그렇기 때문에 소득수준과 국민이 느끼는 행복 간의 관계를 설명하는 이스털린의 역설Easterlin's Paradox①에 주목하게 되는 것이다.

이스털린의 역설은 국민소득이 1만 5,000~1만 6,000달러를 분기점으로 그 이전까지는 소득수준이 높아지면 행복감도 같이 높아지다가 변곡점(1만 5,000달러)을 기점으로 소득수준의 향상과 행복감의 상관관계(정비례)가 없어지는 현상을 설명한다. 이렇게 보았을 때 행복을 결정하는 요인②을 소득에

① 미국 경제학자 리처드 이스털린(Richard Easterline)은 소득이 일정수준(소득수준/행복지수 결별점, decoupling point)에 이르고 기본적인 욕구가 충족되면 소득의 증가가 행복에 큰 영향을 끼치지 않는다고 주장한다.

그림 20-5 **1인당 국민소득과 삶의 질 만족 수준(왼쪽), 이스털린의 역설(오른쪽)**

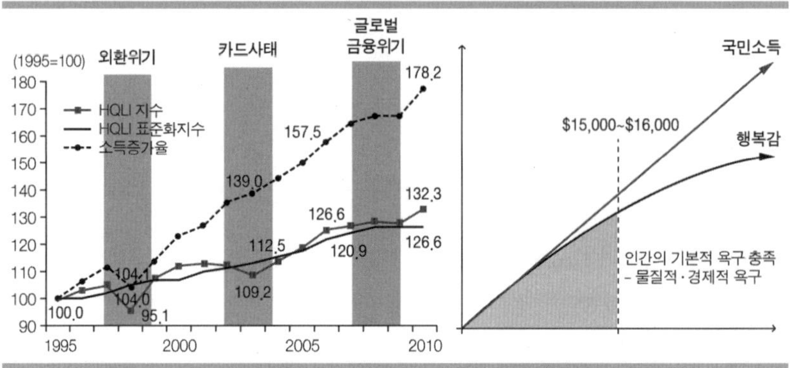

서 찾는 방식을 벗어나야 한다. 실제 미국인은 행복에 영향을 주는 핵심 요인으로 '가족관계, 재정 상태, 일(노동이 아닌 보람 있는 활동), 공동체와 친구, 건강, 개인의 자유와 가치'를 꼽고 있다.③

행복은 물질적·사회적·문화적 요인의 영향을 복합적으로 받는 결과물이지만, 경제가 일정 수준에 도달하게 되면 소득 등의 물질적 요인보다 관계 등을 중심으로 하는 비물질적인 요인에 더 큰 영향을 받는다. 그렇기 때문에 세계의 행복학자들은 시장에서 살 수 있는 물질적 소비를 줄이고, 시장에서 사기 어려운 좋은 인간관계와 보람 있는 일 등에 더 많은 노력을 기울여야 한다고 권고한다. 따라서 삶의 질을 높이려면 사회적(인간관계, 공동체)·문화적(개인의 가치) 만족과 행복에 더 많은 관심과 정책 실천이 필요하다.

---

② 행복과학 분야의 권위자인 에드 디너(Ed Diener) 교수는 행복을 '주관적 안녕감(subjective well-being)'으로 정의하고, 결정 요인을 '사회적 관계, 배움의 즐거움, 삶의 의미와 목적, 긍정적 태도'로 설명한다.

③ 미국 일반사회조사 결과(2005년). 한편, 한국 갤럽의 조사에서는 우리나라 국민이 생각하는 행복의 원천이 건강, 가족관계 등의 순으로 나타난다.

그림 20-6 **행복의 결정요인**

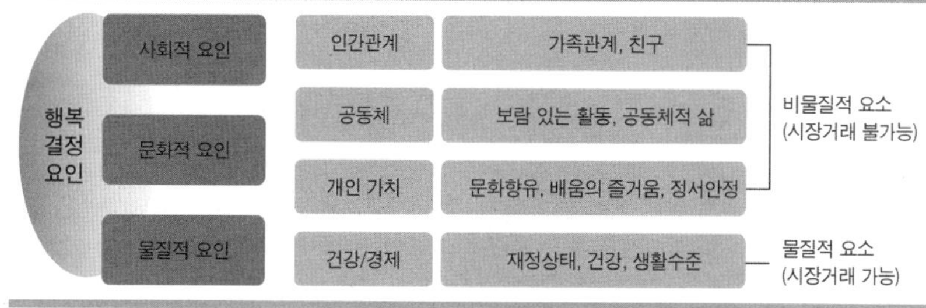

3) 절대적 기준과 보편적 가치의 조화

지역정책으로서 삶의 질 플랜은 정책 대상의 절대성과 보편성을 정책의 목표로 설정하고 이를 실현해나가는 과정이 필요하다.

삶의 질 정책에서 '절대성'은 모든 도민이 최소한의 물질적 삶을 기본적으로 충족할 수 있는 최소한의 기준을 의미한다. 생활 속에서 느끼는 문화 및 체육의 기본적 활동을 보장받아야 하는데, 이를 위해서는 문화·체육생활의 최조 기준선이 실현되어야 한다. 절대적 기준선을 어떻게 설정할 것인지는 연구자의 관점과 정책 환경에 따라 달라질 수 있겠으나, 전라북도 차원에서의 정책 대상은 3분위 이하 혹은 중위소득 150% 미만의 빈곤계층으로 설정하는 것이 타당하다. 전라북도에서 소득 3분위 이하 저소득 빈곤가구의 소득 점유율은 13% 내외인 반면, 소득 9분위 이상 고소득층의 소득 점유율은 38%를 상회하여 소득계층 간 지역 내 재분배정책이 필요하다.

삶의 질 정책에서 '보편성'은 모든 도민이 경제 여건과 취미에 따라 원하는 삶의 질 수준을 최대한 향유할 수 있는 범위를 의미한다. 보편성은 재원 분배가 특정 집단에 집중되지 않고, 소득의 다양한 층위별로 모든 계층의 욕구 수준에 맞는 보편적 투자의 의미가 담겨야 한다. 재원의 분배나 수혜가 특정 집단에 집중되지 않고, 지역 내 모든 층위가 보편적으로 정책의 대상이 되어

그림 20-7 행복의 절대적 기준과 보편적 기준

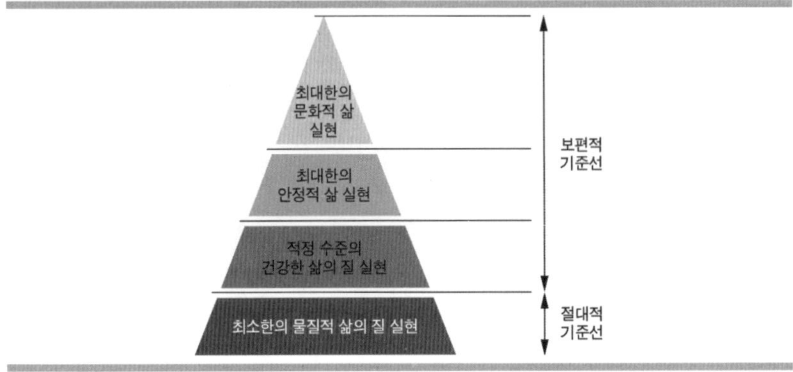

재원 분배 효과가 지역사회에서 다시 선순환되는 것이 목적이 되어야 한다.

3 | 전라북도 삶의 질 정책 방향

1) 삶의 질 정책의 영역

새로운 지역 발전전략으로 삶의 질 향상 정책을 추진하기 위해서는 삶의 질에 관한 개념과 접근방법에 기반을 두고 삶의 질의 영역을 새롭게 설정할 필요가 있다.

삶의 질의 개념을 정의하고 파악하는 방법은 세 가지로 나누어볼 수 있다. 첫째, 가치와 목표의 성취에서 생기는 심리적 상태로, 특정한 사회의 생활과정에서 체험하는 복지, 행복감, 만족감을 삶의 질로 파악하는 입장이다. 둘째, 객관적 기준의 삶의 질로 인간의 삶과 행복에 영향을 끼치는 특정한 사회의 객관적인 삶의 조건과 환경을 삶의 질로 파악하는 관점이다. 셋째, 객관적 조건(개인 생활에 영향 미치는 양적 측면의 상황적 조건)을 개인의 인지를 통한 주관적 평가로 결정하는 방법이다.

표 20-1 **삶의 질을 구성하는 요소**

영역	세부 내용
경제적 삶	소득수준, 소비수준, 노동조건 등
건강한 삶	보건의료시설, 건강 상태 및 관리, 보건의료서비스 등
안전한 삶	범죄 및 사고 등
편리한 삶	주거 상태 및 질, 정보화, 교통시설 및 질 등
쾌적한 삶	환경압력, 환경의 질, 환경관리 등
안정된 삶	사회보험 복지수준, 가족생활 및 노후보장, 생활수준
즐기는 삶	문화 및 여가, 사회관계 및 참여 등

자료: 박대식 · 마상진 · 신은정(2005).

삶의 질을 구성하는 요소를 구체화하면 표 20-1과 같이 세분화할 수 있다.

세분화되어 있는 삶의 질 구성 요소와 측정지표를 통합해보면 다음과 같이 세 가지로 범주로 재구성할 수 있다. 첫째는 물질적·경제적 조건으로, 소득이나 노동, 소비, 주거생활, 경제적 복지 등 물질적 요소 등이 여기에 해당한다. 둘째는 정신적·문화적 조건으로, 교육, 문화, 여가, 건강 등 주관적인 만족감과 행복감을 의미하는 요소가 이에 해당한다. 셋째는 환경적·사회적 조건으로, 사회적 관계, 공동체, 우리를 둘러싼 환경적 요소를 포함한다.

지금까지 삶의 질 정책은 개별 영역별로 분절적으로 추진되어 물질적·경제적 조건이 성숙된 후 사회적·문화적 조건이 충족된다는 '선성장 후분배'가 정책의 기조로 자리를 잡아왔다. 그러나 사회적 패러다임의 전환에 따라 삶의 질 영역이 중첩되어 나타나는 새로운 정책 영역의 요구가 높아지고 있다. 이를 다음과 같이 크게 네 개의 영역으로 나누어볼 수 있다.

- **A 영역**: 문화 · 체육의 결합으로서 문화 · 체육복지, 문화가치와 산업 융합 창조산업
- **B 영역**: 공동체적 삶과 이윤 창출의 경제가 결합한 커뮤니티비즈니스, 녹색성장
- **C 영역**: 도시 · 문화 결합의 문화도시, 슬로라이프 가치와 음식이 결합한 슬로푸드
- **D 영역**: A~C 영역이 연계되면서 시너지 효과가 극대화되는 영역으로 삶의 질 플랜의 가치를 상징하는 대표 영역(예: 공동체 · 문화 · 환경 · 지역경제 등이 결합된 지역개발전략으로서의 슬로시티 등)

그림 20-8 **삶의 질 구성 요소(왼쪽)와 새로운 패러다임에서 삶의 질 영역의 설정(오른쪽)**

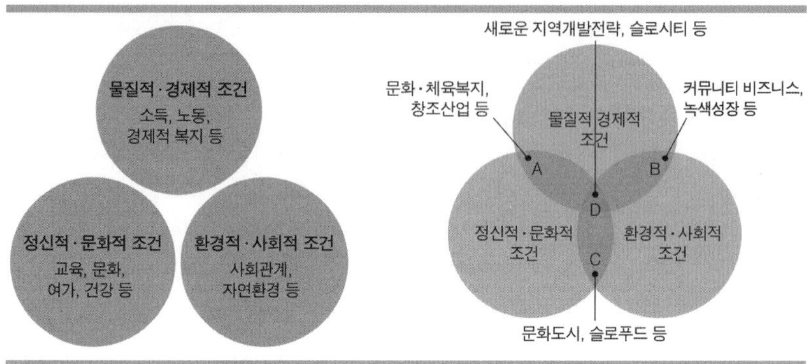

2) 슬로시티를 통한 지역 순환경제의 구축

슬로시티는 지역사회에서 생산된 이윤과 성과가 다시 지역사회로 환류되는 경제활동 구조를 만드는데 가장 큰 목적이 있다. 또한, 슬로시티는 지역주민이 살기 좋으며, 일하기 좋은 지역을 만들고, 외부 사람들이 찾기 좋은 장소를 만드는 것이다. 즉, '지역의 힘으로 주민의 참여로' 자립형 경제활동 구조를 만들어나가면서 외부와의 역동적인 교류와 네트워크로 활력을 지역사회로 내재화하는 것이다. 슬로시티의 구축은 '슬로푸드, 슬로산업, 슬로투어, 경관보전' 등의 영역에서 지역공동체 형성을 통해 주민의 삶의 질을 높여나가는 지역 만들기 실천 전략이 중요하다.

표 20-2 **슬로시티 사업 영역 및 세부 내용**

영역	세부 내용
슬로푸드	전통식단, 식문화 전통을 중시하는 슬로시티의 시작점
슬로산업	자기 의존적 경제를 구성하는 지역 토착적 경제구족
슬로투어	외부 소통 · 교류의 유력한 수단으로 소비되지 않은 관광
농촌 경관	지역전통 · 고유문화 유지를 위한 환경과 어메니티 조성
슬로공동체	참여와 협력을 통한 살기 좋은 지역공동체 구축

그림 20-9 슬로시티 사업 영역 및 주요 사업

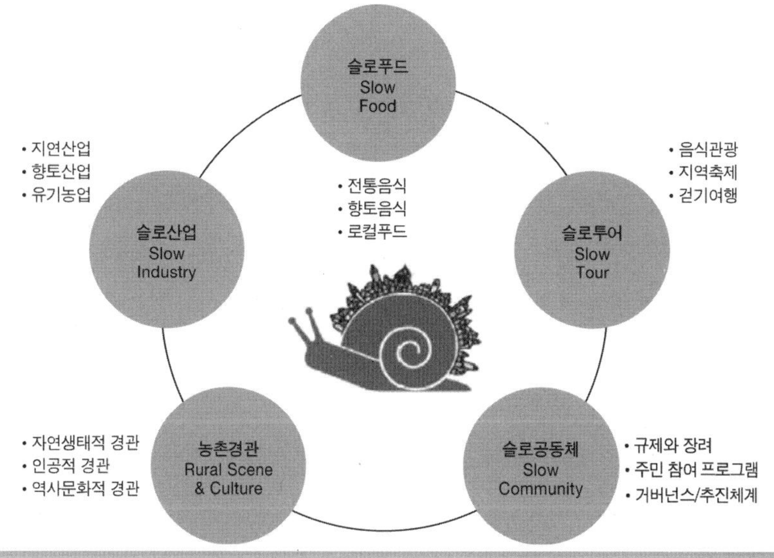

3) 행복을 더하는 문화 · 체육복지

인권인 문화권④과 건강권 보장 차원에서 문화·체육 향유 기회가 보장되어야 한다. 문화와 체육은 인간으로서 누려야 할 당연한 권리로 문화·체육의 향유를 필수적 욕구로서 보장하는 정책적 전환이 필요하다. '가진 사람의 선택적 수요'였던 문화와 건강에 대한 욕구는 '모든 사람이 누려야 할 필수적 욕구'로 광의의 사회복지 개념이다.

이를 위해 경제 취약계층만 다루던 것에서 문화·체육 취약계층으로 확대해야 한다. 문화·체육 취약계층은 사회경제적 취약계층을 포함해, 시간·건

④ 문화권은 문화 전체를 인권의 관점으로 보는 포괄적 개념으로 경제적·사회적 권리와 함께 인간 욕구 충족에 필요한 권리(세계인권선언 25조)이다. 건강권 역시 인권으로, 의식주에 앞서 건강권을 인간의 기본권으로 상정하고 건강하고 쾌적한 생활권리, 국민보건에 대한 국가의 역할을 규정하도록 명시되어 있다(헌법 35, 36조).

그림 20-10 **문화 · 체육 취약계층별 주요 직업군**

문화·체육 취약계층			
취약계층	서민	중산층	상류층
경제 취약: 기초수급·차상위 사회 취약: 장애인·이주민 보호시설 아동 · 노인 노동 취약: 노숙자·실업자	중소기업 근로자 영세상인(1인 창업자) 특수고용 종사자 전업예술인(문화 취약계층 제외 대상)	대기업 근로자 전문직 종사자 공무행정 종사자	기업·정부 고위관리

그림 20-11 **문화체육복지에 따른 행복감과 지역경제의 선순환 체계**

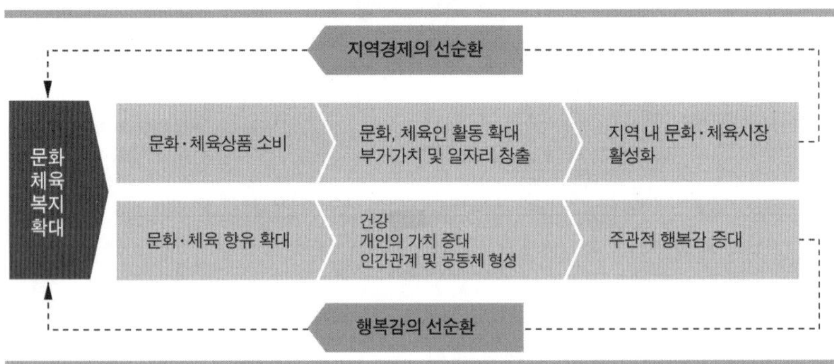

강·경험 부재 등으로 인해 문화적 경험이 부족한 계층을 의미한다(그림 20-10 참조).

취약계층은 문화·체육 부문의 절대적 기준선을 설정·지원하고, 그 이상은 보편적 기준선을 적용해야 한다. 특히 문화·체육 부문 정책은 그 자체가 소멸되는 것이 아니라 지역 내 선순환 구조를 구축하는 체계로 재편되어야 한다. 문화 바우처는 문화 향유의 기회 제공과 예술시장 활성화의 효과가 있으며, 문화·체육복지를 통한 문화·체육 향유 기회 보장은 지역 내 관련 경제활동을 늘려 궁극적으로 문화·체육 부문의 지역 내 선순환 구조 구축에 기여할 것이다(그림 20-11 참조).

그림 20-12 복지재원의 기존 분배 방식과 새로운 분배 방식

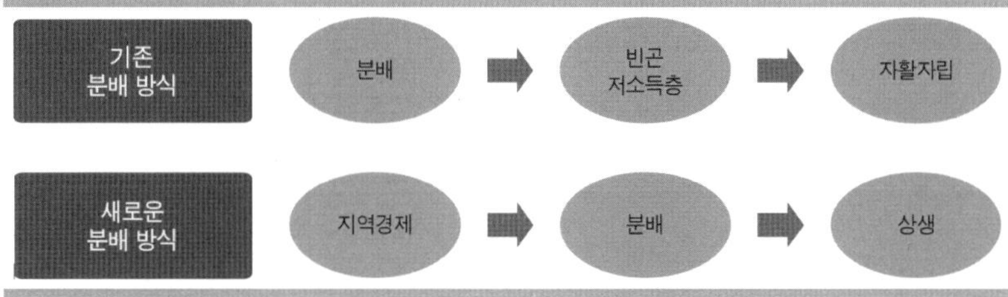

4) 복지재원의 생산성 강화, 선순환 복지체계 구축

20세기의 분배 패러다임인 특정 집단, 특정사람(빈곤층 중심)에 대한 현금 중심의 지원은 한계에 봉착할 것이다. 결국 분배 방식의 전환과 지역경제와의 상생구조를 확립하는 일이 시급하다. 이는 1970년대에 특정 집단에 대한 집중적인 지원은 사회 내에서 한 개인의 자생 능력을 훼손하고, 분배에 투자되는 재정을 급격히 늘리며, 분배의 가치에 대한 국민의 불신과 분배 중심의 복지국가의 위기를 가져온 것에서 확인할 수 있다. 결국 특정 집단 혹은 특정 개인 중심의 투자에서 벗어나 지역에 대한 투자(21세기 분배 패러다임)를 통해 지역경제의 선순환을 기반으로 한 분배의 건강성과 지속성을 유지해나가야 한다(그림 20-12 참조).

또한 중산층의 복지 확대를 통한 예방적 복지의 실현이 필요하다. 중산층의 투자와 지원은 지역 내 건강한 가계경제의 유지와 안정적인 지역소비를 유인하여 지역 내수 기반을 확장하고, 확장된 내수가 저소득 빈곤계층에게 유입될 수 있도록 분배 방식이 변환되어야 한다.

또한 빈곤계층뿐만 아니라 중산층 이상의 소득계층에 대한 복지재원 투자를 통해 지역 내 건강한 분배구조가 형성될 수 있도록 지원이 이뤄져야 한다. 일정 정도 소득을 지닌 도민이 지역 내에서 문화와 여가를 소비하도록 지원해주고, 소비를 통해서 거두어들인 소득은 다시 저소득층에게 분배되는 선

순환 복지체계를 확립해야 한다.

끝으로 소득계층별로 복지정책을 차별화함으로써 복지재원의 투자가 지역경제의 활성화로 연결될 수 있도록 유도하는 전략이 필요하다.

참 고 문 헌

구자인 외. 2011. 『마을 만들기, 진안군 10년의 경험과 시스템』. 국토연구원.

문화체육관광부. 2008. "국민문화향수실태조사".

문화체육관광부. 2010. "국민문화향수실태조사".

박대식·마상진·신은정. 2005. 「도시와 농촌의 삶의 질 지수 측정방안 연구」. 한국농촌경제연구원.

스티글리츠, 조지프(Joseph Stiglitz) 외. 2011. 『 GDP는 틀렸다: 국민 총행복을 높이는 새로운 지수를 찾아서』. 동녘.

제21장 전라북도 지방이양 복지재정의 효율적 운영 방안

이중섭 | 전북발전연구원 여성정책연구소 사회복지팀 부연구위원

송용호 | 전북발전연구원 여성정책연구소 사회복지팀 연구원

1 | 지방이양 재정 현황

1) 지방이양사업 현황

참여정부의 복지재정 분권화로 인한 분권교부세 지원 대상사업은 2006년 현재 14개 부처 149개 사업이다. 사업별로 경상적 수요 대상사업과 비경상적 대상사업으로 구분하고, 비경상적 수요 대상사업을 다시 일반 수요 대상사업과 특정 수요 대상사업으로 구분한다. 2005년에는 경상적 수요 74개, 비경상적 수요 75개(일반 수요 39개, 특정 수요 36개)이었으나 2006년도에 수요별 대상사업을 경상적 수요 77개, 비경상적 수요 72개(일반 수요 41개, 특정 수요 31개)로 조정했다.

2) 지방이양사업 복지재정 현황

분권교부세 제도 시행 초기인 2005년에는 재원이 내국세 총액의 0.83%였지만, 2006년에는 복지수요의 증가에 따른 교부율 조정을 통해 내국세 총액의 0.94%로 상향조정했다. 분권교부세의 재원 규모는 2011년 현재 1조

표 21-1 지방이양사업 현황

산정 항목		2005~2010년		2011년	
경상적 수요 (53개 ↓ 46개)	노인복지비 (10개)	① 경로당 운영, ② 경로식당 무료급식, ③ 노인 건강진단, ④ 치매상담센터 운영, ⑤ 지역사회 시니어클럽 운영	① 재가노인 복지시설 운영, ② 저소득 재가노인 식사 배달, ③ 노인복지회관 운영, ④ 노인 일거리 마련사업, ⑤ 경로당 활성화	① 경로당 운영, ② 경로식당 무료급식, ③ 노인 건강진단, ④ 치매상담센터 운영, ⑤ 지역사회 시니어클럽 운영	① 재가노인 복지시설 운영, ② 저소득 재가노인 식사 배달, ③ 노인복지회관 운영, ④ 노인 일거리 마련사업, ⑤ 경로당 활성화
	장애인 복지비 (20개 ↓ 17개)	① 장애인 복지관 운영, ② 장애인 직업재활시설 운영, ③ 장애인 재가복지센터 운영, ④ 시각장애인 심부름센터 운영, ⑤ 장애인 주간보호시설 운영, ⑥ 의료재활시설 운영, ⑦ 공동생활가정 운영, ⑧ 장애인 해피콜봉사센터 운영, ⑨ 시각장애인 재활센터 운영	① 청각장애인(수화통역센터 운영), ② 장애인 단기보호시설 운영, ③ 정신지체인(자립지원센터 운영), ④ 장애인 특별운송사업, ⑤ 장애인 체육관 운영, ⑥ 편의시설설치 시민촉진단, ⑦ 여성장애인 가사도우미, ⑧ 지체장애인 편의시설센터 운영, ⑨ 장애인 정보화지원센터 운영	① 장애인 복지관 운영, ② 장애인 직업재활시설 운영, ③ 장애인 재가복지센터 운영, ④ 시각장애인 심부름센터 운영, ⑤ 장애인 주간보호시설 운영, ⑥ 의료재활시설 운영, ⑦ 공동생활가정 운영, ⑧ 청각장애인(수화통역센터 운영), ⑨ 청각장애인아동 달팽이관 수술	① 청각장애인(수화통역센터 운영), ② 장애인 단기보호시설 운영, ③ 정신지체인(자립지원센터 운영), ④ 장애인 특별운송사업, ⑤ 장애인 체육관 운영, ⑥ 편의시설설치 시민촉진단, ⑦ 여성장애인 가사도우미, ⑧ 지체장애인 편의시설센터 운영, ⑨ 장애인 정보화지원센터 운영
	아동복지비 (10개 → 9개))	① 아동시설 운영, ② 아동급식, ③ 가정위탁양육 지원, ④ 소년소녀가장 지원, ⑤ 아동보호전문기관 운영	① 퇴소 아동 자립정착금, ② 결연기관 운영, ③ 가정위탁지원센터 운영, ④ 입양기관 운영, ⑤ 모자복지시설 퇴소자 자립정착금	① 아동시설 운영, ② 아동급식, ③ 가정위탁양육 지원, ④ 소년소녀가장 지원, ⑤ 아동보호전문기관 운영	① 결연기관 운영, ② 가정위탁지원센터 운영, ③ 입양기관 운영, ④ 퇴소 아동 자립정착금
	복지비 (13개 ↓ 10개)	① 한부모가족복지시설 운영, ② 한부모가족 퇴소자 자립정착금, ③ 사회복지 전담공무원 인건비, ④ 업무보조 공익근무요원 인건비, ⑤ 공익근무요원 인건비, ⑥ 노숙자 보호, ⑦ 쪽방생활자 지원	① 미혼모 중간의 집 운영, ② 공공보건인력 개발, ③ 대도시 방문보건사업, ④ 사회복지관 운영, ⑤ 사회복귀시설 운영. ⑥ 재가복지봉사센터 운영	① 사회복지 전담공무원 인건비, ② 노숙자 보호, ③ 쪽방생활자 지원, ④ 모부자복지시설 운영, ⑤ 푸드뱅크 운영장비 지원	① 모부자가족 퇴소자 자립정착금, ② 사회복지관 운영, ③ 사회복귀시설 운영, ④ 미혼모 중간의 집 운영, ⑤ 중소도시 보건소 신축
비경상적 수요 (15개 ↓ 6개)	일반 수요 (8개)	① 결연기관 PC 구입비, ② 공공보건사업, ③ 사회복지관 기능 보강, ④ 장애인지역사회, ⑤ 재활시설 차량 지원	① 재가노인복지시설 개보수, ② 중소도시 보건소 신축, ③ 지역봉사사업, ④ 푸드뱅크 운영 장비 지원		
	특정 수요 (7개)	① 노인복지회관 신축, ② 노인시설 운영, ③ 아동보호전문기관 설치, ④ 장애인복지관 기능 보강	① 장애인생활시설 운영, ② 장애인 체육관 기능 보강, ③ 정신요양시설 운영	① 노인시설 운영, ② 장애인생활시설 운영, ③ 정신요양시설 운영	① 장애인복지관 기능 보강, ② 장애인 체육관 기능 보강, ③ 노인복지회관 신축

표 21-2 **지방교부세의 규모**(단위: 억 원)

	2003년	2004년	2005년	2006년	2007년	2008년	2009년	2010년	2011년	2012년
총규모	149,107	144,691	194,845	204,414	226,242	257,796	250,802	263,459	291,223	319,664
보통교부세	122,385	130,129	179,276	186,915	206,921	235,733	229,347	240,903	266,255	291,884
특별교부세	12,239	13,013	7,116	7,434	8,268	9,468	9,202	9,684	10,740	12,162
증액교부금	14,483	1,549	-	-	-	-	-	-	-	-
분권교부세	-	-	8,454	10,065	11,053	12,595	12,253	12,872	14,228	15,618

표 21-3 **2012년 지분권교부세 교부 내역(경상적 수요)**(단위: 1,000원,%)

	계											
			소계		노인복지		장애인복지		아동복지		기타 복지	
	예산	비율	예산	비율	예산	비율	예산	비율	예산	비율	예산	비율
계	792,802,838	100.0	623,979,642	100.0	122,027,118	100.0	99,509,278	100.0	165,857,205	100.0	236,586,041	100.0
서울	58,011,401	7.32	45,845,441	7.35	6,511,654	5.34	9,393,896	9.44	12,964,282	7.82	16,975,609	7.18
부산	53,470,427	6.74	45,194,565	7.24	6,502,390	5.33	5,665,115	5.69	9,901,830	5.97	23,125,230	9.77
대구	39,844,813	5.03	34,186,177	5.48	4,528,675	3.71	4,317,120	4.34	8,998,324	5.43	16,342,058	6.91
인천	26,175,405	3.3	22,433,541	3.6	3,105,801	2.55	3,778,172	3.80	6,550,385	3.95	8,999,183	3.80
광주	25,733,714	3.25	23,109,179	3.7	3,758,987	3.08	3,033,859	3.05	5,878,695	3.54	10,437,638	4.41
대전	18,754,443	2.37	16,625,828	2.66	2,395,394	1.96	3,129,482	3.14	4,087,379	2.46	7,013,573	2.96
울산	10,305,782	1.3	8,202,283	1.31	2,441,908	2.00	1,929,312	1.94	1,590,128	0.96	2,240,935	0.95
경기	89,690,900	11.31	68,906,788	11.04	12,808,069	10.5	8,767,326	8.81	22,437,661	13.53	24,893,732	10.52
강원	47,939,246	6.05	37,415,679	6.00	7,650,436	6.27	7,702,380	7.74	8,786,299	5.3	13,276,564	5.61
충북	47,637,167	6.01	38,061,415	6.1	9,337,574	7.65	6,383,704	6.42	12,043,563	7.26	10,296,574	4.35
충남	54,659,254	6.89	39,867,526	6.39	8,412,520	6.89	7,410,839	7.45	11,046,542	6.66	12,997,625	5.49
전북	70,271,499	8.86	58,101,846	9.31	13,566,234	11.12	7,710,063	7.75	14,311,993	8.63	22,513,556	9.52
전남	82,214,172	10.37	60,454,054	9.69	18,461,597	15.13	8,699,692	8.74	12,157,356	7.33	21,135,409	8.93
경북	78,530,960	9.91	58,957,063	9.45	11,134,612	9.12	9,951,947	10.00	14,578,711	8.79	23,291,793	9.84
경남	53,893,400	6.8	10,273,846	1.65	8,197,933	6.72	16,778,265	16.86	18,643,356	11.24	8,093,333	3.42
제주	12,724,857	1.61	1,137,421	0.18	3,438,438	2.82	3,745,792	3.76	4,403,206	2.65	1,620,196	0.68

자료: 행정안전부(2012)에서 재구성.

4,000억 원으로 분권교부세 시행 초기인 8,000억 원보다 66.5% 증가했고, 전라북도의 2012년 경상적 수요 사업의 분권교부세 교부액은 581억 100만 원으로 전라북도 전체 분권교부세 교부액인 702억 7,100만 원의 83.90%를 차지한다.

사업 영역별로 보면, 노인복지 분야가 135억 6,600만 원(23.35%), 장애인복지 77억 1,000만 원(13.27%), 아동복지 143억 1,200만 원(24.63%) 그리고 기타 복지 분야 225억 1,300만 원(38.74%)으로 구성되어 있다(표 21-3 참조).

전체 지방이양사업의 지방비 부담 비율은 전라북도가 약 55.2%인 반면, 사회복지 분야에서는 50.3%이다. 전체 지방이양사업의 16개 시·도 평균 지방비 부담 비율은 70.4%인 데 비해, 전라북도는 55.2%로 15.2% 정도 낮다. 한편 사회복지 분야에서도 16개 시·도 평균 지방비 부담 비율은 80.1%인데 전라북도는 이보다 29.8% 낮은 50.3%이다.

그림 21-1 **복지 분야 지방이양사업 연도별 · 재원별 현황**(단위: 100만 원)

_ 2004년 현황

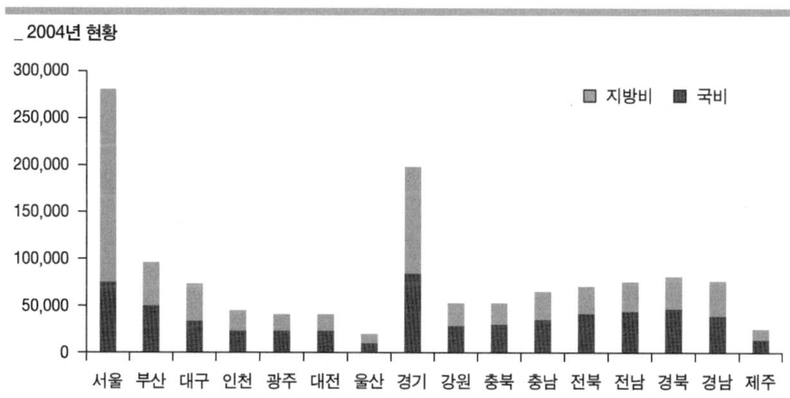

_ 2005년 현황

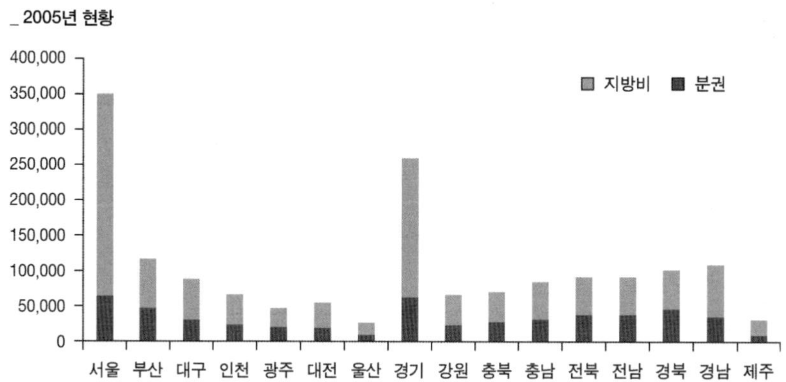

_ 2006년 현황

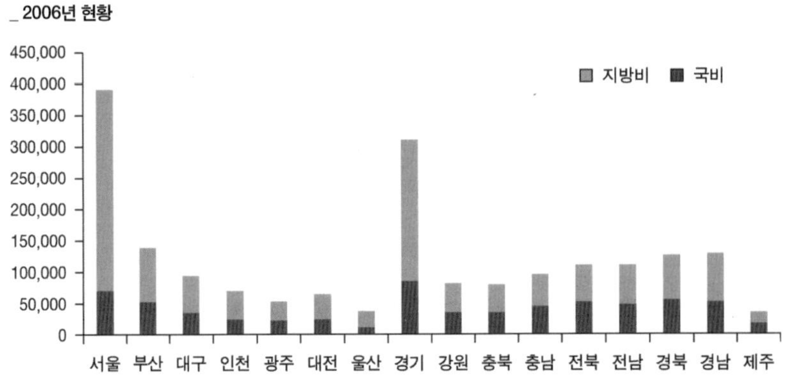

_ 2007년 현황

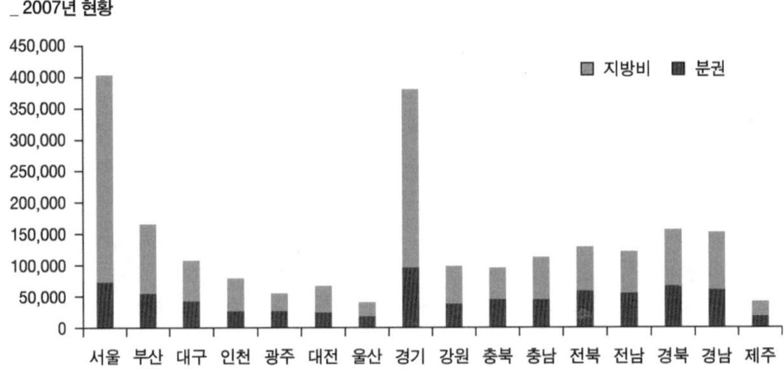

_ 2008년 현황

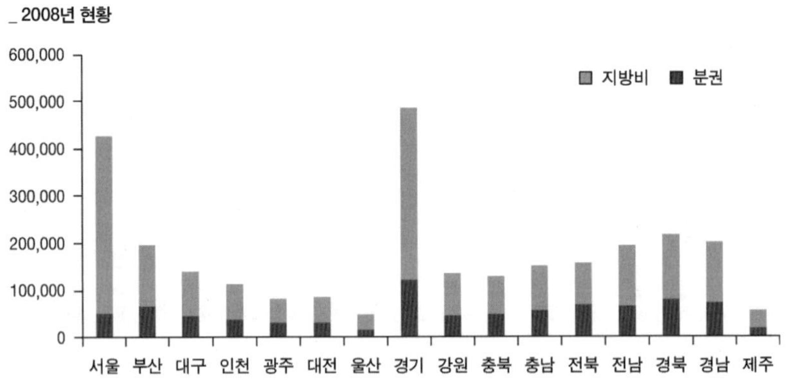

_ 2009년 현황

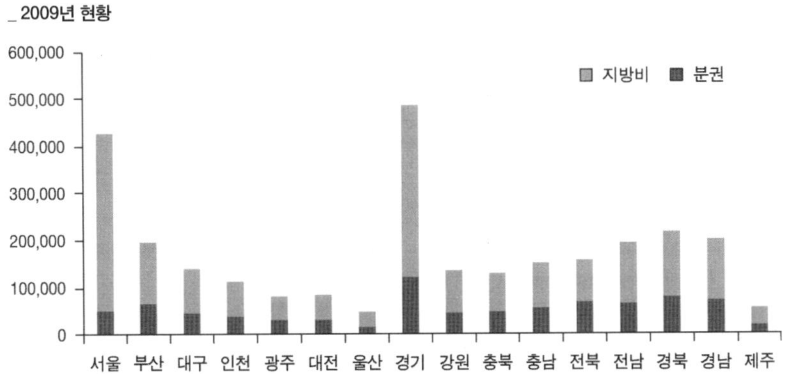

_ 2010년 현황

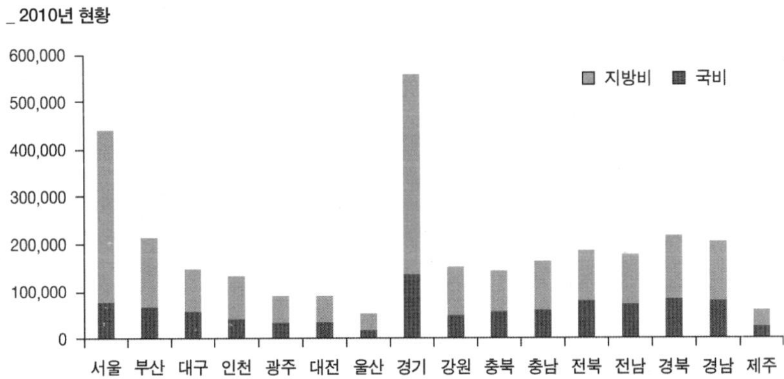

_ 2011년 현황

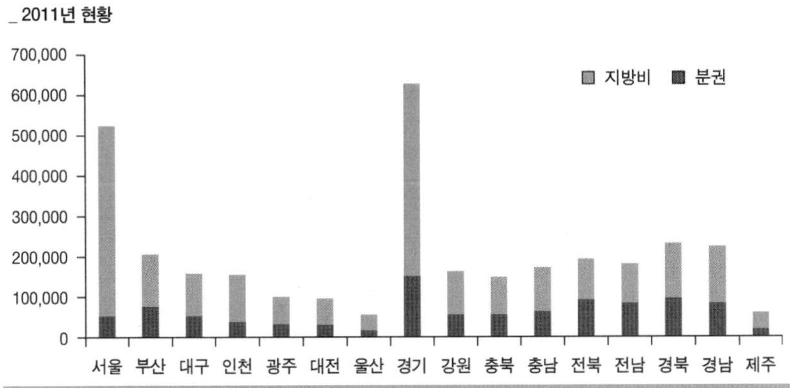

2 | 전라북도 지방이양 복지재정 분석 결과

1) 전라북도 지방이양 복지재정의 규모

14개 시·군이 복지재정의 자율적 편성이 가능성 지방이양사업의 예산 편성 시 일정한 재정적 기준으로 제공될 수 있도록 ① 16개 광역지자체 간 재정 분석(분권교부세+지방비), ② 시·군 재정격차 분석(분권교부세+전라북도비+시·군비), ③ 지방이양재정 수혜 규모 분석(주민 1인당, 시설 1개소당 재정 수혜액)을 시행했다. 한국보건사회연구원이 구축한 복지재정DB를 활용해 전라북도와 14개 시·군 전체 복지재정 규모 및 복지격차를 분석했다.

표 21-4 **재정 분석 기준**

복지재정 운영 방안	분석 내용	조사 방법		함의 도출
		행정분석자료	설문조사	
재정배분 방향의 적절성	· 16개 시 · 도 사업별 도비 부담액 분석 · 14개 시 · 군 사업별 도비 부담액 분석 · 14개 시 · 군 사업별 군비 부담액 분석	· 행안부 지방재정연감 · 전북 시 · 군별 지방이양사업 재정 현황(재원 부담별 추이 및 부담액 분석)	· 사업별 재원 배분 기준(14개 시 · 군) · 사업별 정책 우선순위 조사	· 영역별 · 사업별 정책 우선순위 도출
재정배분 기준의 합리성	· 16개 시 · 도별 복지재정 분석(재원 부담별) · 14개 시 · 군별 복지재정 분석(재원 부담별)	· 복지재정DB · 행안부 지방재정연감 · 전북 시 · 군별 지방이양사업 재정 현황	· 시 · 군 재정격차 보정 방안(시 이용자 수, 종사자 수 등 기준의 적합성) · 지표의 다양화, 상대적 기준 등 반영	· 합리적 배분 방향 도출
지역 간 재정 지원의 형평성	· 16개 시 · 도별 복지시설 재정 분석(재원 부담별) · 14개 시 · 군별 복지시설 재정 분석(재원 부담별) · 복지시설 이용자 분석	· 행안부 행정통계 · 전북 시 · 군별 지방이양사업 재정 현황	· 복지시설이용자 현황(지역, 현원, 종사자 수) · 법인 재정 현황	· 재정 형평화 방안 도출(지역 간 시설 불균형 보정 방안)
지방이양 사업의 적합성	· 67개 지방이양사업의 국가 · 지방 사업의 적합성 평가	-	· 67개 지방이양사업 대상 적합성 평가(예산 공무원, 복지공무원, 사회복지시설종사자 등 약 200명)	· 지방이양사업의 조정 방안 도출(중앙정부 정책적 건의)

그림 21-2 **전북 분야별 예산 현황**(단위: 억 원)

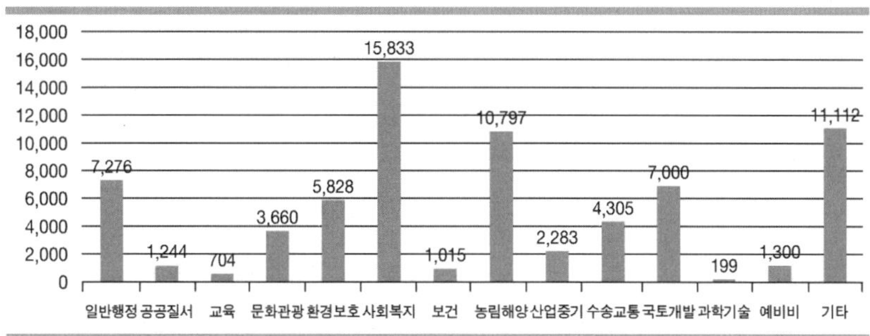

2) 전라북도 지방이양 복지재정의 추이

전라북도의 전체 예산에서 사회복지예산은 2012년 현재 1조 5,833억 원으로 가장 많은 비중을 차지한다. 전라북도의 사회복지예산은 꾸준히 증가하고 있는데, 복지예산의 이러한 증가는 전라북도를 비롯한 지방자치단체의 지방비 부담을 확대함으로써 재정적 어려움을 가중시키고 있다.

특히 분권교부세를 재원으로 하는 지방이양사업의 확대는 지방재정에 대한 안전장치 없이 사업 대상의 확대로 인해 지방비의 부담은 날로 증가하고 있는 추세이다. 2010년 기준으로 사회복지사업 중 국고보조사업의 국비 부담률은 평균 69.5%이고 지방비는 30.5% 수준인 데 비해, 지방이양사업은 분권교부세 부담률이 32.2%, 지방비는 67.8%로 지방비의 부담이 두 배 이상 증가했다. 재정 자립도가 낮은 전북의 경우 국고보조사업은 국비 부담율이 71.9%이고 나머지 28.1%는 지방비 부담인데, 지방이양사업은 분권교부세의 부담률이 43.4%이고 시·도와 시·군비가 각각 19.6%와 37.0%로 지방비의 부담률이 56.6%이다.

표 21-5 **복지예산의 지방비 부담 비율**(단위: 억 원, %)

구분	국비보조사업					분권교부세사업				
	계	국비	지방비			계	분권	지방비		
			소계	시·도	시군구			소계	시·도	시군구
계	91,187	63,345	27,842	14,120	13,722	13,172	4,244	8,929	3,925	5,004
		(69.5)	(30.5)	(15.5)	(15.0)		(32.2)	(67.8)	(29.8)	(38.0)
부산	11,679	8,689	2,990	2,184	806	1,914	621	1,293	1,203	90
		(74.4)	(25.6)	(18.7)	(6.9)		(32.5)	(67.5)	(62.8)	(4.7)
인천	10,005	7,283	2,722	2,034	688	1,277	370	907	804	103
		(72.8)	(27.2)	(20.3)	(6.9)		(29.0)	(71.0)	(62.9)	(8.1)
경기	34,132	22,029	12,103	5,485	6,618	5,189	1,275	3,914	1,105	2,809
		(64.5)	(35.5)	(16.1)	(19.4)		(24.6)	(75.4)	(21.3)	(54.1)
충북	6,235	4,282	1,953	822	1,131	1,299	539	760	265	495
		(68.7)	(31.3)	(13.2)	(18.1)		(41.5)	(58.5)	(20.4)	(38.1)
전북	13,314	9,572	3,742	1,739	2,003	1,636	710	927	321	606
		(71.9)	(28.1)	(13.1)	(15.0)		(43.4)	(56.6)	(19.6)	(37.0)
경북	15,822	11,490	4,332	1,856	2,476	1,856	728	1,128	228	900
		(72.6)	(27.4)	(11.7)	(15.7)		(39.2)	(60.8)	(12.3)	(48.5)

주: 2010년 최종예산 기준.
자료: 행정안전부(2012).

3 | 전라북도 지방이양 복지재정의 문제점

1) 지방이양사업 재정 부담 격차 심화

지방이양사업의 지방비 부담액의 차이가 시부보다는 군부에서 더 심화되고 있는 것이 큰 문제이다. 가령 재정 여건이 좋지 않은 고창의 경우 지방이양사업의 군비 부담액이 차지하는 비율은 9.33%로 가장 높은 반면, 완주군의 경우 지방이양사업의 군비 부담액은 1.9%에 불과하다. 지방이양사업의 시·군비 부담액을 지역의 재정 여건과 교차해 비교해보면 재정의 격차에도 불구하고 상당한 차이가 존재한다. 가령 완주군은 재정 자립도가 25.7%로

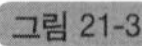

전북 지방이양사업 시 · 군비 부담액 현황(단위: 1,000원)

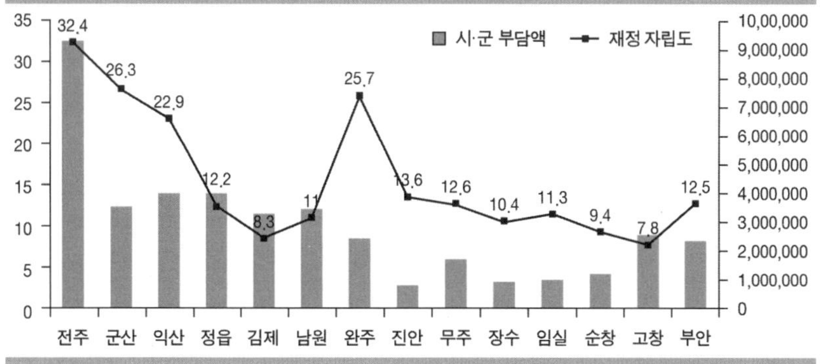

그림 21-4 **전북 지방이양사업 도비지원금 현황**(단위: 1,000원)

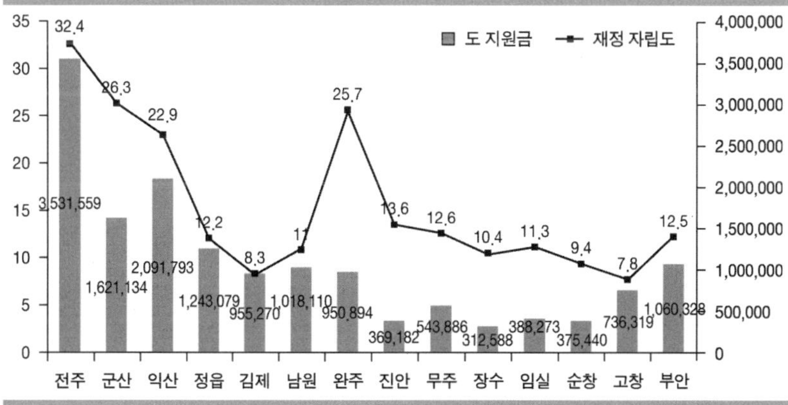

매우 높은 데 반해, 재정 부담액은 재정 자립도가 3배 이상 낮은 고창과 비슷하다(그림 21-3 참조).

도비지원금과 분권교부세의 교부액에서도 동일한 현상이 나타나는데, 분권교부세의 경우 김제와 남원, 완주 등은 절대 교부액이 비슷하지만 재정 자립도는 김제시가 8.3%에 불과한 반면, 완주는 25.7%로 매우 높은 상황이다(그림 21-4 참조). 지역별로 재정 여건이 상이한 상황에서 재정 여건이 좋지 못

표 21-6 **전라북도 지방이양사업 시 · 군 부담액 차이**(단위: 100만 원,%)

	자주재원(A)	시 · 군 부담액(B)	B/A	평균 부담 비율	재정 자립도
전주	282,176	9,329	3.31	시부 평균 부담 비율: 3.35%	32.4
군산	172,041	3,441	2.00		26.3
익산	145,987	3,927	2.69		22.9
정읍	57,992	3,898	6.72		12.2
김제	35,273	2,562	4.42		8.3
남원	51,740	1,828	3.53		11
완주	121,636	2,412	1.98	군부 평균부담 비율 4.05%	25.7
진안	28,851	753	2.61		13.6
무주	28,054	1,643	5.86		12.6
장수	19,983	885	4.43		10.4
임실	28,854	976	3.38		11.3
순창	19,651	1,171	5.96		9.4
고창	27,055	2,524	9.33		7.8
부안	38,205	2,282	5.97		12.5

한 정읍이나 김제, 남원은 지방이양사업을 중앙재원인 분권교부세에 의존해 사업을 추진할 가능성이 크고, 이로 인해 지역 간 복지격차는 확대될 수밖에 없는 구조이다.

전라북도 14개 시·군의 재정 여건에 따른 지방이양사업의 재원 부담의 차이를 비교하기 위해 경상적 수요에 지출된 지방이양사업의 시·군비 부담액을 자주재원 대비 비율로 산정해보면, 전주시의 경우 전체 자주재원에서 지방이양사업(경상적 수요)의 시비 부담금이 차지하는 비중은 3.31% 정도이지만, 군산과 익산은 자주재원에서 지방이양사업의 시비 부담금이 차지하는 비중이 각각 2.0%와 2.69%로 6개 시부의 평균 부담 비율인 3.35%보다도 낮다. 하지만 정읍의 경우 전체 자주재원에서 지방이양사업의 시비 부담금이 차지하는 비중은 6.72%로, 군산의 네 배, 익산의 세 배 이상 많다.

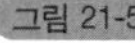

그림 21-5 복지 부문 시 · 군별 재원 부담 비교(단위: 100만 원)

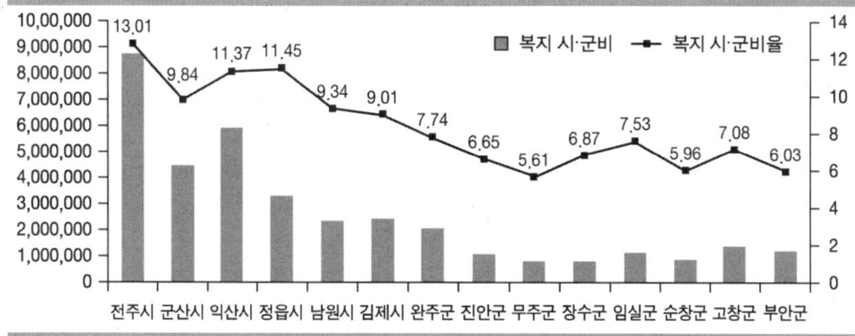

전라북도 14개 시·군 중 가장 많은 부담액을 보이는 지역은 전주시로 총 876억 8,900만 원을 시비로 부담하고, 이는 전체 전주시 시·군비 부담액의 13.01%를 차지하는 데 반해, 진안을 비롯한 군부의 전체 복지 부문의 군비 부담액은 8% 이내에 불과하다. 이처럼 시·군별 복지재원에 대한 부담액의 정도는 전체 시·군별 부담액에서 최소 5.61%에서 최대 13.01%까지 다양하게 구성되어 있고, 이로 인해 지역 간 복지수혜의 편차도 확대하는 추세이다.

2) 지역 간 복지수혜 불균형 및 격차 확대

전라북도 14개 시·군의 주민 1인당 지방이양사업의 지원액과 수혜액을 비교해보면, 먼저 주민 1인당 분권교부세의 교부액은 진안이 4만 9,690원으로 가장 많고, 다음으로 임실 4만 9,130원, 고창 4만 5,890원 등의 순이다.

주민 1인당 지방이양사업의 수혜액은 무주가 11만 8,460원으로 가장 많았고, 다음으로 고창 10만 180원, 임실 9만 3,450원, 진안 8만 9,110원 등의 순으로 나타나고 있다. 전주와 군산 그리고 익산은 주민 1인당 지방이양사업의 수혜액이 5만 원 미만으로 다른 지역에 비해서 가장 낮다.

그림 21-6 전북 지역별 주민1인당 지방이양사업 수혜액 현황(단위: 1,000원)

_ 주민 1인당 분권교부세 교부액 (최대 격차 3만 7,960원)

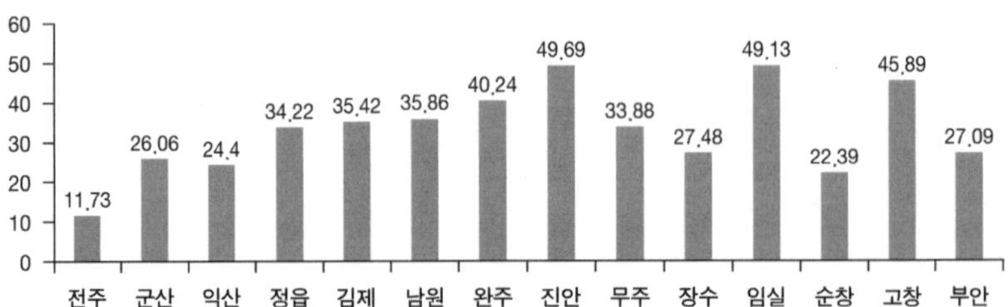

_ 주민 1인당 시도비 (최대 격차 1만 5,560원)

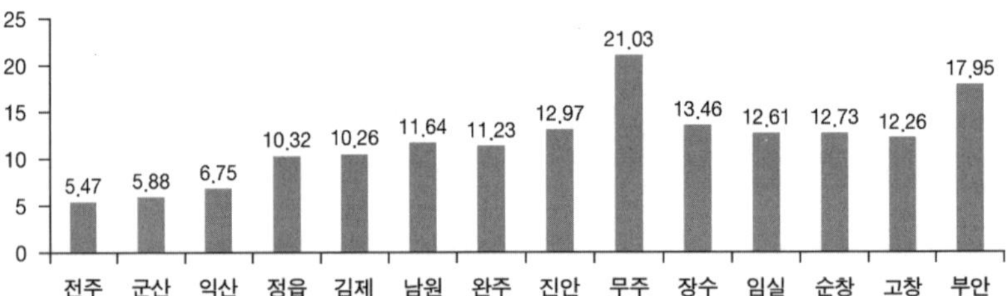

_ 주민 1인당 시 · 군비 (최대 격차 2만 9,550원)

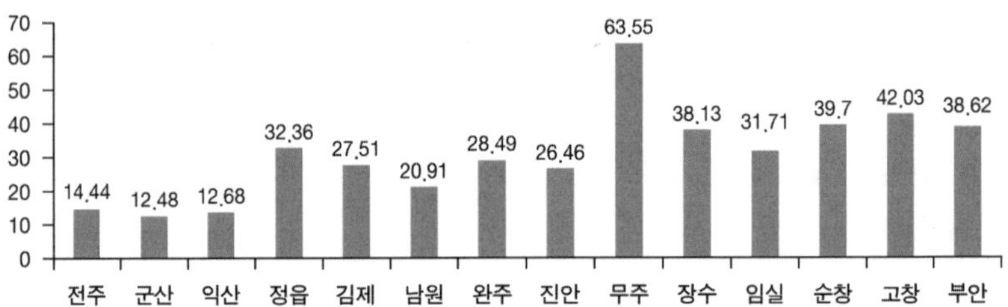

_ 주민 1인당 지방이양사업 수혜액 (최대 격차 8만 6,820원)

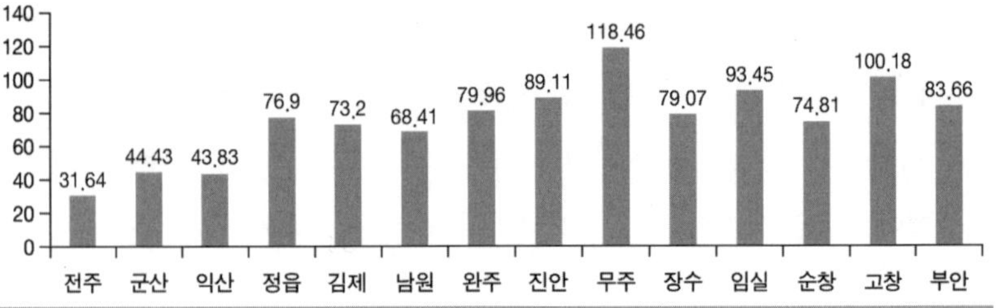

표 21-7 **사회복지 분야 지방이양사업 재정 추이(67개 사업)**(단위: 억 원, %)

구분	2004년	2005년	2006년	2007년	2008년	2009년	2010년	2011년	연평균 증가율
복지사업비(A)	12,951	16,820	19,201	22,268	26,200	28,134	30,019	33,453	14.4
분권교부세(B)	6,107	5,531	6,955	7,955	9,518	8,507	9,509	10,582	8.2
비중(B/A)	47.2	32.9	36.2	35.7	36.3	30.2	31.7	31.9	
지방비(C)	6,844	11,289	12,246	14,313	16,682	19,627	20,510	22,872	18.6
비중(C/A)	52.8	67.1	63.8	64.3	63.7	69.8	68.3	68.1	

자료: 행정안전부 내부자료.

3) 지방이양사업 복지수요와 재정 불균형

사회복지 분야 지방이양사업의 지방비 부담 추이를 보면, 전체 지방이양사업의 재정 규모는 2004년 1조 2,951억 원에서 2011년 3조 3,453억 원으로 연평균 14.4% 증가했고, 이 중 중앙재원인 분권교부세는 같은 기간 6,107억 원에서 1조 582억 원으로 연평균 8.2% 증가했다(표 21-7 참조). 하지만 지방비 부담액은 같은 기간 6,844억 원에서 2011년 2조 2,872억 원으로 연평균 18.6%나 증가했고, 지방비의 부담 비율도 2004년에는 전체 지방이양사업의 지방비 부담 비율이 52.8%였지만, 2011년에는 68.1%로 15.3%p나 증가했다. 즉, 지방이양사업의 중앙재원인 분권교부세의 증가율이 관련 사업의 지방비 부담률보다 낮아 지방자치단체의 지방비 부담이 크게 증가하고 있다.

특히 전라북도의 주요 지방이양사업의 분권교부세 증가율은 지방비 증가율보다 낮아 도와 시·군의 재정적 어려움이 가중되고 있다. 경로당 운영의 경우 지방이양 이전인 2004년 국고보조금과 2010년 분권교부세 증가율은 71.4%였지만, 지방비의 증가율은 164%로 국비 증가율의 두 배를 훨씬 넘는다. 재정 여건이 어려운 지역의 경우 복지수요가 높은 곳이 많아 복지재정에 투입해야 할 요인이 많은데도 복지재정의 국비와 도비, 시비의 부담이 재정력이 좋은 곳에 더 많이 지원되어 지역 간 격차가 확대될 수밖에 없는 구조적

그림 21-7 **전라북도 복지재정과 재정 자립도의 상관관계**

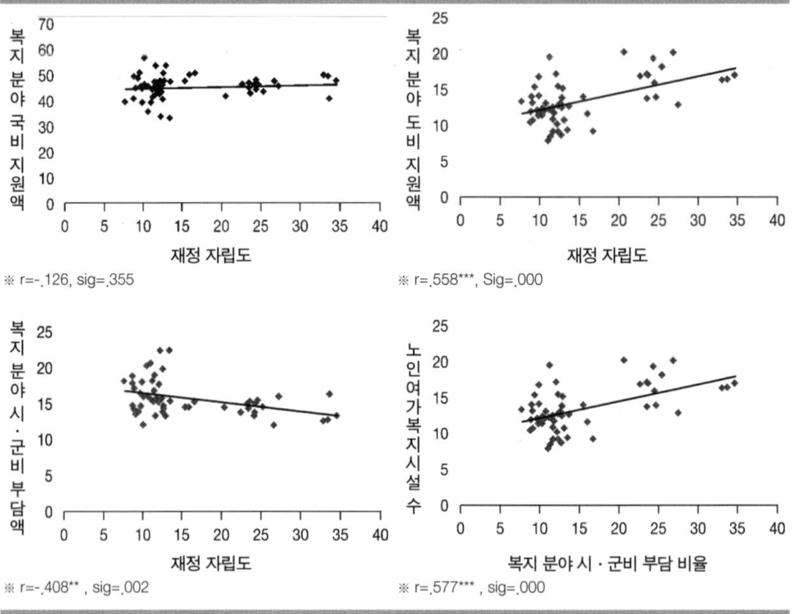

인 요인이 존재한다.

4 | 전북 지방이양 복지재정 우선순위 조사

1) 전문가 조사 분석 결과

전문가 조사는 크게 ① 배분 기준에 관한 사항, ② 광역 및 기초자치단체의 역할 분담에 관한 사항, ③ 52개 지방이양사업의 재원 배분 우선순위에 관한 사항으로 구성했다. 먼저 배분의 기준에 관한 사항에 대해서는 52개 지방이양사업 중 효율성이 요구되는 사업, 형평성이 요구되는 사업, 적정성이 요구되는 사업을 조사했다. 지방이양사업 중 대범주에서는 노인복지와 아동

그림 21-8 **전문가 조사 문항의 구성**

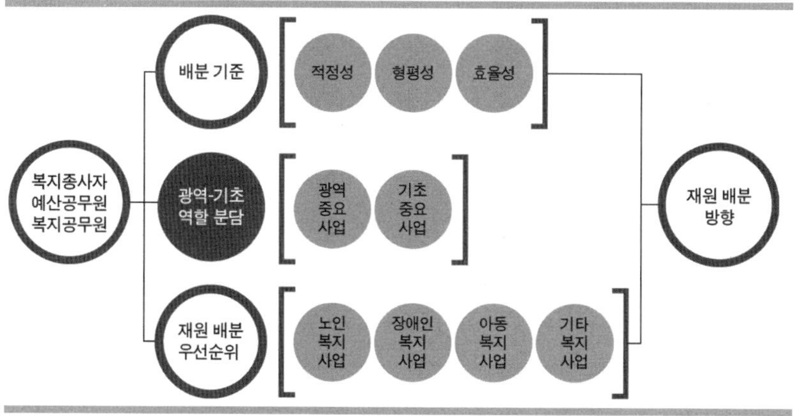

표 21-8 **전라북도 지방이양사업의 정책 우선순위 분석 결과**

구분	우선순위
대범주	· 전라북도: 아동복지정책(1순위), 노인복지정책(2순위), 장애인복지정책(3순위), 지역복지정책(4순위) · 시 · 군: 노인복지정책(1순위), 아동복지정책(2순위), 장애인복지정책(3순위), 지역복지정책(4순위)
노인복지	· 노인일자리 확대(1순위), 노인의료서비스 확충(2순위), 노인빈곤해소(3순위), 노인여가활성화(4순위)
장애인복지	· 장애인 자립생활 지원(1순위), 장애인 재활서비스 지원(2순위), 장애인 돌봄서비스 지원(3순위), 장애인 편의시설 확충(4순위)
아동복지	· 위기 아동 지원(1순위), 시설 아동 지원(2순위), 입양 아동 지원(3순위)
기타 복지	· 지역사회복지 강화(1순위), 취약가구 지원(2순위), 여성복지시설 지원(3순위)
구분	**주요 사업**
형평성	· 노인 건강진단, 장애인복지관 운영, 아동복지시설, 사회복지관
효율성	· 지역사회 시니어클럽, 장애인직업재활시설, 가정위탁지원센터
적정성	· 경로식당 무료급식, 저소득 노인 식사 배달, 공동생활가정 운영, 퇴소아동 자립정착금 등

복지의 중요도가 가장 높게 나타났고, 세부 사업에서 노인복지의 경우 일자리 확대, 장애인복지는 자립생활 지원 확대, 아동복지는 위기 아동 지원, 기타 복지사업은 지역복지의 강화 등을 중요 사업으로 분류했다(표 21-8 참조).

그림 21-9 지방이양사회복지시설 조사 개요

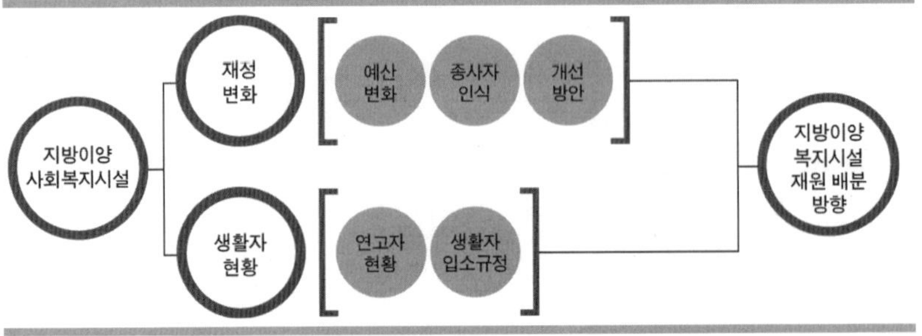

2) 자원조사 분석 결과

전라북도의 사회복지생활시설 총 15개소의 운영 실태를 조사했다. 조사는 크게 지방이양 이후 재정상의 변화와 생활자 현황을 중심으로 이루어졌다. 조사 결과 타 지역 연고자의 이용으로 시설이 밀집된 전주, 군산, 익산 지역의 재정 부담이 특히 심하다. 세부적으로 살펴보면, 지방이양사업 중 사회복지생활시설(정신요양시설, 노인양로시설, 장애인복지시설, 모부자복지시설 등)은 이용자 대부분이 비연고자로 나타났다.

표 21-9 전라북도 정신요양시설 생활자 현황

구분	지역	전주	군산	익산	정읍	남원	김제	완주	진안	무주	장수	임실	순창	고창	부안	전북 외	전체	비연고자	
																		인원	비율
A시설	익산	9	2	78		1	10	44	2		2			3	5		156	78	50.0
B시설	남원	22	6	4	2	57	1	3	1	2	2	7	5			88	200	143	71.5
C시설	완주	70	9	44	2	2	2	50	2	1	3	2	2		3	36	228	178	78.1
D시설	전주	134					1									2	137	3	2.2

표 21-10 전라북도 모부자복지시설 생활자 현황

구분	지역	전주	군산	익산	정읍	남원	김제	완주	진안	무주	장수	임실	순창	고창	부안	전북 외	전체	비연고자	
																		인원	비율
A시설	전주	15	2	3	3						×		×		1	3	27	12	44.4
B시설	전주	3		1		1	1	2		1	×	1	×			2	12	9	75.0

구분	지역	전주	군산	익산	정읍	남원	김제	완주	진안	무주	장수	임실	순창	고창	부안	전북 외	전체	비연고자	
																		인원	비율
C시설	익산	1					1				X		X			2	4	4	100.0
D시설	전주	8		1			1	2			X	1	X			3	16	8	50.0
E시설	군산		3	3		1	3				X		X			10	20	17	85.0
F시설	군산	2	25			4					X		X	2		24	57	32	56.1
G시설	익산			1							X		X				1	0	0.0
H시설	전주	14						1			X		X			4	19	5	26.3
I시설	익산			50							X		X				50	0	0.0
J시설	완주	9	5		3	4	3	16	2		X		X			10	52	36	69.2

표 21-11 **전라북도 지방이양복지재정의 운영 현황에 대한 전문가 인터뷰 정리**

면접자	문제점 내용	입소자 연고 현황		
		연고 지역	비연고 지역	총현원
장애인 생활시설	· 지방이양사업 이후 정읍시의 재정 부담으로 타연고 생활자 입소 기피 · 생활자 입장에서도 타 지역 시설 이용 시 해당 시설의 입소 제약으로 양질의 서비스를 제공하는 기관에 대한 선택권 제약 · 해당 지방자치단체에서도 관내 연고지 생활자 중심의 입소를 권장(일정 정원은 남겨둠) · 신규 시설 설치 수요가 있어도 지자체는 재정 부담을 이유로 기피	30 (75%)	10 (25%)	40 (100.0%)
모자 복지시설	· 전북의 모자시설은 타 지역보다 많은 편(충남 2, 충북 1개소)으로 타 지역 연고자들이 전북 시설을 많이 이용. 이에 따라 전북의 지자체 재정 부담이 높은 편 · 지자체의 재정 부담 때문에 지자체로부터 지역 연고자 중심의 입소를 권유받고 있어 사실상 지역별 입소 제한이 있다고 볼 수 있음 · 지방이양 이후 지자체의 낮은 재정 부담으로 우수한 인력이 타 지역으로 유출되는 현상도 심화	18 (100.0%)		18 (100.0%)
모자 복지시설	· 모자원 운영은 복지부 운영지침상 거주지 제한을 두고 있지 않아 타 지역 연고자들의 이용률이 다른 복지시설보다 높은 편 ※ 2012년 한부모가족복지시설 운영안내서 규정(263쪽) · 이로 인해 모자원이 설치된 지자체의 재정적 부담이 높은 편(재정 부담 내시 기준 도 15%, 시 · 군 85%) · 입소 이용인 1인당 40만 원을 지원하고 있어 예산 지원 정도가 많지 않지만 지자체의 입장에서는 재정적 부담을 느낄 수밖에 없음 ※ 다만 입소 시 타 지역 연고자의 경우 전입신고를 전제	16 (30.7%)	26/10 (69.3%)	52 (100.0%)
장애인 생활시설	· 장애인생활시설은 지방이양 이후 예산이 삭감되어 프로그램의 운영비는 대부분 후원금에 의존 · 최소한의 운영비만을 지원하고 있어 능력이 있는 양질의 직원 확보가 용이하지 않음(경력직원의 잦은 이직, 신규직원 중심 운영으로 예산 활용) · 결원이 생겨도 예산상의 문제로 생활자를 입소시키지 못함	47 (100.0)	0	47 (100.0)

재가 복지시설	· 재가노인시설 운영비는 도비 10%, 시 · 군비 90%로 60인 이상 시설의 경우 약 9,600만 원을 지원. 여기에 종사자 특별수당으로 5년 이상 종사자는 10만 원, 5년 이하 종사자는 5만 원을 지원 ※ 노인재가시설의 이용자는 소득 기준으로 차상위, 질환 기준으로 장기요양법상 노인성 질환으로 제한 ※ 재가노인시설의 경우 예산 지원을 받는 곳이 전주는 16곳인 데 반해, 김제는 2곳에 불과해 지역 간 이용의 불균형이 발생	-	-	-
장애인 복지관	· 장애인복지관의 지역 간 지원 금액의 편차가 심함. 특히 유사 장애인복지이용시설 간의 종사자 급여 차이가 심한 편 ※ 장애인재가복지센터가 장애인복지관보다도 많은 급여를 받고 있음 · 사회복지시설 종사자의 급여는 사회복지서비스의 품질을 담보하는 중요한 기준이므로 전라북도와 시 · 군이 종사자의 급여만큼은 지역 간 및 시설 간 동일하게 제공될 수 있도록 조례 제정 필요 · 장애인복지관 운영비 지원 기준으로 장애인 인구 비율을 적용하는 것이 타당할 수 있지만, 농어촌 장애인복지관은 지역 면적이 넓어 찾아가는 복지서비스를 제공해야 하는 등의 문제가 있어 장애인 인구 비율 산정 시 불이익을 받을 수 있음 · 농 · 산 · 어촌의 장애인복지관은 통합형 복지관(장애인+종합사회복지관)으로 운영될 수 있도록 지방이양 재원 배분체계 개선 필요	-	-	-

사회복지시설 전문가 초점집단 인터뷰 분석 결과, 장애인생활시설의 경우 사회복지시설이 설치 운영되고 있는 지역의 재정적 부담으로 인해 타 연고 지역 장애인의 생활자 입소를 기피하고 있는 실정이다. 이 때문에 해당 지방자치단체에서도 관내 지역주민을 중심으로 생활자 입소를 권장해 생활자 입장에서도 타 지역 시설 입소 시 접근성의 문제와 함께 해당 시설의 입소 제약으로 인해 양질의 서비스를 제공받지 못한다는 것이 문제로 지적된다.

5 ㅣ 전라북도 지방이양 복지재정의 효율적 운영 방안

1) 지방이양사업의 역할 분담과 수요자 중심의 재원 배분 방향 설정

지역별 지방이양사업 재원 분석과 전문가 조사의 분석 결과를 토대로 지방이양사업의 효율적 재원 배분을 위한 대안을 제시하면 다음과 같다. 첫째,

그림 21-10 **지방이양사업 재원 배분 기준 모형**

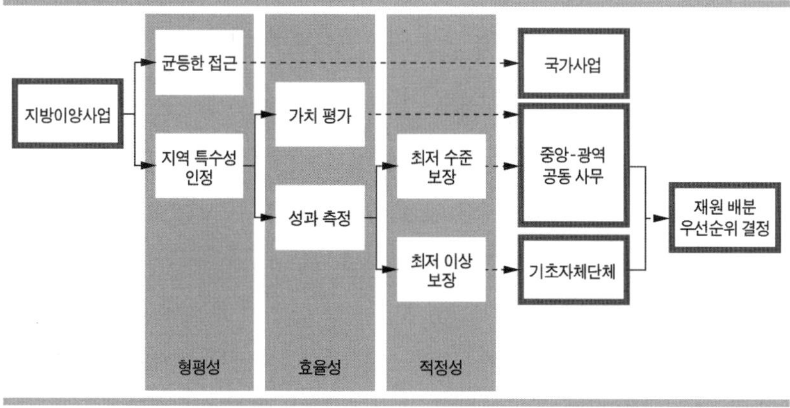

국가의 복지사업은 모든 지역의 주민들이 동등한 복지수혜를 받아야 하는 정책을 중심으로 재편되어야 하고, 지역의 복지수요와 특성이 감안되어야 하는 사업은 중앙과 지방이 그 역할을 공동으로 부담하는 것이 타당하다.

둘째, 지역의 특수성이 인정되어야 하는 지역의 복지사업은 다시 효율성을 기준으로 투입에 따른 성과가 엄격하게 측정되어야 하는 사업과 계량적 성과보다는 정책 목표에 무게중심을 두는 가치평가가 중요한 사업으로 재분류해야 한다. 즉, 수혜 대상자의 특성과 성격에 따라 저소득 취약계층의 최저 수준을 보장하는 사업과 저소득 취약계층 이상을 대상으로 최저 수준 이상을 보장해야 하는 사업의 경우는 광역자치단체보다는 기초자치단체에서 강한 책임감을 가지고 사업을 추진하는 것이 타당하다.

마지막으로 중앙정부의 사업을 제외한 광역자치단체와 기초자치단체의 역할이 중요한 사업은 지역의 복지수요와 공급 그리고 재원에 대한 평가에 근거해 복지사업의 우선순위에 따른 재원 배분이 필요하다. 중앙정부는 지방이양사업의 사업 대상이 저소득 취약계층 이하를 대상으로 하는 균형적 배분이 요구되는 사업으로 모부자복지시설을 포함한 총 13개 사업을 중앙정

그림 21-11 **지방이양사업의 재원 부담 우선순위**

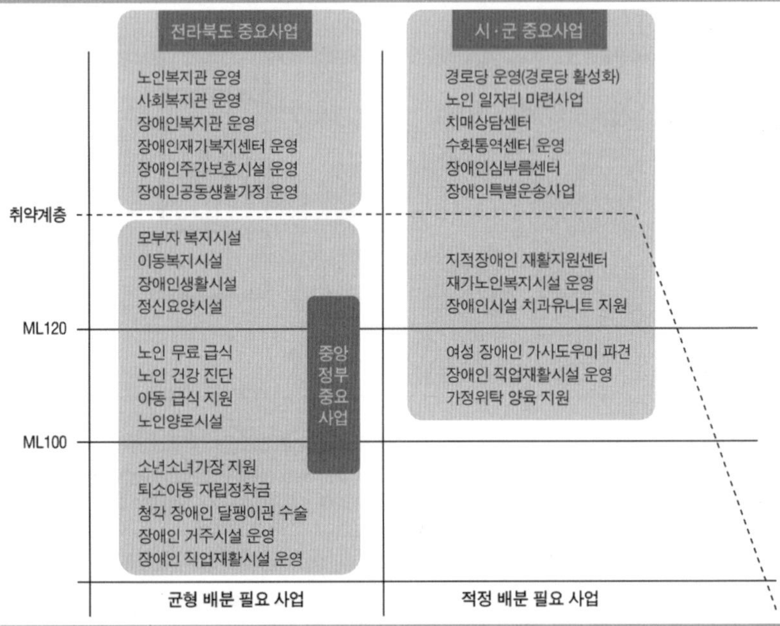

부의 역할이 중요한 사업으로 분류하는 것이 타당하다.

전라북도의 경우 취약계층 이상을 대상으로 하는 사업 중 지역 간 균형적 배분이 필요한 사업인데도 관련 사회복지시설이 없어 균등한 사회복지서비스를 제공하기 어려운 사업은 전라북도의 적극적인 재원 배분이 필요한 사업으로 분류해야 한다.

특히 다른 사업보다도 우선적으로 국고 환원이 검토되어야 하는 사업은 저소득 취약계층에게 지원되는 아동 급식사업, 노인 무료급식, 소년소녀가장 지원 등의 세 가지 직접서비스 사업이다. 아동 급식비의 경우 전라북도의 14개 시·군별로는 지원단가가 유사하고, 1인당 지원액에 있어 큰 편차가 발생하지 않지만 16개 시·도별 편차가 심하게 나타나고 있어 국고사업으로의 전환을 통한 형평성 제고가 시급하다.

표 21-12 **수혜 대상 1인당 지원액 격차 분석 결과**(단위: 1,000원)

구분	분권교부세			도비			시·군비			전체		
	평균 (M)	표준편차 (SD)	CV	평균 (M)	표준편차 (SD)	CV	평균 (M)	표준편차 (SD)	CV	평균 (M)	표준편차 (SD)	CV
경로당	15.81	11.50	0.727	7.85	3.42	0.435	21.61	15.37	0.711	45.29	20.98	0.463
경로급식	1.25	0.77	0.622	1.25	0.778	0.622	1.66	1.23	0.738	0.34	0.22	0.653
노인진단	0.13	0.08	0.620	0.051	0.016	0.313	0.15	0.097	0.613	0.34	0.11	0.313
치매상담센터	0.19	0.12	0.652	0.086	0.055	0.639	0.06	0.071	1.238	0.34	0.22	0.653
시니어클럽	1.68	2.29	1.358	0.86	1.03	1.197	3.23	5.27	1.632	5.78	6.79	1.174
재가노인시설	7.53	10.90	1.447	2.02	1.75	0.866	7.22	6.82	0.945	16.77	16.59	0.989
재가노인 무료급식	1.57	1.095	0.694	1.57	1.09	0.694	2.36	1.51	0.641	5.08	2.28	0.449
노인복지관	2.72	4.27	1.571	0.021	0.08	3.809	8.92	8.55	0.959	11.45	10.66	0.930
노인 일거리 마련	0.09	0.10	1.114	0.085	0.052	0.611	0.16	0.13	0.811	0.34	0.21	0.613
경로당활성화	0.32	0.58	1.780	0.216	0.352	1.629	0.58	0.71	1.227	1.12	1.40	1.245
장애인복지관	26.75	28.24	1.055	18.2	21.2	1.164	23.38	26.61	1.138	68.33	70.56	1.032
장애인직업재활	3.67	6.50	1.768	5.42	8.23	1.518	8.21	12.19	1.484	17.32	24.98	1.442
장애인재가센터	4.10	7.73	1.883	0.91	1.66	1.824	1.06	1.74	1.646	6.07	11.08	1.824
시각장애심부름	6.75	4.31	0.637	5.67	2.9	0.511	6.65	3.41	0.513	19.08	9.91	0.519
장애인주간보호	2.65	3.07	1.157	2.15	2.4	1.116	2.37	2.56	1.081	7.18	8.01	1.115
공동생활가정	0.82	1.194	1.453	0.65	0.96	1.476	0.71	1.07	1.512	2.18	3.23	1.475
수화통역센터	2.32	2.29	0.988	2.14	1.84	0.859	2.96	2.83	0.958	7.42	6.19	0.833
장애인단기보호	0.19	0.52	2.671	0.15	0.402	2.680	0.16	0.42	2.579	0.51	1.34	2.625
정신지체자립센터	1.78	6.66	3.741	1.52	5.71	3.756	1.78	6.66	3.741	5.09	19.04	3.741
장애특별운송	0.05	0.20	3.742	0.047	0.179	3.808	0.66	2.49	3.741	0.77	2.88	3.741
장애편의센터	1.44	1.51	1.047	1.13	1.28	1.132	3.02	3.21	1.062	5.60	4.71	0.841
아동 급식	109.85	53.12	0.483	128.28	100.87	0.786	125.71	61.63	0.490	125.71	61.64	0.490
가정위탁	698.5	356.46	0.510	160.28	78.4	0.489	536.92	422.74	0.787	536.92	422.74	0.787
소년소녀가장	759.78	484.93	0.638	140.35	41.58	0.296	479.14	318.04	0.663	479.14	318.04	0.663
전담공무원	20784.21	7272.48	0.349	-	-	-	7591.71	7079.63	0.932	7591.71	7079.63	0.932
노인복지시설	68.92	20.45	0.296	10.45	5.41	0.517	59.15	32.94	0.556	138.53	51.40	0.371
장애인복지시설	101.17	102.53	1.013	7.63	7.52	0.985	43.85	41.04	0.936	152.66	150.55	0.986
정신요양시설	403.71	773.84	1.916	105.64	203.56	1.926	127.28	244.18	1.918	636.71	1221.53	1.918

주: 변이계수(coefficient of variation)는 지역 간 불평등도나 격차를 측정하는 주된 방법으로 CV= $\sqrt{V} / \mu$ (V:분산, μ:평균)의 산식으로 산출됨.

2) 지역 간 복지수혜 격차 심화사업의 평가와 관리

직접적인 수혜 대상자의 1인당 지원액을 분석한 결과 분권교부세는 재가노인시설 운영, 노인복지관 운영, 노인 일거리 마련사업, 경로당 활성화 등을 포함하여 총 16개 사업이 다른 사업들에 비해서 1인당 지원액에 상당한 격차가 발생하고 있는 것으로 나타나고 있다. 도비와 시·군비의 경우도 시니어클럽 등을 비롯하여 12개 사업, 시·군비는 치매상담센터를 포함해 총 13개 사업의 1인당 수혜액의 편차가 크다. 이처럼 시설 간 지원액의 편차가 큰 사업은 해당 사회복지시설 내에서 제공하는 서비스의 품질 격차와 함께 지원들 간의 위화감 조성 등의 문제를 발생시킬 수 있다. 따라서 시설 간 지원액의 편차가 심한 일부 사업의 경우 전라북도의 주관 아래 시·군 및 시설과의 업무 조정과 협의를 통해서 형평성을 맞출 필요가 있다.

3) 사회복지시설 수요 공급 조절 및 기능 재조정

사회복지시설의 신규 설치는 재정적으로 상당한 부담이 될 수 있어 단기적으로는 유사 사회복지시설의 기능 재조정을 통해 수요와 공급의 불균형을 해소하는 전략이 필요하다.

또한 지방이양사업 중 많은 재원이 투자되는 사업에 대해 재평가하고 그 결과에 따라 재원 배분이 필요하다. 노인여가복지시설에 대한 예산 중 경로당 사업은 유사 사회복지서비스를 제공하는 노인복지관과의 연계를 토대로 적정 공급량을 추정하고 분석 결과에 따라 재원 배분을 효율화해야 한다. 경로당 이용 인구를 토대로 경로당 수를 추정한 결과 전주, 군산, 익산을 제외한 11개 시·군의 경로당은 추가 공급되어 상당한 재원이 지출되고 있다.

경로당에 지원되는 예산은 모두 경로당 이용 인원이나 회원 수에 따라 차등 지원되지 않고, 여기에 지역적으로는 노인복지관이 2개나 설치되어 노인여가서비스가 다른 지역에 비해 여유가 있는 정읍이나 임실 등의 경로당이 약 100여 개소 이상 추가 공급되고 있어 재원 배분의 조정이 필요하다. 노인복지 분야의 경우 경로당 운영과 재가노인복지시설 운영, 노인복지회관 운영이 가장 많은 예산을 차지하고, 그중에서도 경로당 운영이 노인 관련 지방이양사업 예산의 43.20%를 차지하고 있을 만큼 많은 재정이 투입되고 있다.

표 21-13 **지역별 사회복지시설 운영 현황**

	전주	군산	익산	정읍	남원	김제	완주	진안	무주	장수	임실	순창	고창	부안
사회복지관	●	●	●	●	●	●	×	×	×	×	×	×	●	●
장애인복지관	●	●	●	●	●	●	●	●	●	×	×	×	×	●
장애인직업재활	●	●	●	●	×	×	●	×	×	×	×	×	×	×
장애인재가복지	●	●	×	●	●	×	●	×	●	×	×	×	×	×
장애인주간보호	●	●	●	●	●	●	●	●	×	×	×	×	×	×
장애인공동생활	●	●	●	●	●	×	×	×	×	×	×	×	×	×
총개수	6	6	5	6	5	3	4	2	2	0	0	0	1	2

표 21-14 **노인복지서비스의 수요 대비 공급 과잉 지역 분석**

	노인 인구수	노인여가시설		노인 복지관	경로당						
		시설 수	노인 1,000명당	시설 수	시설 수	노인 1,000명당	이용 가능 인원	이용 인원	추가 공급 추정	수요 초과 경로당 수	진단
전체	284,373	6,467	22.74	20	6,362	22.37	127,240	60,693	-66,547	-	부족
전주	61,560	582	9.45	6	570	9.26	11,400	29,364	-17,964	-898	부족
군산	33,555	461	13.74	1	453	13.50	9,060	16,005	-6,945	-347	부족
익산	39,268	653	16.63	1	627	15.97	12,540	18,730	-6,190	-309	부족
정읍	25,096	678	27.02	2	664	26.46	13,280	11,970	+1,310	65	초과
남원	18,100	482	26.63	0	477	26.35	9,540	8,633	+907	45	초과
김제	22,332	602	26.96	1	598	26.78	11,960	10,652	+1,308	65	초과
완주	15,414	421	27.31	0	410	26.60	8,200	7,352	+848	42	초과
진안	7,547	328	43.46	1	322	42.67	6,440	3,599	+2,841	142	초과
무주	6,825	266	38.97	1	264	38.68	5,280	3,255	+2,025	101	초과
장수	6,338	274	43.23	1	273	43.07	5,460	3,023	+2,437	121	초과
임실	8,854	335	37.84	2	331	37.38	6,620	4,223	+2,397	119	초과
순창	8,579	371	43.25	0	369	43.01	7,380	4,092	+3,288	164	초과
고창	16,117	555	34.44	1	551	34.19	11,020	7,687	+3,333	166	초과
부안	14,788	459	31.04	0	453	30.63	9,060	7,054	+2,006	100	초과

그림 21-12 **노인 인구 대비 노인 1,000명당 경로당 수**

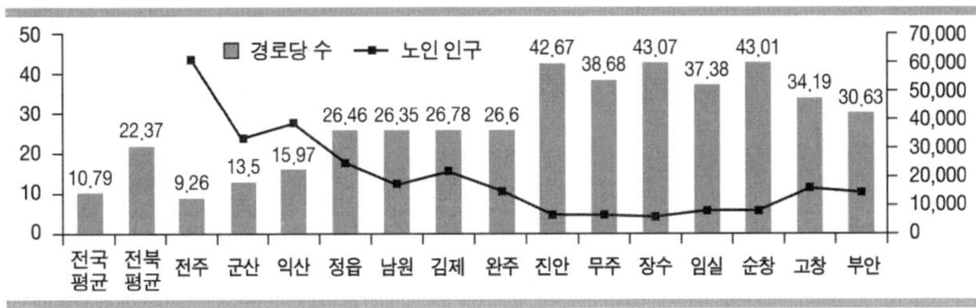

표 21-15 **전라북도 노인복지 분야 재원별 부담 규모 및 순위**

전체	비율	분권	비율	도비	비율	시·군비	비율
1. 경로당 운영	43.20	1. 경로당 운영	45.06	1. 경로당 운영	52.98	1. 경로당 운영	39.09
2. 재가노인복지시설 운영	19.65	2. 노인복지회관 운영	20.01	2. 재가노인복지시설 운영	16.56	2. 노인복지회관 운영	26.96
3. 노인복지회관 운영	18.06	3. 재가노인복지시설 운영	15.69	3. 저소득 노인 식사 배달	8.94	3. 재가노인복지시설 운영	17.07
4. 지역사회 시니어클럽 운영	5.74	4. 지역사회 시니어클럽 운영	6.12	4. 경로식당 무료급식	8.42	4. 경로식당 무료급식	5.49
5. 경로식당 무료급식	5.57	5. 저소득 노인 식사 배달	6.01	5. 지역사회 시니어클럽 운영	6.16	5. 지역사회 시니어클럽 운영	5.35
6. 저소득 노인 식사 배달	5.32	6. 경로식당 무료급식	4.60	6. 노인복지회관 운영	4.03	6. 저소득 노인 식사 배달	3.80
7. 경로당 활성화	1.43	7. 경로당 활성화	1.39	7. 경로당 활성화	1.43	7. 경로당 활성화	1.46
8. 노인 건강 진단	0.39	8. 노인 건강 진단	0.50	8. 노인 일거리 마련사업	0.60	8. 노인 건강 진단	0.32
9. 노인 일거리 마련	0.34	9. 노인 일거리 마련	0.38	9. 치매상담센터 운영	0.50	9. 노인 일거리 마련사업	0.31
10. 치매상담센터 운영	0.28	10. 치매상담센터 운영	0.28	10. 노인 건강 진단	0.43	10. 치매상담센터 운영	0.15
283억 7,200만 원	100.0	102억 7,600만 원	100.0	39억 9,200만 원	100.0	141억 400만 원	100.0

4) 지방이양 복지사업의 유형별 통합 배분

현재 장애인복지사업의 경우 유사한 사업들에 대해서 별도의 재정 배분 방향으로 개별적으로 재정이 배분되고 있어 재정 운영이 효율적으로 이루어지지 못하고 있다. 장애인복지 분야의 지방이양사업 중에서 가장 많은 예산을 차지하는 장애인복지관 예산과 장애인주간보호, 장애인공동생활, 장애인재가복지센터 등은 지역사회보호라는 유사한 정책 목표를 가지고 있을 뿐만 아니라, 장애인주간보호와 공동생활을 제외하고는 대부분 장애인복지관에서 사업을 수행하고 있는데도 예산이 별도로 배분되고 있어 장애인복지사업의 효율성이 떨어지고 있다. 따라서 현재 장애인복지관과 장애인주간보호, 장애인재가센터 등으로 개별 배분되는 장애인 분야의 지방이양사업은 통합 배분으로 전환해서 운영하는 것이 효율적이다(그림 21-13 참조). 여기에 향후 장애인주간보호를 비롯한 장애인공동생활과 재가복지센터 등은 신규 설치 시 개인이나 단체보다는 장애인복지관에 설치될 수 있도록 관련 규칙을 정

그림 21-13 배분 방식의 전환

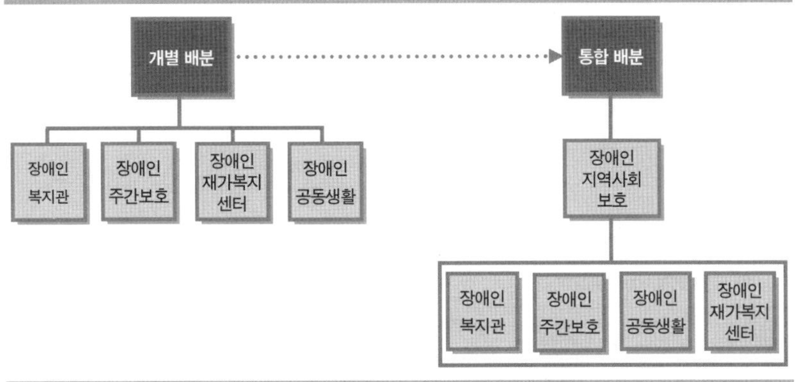

비하는 것이 바람직하다.

5) 지방이양 복지사업의 시민참여 예산 검토

한정된 재원의 배분을 과학적 기준보다는 일정한 합의적 기준에 따라 배분하고자 하는 시도가 최근 일부 지방자치단체를 중심으로 나타나고 있고, 최근에는 기초지방자치단체뿐만 아니라 광역자치단체까지도 예산 편성 과정에서 시민의 참여를 구체화하는 방안이 검토되어야 한다. 서울특별시는 1,000명의 시민과 약 65명의 복지전문가들이 함께 모여 서울 복지예산의 편성 기준을 설정하는 실질적 의미에서의 참여예산제도를 운영하고 있다(그림 21-14 참조).

서울시민복지기준선 설정은 그동안 중앙정부의 정책에 대한 집행 기능만 담당하던 수동적인 지방자치단체의 모습에서 벗어나 지방자치단체가 주도적으로 지역의 복지수요와 공급에 맞춰 복지사업을 계획하고 예산을 편성했다는 점에서 재원 부족과 다양한 이해관계로 인해 복지예산 편성의 어려움을 겪고 있는 지방이양사업의 예산 편성 과정에 많은 함의를 제공해준다.

그림 21-14 서울시민복지기준선 수립 과정

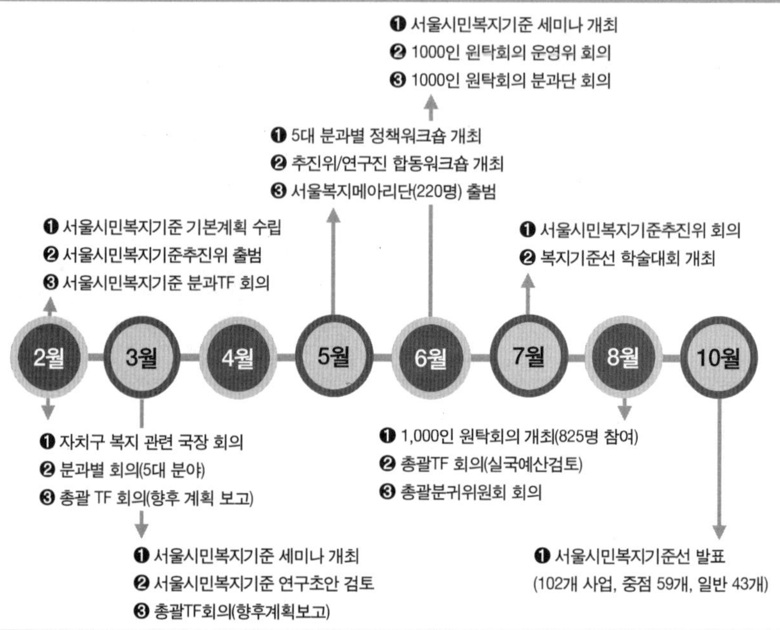

6) 지방이양 복지재정의 국고 환원 논의 검토

정부와 학계의 지방이양사업 개선 방안이 전라북도의 재정에 미치는 영향을 검토하기 위해 각 개선 방안별 전라북도의 향후 재정 규모를 2004년 지방이양이전 국고보조율과 지방비 부담률로 추정해보면, 먼저 감사원이 제안한 노인생활시설, 장애인복지시설, 정신요양시설을 국고로 환원할 경우 해당 사업의 국고보조금은 2013년 864억 원으로 증가하고, 전라북도의 도비 부담액도 291억 원으로 증가할 것으로 추정된다. 하지만 시·군비는 2011년 294억 원에서 2013년 100억 원으로 감소할 것으로 추정된다.

다음으로 행정안전부가 검토하고 있는 사회복지 부문 8개 사업을 지방으로 이양할 경우 해당 사업 국고보조금은 2012년 880억 원에서 2013년 1,077억 원으로 증가할 것으로 추정되고, 전라북도의 도비와 시·군비 또한 2013년

표 21-16 **정부 및 학계 지방이양사업 개선 방안에 따른 전라북도 재정 추계**(단위: 억 원)

구분		2011년	2012년	2013년	2014년	2015년	2016년	2011-2016 증감
3개 사업 국고 환원 (감사원안)	분권(보조금)	428	670	864	1,136	1,520	2,070	+1,642
	전라북도비	47	225	291	382	512	696	+649
	시·군비	294	78	100	132	177	241	-53
	전체	769	973	1,255	1,650	2,209	3,007	+2,238
8개 사업 국고 환원 (행안부안)	분권(보조금)	600	880	1,077	1,334	1,663	2,092	+1,492
	전라북도비	131	330	404	500	624	785	+654
	시·군비	412	178	218	269	335	422	+10
	전체	1,143	1,388	1,699	2,103	2,622	3,299	+2,156
전체 사업 국고 환원 (학계안)	분권(보조금)	953	1,329	1,564	1,846	2,187	2,601	+1,648
	전라북도비	232	459	539	636	754	897	+665
	시·군비	757	488	574	678	803	955	+198
	전체	1,942	2,276	2,677	3,160	3,744	4,453	+2,511
현재안	분권(보조금)	953	1,074	1,211	1,365	1,538	1,734	+781
	전라북도비	232	249	267	286	307	329	+97
	시·군비	757	953	1,199	1,509	1,899	2,390	+1,633
	전체	1,942	2,276	2,677	3,160	3,744	4,453	+2,511

주 1: 3개 사업 국고 환원 시 재정 추계는 2004~2010년 노인생활시설, 장애인복지시설, 정신요양시설의 연평균 증가율(국비 14.73%, 도비 -1.83%, 시·군·구비 48.45%)과 지방이양이전 국비, 도비, 시·군·구비의 분담 비율을 적용해 산출함.

주 2: 8개 사업의 국고 환원 시 재정 추계는 2004~2010년 노인생활시설, 장애인복지시설, 정신요양시설, 아동복지시설, 재가노인시설, 장애인복지관, 아동 급식 지원, 노숙자 보호의 연평균 증가율(국비 14.47%, 도비 5.95%, 시·군·구비 36.36%)과 지방이양이전 국비, 도비, 시·군비의 분담비율을 적용하여 산출함.

주 3: 전체 사업 국고 환원 시 재정 추계는 67개 지방이양사업 전체의 연평균 증가율(국비 12.73%, 도비 7.23%, 시·군·구비 25.86%)을 지방이양이전 국비, 도비, 시·군비의 분담 비율을 적용해 산출함.

주 4: 현재안은 67개 지방이양사업의 분권, 도비, 시·군비의 연평균 증가율을 적용해 산출함.

에 각각 404억 원, 그리고 218억 원으로 증가할 것으로 추정된다.

각 개선안별 재원의 추이를 추정해보면, 그림 21-15에서와 같이 분권교부세 혹은 국고보조금은 전체 환원이 가장 많은 재원이 소요될 것으로 추정되고, 도비 부담액은 현재안보다는 행안부의 8개 사업 국고 환원안 그리고 3개 사업 국고 환원안 모두 현재보다는 더 많은 도비가 추가적으로 소요될 것으로 추정된다. 특히 전체 국고 환원안이 도비의 부담액을 크게 증가시킬 것으로 추정된다. 따라서 지방이양사업의 국고 환원은 사업의 내용과 목적에 따

그림 21-15 **지방이양사업 개선안에 따른 전라북도 재정 추계**(단위: 억 원)

_ 분권교부세 교부액 추정

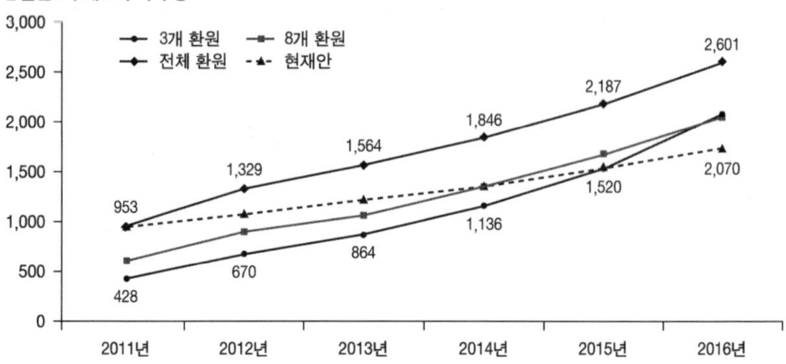

_ 전라북도 도비 부담액 추정

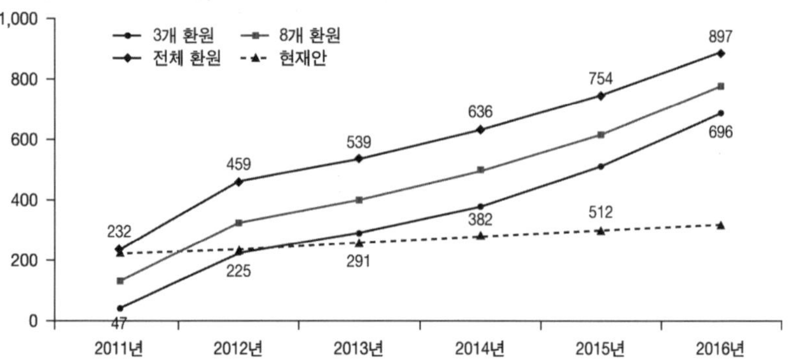

_ 전라북도 시 · 군비 부담액 추정

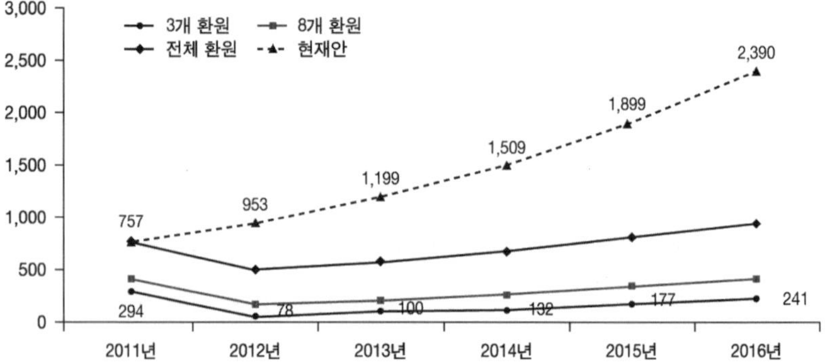

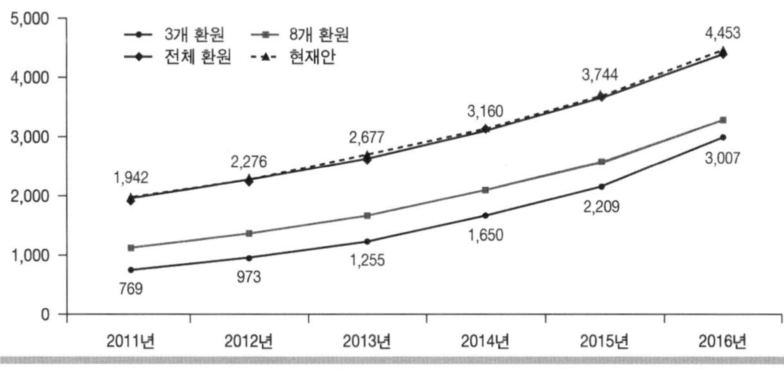

표 21-17 **국고 환원 대상 사업 구분**

구분	국고 환원 사업 내용	이유
1차 국고 환원	아동 급식 지원, 노인 무료급식, 경로식당 무료급식, 소년소녀가장지원, 퇴소아동자립정착금, 청각장애인 달팽이관 수술	지역 간 균등배분을 통한 격차완화가 필요한 사업
2차 국고 환원	정신요양시설, 장애인생활시설, 노인생활시설, 아동복지시설, 재가노인복지시설 운영, 모부자복지시설	지역 간 시설불균형으로 수혜 대상자가 전국적 범위를 포괄하고 있는 사업

주: 재정 자립도와 복지수요를 감안한 차등보조율 적용에 따른 지역 간 재원 불균형 보정 후 국고 환원.

라 선별적으로 이루어져야 하고, 부분 국고 환원도 반드시 지역 간 재정력과 복지수요에 따른 합리적인 차등보조의 구체화를 전제로 논의되는 것이 타당하다.

지방이양사업의 국고 환원 시 지역 간 재원불균형을 보정할 수 있는 차등보조율 적용이 전제될 경우 국고 환원 사업의 범위는 지역 간 균등배분으로 격차 완화가 중요한 사업과 시설불균형으로 수혜 대상자가 전국적 범위를 포괄하는 사업으로 구분하여 단계적으로 추진하는 것이 타당하다.

참 고 문 헌

행정안전부. 2012. 「2012년도 분권교부세 산정내역」.
한국보건사회연구원. "복지재정패널DB", 2010년 원자료.
행정안전부. 2012. 「2012년도 지방자치단체 예산개요(상·하)」.

제22장 전라북도 사회복지시설 기능 재조정의 필요성과 방안

이중섭 | 전북발전연구원 여성정책연구소 사회복지팀 연구위원
송용호 | 전북발전연구원 여성정책연구소 사회복지팀 연구원

1. 전라북도 사회복지시설의 개념과 유형
2. 전라북도 사회복지기능 전환 필요성
3. 중앙정부 사회복지시설 정책 동향
4. 전라북도 사회복지시설 전환 종사자 설문조사 결과
5. 전라북도 사회복지시설 기능 전환 방향

1 | 전라북도 사회복지시설의 개념과 유형

사회복지시설의 법적 정의는 「사회복지사업법」 제2조의 '사회복지사업'을 행할 목적으로 설치된 시설을 의미하는 것으로, 「국민기초생활보장법」 등 총 25개 법률이 정한 '보호·선도 또는 복지에 관한 사업'과 '사회복지상담·부랑인 및 노숙인보호·직업보도·무료숙박·지역사회복지·의료복지·재가복지·사회복지관 운영·정신질환자 및 한센병력자 사회복귀에 관한 사업' 등 각종 복지사업과 이와 관련된 '자원봉사활동 및 복지시설의 운영 또는 지원을 목적으로 하는 사업'을 지칭한다.

전라북도의 사회복지시설을 유형별로 살펴보면, 종합사회복지관 17개소, 장애인복지관 11개소가 운영 중이다. 장애인재가복지시설로서 주간보호시설과 단기보호시설이 각각 22개소, 2개소가 있고, 소규모 공동생활가정 25개소가 운영되고 있다.

한편 장애인 지역사회재활시설은 총 16개소에 이용 인원은 436명이고, 장애인생활시설도 47개소에 1,754명이 생활하고 있다. 이 외에도 지체장애인

표 22-1 **대상별 사회복지시설 현황**

대상자	형태	시설 종류		소관 부서	관련 법령
노인	생활	주거	・양로시설, 노인 공동생활가정, 노인복지주택	요양보험 운영과	노인복지법 제31조
		의료	・노인요양시설, 노인요양공동생활가정		
	이용	재가	・재가노인복지시설(방문요양, 주・야간주간보호, 단기보호, 방문목욕)		
		여가	・노인복지관, 경로당, 노인교실, 노인휴양소	노인정책과	
		노인보호전문기관			
아동	생활	아동양육시설, 공동생활가정, 아동일시보호시설, 아동단기보호시설		아동복지과	아동복지법 제16조
		아동보호치료시설, 아동직업훈련시설, 자립지원시설			
	이용	아동상담소, 아동전용시설, 아동복지관, 지역아동센터		아동권리과	
장애인	생활	생활시설	・장애유형별생활시설, 중증장애인요양시설	장애인권익 지원과	장애인복지법 제58조
			・장애인영유아생활시설		
	이용	지역사회 재활시설	・장애인복지관, 장애인의료재활시설, 장애인주간보호시설		
			・장애인단기보호시설, 장애인공동생활가정		
			・장애인체육시설, 장애인수련시설, 장애인심부름센터		
			・수화통역센터, 점자도서관, 점서 및 녹음서 출판시설		
		직업재활 시설	・장애인보호작업장, 장애인근로사업장	장애인자립 기반과	
		장애인생산품판매시설			
	생활	장애인유료복지시설		장애인권익 지원과	
영유아	이용	보육시설	국공립, 법인, 직장, 가정, 부모협동, 민간 보육시설	보육기반과	영유아보육법
정신 질환자	생활	정신요양시설 정신질환자 사회복귀시설 ・ 생활훈련시설・작업훈련시설・종합훈련시설・주거시설 ・입소생활시설・주거제공시설・공동생활가정・중독자재활시설・종합재활시설		정신건강 정책과	정신보건법 제16조
	이용	정신질환자 사회복귀시설 ・생활훈련시설・작업훈련시설・종합훈련시설 ・주간재활시설・심신수련시설・직업재활시설・생산품판매시설・종합재활시설			
부랑자・노숙인	생활	부랑인시설		민생안정과	사회복지사업법, 부랑인및노숙인보호시설설치운영규칙
	이용	노숙인쉼터, 상담보호센터			
지역 주민	이용	사회복지관		사회서비스 자원과	사회복지사업법
기타 시설	복합	결핵・한센시설		질병 관리본부	사회복지사업법
	이용	지역자활센터		자립지원과	

시설, 시각장애인시설 그리고 청각언어장애인 시설 등 여타 장애인시설 총 19개소가 운영 중이다. 타 지역과 비교해보면, 전북의 장애인생활시설 개수는 인구가 비슷한 충북이나 충남, 전남에 비해 상대적으로 많은 편이다. 특히 장애인생활시설은 장애인 인구가 유사한 전남이나 충남에 비해서 두 배 이상 많이 설치되어 있고, 생활자 규모도 1,754명으로 9개 광역도 중에서는 경기도를 제외하고는 가장 많다.

한편 전북의 노인복지시설은 양로시설 13개소, 소규모 공동생활가정 3개소, 노인요양시설 151개소, 노인요양공동생활가정 55개소, 노인전문병원 3개소가 운영 중이다. 노인여가시설인 노인복지관은 20개소, 경로당은 6,362개소가 설치되어 있다. 전라북도의 아동복지시설은 아동양육시설 14개소, 보호치료시설 1개소, 자립지원시설 1개소 등 생활시설만 총 16개소에서 875명의 아동이 생활하고 있다. 이용시설로는 지역아동센터 286개소, 청소년쉼터 3개소, 청소년수련시설 53개소 등이 설치되어 있다. 전체 아동복지시설은 청소년 인구 10만 명당 3.81개소로, 전국 평균인 3.11개소보다도 많고, 아동복지시설의 정원도 청소년 인구 1,000명 기준 전국 평균 1.83명보다 많은 2.09명이다. 타 지역과 비교해보면, 아동양육시설도 청소년 인구 10만 명 기준 3.34개소로 전남과 제주에 이어 가장 많다.

2 | 전라북도 사회복지기능 전환 필요성

1) 사회복지시설의 공급 과잉과 생활시설·이용시설 간 불균형 배치

많은 복지 선진국은 1950년대를 기점으로 사회복지시설 중 생활시설의 규모를 축소하고 지역사회 중심의 소규모 공동생활로 시설정책을 전환했다. 복지 선진국이 생활시설의 폐쇄 혹은 축소를 단행한 요인은 생활시설에서는

표 22-2 **지역별 복지시설 현황**

시·도	사회복지시설(인구 10만 명당)					보육시설(인구 1,000명당)					노인여가시설(인구 1,000명당)				
	2007	2008	2009	2010	순위	2008	2009	2010	2011	순위	2008	2009	2010	2011	순위
서울	1.85	3.68	5.05	6.54	14	12.91	13.37	13.8	14.43	14	2.47	2.44	2.32	2.31	16
부산	3.21	4.21	5.11	6.47	15	12.79	13.06	13.13	13.22	16	3.92	3.83	3.68	3.6	15
대구	3.57	4.21	5.26	8.04	13	13.71	14.69	15.05	15.05	11	4.04	3.86	3.87	3.8	14
인천	3.08	4.94	7.12	10.11	9	13.01	14.06	14.49	14.98	13	4.28	4.09	3.96	3.93	13
광주	5.16	6.47	7.6	9.69	10	15.47	16.35	16.61	16.63	9	6.69	6.58	6.48	6.39	8
대전	4.61	6.14	7.41	9.24	11	17.66	19.67	21.03	21.50	1	4.40	4.29	4.16	3.95	12
울산	3.64	3.42	4.22	5.42	16	10.99	12	13.53	14.33	15	7.00	6.73	6.49	6.21	9
시평균	3.59	4.72	5.97	7.93		13.79	14.74	15.38	15.73		4.69	4.55	4.42	4.31	
경기	5.08	6.46	9.19	11.81	8	16.1	17.46	18.25	18.92	5	6.41	6.32	6.14	6.08	10
강원	9.58	11.8	15.2	17.45	2	13.78	14.66	17.21	18.19	7	9.71	9.74	9.64	9.65	7
충북	9.76	14.35	17.15	20.20	1	13.45	14.8	15.48	15.45	10	15.05	14.87	14.58	14.61	3
충남	7.52	9.66	11.14	16.19	5	13.63	15.02	16.73	17.94	8	14.46	14.36	14.17	13.50	4
전북	11.01	13.36	14.29	17.18	3	18.11	18.92	19.11	19.42	3	16.89	16.84	16.57	16.41	2
전남	6.22	10.73	12.75	16.89	4	13.06	14.06	14.19	14.38	12	18.35	18.55	18.43	18.35	1
경북	5.82	8.12	10.41	13.05	7	15.23	16.32	17.67	18.80	6	13.38	13.36	13.24	13.20	5
경남	5.16	6.14	7.32	8.97	12	16.37	18.36	20.32	21.02	2	13.29	13.3	13.04	12.79	6
제주	8.94	9.81	11.37	13.65	6	16.33	17.6	18.24	19.14	4	4.46	4.38	4.26	4.25	11
도평균	7.68	10.05	12.09	15.04		15.12	16.36	17.47	18.14		12.44	12.41	12.23	12.09	

자료: 통계청(2012). 2011년 12월 기준 재구성.

생활자의 기본적인 권리가 제한되고 지역사회 내에서의 전인적 서비스의 접근이 차단되는 사회복지시설의 근본적 한계 때문이었다. 하지만 전라북도의 사회복지시설은 2010년 인구 10만 명당 17.18개소로 16개 시·도 중 세 번째로 많고, 보육시설은 인구 1,000명당 19.42개소, 노인여가시설은 16.41개소로 16개 시·도 중 각각 세 번째와 두 번째로 높은 순위를 차지했다(표 22-2 참조). 장애인복지시설도 이용시설인 장애인직업재활시설의 설치율은 전북이 0.375%로 전국 평균인 0.563%보다도 약 두 배 정도 적게 설치된 반면, 장애인 거주시설은 전북의 설치율이 102.235%로 전국 평균인 83.768%보다도 18.467% 많이 설치되어 있으며, 특히 전라북도의 장애인 거주시설 설치율은 충북, 제주, 충남에 이어 세 번째로 높다. 사회복지시설 중 생활시설의 증가는 생활자의 인권이나 권리에 비추어 바람직한 현상이라고 볼 수 없을 뿐만 아니라 지역 복지자원의 효율적 배분 차원에서도 긍정적인 평가를 받기는 어렵다.

2) 사회복지시설 수요 공급의 불일치

사회복지시설의 기능 조정이 필요한 두 번째 이유는 복지시설이 수요와 공급의 불일치로 인해 복지자원이 효율적으로 활용되지 못하고 있다는 데 있다. 종합사회복지관은 총 16개소 중 전주를 비롯한 시부에 총 14개소가 설치되어 있고, 군부 중에는 고창과 부안을 제외하고는 없다. 장애인복지관은 총 12개소 중 전주와 군산 등 시부에 7개소가 설치되어 있고, 노인복지관도 총 15개소 중 10개소가 시부에 위치해 있다. 특히 도시지역에 설치된 종합사회복지관도 특정 지역에 집중되어 도시지역 내에서도 지역 간 접근성에 편차가 발생하고 있다. 가령 전주시의 종합사회복지관 5개소는 모두 완산구에 설치되어 있어 덕진구에는 종합적인 복지서비스를 제공하는 기관이 없는 실정이다.

사회복지관과 장애인복지관, 노인복지관 등 주요 사회복지이용시설의 지역별 설치 비율을 보면, 시부가 총 31개소로 전체 이용시설의 72.1%를 차지하고, 군부는 12개소로 27.9%에 불과하다. 또한 방과후돌봄서비스의 핵심적 아동복지시설인 지역아동센터도 총 287개소 중 전주를 비롯한 6개 시부에 229개소(79.8%)가 있고, 나머지 58개소(20.2%)만이 8개 군부에 설치되어 있어 도시와 농촌 간의 불균형도 심각한 상황이다.

그림 22-1 **전라북도 노인 인구 비율 및 사회복지이용시설 현황**

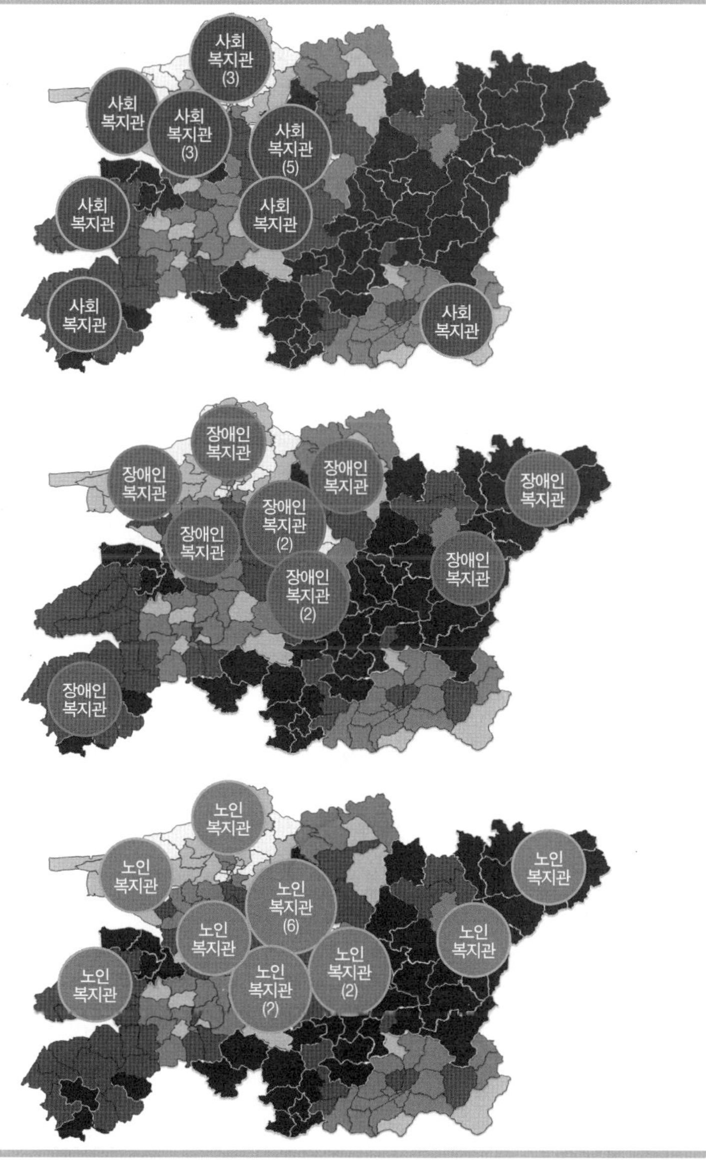

표 22-3 **전라북도 지역별 복지시설 현황**

시·도	사회복지시설(인구 10만 명당)					보육시설(인구 1,000명당)					노인여가시설(인구 1,000명당)				
	2007	2008	2009	2010	순위	2008	2009	2010	2011	순위	2007	2008	2009	2010	순위
전주	6.89	7.76	7.56	9.04	13	22.18	22.92	23.10	22.96	2	6.96	6.59	6.32	6.22	14
군산	11.13	10.99	11.61	11.74	12	13.61	13.57	13.23	15.33	7	9.9	9.85	9.47	9.29	13
익산	11.48	15.52	15.98	22.45	6	17.77	18.96	19.56	19.78	5	11.85	11.93	11.75	11.67	12
정읍	15.29	19.54	18.1	21.31	9	22.01	23.73	24.03	23.79	1	20.28	20.84	20.66	20.60	9
김제	12.33	16.98	17.11	25.06	3	18.95	20.55	22.64	22.67	3	20.64	20.44	20.2	20.09	11
남원	9.22	17.74	21.1	29.68	2	17.8	20.02	20.96	20.98	4	20.81	21.11	20.64	20.62	8
완주	33.75	34.62	30.99	24.67	4	13.36	13.26	13.76	14.00	10	21.57	21.31	20.73	20.43	10
진안	13.22	25.71	21.77	36.31	1	7.27	7.17	6.78	6.55	13	31.18	33.61	34.22	34.02	2
무주	7.59	7.69	7.75	19.55	10	7.74	10.7	11.22	11.94	11	28.56	30.11	30.54	30.88	4
장수	14.99	20.95	21.3	21.38	7	7.91	8.46	5.92	5.66	14	34.88	35.15	34.82	34.74	1
임실	15.65	19.27	26.06	22.88	5	10.24	11.03	9.79	9.39	12	28.81	29.65	29.62	29.91	5
순창	9.36	12.94	13.25	16.55	11	10.21	12.77	13.00	14.35	8	31.42	32.14	33.84	33.94	3
고창	14.76	16.58	16.64	21.36	8	14.63	14.71	14.07	14.04	9	27.54	25.8	25.9	26.53	6
부안	4.85	4.93	4.98	6.65	14	14.12	15.73	15.95	15.95	6	21.09	22.9	23.37	23.73	7
소계	11.01	13.36	14.29	17.18	-	18.11	18.92	19.11	19.42	-	16.89	16.84	16.57	-	

자료: 통계청(2012). 2011년 12월 기준 재구성.

전라북도 14개 시·군별 사회복지시설 현황을 비교해보면, 2010년 현재 인구 10만 명당 사회복지시설이 가장 많은 곳은 진안으로 약 36.31개소가 설치되어 있고, 가장 적은 곳은 부안 지역으로 6.65개소가 설치되어 있다. 두 지역 간 사회복지시설의 격차는 인구 10만 명당 약 30개소에 이른다. 보육시설은 2011년에 인구 1,000명당 정읍이 23.79개소로 가장 많이 설치되어 있고, 반대로 장수 지역은 5.66개소로 가장 적게 설치되어 있다. 노인여가시설도 가장 많이 설치된 지역이 장수 지역으로 인구 1,000명당 34.74개소가 설치되어 있고, 가장 적은 지역은 전주 지역으로 6.22개소가 설치되어 있다(표 22-3 참조).

더욱 심각한 문제는 전라북도의 사회복지시설의 정원은 지속적으로 감소하고 있는 데 반해 시설 수는 계속해서 증가하는 추세라는 점이다. 전체 사회복지시설은 2003년 인구 10만 명당 4.14개소에서 2010년 17.18개소로

그림 22-2 **전라북도 사회복지시설 증가 추이**

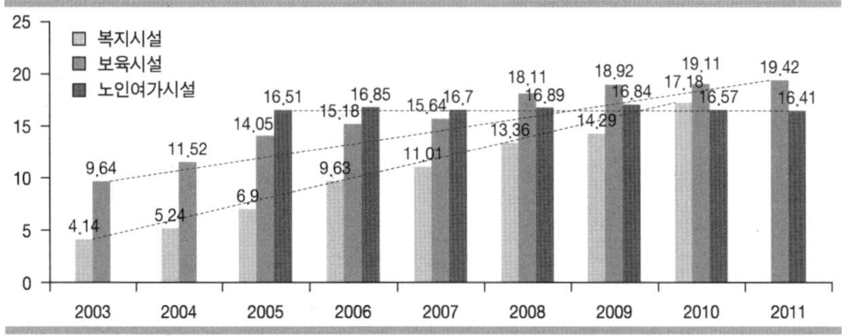

주: 사회복지시설은 인구 10만 명당, 보육시설과 노인여가시설은 인구 1,000명당 시설 수임.

314.9%(인구 10만 명당 13.04개소)나 증가했고, 보육시설도 2003년 인구 1,000 명당 9.64개소에서 2011년 19.42개소로 증가했다(그림 22-2 참조).

3) 사회복지시설 정원 미충족과 예산의 비효율성

전라북도 사회복지시설은 정확한 수요의 예측에 따른 시설의 설치가 이루어지지 않아 대부분의 사회복지시설이 정원을 충족하지 못하고 있다. 지역별로 보면, 전주시의 사회복지시설 정원 충족률은 76.1%에 불과하고, 김제는 전체 정원 대비 사회복지시설의 현원이 60%에도 못 미치는 것으로 나타났다. 부안의 사회복지시설 정원 충족률이 97.6% 정도로 가장 높은 것을 제외하면 대부분의 사회복지시설의 정원 충족률은 80% 이하에 머무르고 있다. 유형별로 보면, 아동복지시설, 한부모복지시설, 여성복지시설, 청소년쉼터, 부랑인시설의 정원 충족률이 80%에도 미치지 못한다(그림 22-3, 22-4 참조).

사회복지시설을 유형별로 정원 충족률에 따라 분류해보면, 10% 이하의 충족률을 보이는 시설은 노인복지시설 1개소를 포함해 총 14개소에 이른다. 정원 충족률이 11% 이상, 30% 이하인 곳은 총 12개소에 이른다. 정원이 50%에도 미치지 못하는 시설은 총 320개 시설 중 58개소 정도이다(표 22-4 참조).

그림 22-3 **복지시설 유형별 정원 충족률**

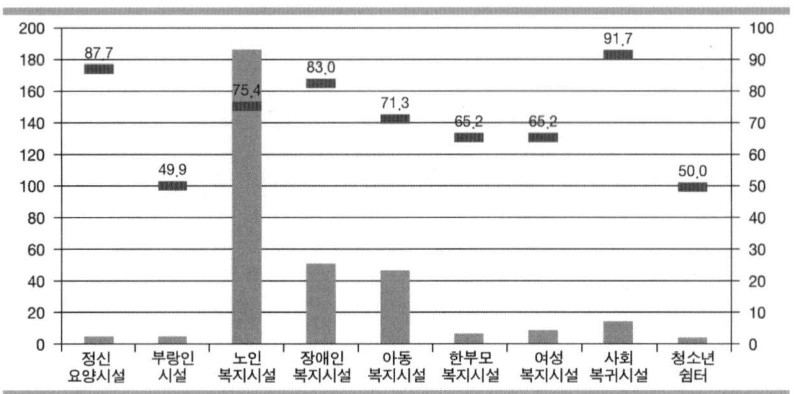

그림 22-4 **지역별 복지시설 정원 충족률**

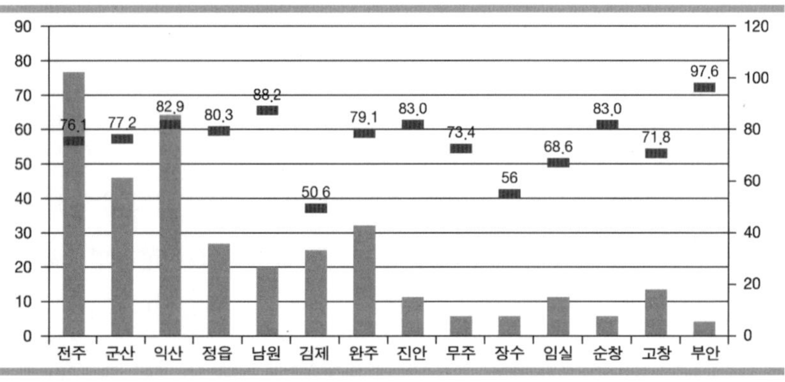

표 22-4 **전라북도 사회복지시설 정원 충족률**(단위: 개소, %)

구분	10% 이하	11~30% 이하	31~50% 이하	51~80% 이하	81% 이상	전체
정신요양시설	-	-	-	1(25.0)	3(75.0)	4(100.0)
부랑인복지시설	-	-	1(33.3)	2(66.0)	-	3(100.0)
노인복지시설	10(5.4)	10(5.4)	19(10.2)	64(34.4)	83(44.6)	186(100.0)
장애인복지시설	1(2.0)	1(2.0)	7(13.7)	13(25.5)	29(56.9)	51(100.0)
아동복지시설	3(6.5)	1(2.2)	2(4.3)	24(52.2)	16(34.8)	46(100.0)
한부모복지시설	-	-	-	5(71.4)	2(28.6)	7(100.0)
여성복지시설	-	-	3(37.5)	1(12.5)	4(50.0)	8(100.0)
사회복귀시설	-	-	-	4(33.3)	8(66.6)	12(100.0)
청소년쉼터	-	-	-	1(33.3)	2(66.6)	3(100.0)
전체	14개소	12개소	32개소	115개소	147개소	320

사회복지시설의 정원 미충족은 사회복지시설 예산의 비효율성을 초래한다는 점에서 큰 문제라고 할 수 있다. 2011년 현재 사회복지시설에 지원되는 예산은 약 2,400억 원으로, 일반회계 기준 전체 예산 대비 19.46%를 차지한다. 사회복지시설은 대부분의 예산이 인건비와 관리비로 집행되고 있다는 점에서 사회복지시설의 정원 조정 문제는 예산의 효율적 활용을 위해서도 매우 중요한 과제이다.

3 | 중앙정부 사회복지시설 정책 동향

1) 「사회복지사업법」, 「아동복지법」 개정: 통합복지시설 설치 및 운영 관련 제도적 기준 마련

보건복지부는 도농 간 복지시설 불균형 문제를 해소하기 위해 2009년 「사회복지사업법」을 개정하여 사회복지시설의 통합운영에 관한 법적 근거와 함께 통합운영에 필요한 기본적인 조건을 「사회복지사업법」 시행규칙에 구체적으로 명시했다. 이처럼 2009년도에 「사회복지사업법」을 개정한 것은 주민수가 많고 행정구역의 면적이 좁은 도시는 종합복지관과 노인, 장애인 등 대상별 사회복지시설 간 기능이 중복되거나 유사한 기능을 가진 시설이 특정 지역에 집중·분포되어 있는 반면, 농어촌은 도시에 비해 시설이 부족하고, 시설을 이용하려면 먼 거리를 이동해야 하는 등 그 시설의 이용에 큰 불편을 겪고 있다는 문제에 따른 것이다.

개정된 「사회복지사업법」에서는 사회복지시설을 설치하는 경우 사업 목적이 다른 둘 이상의 사회복지시설을 통합하여 설치·운영할 수 있게 하는 규정을 신설했다. 각 지역의 복지 여건과 상황에 맞는 사회복지법인의 관리를 위해서 사회복지법인에 관한 권리권한을 국가에서 시·도로 이양하는 등 현행 제도의 운영상 나타난 일부 미비점을 개선·보완했다. 사회복지시설의 통합설치 및 운영에 관한 특례규정(제34조)에서는 「사회복지사업법」이 규정한 시설의 설치 및 운영의 경우 지역 특성과 시설 분포의 실태를 고려해 시설을 통합하여 하나의 시설로 설치·운영하거나 하나의 시설에서 둘 이상의 사회복지사업을 통합하여 수행할 수 있도록 규정했다.

「아동복지법」도 아동 관련 복지시설의 통합설치에 관한 법적 근거를 담고 있는데, 제52조 3항에서는 아동시설로 하여금 목적사업 이외에 아동가정지원사업, 아동주간보호사업, 아동전문상담사업, 학대아동보호사업, 공동생활가정사업, 방과후 아동지도사업 등을 추가로 실시할 수 있다고 규정했다.

「사회복지사업법」 시행규칙

[별표 2] 시설의 통합 설치 · 운영 등에 따른 시설 및 인력 기준(제22조 관련)

1. 둘 이상의 시설을 통합하여 하나의 시설로 설치 · 운영하는 경우
   가. 시설 및 설비기준: 시설 거주자 또는 이용자의 불편을 초래하지 않는 범위에서 자원봉사자실, 사무실, 상담실, 식당, 조리실, 화장실, 목욕실, 세탁장, 건조장, 강당 등 상호 중복되는 시설 · 설비를 공동으로 사용할 수 있다.
   나. 인력기준: 간호(조무)사, 사무원, 영양사, 조리사(원), 위생원 등은 사업에 지장이 없는 범위에서 겸직하여 운영할 수 있다.
2. 하나의 시설에서 둘 이상의 사회복지사업을 통합하여 수행하는 경우
   가. 시설 및 설비기준: 시설 거주자 또는 이용자의 불편을 초래하지 않는 범위에서 상호 중복되는 시설 · 설비를 공동으로 사용할 수 있다.
   나. 인력기준: 사업에 지장이 없는 범위에서 인력을 겸직하여 운영할 수 있다.

「아동복지법」

제52조(아동복지시설의 종류)

③ 제1항에 따른 아동복지시설은 각 시설 고유의 목적 사업을 해치지 아니하고 각

시설별 설치기준 및 운영기준을 충족하는 경우 다음 각 호의 사업을 추가로 실시할 수 있다.

1. 아동가정지원사업: 지역사회아동의 건전한 발달을 위하여 아동, 가정, 지역주민에게 상담, 조언 및 정보를 제공하여 주는 사업
2. 아동주간보호사업: 부득이한 사유로 가정에서 낮 동안 보호를 받을 수 없는 아동을 대상으로 개별적인 보호와 교육을 통하여 아동의 건전한 성장을 도모하는 사업
3. 아동전문상담사업: 학교부적응아동 등을 대상으로 올바른 인격형성을 위한 상담, 치료 및 학교폭력예방을 실시하는 사업
4. 학대아동보호사업: 학대아동의 발견, 보호, 치료 및 아동학대의 예방 등을 전문적으로 실시하는 사업
5. 공동생활가정사업: 보호 대상아동에게 가정과 같은 주거 여건과 보호를 제공하는 것을 목적으로 하는 사업
6. 방과 후 아동지도사업: 저소득층 아동을 대상으로 방과 후 개별적인 보호와 교육을 통한 건전한 인격형성을 목적으로 하는 사업

2) 「농어촌주민의 보건복지증진을 위한 특별법」 제정: 복합농촌복지시설 설치 근거 마련

「농어촌주민의 보건복지증진을 위한 특별법」은 농어촌주민의 보건복지를 증진하기 위한 시책을 강화하고, 이에 관한 국가 및 지방자치단체의 책임을 명확히 하며, 농어촌에 보건의료 및 사회복지시설을 확충함으로써 농어촌주민의 인간다운 삶을 보장하는 것을 목적으로 한다. 즉, 농어촌지역의 열악한 복지환경을 개선하기 위한 특별법으로 2004년에 제정되었다. 제24조에서는 '복합노인복지시설의 설치·운영'에 관한 사항을 규정하고 있다. 복합노인시설은 "노인복지법 제31조 각호의 규정에 의한 노인복지시설(노인보호전문기관을 제외한다) 중 2종류 이상의 노인복지시설을 동일한 건물 또는 인접한 지역에 설치·운영"하는 것으로 정의(동법 시행규칙 제8조 제1항)한다. 동법에서는 복합노인복지시설의 '사무실, 의무실, 자원봉사자실, 식당 및 조리실,

그 밖에 공동사용이 필요하다고 보건복지가족부 장관이 인정하는 설비'를 함께 설치할 수 있도록 규정했다.

이러한 제도적 기반 아래 보건복지부는 농어촌 지역 복지예산의 지속적 증가에도 불구하고 복지서비스의 전달의 효과성은 부족하다고 평가하고 농촌지역 복지시설의 확충과 더불어 현재 설치·운영 중인 사회복지시설의 통합을 통한 다기능화사업을 시행계획에 반영한 것이다.

「농어촌주민의 보건복지증진을 위한 특별법」

제24조(복합노인복지시설의 설치 · 운영) ① 국가 및 지방자치단체는 농어촌에 거주하는 노인에 대하여 주거 · 건강증진 · 여가 · 문화 등 다양한 복지서비스를 무료 또는 실비로 지원하기 위하여 노인복지법 제31조 각호의 노인복지시설을 종합적으로 배치한 복합노인복지시설을 설치 · 운영할 수 있다.
② 제1항의 규정에 의한 복합노인복지시설의 설치 · 운영에 관하여 필요한 사항은 보건복지가족부령으로 정한다.

시행규칙 제8조(복합노인복지시설의 설치 및 운영) ① 법 제24조 제1항의 규정에 따라 국가 또는 지방자치단체가 복합노인복지시설을 설치 · 운영하고자 하는 때에는 노인복지법 제31조 각호의 규정에 의한 노인복지시설(노인보호전문기관을 제외한다) 중 2종류 이상의 노인복지시설을 동일한 건물 또는 인접한 지역에 설치 · 운영하여야 한다.
② 복합노인복지시설의 시설장은 노인복지법시행규칙 제17조 · 제22조 · 제26조 및 제29조의 규정에 의한 시설종류별 직원배치기준에 불구하고 1인이 겸임할 수 있다.
③ 복합노인복지시설은 노인복지법시행규칙 제17조 · 제22조 · 제26조 및 제29조의 규정에 의한 시설기준에 불구하고 다음 각 호에 해당하는 설비를 공동으로 설치 · 사용할 수 있다.

표 22-5 **지방이양사업 중 사회복지시설 관련 사업 현황**

유형	지방이양사업
생활시설	· 정신요양시설, 사회복귀시설 / 노인시설 / 장애인: 생활시설, 직업재활시설, 공동생활가정 / 아동시설, 모자복지시설
이용시설	· 장애인: 복지관, 재가복지센터, 주간보호시설, 단기보호시설, 의료재활시설, 체육관, 시각장애인심부름센터 및 재활지원센터, 청각장애수화통역센터, 정신지체인자립지원센터, 해피콜봉사센터, 정보화지원센터, 지체장애인편의시설센터 · 노인: 재가노인복지시설, 경로당, 노인복지회관, 치매상담센터, 지역사회 시니어클럽 · 사회복지관, 재가복지봉사센터
기능 보강 및 시설 설치	· 기능 보강: 장애인복지관, 장애인체육관, 사회복지관, 재가노인복지시설 개보수 · 시설 설치: 노인복지회관 신축, 아동보호전문기관 설치
서비스(급여)	· 장애인특별운송사업 / 장애인지역사회재활시설차량 / 여성장애인가사도우미 / 청각장애아동 달팽이관 수술 / 장애인생활시설 치과유니트 / 경로식당 무료급식 / 저소득 재가노인 식사 배달 / 노인 건강 진단 / 노인 일거리 마련사업 / 모자복지시설퇴소자자립정착금 / 푸드뱅크 운영장비 지원 / 노숙자 보호, 쪽방 생활자 지원 / 결연기관 PC 구입비
기타 프로그램 및 사업	· 편의시설설치 시민촉진단 / 경로당 활성화 / 소년소녀가장 지원 / 가정위탁양육 지원, 퇴소아동 자립정착금 / 결식아동 급식
인건비	· 사회복지전담공무원, 공익근무요원, 업무보조 공익요원

3) 사회복지시설 재정 지원 및 법인 허가 권한의 지방이양

사회복지시설을 운영할 수 있는 사회복지법인에 대한 허가 권한도 2006년 지방자치단체로 이양되어 시·도지사의 권한 아래서 사회복지법인에 대한 허가가 이루어지고 있어 사회복지시설 운영의 주체로서 법인에 대한 관리도 지방자치단체의 평가와 판단에 따라 자율적으로 추진할 수 있다. 특히 사회복지시설의 기능 조정 시 법인의 목적사업 변경에 따른 정관 개정과 최종 법인의 해당 사회복지사업에 대한 허가 권한이 지방자치단체로 이관되어 사회복지법인이 관리하는 사회복지시설에 대해 합리적 조정이 가능해졌다.

지방으로 이양된 사회복지시설 예산은 정신요양시설, 사회복귀시설, 노인복지시설, 장애인생활시설 등 총 35개에 이르고, 이들 사업은 지역의 인구구조나 복지수요에 맞춰 예산을 자율적으로 배분할 수 있어 사회복지시설의 정원과 기능을 합리적으로 조정할 수 있다. 전라북도의 지방으로 이양된 사회복지시설 예산을 보면, 경로당 예산이 122억 원으로 가장 많고, 다음으로

아동복지시설 운영 117억 원, 장애인복지관 운영 86억 원, 노인복지회관 운영 56억 원, 재가노인시설 운영 51억 원, 사회복지관 운영 45억 원 등의 순이다. 전체적으로 보면, 지방으로 이양된 복지사업 중 사회복지시설에 지원된 예산의 총액은 2011년 말 현재 632억 원으로 전체 지방이양사업 재정(1,942억 원)의 약 32.4%를 차지한다.

4 | 전라북도 사회복지시설 전환 종사자 설문조사 결과

1) 조사 방법 및 대상

사회복지시설 기능 재조정 방안에 대한 기관 운영자와 현장 실무자의 의견을 수렴하고자 전라북도 14개 시·군 사회복지생활시설 및 이용시설의 책임자와 종사자를 대상으로 설문조사를 진행했다. 경로당 조사는 경로당 운영 책임자와 이용자를 대상으로 기능 조정의 필요성과 방법 등을 조사했다.

표 22-6 **사회복지시설 관리자 및 종사자 대상 설문조사 내용**

	사회복지생활시설	사회복지이용시설	경로당
시설 현황	· 유형, 생활자 · 종사자 현황 · 규모(토지 · 건축 면적), 설립 연도 · 수입(지원금, 전입금, 후원금, 이용료) · 유휴공간, 운영주체	· 유형, 생활자 · 종사자 현황 · 규모(토지 · 건축 면적), 설립 연도 · 수입(지원금, 전입금, 후원금, 이용료) · 유휴공간, 운영주체	· 이용자(월평균/ 일평균) · 등록회원 수, 취사 여부 · 규모(토지 · 건축 면적), 설립 연도 · 공간구성
기능 조정 인식	· 기능 조정의 필요성 · 생활자 감소를 위한 대안 · 기능 조정의 합리적 방식 · 타 시설 기능 병합 시 적합 대상	· 기능 조정의 필요성 · 이용자 감소를 위한 대안 · 기능 조정의 합리적 방식 · 타 시설 기능 병합 시 적합 대상	· 기능 조정의 필요성 · 경로당 활성화를 위한 대안 · 기능 조정의 합리적 방식 · 타 시설 기능 병합 시 적합 대상
기능 조정 방안	· 적합한 재조정 방식 · 기능 재조정의 장애 요인 · 기능 재조정 의향	· 적합한 재조정 방식 · 기능 재조정의 장애 요인 · 기능 재조정 의향	· 적합한 재조정 방식 · 기능 재조정의 장애 요인 · 기능 재조정 의향
기능 조정 시설	· 기능 조정 필요 시설 · 기능 조정 시 적합 형태 · 기능 복합화에 적합한 시설 형태	· 기능 조정 필요 시설 · 기능 조정 시 적합 형태 · 기능 복합화에 적합한 시설 형태	· 기능 조정 필요 시설 · 기능 조정 시 적합 형태 · 기능 조정 시 적합한 시설 형태
조사 대상자 수(N)	233명	130명	277명

표 22-7 **사회복지시설 현원 감소에 따른 복지시설 기능 조정 방안**

구분	강제적 정원 감축과 정원 조정		자율적 정원 감축과 정원 조정		유사 복지시설 통합		기능 다각화 · 전문화		기타		전체	
	N	비율	N	비율	N	비율	N	비율	N	비율	N	비율
아동복지시설	1	(2.6)	8	(21.1)	3	(7.9)	24	(63.2)	2	(5.3)	38	100.0
노인복지시설	3	(3.4)	7	(8.0)	10	(11.5)	66	(75.9)	1	(1.1)	87	100.0
장애인복지시설	4	(4.1)	21	(21.6)	8	(8.2)	61	(62.9)	1	(3.1)	97	100.0
전체	8	(3.6)	36	(16.2)	21	(9.5)	151	(68.0)	6	(2.7)	222	100.0

그림 22-5 **사회복지시설 현원 감소에 따른 복지시설 기능 조정 방안**

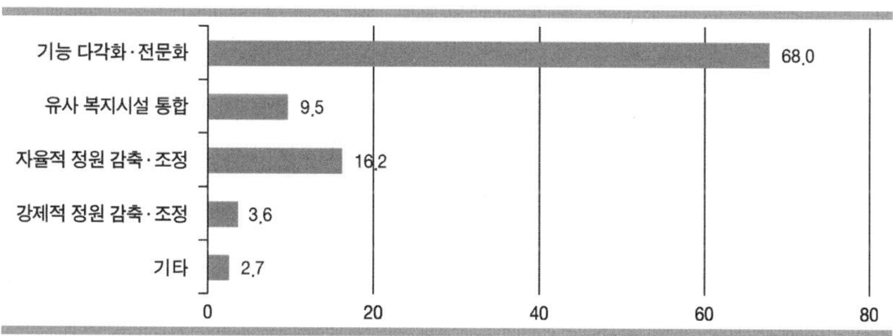

2) 분석 결과

사회복지생활시설의 현원이 지속적으로 감소하고 있어 정원 충족률이 80%를 밑도는 현실에 대한 합리적 조정 방안으로는 조사 대상자의 약 68.0%가 사회복지시설의 기능 다각화와 전문화를 지적했고, 자율적인 정원 감축과 정원 조정(16.2%) 등이 뒤를 이었다.

현원 감소에 따른 사회복지시설 기능의 조정 방안에서 사회복지시설의 기능 다각화 및 전문화 방식의 조정안에 대해 아동복지시설 63.2%, 노인복지시설 75.9%, 장애인복지시설 종사자 62.9%가 동의하는 것으로 나타났다(표 22-7 참조).

현재 자신이 종사하고 있는 사회복지시설의 기능 재조정을 추진할 경우 아동복지시설은 57.1%, 노인복지시설은 43.9%, 장애인복지시설은 48.9%가

표 22-8 **현재 자신의 복지시설의 기능 조정 시 합리적인 방안**

구분	이용시설로 전환		이용시설 기능 추가		유사시설 통합		다른 생활시설로 전환		기타		전체	
	N	비율	N	비율	N	비율	N	비율	N	비율	N	비율
아동복지시설	17	45.9	16	43.2	4	10.8	0	.0	0	.0	37	100.0
노인복지시설	6	7.9	40	52.6	20	26.3	9	11.8	1	1.3	76	100.0
장애인복지시설	2	2.2	54	60.0	27	30.0	7	7.8	0	.0	90	100.0
전체	25	12.3	110	54.2	51	25.1	16	7.9	1	.5	203	100.0

그림 22-6 **현재 자신의 복지시설의 기능 조정 시 합리적인 방안**

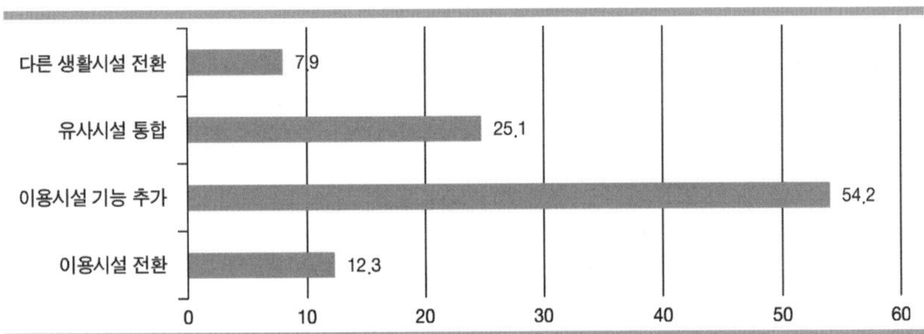

표 22-9 **사회복지시설 기능 재조정 의향**

구분	있다		없다		무응답		전체	
	N	비율	N	비율	N	비율	N	비율
아동복지시설	20	57.1	13	37.1	2	2.8	35	100.0
노인복지시설	36	43.9	44	53.7	2	2.4	82	100.0
장애인복지시설	46	48.9	46	48.9	2	2.2	94	100.0
전체	102	48.3	103	48.8	6	2.8	211	100.0

그림 22-7 **사회복지시설 기능 재조정 의향**

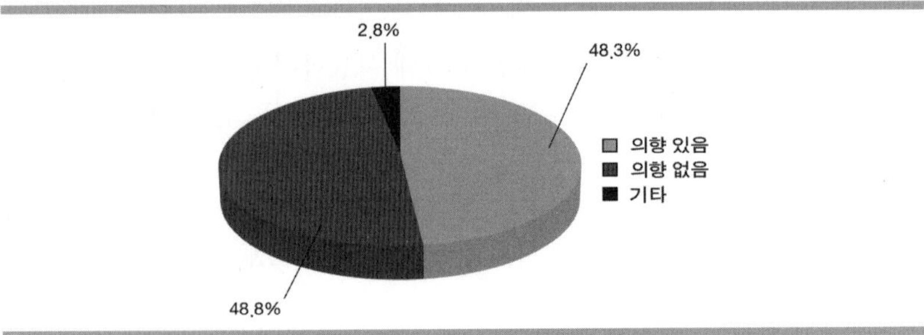

표 22-10 **사회복지생활시설 기능 조정 시 적합한 형태**

구분	소규모 공동생활로 전환		유사한 이용시설의 병합		새로운 이용시설로 개편		새로운 생활시설로 전환		전체	
	N	비율	N	비율	N	비율	N	비율	N	비율
아동복지시설	12	32.4	14	37.8	11	29.7	0		37	100.0
노인복지시설	16	20.0	44	55.0	6	7.5	14	17.5	80	100.0
장애인복지시설	54	58.7	33	35.9	3	3.3	2	2.2	92	100.0
전체	82	39.2	91	43.5	20	9.6	16	7.7	209	100.0

그림 22-8 **사회복지생활시설 기능 조정 시 적합한 형태**

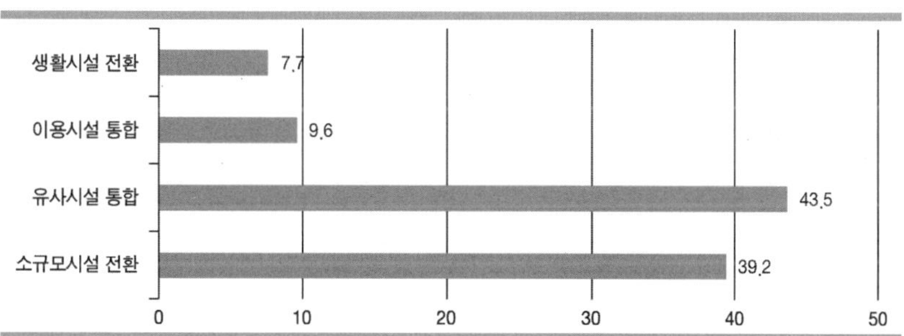

기능 재조정 추진 의사가 있다고 응답했다. 사회복지생활시설 중 기능 조정이 가장 필요한 시설은 노인복지시설이 32.9%로 가장 높았고, 다음으로 장애인 거주시설 27.2%, 아동복지시설 21.6% 등의 순으로 나타났다(표 22-9 참조).

사회복지시설의 기능 조정 시 적합한 형태로는 생활시설과 유사한 이용시설 간의 통합을 가장 많이 꼽았고(43.5%), 다음으로 생활시설을 소규모 공동생활가정으로 전환해야 한다는 의견이 39.2%였다(표 22-10 참조).

현재 자신의 복지관의 기능을 특화할 경우 적합한 방식으로는 현재 복지관의 운영 프로그램에서 특화 프로그램을 추가하는 방식이 가장 적합하다는 의견이 64.0%로 가장 많았고, 다음으로 현재 복지관에서 이용 대상을 추가하는 방식의 특화에는 14.4%만이 동의하는 것으로 나타났다(표 22-11 참조).

표 22-11 **사회복지 이용시설 기능 재조정 방향**

구분	이용 대상 추가		운영 프로그램 추가		다른 복지관으로 전환		서비스 지역 확대		전체	
	N	비율	N	비율	N	비율	N	비율	N	비율
아동복지시설	12	17.9	41	61.2	9	13.4	5	7.5	67	100.0
노인복지시설	5	15.2	21	63.6	0	.0	7	21.2	33	100.0
장애인복지시설	1	4.0	18	72.0	4	16.0	2	8.0	25	100.0
전체	18	14.4	80	64.0	13	10.4	14	11.2	125	100.0

그림 22-9 **사회복지 이용시설 기능 재조정 방향**

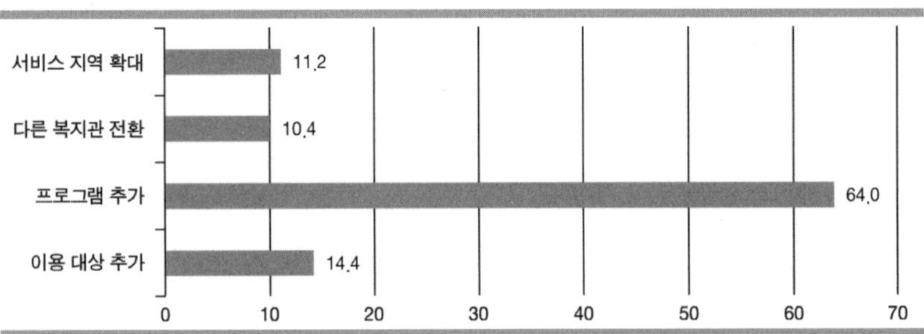

사회복지관의 기능 조정 방법으로는 복지관 간 자율적 특성화가 41.3%로 가장 많았고, 다음으로 전체 사회복지시설을 포함한 자율적 특성화가 31.7%로 나타나 기관의 중재보다는 자율적 기능 조정을 선호하는 것으로 나타났다(표 22-12 참조).

또한 현재 본인이 종사하고 있는 사회복지관의 기능 특성화의 의향이 있는지에 대해서는 절대다수인 86.8%가 의향이 있다고 응답했고, 기능 특성화 의향이 없는 복지관은 7.0%에 불과한 것으로 나타났다(표 22-13 참조).

사회복지관 기능 조정 방향으로는 종합적인 사례관리센터로의 특성화(43.3%)를 가장 많이 꼽았고, 다음으로 저소득층 사례관리 22.0%, 저소득층 일자리 연계사업 18.9%, 지역주민 여가문화사업 10.2% 등으로 나타났다(표 22-14 참조).

표 22-12 **사회복지관 기능 조정 방법**

구분	복지관 간 자율적 특성화		전체 복지시설 포함 자율적 특성화		지역복지협의체 조정에 의한 특성화		직능협회 조정에 의한 특성화		전체	
	N	비율	N	비율	N	비율	N	비율	N	비율
아동복지시설	29	43.3	21	31.3	9	13.4	8	11.9	67	100.0
노인복지시설	17	50.0	9	26.5	4	11.8	4	11.8	34	100.0
장애인복지시설	6	24.0	10	40.0	8	32.0	1	4.0	25	100.0
전체	52	41.3	40	31.7	21	16.7	13	10.3	126	100.0

그림 22-10 **사회복지관 기능 조정 방법**

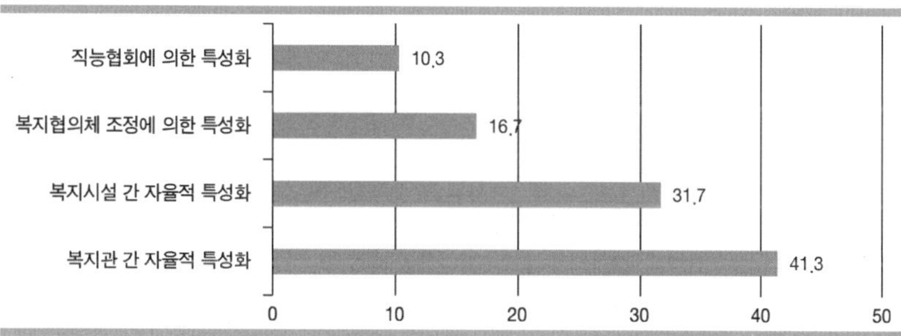

표 22-13 **사회복지관 기능 특성화 의향**

구분	있다		없다		무응답		전체	
	N	비율	N	비율	N	비율	N	비율
아동복지시설	61	88.4	4	5.8	4	5.8	69	100.0
노인복지시설	30	88.2	4	11.8	0	.0	34	100.0
장애인복지시설	21	80.8	1	3.8	4	15.4	26	100.0
전체	112	86.8	9	7.0	8	6.2	129	100.0

그림 22-11 **사회복지관 기능 특성화 의향**

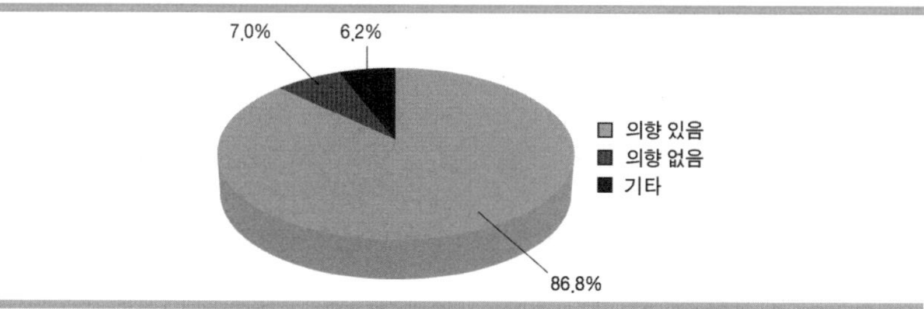

표 22-14 **사회복지관 기능 조정 방향**

구분	저소득층 사례관리		저소득층 일자리 연계사업		다문화 가족 지원사업		사례관리 종합센터		지역주민 여가문화 사업	
	N	비율	N	비율	N	비율	N	비율	N	비율
아동복지시설	18	26.5	5	7.4	1	1.5	40	58.8	3	4.4
노인복지시설	5	14.7	13	38.2	3	8.8	4	11.8	9	26.5
장애인복지시설	5	20.0	6	24.0	2	8.0	11	44.0	1	4.0
전체	28	22.0	24	18.9	6	4.7	55	43.3	13	10.2

그림 22-12 **사회복지관 기능 조정 방향**

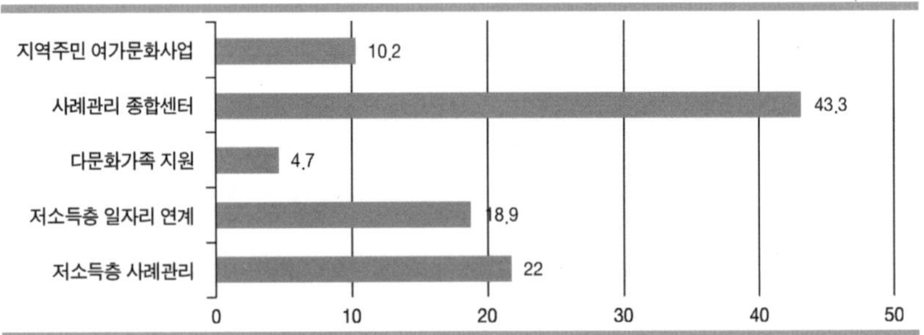

경로당 기능 조정 방안에 대해서는 돌봄센터로의 전환이 45.6%로 가장 많았고, 다음으로 작은 노인복지관으로의 전환 35.1%, 이용시설 기능 추가 16.6% 등의 순으로 나타났다(표 22-15 참조).

경로당 기능 조정 시 적합한 방식으로는 대한노인회의 조정에 의한 재조정이 45.2%로 가장 많았고, 다음으로 현재 경로당을 이용하고 있는 노인의 협의에 의한 재조정 25.4%, 행정기관의 참여에 의한 재조정 20.2% 등의 순으로 선호했다(표 22-16 참조).

전체적으로 보면, 경로당의 기능 재조정 방식은 돌봄센터와 여가 기능이 추가된 작은 노인복지관을 가장 선호했고, 경로당의 기능 재조정 시 운영주체인 대한노인회와의 협의와 조정이 무엇보다도 중요한 것으로 인식하고 있었다.

표 22-15 **현재 자신이 이용하고 있는 경로당의 기능 조정 방안**

구분		작은 노인복지관 전환		이용시설 기능 추가		노인돌봄센터 전환		기타		전체	
		N	비율	N	비율	N	비율	N	비율	N	비율
성별	남자	39	35.1	22	19.8	48	43.2	2	1.8	111	100.0
	여자	52	34.7	22	14.7	71	47.3	5	3.3	150	100.0
지역	도시	44	39.6	7	6.3	54	48.6	6	5.4	111	100.0
	농촌	48	31.2	37	24.0	68	44.2	1	.6	154	100.0
연령	70세 미만	18	34.6	8	15.4	26	50.0	0		52	100.0
	70~80세	49	36.8	30	22.6	52	39.1	2	1.5	133	100.0
	80세 이상	24	32.4	5	6.8	40	54.1	5	6.8	74	100.0
전체		91	35.1	43	16.6	118	45.6	7	2.7	259	100.0

그림 22-13 **현재 자신이 이용하고 있는 경로당의 기능 조정 방안**

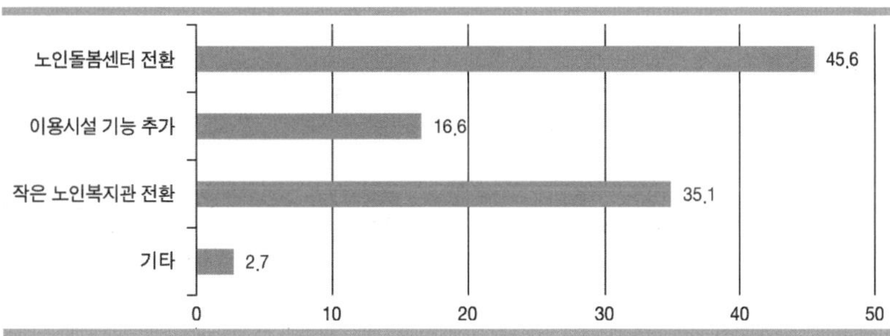

표 22-16 **경로당 기능 재조정 시 적합한 방식**

구분		마을 내 경로당 간 자율 조정		행정기관 참여에 의한 재조정		대한노인회 조정에 의한 재조정		이용 노인 협의 조정		전체	
		N	비율	N	비율	N	비율	N	비율	N	비율
성별	남자	11	10.1	26	23.9	43	39.4	29	26.6	109	100.0
	여자	12	8.5	24	17.0	71	50.4	34	24.1	141	100.0
지역	도시	3	2.9	12	11.5	62	59.6	27	26.0	104	100.0
	농촌	20	13.4	39	26.2	53	35.6	37	24.8	149	100.0
연령	70세 미만	8	16.3	12	24.5	18	36.7	11	22.4	49	100.0
	70~80세	9	6.9	28	21.5	63	48.5	30	23.1	130	100.0
	80세 이상	6	8.7	10	14.5	31	44.9	22	31.9	69	100.0
전체		23	9.3	50	20.2	112	45.2	63	25.4	248	100.0

그림 22-14 **경로당 기능 재조정 시 적합한 방식**

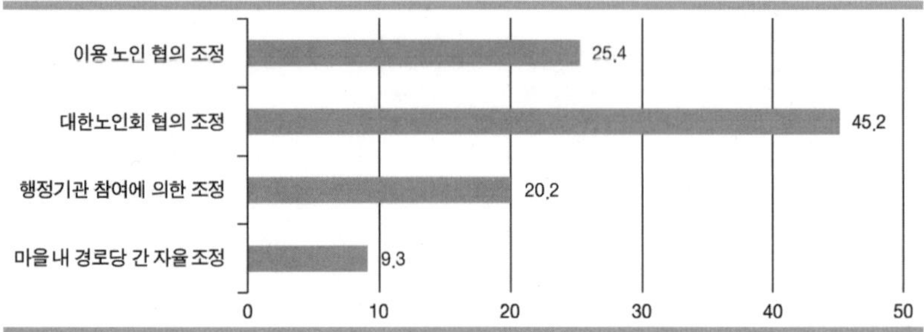

표 22-17 **경로당 기능 전환의 형태**

구분		노인돌봄 기능 추가		아동복지 기능 추가		작은 노인복지관 전환		소규모 노인복지 시설 전환		종합복지센터 전환		전체	
		N	비율	N	비율	N	비율	N	비율	N	비율	N	비율
성별	남자	29	25.9	8	7.1	34	30.4	30	26.8	11	9.8	112	100.0
	여자	71	46.4	11	7.2	19	12.4	50	32.7	2	1.3	153	100.0
지역	도시	50	43.1	6	5.2	18	15.5	39	33.6	3	2.6	116	100.0
	농촌	52	33.8	14	9.1	36	23.4	42	27.3	10	6.5	154	100.0
연령	70세 미만	20	36.4	6	10.9	12	21.8	15	27.3	2	3.6	55	100.0
	70~80세	50	37.3	11	8.2	28	20.9	37	27.6	8	6.0	134	100.0
	80세 이상	29	38.7	2	2.7	12	16.0	29	38.7	3	4.0	75	100.0
전체		99	37.5	19	7.2	52	19.7	81	30.7	13	4.9	264	100.0

그림 22-15 **경로당 기능 전환의 형태**

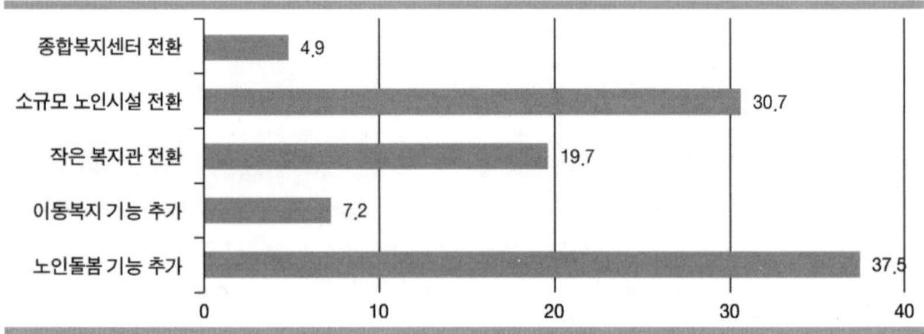

경로당 기능 전환의 형태로는 노인돌봄 기능 추가가 37.5%로 가장 많았고, 이어서 소규모 노인복지시설로의 전환(30.7%), 작은 노인복지관으로의 전환(19.7%) 등을 꼽았다(표 22-17 참조).

표 22-18 **기능 전환이 필요한 경로당**

구분		한 마을에 여러 개가 있는 경로당		회원 수 적고 규모 작은 경로당		이용자 간 갈등이 심한 경로당		노인복지시설이 부족한 지역의 경로당		전체	
		N	비율	N	비율	N	비율	N	비율	N	비율
성별	남자	35	30.2	39	33.6	21	18.1	21	18.1	116	100.0
	여자	48	31.2	41	26.6	32	20.8	33	21.4	154	100.0
지역	도시	18	15.7	44	38.3	23	20.0	30	26.1	115	100.0
	농촌	65	40.6	39	24.4	31	19.4	25	15.6	160	100.0
연령	70세 미만	20	36.4	16	29.1	9	16.4	10	18.2	55	100.0
	70~80세	41	29.7	39	28.3	29	21.0	29	21.0	138	100.0
	80세 이상	22	28.9	25	32.9	14	18.4	15	19.7	76	100.0
전체		83	30.9	80	29.7	52	19.3	54	20.1	269	100.0

그림 22-16 **기능 전환이 필요한 경로당**

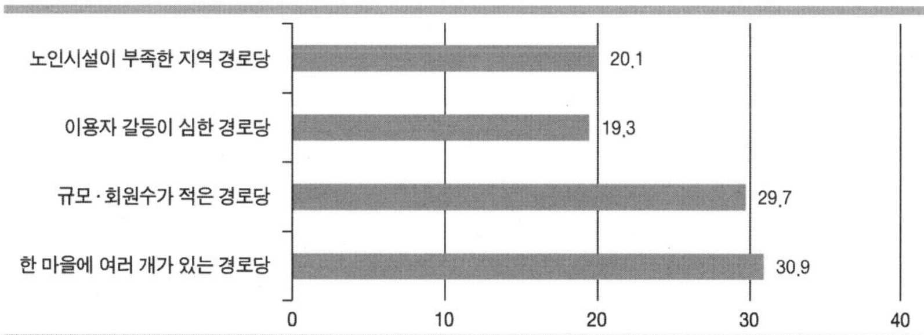

경로당 중 기능 전환이 필요한 곳으로는 한 마을에 여러 개가 있는 경로당(30.9%)을 가장 많이 꼽았고, 다음으로 회원 수가 적고 규모가 작은 경로당(29.7%), 노인복지시설이 부족한 지역의 경로당(26.9%) 등의 순이었다(표 22-18 참조).

그림 22-17 **사회복지시설 기능 조정 기준**

구분	이용시설	생활시설	목적/방향
A. 특성화	이용시설 多	생활시설 小	목적: 복지서비스 중복 완화 방향: 이용시설 특성화
B. 복합화	이용시설 小	생활시설 多	목적: 생활시설의 개방화 방향: 생활시설 복합화
C. 기능 전환	이용시설 小	생활시설 小	목적: 복지 사각지대 해소 방향: 경로당 기능 복합 · 전환

5 | 전라북도 사회복지시설 기능 전환 방향

1) 사회복지시설 기능 조정 방안

(1) 사회복지시설 기능 재조정 원칙과 방향

전라북도 사회복지시설 기능 재조정의 원칙은 크게 특성화와 복합화, 기능 전환으로 나눌 수 있다. 가령 이용시설이 많이 설치된 도시지역은 지역주민의 인구학적 구성과 복지수요에 맞춰 각 사업별 특성화를 추진하여 복지서비스의 중복이 발생하지 않게 해야 한다. 다음으로 이용시설이 적고 생활시설이 많은 지역은 생활시설의 개발화를 목표로 생활시설의 복합화를 추진하여 이용시설의 부족에 따른 복지 사각지대를 해소해야 한다. 한편 이용시설과 생활시설 모두 전무한 지역의 경우 복지서비스의 사각지대 해소를 목표로 해당 지역의 경로당을 활용해 현재의 여가 기능을 돌봄센터로 전환하거나 아동이 함께 이용할 수 있는 통합복지시설로 복합화하는 것이 타당하다(그림 22-17 참조).

다음으로, 사회복지시설의 기능 재조정을 위해서는 사회복지시설의 신규 설치를 최대한 제한하고 지역 내 유휴 복지시설을 최대한 활용하는 방향으로 추진할 필요가 있다. 사회복지시설의 신규 설치는 반드시 지역의 수요에

그림 22-18 **사회복지시설 유형별 기능 재조정 방향**

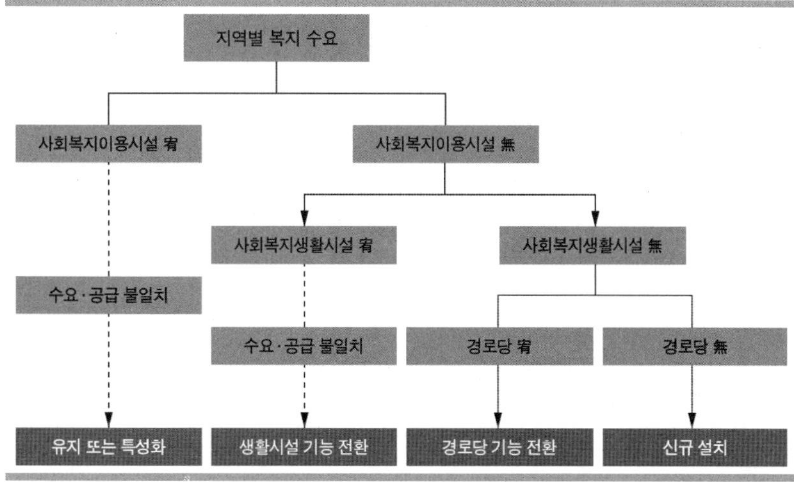

대한 분석과 함께 지역 내 유휴 자원의 활용 가능성을 검토한 후에 하도록 하는 것이 바람직하다. 아울러 면적은 넓고 복지인프라가 부족한 농촌지역은 소규모 마을단위까지 설치되어 있는 경로당을 최대한 활용하는 방향으로 사회복지시설의 기능 조정을 추진해야 한다. 그리고 생활시설의 ① 정책 방향, ② 향후 수요, ③ 정원 충족률을 기준으로 삼아 생활시설을 다각화하거나 시설 자체의 전환을 유인하는 방식으로 기능 전환을 추진할 필요가 있다. 여기에 장애인 거주시설을 포함한 생활시설 중 30인을 초과하는 시설은 생활자의 입소를 제한하고 정원의 제도적 조정을 통해 생활자의 지역사회 통합을 유인해야 한다.

전라북도 사회복지시설의 기능 조정은 공급자가 아닌 수요자 중심으로 재조정하되, 14개 시·군별 인구학적 특성에 맞춰 사회복지시설의 공간적 구조와 기능을 개편해야 한다. A군집에 속한 55개 지역은 아동의 보육과 방과후 돌봄사업 그리고 기초생활수급자의 자활정책을 다른 정책보다도 우선하여 추진해야 한다. 사회복지시설의 공간적 배치도 노인복지관이나 장애인복지

표 22-19 **전라북도 각 지역별 유사지역별 군집화 및 복지시설 기능 조정 방향**

지역	A: 1 Cluster	B: 2 Cluster	C: 3 Cluster
전주	동서학, 서서학, 중화산1, 평화1, 삼천1, 효자1, 효자2, 중앙, 풍남, 노송, 완산, 인후2, 금암1, 금암2, 팔복, 우아1, 우아2, 조촌, 동산, 진북	중화산2, 삼천2, 삼천3, 효자3, 인후1, 덕진, 호성, 송천2	평화2, 서신, 효자4, 인후3, 송천1
군산	수송, 나운3	옥구, 옥산, 회현, 임피, 서수, 대야, 개정, 성산, 나포, 옥도, 옥서, 해신, 월명, 삼학, 신풍, 중앙, 흥남, 경암, 구암, 개정, 미성	조촌, 나운1, 나운2, 소룡
익산	함열, 오산, 황등, 함라, 웅포, 성당, 용안, 낭산, 망성, 여산, 금마, 왕궁, 춘포, 삼기, 용동, 중앙, 평화, 인화, 송학, 팔봉	동산, 모현, 영등1, 어양, 삼성	마동, 남중, 신동, 영등2
정읍	신태인, 초산	수성, 내장상	북동, 입암, 소성, 고부, 영원, 덕천, 이평, 정우, 태인, 감곡, 용동, 칠보, 산내, 산외, 장명, 시기, 연지, 농소, 상교
김제	신풍동	만경, 죽산, 백산, 용지, 백구, 부량, 공덕, 청하, 성덕, 진봉, 금구, 봉남, 황산, 금산, 광활, 교월	요촌, 검산
남원	도통동	동충, 죽항, 노암, 금동, 왕정, 향교	운봉, 주천, 수지, 송동, 주생, 금지, 대강, 대산, 사매, 덕과, 보절, 산동, 이백, 인월, 아령, 산내
완주	삼례읍	봉동	용진, 상관, 이서, 소양, 구이, 고산, 비봉, 운주, 화산, 동상, 경천
진안	진안읍	용담, 안천, 상전, 정천	동향, 성수, 마령, 부귀, 주천
무주	무주읍	무풍, 적상, 부남	설천, 안성
장수	장수읍	산서, 번암, 천천, 계남, 계북	장계
임실	임실읍	오수, 관촌	청웅, 운암, 신평, 성수, 신덕, 삼계, 강진, 덕치, 지사
순창	순창읍	인계, 적성, 유등, 풍산, 금과, 팔덕	동계, 복흥, 쌍치, 구림
고창	고창읍	고수, 아산, 공음, 상하, 성송, 심원 성내, 신림, 부안	무장, 해리, 대산, 흥덕
부안	부안읍	주산, 행안, 보안, 진서, 상서, 위도	동진, 계화, 변산, 백산, 하서, 줄포
기술 통계량	장애인(3.26), 수급자(2.06), 0~4세(1.85), 5~9세(2.24), 10~24세(6.68), 노인(7.95)	장애인(1.52), 수급자(1.04), 0~4세(0.84), 5~9세(0.92), 10~24세(2.83), 노인(3.39)	장애인(0.45), 수급자(0.25), 0~4세(0.12), 5~9세(0.14), 10~24세(0.57), 노인(1.16)
복지정책 방향	대상: 아동+장애인+노인 사업: 복지+교육+고용	대상: 장애인+노인 사업: 복지+상담+돌봄	대상: 노인 사업: 복지+보건의료(건강)+돌봄
기능 조정 방향	특성화	복합화	기능 전환+복합화

그림 22-19 **전라북도 지역별 복지시설 특화 방안**

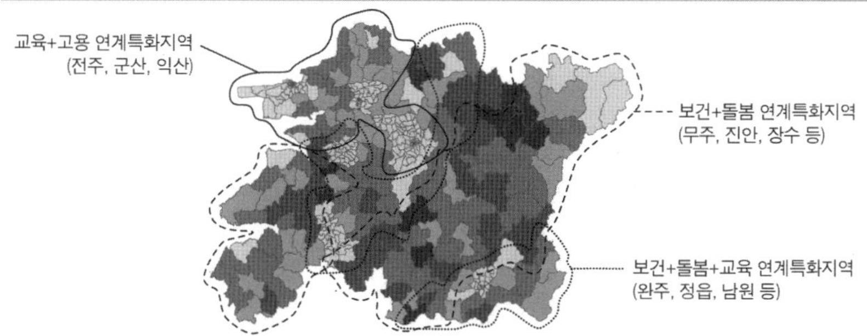

관과 같은 단종복지관보다는 모든 지역주민이 이용할 수 있는 종합사회복지관으로 설치해야 하고, 이미 설치된 단종복지관은 종합사회복지관으로 시설의 기능을 완전 재편하여 지역주민의 높은 복지수요에 대응해야 한다.

다음으로 생활 면적이 넓은 반면 인구수가 적고 고령인구가 대부분인 C지역은 노인을 대상으로 한 돌봄과 보건의료가 복지정책에 병합될 수 있게 해야 한다. 이러한 지역은 사회복지시설이 매우 제한적으로 설치되어 있는 반면 생활 면적은 넓어 방문형 재가사업 위주의 정책 설계가 필요하다. C지역은 소규모 면 단위까지 설치되어 있는 경로당을 주된 공간으로 활용해 지역의 자원봉사센터와 건강보험공단, 보건소 등을 활용한 건강상담, 치매예방교육, 독거노인 돌봄사업이 지속적으로 연계될 수 있게 해야 한다. C지역은 대부분 사회복지시설이 전무해 기관을 활용한 이용자 방문서비스가 불가능하므로 경로당을 활용해 규모가 큰 경로당은 종합적인 복지서비스를 제공할 수 있는 작은 노인복지관으로 기능을 확대하고 규모가 작은 경로당은 독거노인이 공동으로 생활할 수 있는 공동생활가정(그룹홈)으로 전환해야 한다.

한편 전라북도 차원의 사회복지시설 조정은 크게 세 가지 형태(교육+고용 특화, 보건+돌봄 특화, 보건+돌봄+교육 특화)로 설정하고 경로당을 비롯한 사회복지시설 기능 재조정 방향 설정이 필요하다(그림 22-19 참조).

(2) 전라북도 14개 시·군별 사회복지시설 기능 재조정 방안

전라북도 14개 시·군은 지역별로 인구구조와 복지수요에 따라 지역에 맞는 복지인프라를 구축해야 한다. 지역에 맞는 복지시설 기능 조정을 위해서는 각 시·군을 한 개 단위로 지역별 복지수요에 대한 분석이 필요하다. 분석결과, 전주시는 평화2동, 서신동, 효자4동, 인후3동, 송천1동 등 5개 지역이, 군산은 수송동과 나운3동이 복지수요가 가장 높은 지역으로 분류되었다.

표 22-20 각 지역별 복지수요계층 인구구조 및 특성

전주						
	1 Cluster(20)		2 Cluster(7)		3 Cluster(5)	
지역	동서학/서서학/중화산1/평화1/삼천1/효자1/효자2중앙/풍남/노송/완산/인후2/금암1/금암2/팔복/우아1/우아2/조촌/동산/진북		중화산2/삼천2/삼천3/인후1/덕진/호성/송천2/효자3		평화2/서신/효자4/인후3/송천1	
장애인 비율	816	0.126	998	0.154	1,920	0.296
수급자 비율	432	0.067	330	0.050	1,048	0.162
차상위 비율	285	0.043	275	0.043	681	0.104
0~5세 비율	464	0.071	1,037	0.160	3,800	0.588
5~9세 비율	499	0.077	1,399	0.218	2,939	0.454
10~24세 비율	2,713	0.421	5,558	0.860	10,748	1.662
25~64세 비율	7,150	1.106	12,352	1.910	24,629	3.810
65세 노인	1,702	0.263	1,885	0.291	2,813	0.438

군산						
	1 Cluster(3)		2 Cluster(19)		3 Cluster(4)	
지역	수송/나운3		옥구/옥산/회현/임피/서수대야/개정/성산/나포/옥도/옥서/해신/월명/삼학/신품/중앙/경암/구암/개정		조촌/나운1/나운2/소룡	
장애인 비율	1,699	.68	454	.17	1,175	.36
수급자 비율	928	.53	272	.10	1,095	.27
차상위 비율	390	.13	135	.05	225	.09
0~5세 비율	2,701	.90	149	.05	1,039	.29
5~9세 비율	2,947	1.01	171	.06	1,091	.28
10~24세 비율	8,644	3.00	877	.32	3,948	1.14
25~64세 비율	22,035	7.81	2,714	.97	11,594	3.52
65세 노인	2,227	.89	1,038	.39	1,772	.27

익산						
	1 Cluster(22)		2 Cluster(6)		3 Cluster(1)	
지역	함열/오산/황등/함라/웅포/성당/용안/낭산/망성/여산/금마/왕궁/춘포/삼기/용동/중아/평화/인화/마동/남중/송학/팔봉/		동산/모현/영등1/어양/삼성		신동/영등2	
장애인 비율	669	.23	1,482	.50	739	.26
수급자 비율	306	.10	1,095	.37	220	.08
차상위 비율	156	.05	578	.20	218	.08
0~5세 비율	172	.06	1,458	.50	845	.29
5~9세 비율	193	.07	1,762	.60	1069	.36
10~24세 비율	928	.32	6254	2.13	7,702	2.62
25~64세 비율	2,774	.94	15,847	5.38	9804	3.33
65세 노인	1,158	.39	2187	.74	1,578	.54

정읍						
	1 Cluster(13)		2 Cluster(5)		3 Cluster(2)	
지역	입암/소성/고부/영원/덕천/이평/정우/태인/감곡/옹동/칠보/산내/산외		신태인/북면/시기/시기3/연지		수성/내장상	
장애인 비율	345	.32	461	.42	1,227	1.12
수급자 비율	216	.20	375	.34	1,416	1.29
차상위 비율	139	.13	253	.23	691	0.63
0~5세 비율	57	.05	182	.17	1,152	1.06
5~9세 비율	72	.07	253	.23	1,391	1.27
10~24세 비율	298	.27	1078	.99	3,795	3.47
25~64세 비율	1,139	1.04	2945	2.69	10,349	9.46
65세 노인	991	.91	1146	1.05	2,058	1.88

남원						
	1 Cluster(16)		2 Cluster(6)		3 Cluster(1)	
지역	운봉/주천/수지/송동/주생/금지/대강/대산/사매/덕과/보절/산동/이백/인월/아영/산내		동충/죽항/노암/금동/왕정/향교		도통	
장애인 비율	274	0.35	441	0.56	842	1.07
수급자 비율	162	0.21	477	0.61	599	0.76
0~5세 비율	40	0.05	236	0.30	1,133	1.44
5~9세 비율	52	0.07	281	0.36	1,516	1.93
10~24세 비율	188	0.24	1,021	1.30	3,430	4.37
25~64세 비율	846	1.08	2,893	3.69	9261	11.81
65세 노인	746	0.95	877	1.12	1,277	1.63

김제								
	1 Cluster(11)		2 Cluster(5)		3 Cluster(2)		3 Cluster(1)	
지역	만경/죽산/백산/부량/공덕/청하/성덕/진봉/봉남/황산/광활		용지/백구/금구/금산/교월		요촌/검산		신풍	
장애인 비율	331	0.40	634	0.77	973	1.18	1,204	1.46
수급자 비율	203	0.25	527	0.64	1,190	1.44	1169	1.41
차상위 비율	107	0.13	201	0.24	428	0.52	575	0.69
0~5세 비율	47	0.06	92	0.11	474	0.58	873	1.06
5~9세 비율	46	0.06	123	0.15	584	0.71	957	1.16
10~24세 비율	257	0.31	602	0.73	1934	2.34	2,805	3.39
25~64세 비율	1,021	1.23	2,303	2.79	5,260	6.36	7,828	9.46
65세 노인	880	1.06	1,488	1.80	1,795	2.17	2,385	2.88

완주						
	1 Cluster(11)		2 Cluster(1)		3 Cluster(1)	
지역	용진면/상관면/이서면/소양면/구이면/고산면/비봉면/운주면/화산면/동상면/경천면		봉동읍		삼례읍	
장애인 비율	439	0.19	1286	1.57	1,386	1.69
수급자 비율	226	0.09	825	1.01	730	0.89
차상위 비율	132	0.06	598	0.73	580	0.71
0~5세 비율	149	0.03	664	0.81	2,094	2.55
5~9세 비율	153	0.03	739	0.9	1,616	1.97
10~24세 비율	653	0.17	4,646	5.66	3354	4.09
25~64세 비율	2,057	0.57	7827	9.54	12,020	14.65
65세 노인	988	0.46	2,657	3.24	2414	2.94

진안						
	1 Cluster(4)		2 Cluster(6)		3 Cluster(1)	
지역	정천면/용담면/안천면/상전면		주천면/성수면/부귀면백운면/마령면/동향면		진안읍	
장애인 비율	111	0.52	224	1.46	997	4.91
수급자 비율	46	0.24	110	0.58	617	3.04
차상위 비율	28	0.09	51	0.28	311	1.53
0~5세 비율	17	0.01	41	0.22	342	1.68
5~9세 비율	21	0.03	37	0.21	401	1.97
10~24세 비율	54	0.15	136	0.88	1,154	5.68
25~64세 비율	332	1.31	656	3.99	4,160	20.47
65세 노인	309	1.22	622	3.11	2,378	11.7

무주						
	1 Cluster(4)		2 Cluster(6)		3 Cluster(1)	
지역	무풍면/적상면/부남면		설천면/안성면		무주읍	
장애인 비율	281	1.22	471	2.55	707	3.25
수급자 비율	144	0.51	210	1.03	448	2.06
차상위 비율	144	0.65	222	0.95	278	1.28
0~5세 비율	37	0.13	125	0.51	437	2.01
5~9세 비율	50	0.14	120	0.46	482	2.22
10~24세 비율	185	0.6	500	2.35	1,117	5.14
25~64세 비율	878	2.74	1,844	8.33	4,229	19.44
65세 노인	797	2.63	,1259	6.6	1,952	8.97

장수						
	1 Cluster(5)		2 Cluster(1)		3 Cluster(1)	
지역	산서면/번암면/천천면/계남면/계북면		장계면		장수읍	
장애인 비율	266.4	1.38	435	2.25	693	3.59
수급자 비율	134.4	0.70	252	1.31	398	2.06
차상위 비율	91.4	0.47	127	0.66	229	1.19
0~5세 비율	50.2	0.26	148	0.77	310	1.61
5~9세 비율	55.2	0.29	190	0.98	316	1.64
10~24세 비율	205	1.06	636	3.30	740	3.84
25~64세 비율	837.2	4.34	1,978	10.25	1,945	10.08
65세 노인	747.4	3.87	1,119	5.80	1,436	7.44

임실						
	1 Cluster(1)		2 Cluster(2)		3 Cluster(9)	
지역	임실읍		오수면/관촌면		청웅면/운암면/신평면/성수면/신덕면/삼계면/강진면/덕치면/지사면	
장애인 비율	600	2.55	411	1.75	200	0.85
수급자 비율	454	1.93	230	0.98	101	0.43
차상위 비율	85	0.36	69	0.29	30	0.13
0~5세 비율	293	1.25	95	0.41	25	0.11
5~9세 비율	292	1.24	123	0.52	31	0.13
10~24세 비율	761	3.24	410	1.75	103	0.44
25~64세 비율	2,600	11.07	1603	6.82	532	2.27
65세 노인	1,406	5.99	1155	4.92	572	2.43

순창						
	1 Cluster(6)		2 Cluster(4)		3 Cluster(1)	
지역	인계면/적성면/유등면/풍산면/금과면/팔덕면		동계면/복흥면/쌍치면/구림면		순창읍	
장애인 비율	201	0.80	279	1.12	691	2.76
수급자 비율	84	0.34	139	0.55	442	1.76
차상위 비율	100	0.40	140	0.55	331	1.32
0~5세 비율	24	0.10	56	0.22	513	2.05
5~9세 비율	33	0.13	55	0.22	620	2.47
10~24세 비율	101	0.41	182	0.73	1,761	7.03
25~64세 비율	518	2.07	840	3.35	4,713	18.80
65세 노인	618	2.47	825	3.29	1,860	7.42

고창						
	1 Cluster(9)		2 Cluster(4)		3 Cluster(1)	
지역	고수면/아산면/공음면/상하면/성송면/심원면/성내면/신림면/부안면		무장면/해리면/대산면/흥덕면		고창읍	
장애인 비율	316	0.60	397	0.75	1,361	2.57
수급자 비율	167	0.31	219	0.41	697	1.31
차상위 비율	157	0.30	249	0.47	802	1.51
0~5세 비율	41	0.08	55	0.11	946	1.78
5~9세 비율	49	0.09	75	0.14	1,171	2.21
10~24세 비율	190	0.36	421	0.80	4,464	8.41
25~64세 비율	972	1.83	1,404	2.65	10,462	19.72
65세 노인	983	1.85	1,281	2.42	2,941	5.54

부안						
	1 Cluster(1)		2 Cluster(10)		3 Cluster(2)	
지역	부안읍		주산/동진/행안/보안/진서/백산/상서/하서/줄포/위도		계화/변산	
장애인비율	1,422	2.81	323	0.64	434	0.86
수급자비율	1,085	2.15	173	0.34	219	0.43
차상위비율	709	1.40	267	0.53	309	0.61
0-5세 비율	878	1.74	40	0.08	126	0.25
5-9세 비율	1,183	2.34	54	0.11	154	0.31
10-24세비율	3,615	7.15	240	0.48	478	0.95
25-64세비율	9,986	19.74	1,065	2.11	2,203	4.36
65세 노인	3,087	6.10	958	1.90	1,170	2.32

표 22-21 **지역별 복지서비스 공간 분류**

	복지서비스 중복 지역	수요 대비 공급 부족 지역	복지인프라 취약 지역
전주	평화1동, 평화2동, 서서학동, 중화산2동, 효자1, 평화2동	송천2동, 송천동, 호성동, 삼천1동, 삼천3동	
군산	미성동, 나운동	소룡동	나포면, 옥도면, 서수면, 임피면, 대야면
익산	신동, 모현동, 동산동, 인화동	중앙동, 마동, 남중동, 송학동, 어양동	함열읍, 함라면, 웅포면, 성당면, 용안면, 용동면, 망성면, 낭산면, 여산면, 왕궁면
정읍	장명동, 수성동	북면, 시기동, 초산동, 연지동	옹동면, 산내면, 산외면, 영원면, 입암면
남원	금동, 노암동	도통동, 동충동, 죽항동, 왕정동, 향교동	덕과면, 보절면, 아영면, 인월면, 산내면, 수지면, 금지면, 대강면
김제	교월동, 요촌동, 검산동, 신풍동	백구면, 용지면, 금구면, 금산면	광활면, 진봉면, 만경읍, 청하면, 공덕면
완주	봉동읍	삼례	이서면, 화산면, 경천면, 운주면, 동상면, 소양면, 상관면, 구이면
진안		동향면, 백운면, 성수면, 마령면, 부귀면, 주천면	용담면, 안천면
무주		설천면, 안성면	무풍면, 적상면, 부남면
장수		장계면	계북면
임실		오수면	신덕면, 운암면, 강진면, 덕치면
순창		순창읍, 복흥면, 쌍치면, 구림면, 동계면	인계면, 적성면, 유등면, 풍산면, 금과면, 팔덕면
고창		흥덕면, 해리면, 무장면, 대산면	성내면, 심원면, 상하면, 공음면, 성송면
부안		계화면, 변산면	상서면, 하서면, 진서면, 보안면, 줄포면

각 지역별 복지수요의 구조와 사회복지시설의 공간적 분포를 교차시켜 사회복지서비스의 특성을 세 가지 형태로 유형화하면, 복지서비스 중복 지역, 수요 대비 복지서비스 공급 부족 지역, 복지인프라 취약 지역으로 분류할 수 있다(표 22-21 참조).

전주시의 경우 복지관과 노인복지관이 밀집된 평화1동, 평화2동, 서서학동 등 총 5개 지역은 지역주민과 노인 대상 복지서비스가 중복되는 지역으로

표 22-22 **전라북도 사회복지시설 기능 조정 방안 예시**

방향	대상 지역	기능 조정 방안(예시)
특성화	복지서비스 중복 지역(도시지역)	복지관: 아동 특화 복지관, 다문화 특화 복지관으로 특성화
복합화	정원 미충족 시설 과다 지역(도시농촌지역)	장애인 거주시설 내 체험홈 및 주야간 보호시설 병합
기능 전환	복지시설 수요 대비 공급 부족 지역(농촌지역)	· 노인복지관 다수 설치 지역 → 종합복지관 전환 · 농촌지역 단종 복지관 → 통합사회복지관(노인, 장애인, 지역주민) · 농촌지역 경로당 → 돌봄센터, 작은 노인복지관(경로복지센터) 전환

분류되고, 송천동을 비롯한 5개 지역은 복지수요는 많은데 복지인프라는 부족한 지역으로 분류된다. 군산시도 미성동과 나운동은 근접한 지역에 사회복지이용시설이 위치하고 있어 복지서비스가 중복 제공될 수 있는 지역으로 분류되고, 익산도 신동, 모현동, 동산동, 인화동 등 4개 지역이 동일한 특성을 가진 지역으로 분류된다.

대체로 전주를 비롯한 군산, 익산, 정읍, 남원, 김제, 완주 등 6개 지역은 복지서비스 중복 지역이 일부 존재하는 반면, 진안, 무주, 장수, 임실, 순창, 고창, 부안 등은 복지인프라의 부족으로 복지서비스의 중복 지역보다는 수요 대비 복지서비스가 부족한 지역과 복지인프라 자체가 취약한 지역이 다수를 차지한다. 복지수요와 각 복지시설 간 공간적 분포, 그리고 종사자 설문조사 결과를 종합하여 전라북도 14개 시·군의 사회복지시설 기능 재조정 방향을 요약하면 표 22-22와 같다.

(3) 전라북도 사회복지시설 기능 전환을 위한 실천 과제

① 기능 전환과 복지시설 증개축비 연계

사회복지시설의 기능 재조정은 매년 증개축비로 지원하고 있는 기능보강비와 연계하여 추진하는 것이 바람직하다. 복지시설의 기능보강비 선정 과정에 100인 이상의 대규모 생활시설은 불가피한 경우가 아니면 시설의 증축이나 개축이 이루어질 수 없게 하고, 설사 지원이 필요하다고 하더라도 기능 조정이나 시설 전환을 목적으로 한 기능보강비만 지원할 수 있도록 심사 규정을 개정하여 대규모 시설의 소규모화를 유인해야 한다.

사회복지시설 유형별로 기능보강비 지원 현황을 보면, 아동복지시설의 경우 총 9회 기능보강 예산이 지원되었고, 이 중 정원이 70명을 초과하는 시설에만 8회가 지원되어 예산 비중으로 보면, 70인 이상 시설의 지원액이 전체 기능보강 예산의 99.0%를 차지하고 있다. 장애인 거주시설도 2009년부터 2012년까지 총 14개 기관이 지원을 받았고, 이 중 정원이 30명을 초과하는 기관이 11개였고, 30인 이상 시설의 지원 비율은 예산 기준으로 52.1%를 차지하고 있다. 현재처럼 기능보강비의 지원이 대규모 시설에 집중될 경우 대규모 시설의 소규모화 추진이 더욱 어려워질 수 있다.

② 복지시설 기능 전환과 정원 감축 동시 추진

장애인 거주시설은 현재 정원 충족률이 낮은 시설을 중심으로 기능 전환을 추진하는 것이 바람직하지만, 정원 충족률이 높은 시설도 30인을 초과하는 시설은 정원 감축과 함께 단계적 소규모화를 추진하는 동시에 기능 전환을 추진해야 한다. 장애인 거주시설의 입소심의위원회에 기초지방자치단체(시장, 군수, 구청장)의 관계 공무원 참여를 의무화하여 객관적인 관점과 시각에서 장애인의 입소가 이루어질 수 있게 해야 한다.

또한 지방자치단체의 장애인 전문가로 구성된 입소심의위원회의는 19세 이하 장애인의 입소를 최소한 제한하고, 거주 형태나 기간에 대한 심사(장기 거주, 단기 거주), 거주 형태 적합성 심사(주간 거주, 가족 거주) 등에 대한 심사를 통해 장애인 거주 희망자가 최대한 시설 입소를 하지 않고 지역사회 내에서 통합될 수 있는 조치를 취해야 한다. 장애인 거주시설의 생활자 중 18세 미만 장애아동은 2005년 210명에서 2011년 242명으로 증가했고, 전체 거주자 중 18세 미만 장애아동의 비율은 13.1%를 차지한다.

그리고 장애인 거주시설의 설비 기준을 강화하여 거주 장애인의 인권 보호와 함께 자발적 소규모화를 유인해야 한다. 성인 장애인 1명당 거실 면적은 3.3m²(1평) 이상, 1실당 공동 거주 인원은 성인 8명 이하로 규정하고 있는 협소한 현재의 설비 기준을 더욱 강화하고, 1인 허용 가능 정원도 최소 8명을 5명 이하로 조정해 현재 대규모 복지시설의 단계적 소규모화를 추진하는 것이 바람직하다.

③ 기능 전환 대상 경로당의 초점화

경로당 이용은 지역별, 경로당별로 편차가 매우 심한 특징을 보인다. 이용률이 높은 지역은 공간이 비좁을 정도로 활용도가 높은 반면, 이용률이 저조한 지역은 물리적 공간만 차지하고 있을 뿐 전혀 활용되지 않는 곳도 많이 있다. 따라서 경로당의 기능 조정은 경로당의 공간적 분포와 경로당이 위치한 지역의 인구학적 분포, 경로당의 면적 등을 종합적으로 고려해 시행하는 것이 바람직하다.

참 고 문 헌

통계청. 2012. "지역별 사회복지시설 현황".

제23장 2013 통계로 보는 전북여성의 삶

조경욱 | 전북발전연구원 여성정책연구소 여성가족정책팀 연구위원
임지원 | 전북발전연구원 여성정책연구소 여성가족정책팀 연구원

1. 통계 작성의 배경과 지표 구성
2. 여성 인구 변화와 추이
3. 가족구성과 가정생활
4. 여성의 경제활동과 사회적 지위
5. 여성의 복지 · 건강 · 안전
6. 정책적 시사점

1 | 통계 작성의 배경과 지표 구성

1) 통계 작성 배경 및 필요성

「2013 통계로 보는 전북여성의 삶」은 전북발전연구원에서 2013년 1월부터 6월에 걸쳐 기본과제로 진행한 '2013 전라북도 성인지① 통계'를 근간으로 주요 사항을 요약·정리한 것이다. '2013 전라북도 성인지 통계' 작성의 목적은 남녀의 서로 다른 성별 지위, 경험, 상황을 통계를 통해 객관적으로 제시·분석하여 전북 여성의 상황과 양성 불평등 문제를 파악하고 이를 토대로 전북의 성인지 정책 수립을 위한 기초자료를 제공하는 데 있다. 특히 성별 분리 통계의 생산은 성인지정책을 수립하고 시행·환류하는 과정에서 정책의 성패를 좌우하는 중요한 도구로 인식되는 한편, 2011년 9월「성별영향분석평가법」 제정과 2013년 성인지 예산 작성이 의무화됨에 따라 지역 차원의 성별 분리 통계 작성은 그 필요성이 더욱 커지고 있는 상황이다. 전북의 여성

① 「여성발전기본법」 제21조 3항에 따르면, 성인지란 특정 성에 대하여 불평등이 발생하지 아니하도록 여성과 남성에게 미치는 영향을 인식·반영하는 것을 의미한다.

관련 기존 통계 및 사회지표를 집대성한 '2013 전라북도 성인지 통계'는 양성 불평등한 상황에 대한 일반 도민과 정책입안자의 이해를 촉진하고, 급변하는 사회적 상황과 그에 따른 전북 여성의 상황과 지위 변화에 대한 이해를 제공하는 기초자료로 활용될 것으로 기대된다.

2) 통계표 및 지표체계

통계표 및 지표체계를 살펴보면 '2013 전라북도 성인지 통계'는 한국여성정책연구원이 매년 발간하는 '한국의 성인지 통계' 및 타 시·도에서 최근 발간한 '지역 성인지 통계' 자료 분석을 토대로 10개 분야 통계 영역을 구분하고, 영역별 여성 관련 이슈 도출을 통해 각 영역별 개별 지표를 선정했다. 지표들은 인구, 가구 및 가족, 보육, 교육, 경제활동, 건강, 복지, 정치 및 사회참여, 문화 여가 및 정보화, 안전 및 환경 등 총 407개의 통계표로 구성되어 있다. 통계표는 기본적으로 지난 10년 동안 전라북도의 변화를 파악하는 것을 기준으로 구성되며, 2000~2012년의 자료를 수록했고, 기본적으로 모든 통계표는 원래 조사기관에서 공표한 가장 최근 자료를 수집해 가공·재구성했다.

총 10개 영역 가운데 현재의 전북 여성 삶을 조망하고 향후 전라북도 여성정책 개발 시 반영할 필요가 있는, 정책적 시의성과 함의가 있는 대표 영역을 인구, 가족구성과 가정생활, 여성의 경제활동 및 사회적 지위, 여성의 복지·건강·안전 등으로 구분하고 관련 지표를 소개하고자 한다.

2 | 여성 인구 변화와 추이

1) 여성 인구 추이: 유년인구 감소, 노령인구는 증가 추세로 고령층은 여성이 다수

2012년 현재 전라북도 주민등록인구는 총 187만 3,341명이며, 이 중 여성은 93만 9,955명으로 남성 93만 3,386명보다 6,569명 더 많았고 전체 인구에서 차지하는 비율은 50.17%이다(그림 23-1 참조). 2012년 현재 전라북도의 인구구성을 살펴보면 유년인구는 27만 9,996명으로 감소 추세에 있으며, 노령인구는 30만 3,586명으로 증가 추세를 보이고 있다. 이 때문에 남녀 모두 40~50세 연령대 인구가 가장 많이 분포한 항아리 형태의 인구피라미드를 나타낸다. 연령별 성비는 20~24세가 115.2명으로 가장 높고, 연령이 높아질수록 성비는 낮아져 60세 이상에서는 여성 인구가 남성 인구를 추월하며, 60~64세 95.7명, 85세 이상에서는 성비가 34.5명으로 급격하게 낮아지는데, 이는 여성이 남성보다 평균수명이 높기 때문이다. 연도별 변화를 살펴보면, 여성 인구가 남성 인구보다 많아지는 연령 분기점이 2000년에는 50~54세 연령층(98.8%)이었으나, 2005년부터는 55~59세(97.5%), 2012년에는 60~64세(95.7%)가 되었다.

2) 부양비 및 노령화 지수: 여성 노령화 지수는 남성과 큰 격차

2012년 도내 65세 이상 노령인구는 총 30만 3,586명으로 전체의 19.4%에 해당하며 초고령사회(고령인구 비율 20%) 진입에 임박했다. 노년인구 대비 유년인구 비율인 노령화 지수는 2012년 108.4%로 남성은 83.5%, 여성은 135.1%로 노령화 지수가 남성보다 47.6%p 높았고, 2010년 기준 전북의 노령화 지수는 98.9%로 전국 평균 69.7%보다 29.2%p 높게 나타났다. 생산가능 인구 대비 노인 인구 비율을 나타내는 노년부양비는 1995년 13.2%, 2000

그림 23-1 **전라북도 인구 추이**(단위: 명, %)

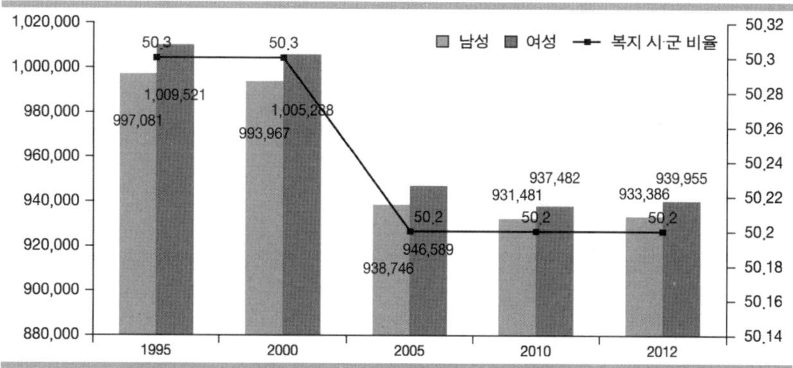

자료: 행정안전부, "주민등록통계"(1995,2000,2005,2010,2012), DB 웹서비스.

그림 23-2 **성별 · 연령별 인구(2012년)**(단위: 명)

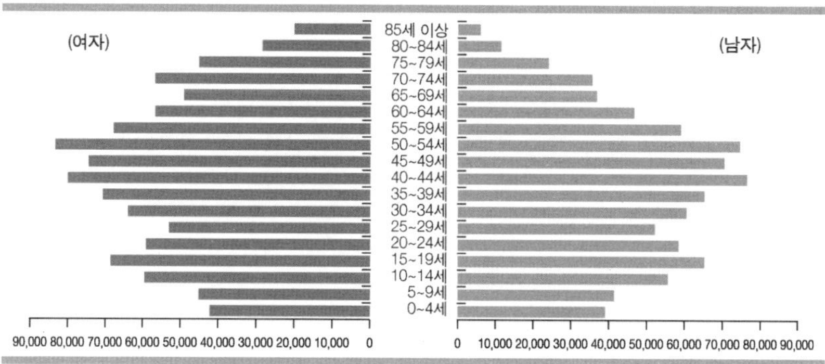

자료: 통계청, "전북 시군구별 연령별 한국인 현황"(2012), DB 웹서비스.

그림 23-3 **부양 인구비 및 노령화 지수(1995, 2000, 2005, 2012년)**(단위: %)

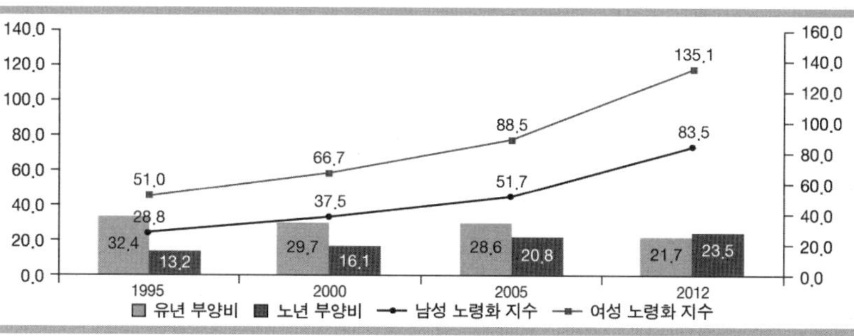

자료: 통계청, "전북 시군구별 연령별 한국인 현황"(2012), DB 웹서비스.

년 16.1%, 2005년 20.8%, 2010년 23.9%, 2012년 23.5%로 증가 추세이다(그림 23-3 참조).

3) 출생 및 사망률: 합계출산율 전국 평균보다 높고, 50대 남성 사망률 높아

전라북도 출생아 수의 최근 10년간 추이를 살펴보면 2000년 2만 4,936명에서 2006년 1만 5,450명으로 지속적으로 감소하다가 2007년 1만 7,111명으로 잠시 증가했으나 2008년부터 다시 감소하여 2011년 1만 6,175명이 출생했다. 인구 1,000명당 출생아 수를 의미하는 조출생률은 2000년 12.4명에서 2009년 최저점인 8.2명, 2011년 현재 8.7명으로 다소 증가했으며(그림 23-4 참조), 시·군별로는 무주(12.0명), 장수(10.0명), 익산(9.8명), 정읍(9.8명) 순으로 높은 조출생률을 보인다. 전라북도 합계출산율은 2011년 1.41명이며, 2010년 1.42명에 비해 약간 떨어졌으나 합계출산율이 가장 낮았던 2005년 1.18명에 비해서는 지속적으로 증가했다(그림 23-5 참조). 시·군별 합계출산율은 장수군이 2,102명으로 가장 높고, 가장 낮은 시·군은 군산시로 1,228명으로 나타났다.

모의 연령별 출생 구성비(해당 연령 여성 인구 1,000명당 총 출산 수)는 2008년까지 25~29세에서 출산이 102.9명으로 가장 높았으나 2009년 이후부터는 30~34세 연령에서 출산이 늘어 2011년 현재 116.7명으로 가장 높다. 출산율이 가장 높은 연령대인 25~29세의 출산율은 2000년 159.6명에서 2011년 97.9명으로 감소하는 추세인 데 비해 같은 기간 30~34세의 경우 81.7명에서 116.7로, 35~39세의 경우 18.3명에서 33.8명으로 높아졌다(그림 23-6 참조). 이는 여성의 경제활동 참여 확대와 그에 따른 평균 초혼 연령 상승에 기인하는 것으로 보인다.

전라북도 인구 1,000명당 사망자 수를 나타내는 조사망률은 2000년 7.2명

그림 23-4 **출생아 수 및 출생 성비, 조출생률** (단위: 명, 1,000명당 명)

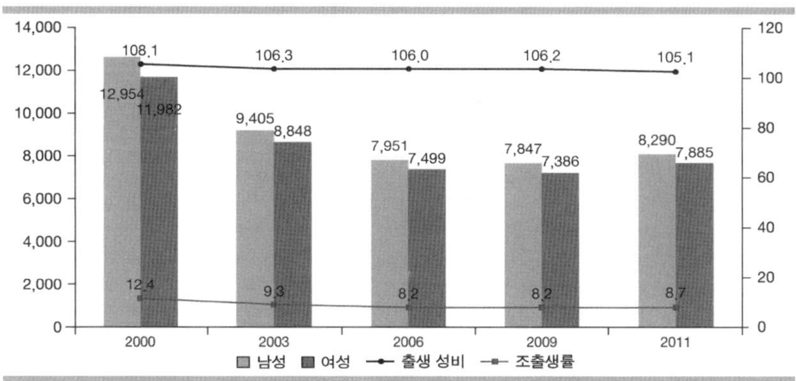

자료: 통계청, "인구동향조사"(2000, 2003, 2006, 2009, 2011), DB 웹서비스.

그림 23-5 **합계출산율** (단위: 명)

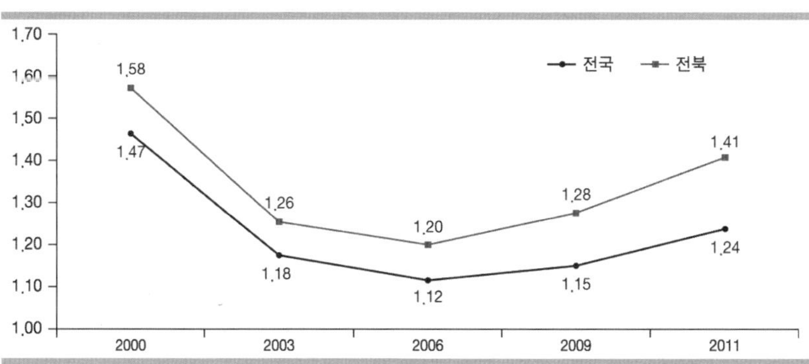

자료: 통계청, "인구동향조사"(2000, 2003, 2006, 2009, 2011), DB 웹서비스.

그림 23-6 **연령별 출산율** (단위: 해당 연령 여자 인구 1,000명당 명)

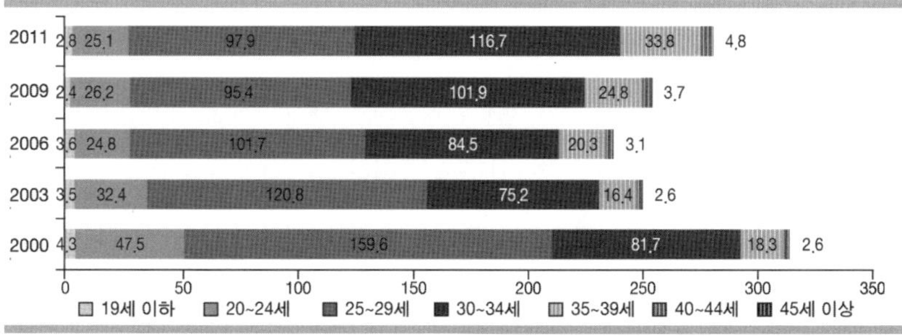

자료: 통계청, "인구동향조사"(2000, 2003, 2006 2009, 2011), DB 웹서비스.

그림 23-7 **연령별 사망률 성비(2011년)**(단위: 10만 명당 명)

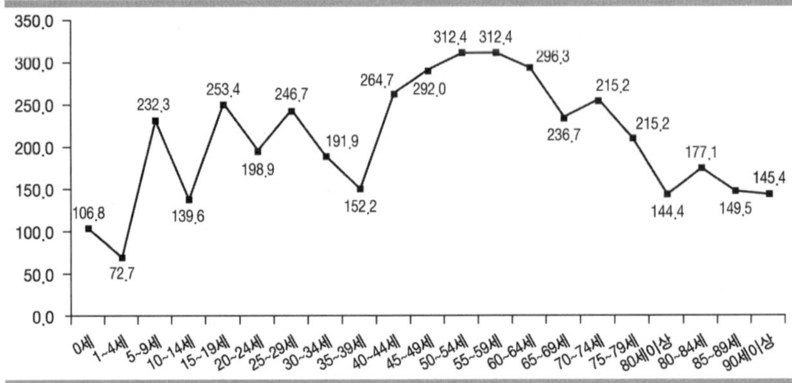

자료: 통계청, "인구동향조사"(2011), DB 웹서비스.

에서 2011년 7.1명으로 감소했으나, 전국 평균 5.1명과 비교해볼 때 전북의 조사망률은 여전히 높은 편이다.

연령별 사망 성비를 보면 50~59세의 사망률 성비는 312.4명으로 가장 높은 것으로 나타났다(그림 23-7 참조). 따라서 이 연령대에 남성이 여성보다 더 많이 사망하며 사망 위험도 더 커져 건강관리 집중 대상에 해당한다.

3 | 가족구성과 가정생활

1) 가구 및 여성 가구주: 1인 가구 중 59.8%가 여성

전라북도의 총 가구수는 2010년 현재 65만 9,946가구로 2000년의 60만 1,965가구와 비교할 때 5만 7,981가구 증가했다. 2010년 현재 1인 가구는 17만 5,026가구로 2000년 10만 4,780가구에 비해 7만 246가구 늘어나 17.4%에서 26.5%로 9.1%p 증가했다. 하지만 1인 가구가 증가한 반면 2세대 가구는 지난 10년간 9.3%p 감소했는데, 즉 2000년 2세대 가구는 32만 6,249가구에

그림 23-8 **연도별 가구 분포(2000~2010년)**(단위: 명, %)

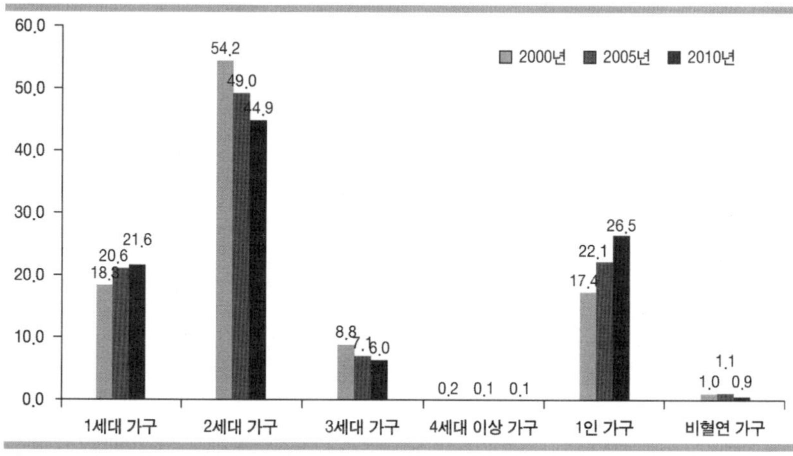

자료: 통계청, "인구주택총조사", DB 웹서비스.

그림 23-9 **성별 가구주 분포** (단위: %)

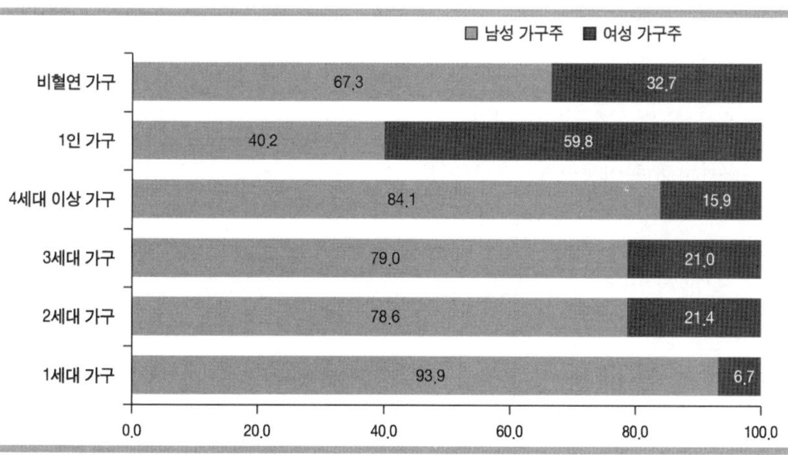

자료: 통계청, "인구주택총조사", DB 웹서비스.

서 2010년 현재 29만 6,116가구로 3만 133가구가 감소했다. 성별 가구주 분포를 보면 2010년 현재 1인 가구 중 여성의 비율이 59.8%로 남성 가구주의 40.2%보다 19.6%p 높게 나타났다.

여성 가구주는 수는 2010년 현재 18만 7,949명이고 남성 가구주는 47만

그림 23-10 **연령 및 성별 가구주 분포** (단위: %)

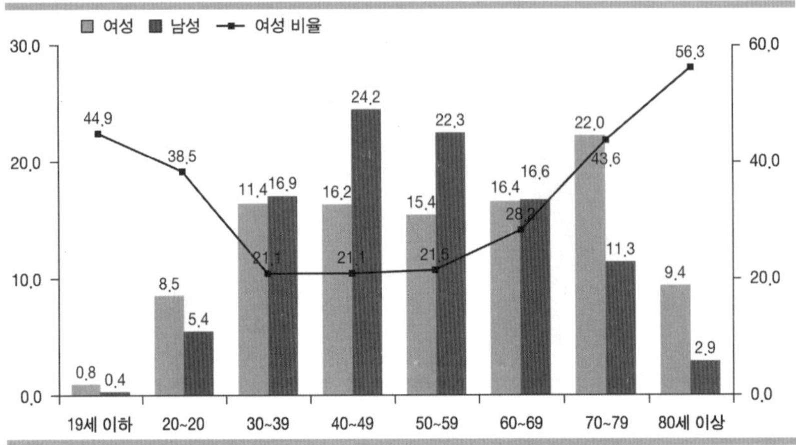

자료: 통계청, "인구주택총조사", DB 웹서비스.

1,997명으로 여성 가구주가 전체 가구 중 차지하는 비율은 28.5%로 2000년에 비해 7.1%p 증가했다. 연령대별 여성 가구주의 비율이 가장 많이 분포한 연령층은 80세 이상, 20세 미만으로 경제적 자립 기반이 미약한 여성 독거노인이나 10~20대의 청소년 가구주에 대한 정책 마련이 요구된다.

2) 결혼과 이혼: 초혼 연령 남녀 평균 4.5세 정도 늦어지고 50대 이상 이혼율 증가

전라북도 혼인 건수는 2000년 1만 1,362건이었으나 2009년 9,605건까지 감소하다 2010년 1만 525건으로 증가했다. 그러나 2011년부터 다시 감소하여 2012년 1만 22건이 되었는데, 결혼 건수의 증감에 맞추어 조혼인율 또한 비슷한 패턴에 따라 변동하고 있다(그림 23-11 참조). 1990년에는 초혼의 경우 여성 24.38세, 남성 27.05세였으나, 2012년 현재 여성의 초혼 연령은 28.93세, 남성의 초혼 연령은 32.06세로 상승해 평균 초혼 연령은 4.5세 정도 늦어졌다.

그림 23-11 **혼인 건수 및 조혼인율** (단위: 건, %)

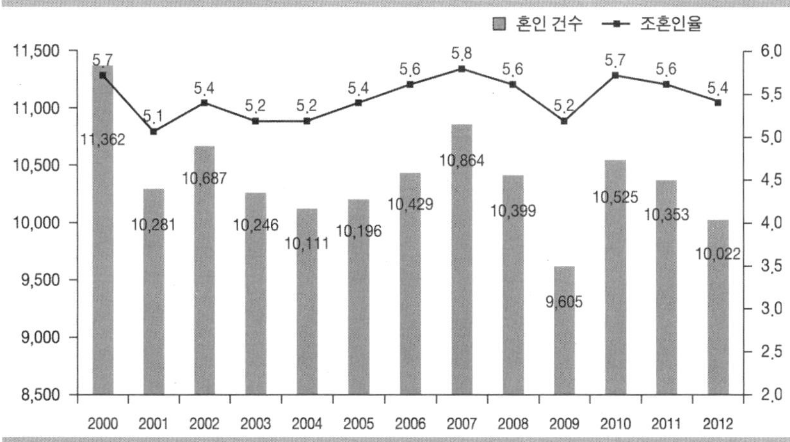

자료: 통계청, "인구동향조사", DB 웹서비스.

그림 23-12 **이혼 건수 및 조이혼율** (단위: 건, %)

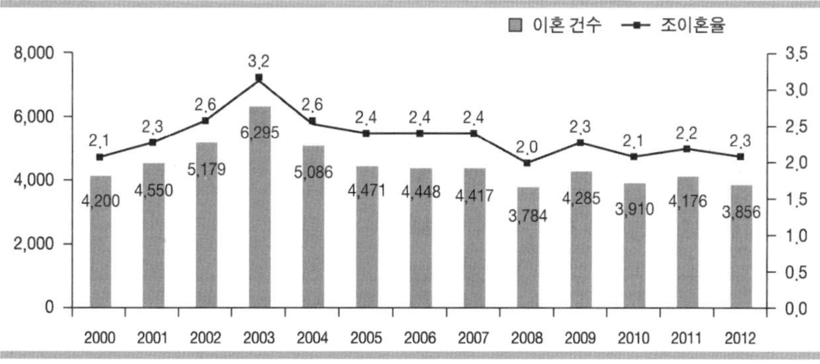

자료: 통계청, "인구동향조사", DB 웹서비스.

2012년 전라북도의 이혼 건수는 총 3,856건으로 조이혼율도 2.1%에 해당하며, 이혼 건수는 2003년에 6,295건으로 가장 많았고 이후 감소 추세를 보이고 있다(그림 23-12 참조). 평균 이혼 연령이 증가함에 따라 2006년 이후 20대와 30대의 이혼 구성비는 여성과 남성 모두 감소하고 있는 반면, 40대 이후부터는 지속적으로 이혼이 증가하고 있으며, 남성보다는 여성의 이혼율이 증가했다. 특히 50대 여성의 이혼율이 2006년 8.0%에서 2012년 15.1%로 약

2배 정도 가까이 증가했으며, 같은 시기 남성의 이혼율도 14.9%에서 23.5%로 약 8.6%p가 증가했다. 2012년 현재 50대 이후의 이혼율은 전체 이혼율 가운데 여성은 19.0%, 남성은 31.8%로 이는 2006년 여성 9.9%, 남성 19.0%보다 거의 두 배정도 증가하고 있어 황혼이혼의 비중이 커지고 있다.

3) 가족 돌봄 및 가사 분담: 가정 관리에 여성 하루의 2시간 35분, 남성 31분 사용

2009년 전북 도민의 생활시간 조사에 따르면, 여성은 하루 평균 가정 관리로 2시간 35분을 사용하는 데 비해 남성은 31분만을 사용하는 것으로 나타났다. 가족을 보살피는 시간 또한 여성이 하루 42분인 데 반해 남성은 12분으로 가사, 돌봄노동 등 가족 내 일은 대부분 여성이 맡아서 하는 것으로 나타났다.

성별 가사 분담에 대한 태도를 조사한 결과 2012년 전북 도민의 50.1%가 '부인이 가사를 전담하거나 주로 담당'하는 것이 좋다고 응답했으며, 48.0%가 '공평하게 분담해야 한다'고 응답했다. 성별로는 여성의 44.3%, 남성의 56.3%가 '부인이 전담하거나, 주로 담당'으로 응답하여 남성들이 가사 분담에 대해 더 전통적인 태도를 가지고 있는 것으로 나타났다.

4) 노후 준비: 노후 준비 남녀 격차 크고 노후 준비 방법은 국민연금이 가장 많아

2011년 사회조사 결과에 따르면, 응답자의 60.9%가 노후 준비를 하고 있다고 응답했으며, 나머지 39.1%는 아직 준비하고 있지 못하다고 응답하여 노후 준비에 사각지대가 존재함을 알 수 있다. 성별로는 여성의 51.7%, 남성 70.7%가 노후 준비를 하고 있다고 응답하여 성별 격차가 존재하며, 노후 준비를 하는 여성이 남성보다 19.0%p 적은 것으로 나타났다(그림 23-13 참조).

그림 23-13 **노후 준비 여부** (단위: %)

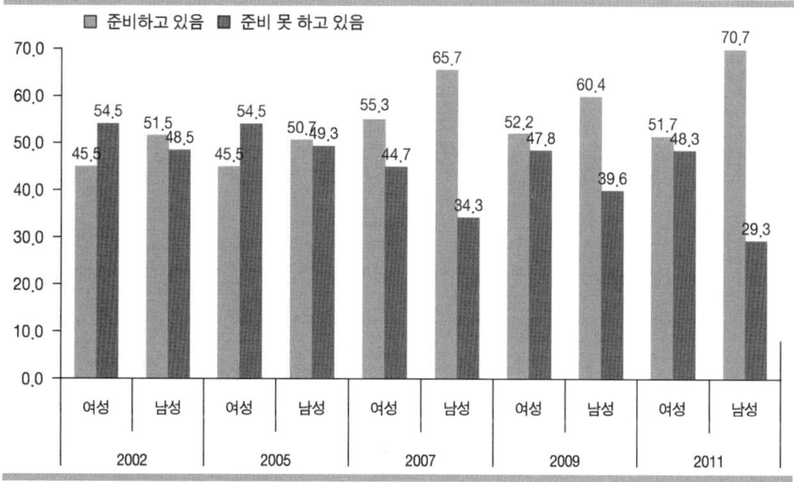

자료: 통계청, "사회조사", DB 웹서비스.

그림 23-14 **노후 준비 계획** (단위: %)

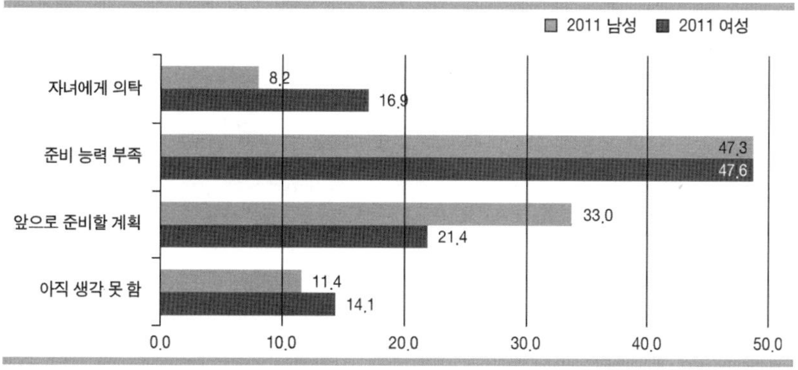

자료: 통계청, "사회조사", DB 웹서비스.

노후 준비를 하고 있다고 응답한 60.9%를 대상으로 노후 준비 방법에 대해 질문한 결과 국민연금이 74.9%로 가장 많았고, 다음으로는 적금이 50.4%였다. 국민연금으로 노후 준비를 하고 있는 여성은 64.5%이고, 남성은 82.9%로 나타났다.

그림 23-15 **연령별 경제활동 참가자 수(2008~2012)** (단위: 1,000명)

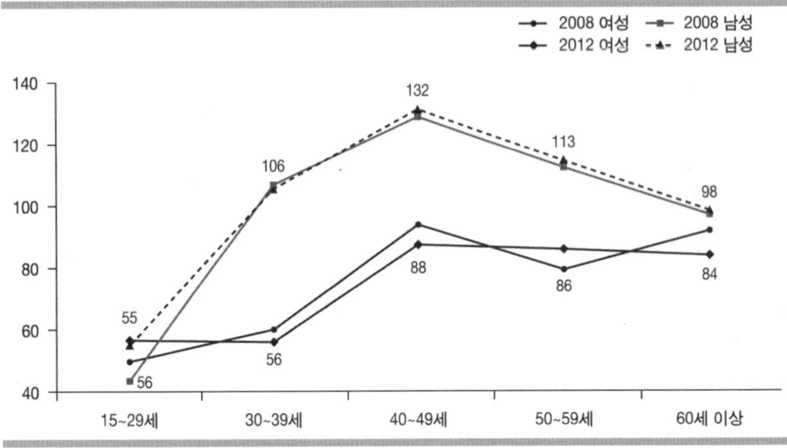

자료: 통계청, "지역별 고용조사", 원자료 분석(2008~2012, 3분기).

4 | 여성의 경제활동과 사회적 지위

1) 경제활동 참가율: 여성 47.5%로 남성 70.5%보다 현저히 낮아

2012년 현재 전북 여성의 경제활동 참가 인구는 36만 2,000명으로 전년 35만 6,000명보다 약 6,000명이 감소했고, 경제활동 참가율은 47.4%에 불과하다. 이는 전북 남성의 경제활동 참가 인구 70.5%(50만 8,000명)에 비하면 현저히 낮은 수치이다.

2012년 전북 여성의 연령별 경제활동인구를 보면 40~49세에 8만 8,000명으로 모든 연령대 중에 가장 많으며, 다음으로는 50~59세로 8만 6,000명이다. 경제활동인구가 최저점인 30~39세는 5만 6,000명에 불과하며, 이는 출산과 육아로 인해 여성이 노동시장에서의 퇴장하기 때문으로 여성의 연령대별 경제활동 형태는 여전히 M자형을 벗어나지 못한 것으로 나타났다(그림 23-15 참조).

청년층 실업이 심각한 가운데 15~29세에 해당하는 남녀의 취업 인구는

그림 23-16 **교육수준별 경제활동 참가자 수** (단위: 1,000명)

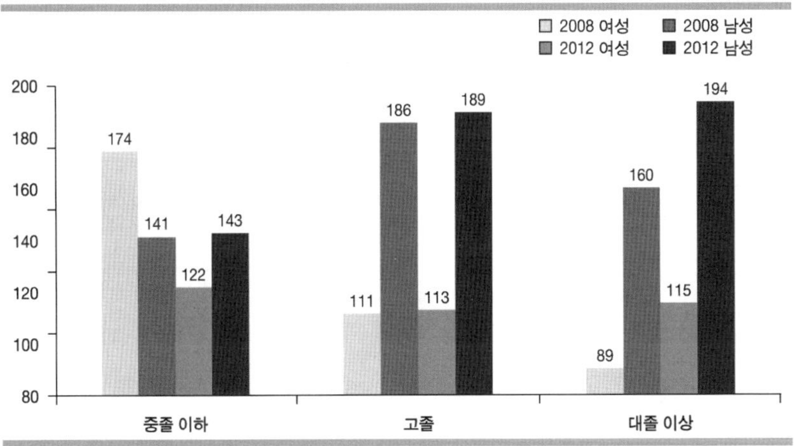

자료: 통계청, "지역별 고용조사", 원자료 분석(2008~2012, 3분기).

2011년 대비 2012년 소폭 상승했다. 2012년 청년 남성은 5만 5,000명으로 전년 4만 9,000명에서 5,000명 정도가 증가했으며, 청년 여성은 5만 6,000명으로 전년 4만 5,000명에서 1만 2,000명이 증가하여 청년 남성보다 많다.

고학력자 여성은 학력이 상대적으로 낮은 여성에 비해 취업률이 낮은 편인데, 이는 교육수준이 높으면 전반적으로 경제활동 참여가 증가하는 남성의 노동시장 특성과는 다르다. 2008년 이후 고학력자 여성의 경제활동 참여는 지속적으로 증가하여 2012년 현재 대졸 이상 여성의 경제활동인구는 11만 5,000명으로 2008년 8만 9,000명보다 2만 6,000명이 증가했다. 이처럼 대졸 이상 여성의 경제활동 참여는 꾸준히 늘고 있지만, 고학력자 남성 경제활동인구에 비하면 여전히 낮은 수준이다. 2012년 대졸 이상 남성의 경제활동인구는 19만 4,000명으로 여성 11만 5,000명보다 7만 9,000명이 더 많다.

2) 취업 현황: 임시 · 일용 근로자 비율이 높아 여성 고용 불안정

2012년 현재 직업별 취업자 분포를 보면 여성 취업자의 21.6%(7만 7,000

그림 23-17 **직업별 취업자(2012년)** (단위: 1,000명, %)

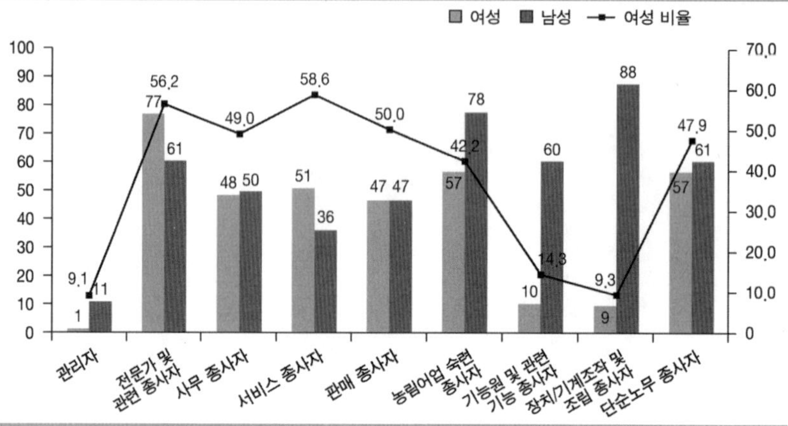

자료: 한국여성정책연구원, "지역성인지 통계"(2008), DB웹서비스; 통계청, "지역별 고용조사", 원자료 분석; 전라북도 "도정 현황 통계", DB 웹서비스(2009~2012, 4분기)

명)가 전문가 및 관련 종사자로 가장 많고, 다음으로는 농업, 임업 및 어업 숙련종사자 16.0%(5만 7,000명), 단순노무 종사자 16.0%(5만 7,000명) 순으로 나타났으며, 종사자 비율이 가장 낮은 직업으로는 관리자 0.28%(1,000명)로 나타났다(그림 23-17 참조). 여성 취업의 경우 2008년과 비교하여 전문가 및 관련 종사자의 비율은 14.8%에서 2012년 21.6%로 증가했고, 농업, 임업 및 어업 숙련종사자의 비율은 동일한 시기 20.4%에서 16.0%로 감소했다.

2012년 현재 여성 취업자의 종사상 지위 분포를 살펴보면 64.6%가 임금근로자이고 19.1%가 자영업주, 16.3%가 무급가족종사자로 남성과 비교하여 자영업주 비율은 낮고(남성 38.5%), 무급가족종사자의 비율은 높다(남성 2.0%). 여성의 경우 임금근로자 중 일용직과 임시직의 비율이 각각 7.0%, 23.6%인 데 비해 남성은 6.7%, 13.4%로 여성은 남성에 비해 고용이 불안정한 지위에 많이 취업하고 있다.

2012년 3월 현재 전북의 임금근로자는 총 50만 8,000명이고, 이 가운데 비정규직은 남성 8만 5,000명으로 16.7%, 여성 10만 6,000명으로 20.8%이다.

그림 23-18 **종사상 지위별 취업자(2012년)** (단위: 1,000명)

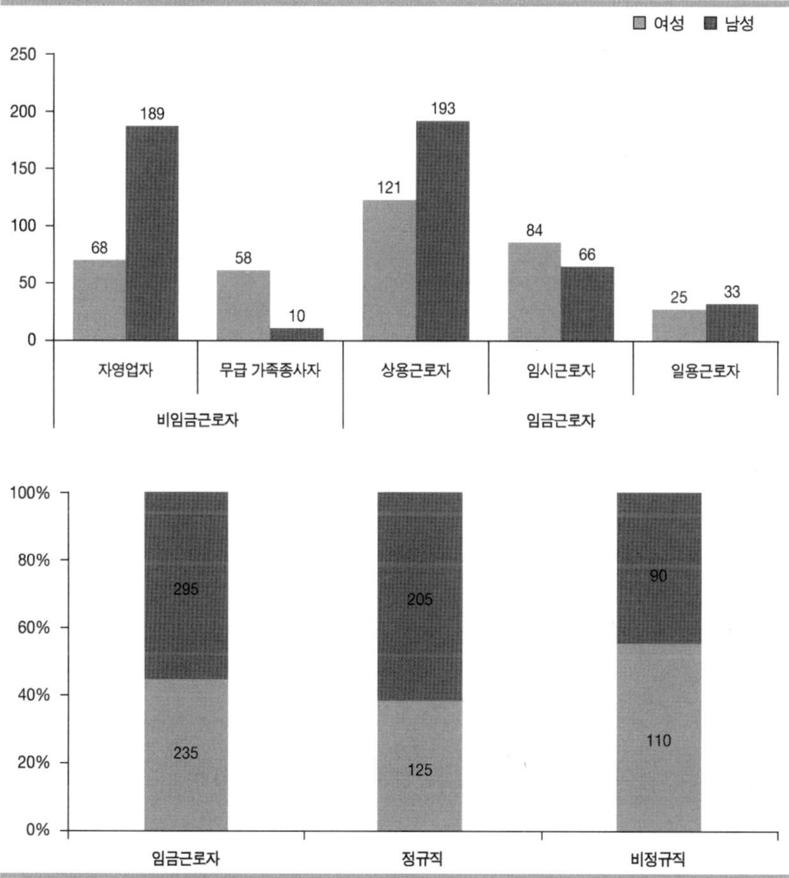

자료: 한국여성정책연구원, "지역성인지 통계"(2008), DB 웹서비스; 통계청, "지역별 고용조사", 원자료 분석; 전라북도 "도정 현황 통계"(2009~2012. 4분기), DB 웹서비스.

2012년 3월 현재 전북의 여성 임금근로자는 총 22만 9,000명이고 이 가운데 10만 6,000명은 비정규직으로 여성 내 취업자의 46.3%는 비정규직으로 나타났다. 2007년 「기간제 및 단시간근로자보호 등에 관한 법률」이 시행되면서 비정규직이 일시적으로 감소했지만, 2008년 이후 비정규직은 지속적으로 증가 추세이다. 특히 여성은 남성에 비해 비정규직의 비율이 다소 높은 폭으로

그림 23-19 **노동임금(2012년)** (단위: %)

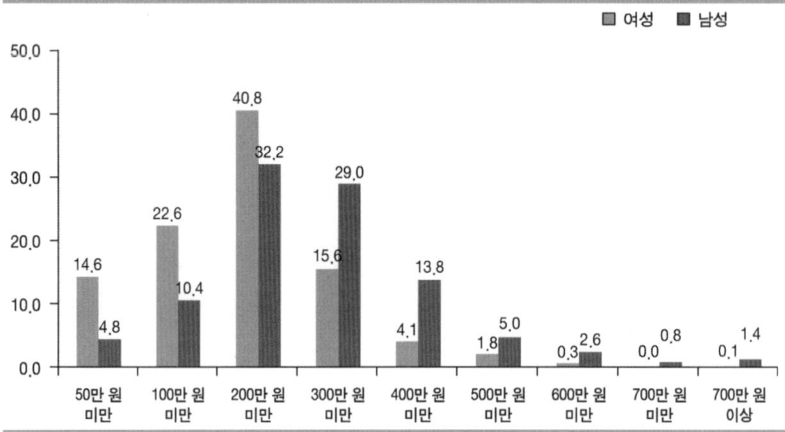

자료: 전라북도, 「2012 전라북도 사회조사보고서」; 전라북도 "도정 현황 통계", DB 웹서비스.

증가하여 여성의 근로조건이 열악하다는 것을 알 수 있다.

3) 근로상태: 성별 임금 격차 심각하고 고학력 취업률 남녀 격차 존재

2012년 현재 월 급여가 300~400만 원 미만인 여성은 전체 임금근로자의 19.7%이고, 남성은 42.8%인 것으로 나타나 남녀의 임금 격차가 심각한 것으로 드러났다(그림 23-19 참조). 이러한 임금 격차는 시 단위에서는 36.6%, 군 단위는 20.3%로 학력별로는 고졸 이상 32.6%, 대졸 48.2%, 대학원졸 57.5%로 부의 양극화가 성별·지역별·교육수준별로 뚜렷하게 나타나는 것을 알 수 있다.

전문대학의 취업률에서는 남녀의 격차가 나타나고 있지 않으나, 대학 취업률에서는 여성보다 남성의 비율이 높다. 전문대학의 취업률은 2005년에는 80%대였으나, 2010년과 2011년에는 감소하여 53%, 59%였다가 2012년 소폭 상승한 61.8%를 나타내 전반적으로 대학의 취업률을 앞서고 있다. 전문대학 남녀의 취업률은 거의 차이가 없다. 대학 취업률을 살펴보면 2005년 54.5%,

그림 23-20 **대학 졸업자 취업률(2005~2012년)** (단위: %)

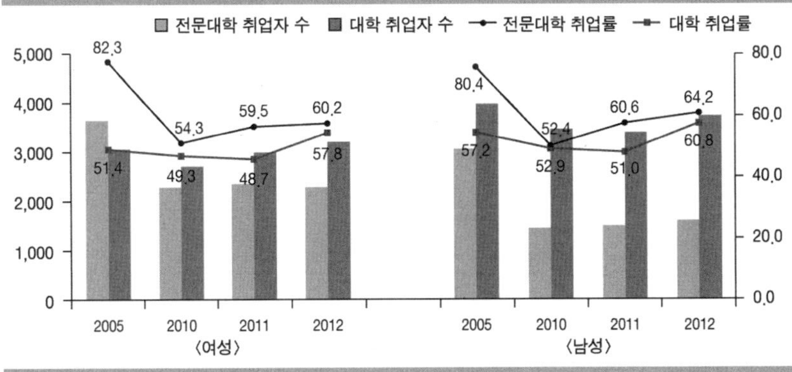

자료: 교육과학기술부 · 한국교육개발원, "취업통계연보", 교육통계서비스 DB 웹서비스.

2010년에는 소폭 감소하여 51.2%, 2011년 50.2%였다가 2012년 59.4%로 증가했다. 대학 취업률을 성별로 살펴보면, 남자의 취업률은 2005년 57.2%, 2010년 52.9%, 2011년 51.0%, 2012년 60.8%로 이는 같은 기간의 여성 취업률인 51.4%, 49.3%, 48.7%, 57.8%보다 높다. 따라서 고학력 남녀의 취업률은 성별 차이를 보이는 것으로 분석되었다(그림 23-20 참조).

4) 성별 육아휴직: 육아휴직 신청률 증가 속 남성 신청자는 극소수

지방자치단체 공무원 중 육아휴직 대상자의 신청률은 저조한 상황이지만, 꾸준히 신청자 수가 증가하고 있는 추세이다. 그러나 육아휴직 신청자는 대부분 여성이며 남성은 극소수에 불과하여 육아의 책임과 역할은 여전히 여성의 몫임을 알 수 있다. 2009년 육아휴직 신청률은 전체 5.52%에 불과했으며, 이 가운데 0.15%만이 남성이었다. 2010년 신청률은 전년 대비 소폭 증가한 6.53%였으며, 이 가운데 19.58%가 여성이고 0.1%만이 남성으로 육아 및 양육의 역할은 전적으로 여성의 몫으로 나타나고 있다(그림 23-21 참조).

그림 23-21 **성별 육아휴직 현황** (단위: %)

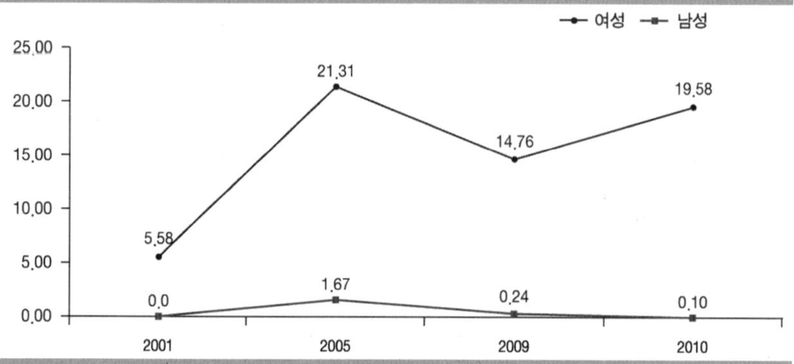

자료: 한국여성정책연구원, "지역성인지 통계"(2001~2010), DB 웹서비스; 행정안전부, "지방자치단체 여성 공무원 통계"(2010), DB 웹서비스.

5 | 여성의 복지 · 건강 · 안전

1) 사회보험 및 공공부조: 국민연금 여성가입률 낮아 취약한 노후 예상

전라북도 국민연금 가입자는 2011년 현재 57만 4,767명이며, 이 중 남성은 33만 4,973명, 여성은 23만 9,794명으로 가입자 중 여성이 차지하는 비율은 41.7%로 나타났다. 최근 10년간의 여성 가입자 추이를 보면 11만 3,777명에서 23만 9,794명으로 지속적으로 증가하고 있으나 남성에 비해 낮은 비율을 보이고 있다(그림 23-22 참조). 따라서 남성보다 경제활동 참여율이 적고 소득이 낮은 여성의 특성을 고려할 때, 연금에 의한 노후보장에서도 남성보다 상대적으로 취약할 것으로 예상된다.

여성 사업장가입자의 수는 2011년 현재 10만 6,189명으로 가장 많고, 지역가입자 5만 8,745명, 임의가입자 3,605명, 임의계속가입자 2,955명 순이다. 여성의 경우 사업장가입자 수는 2002년 4만 3,667명에서 2011년 10만 6,189명으로 무려 6만 2,522명이 증가했으나 지역가입자는 2002년 45만 3,667명으로 감소했는데, 이는 전북 지역의 경우에만 해당하는 것은 아니며

그림 23-22 **국민연금 가입자 현황** (단위: 1,000명)

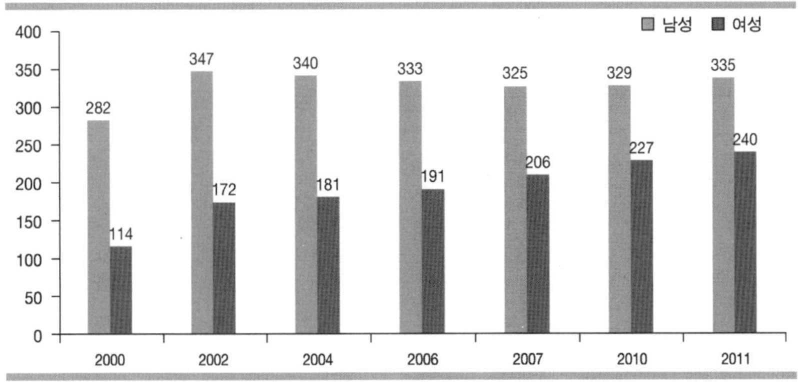

자료: 국민연금관리공단, "국민연금통계연보"(2000, 2002, 2004, 2006, 2008, 2010, 2011년).

그림 23-23 **건강보험 적용 인구** (단위: 1,000명)

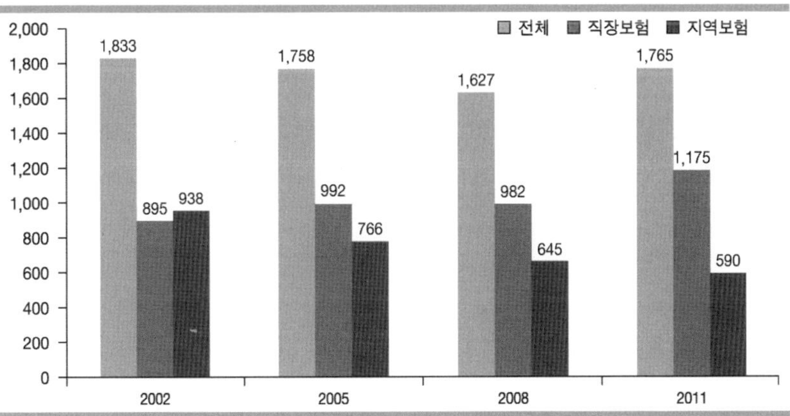

자료: 국민연금관리공단, "국민연금통계연보"(2002, 2005, 2008, 2011년).

전국적인 현상이다.

전라북도 의료보장 적용 인구는 364만 2,638명으로 남성은 182만 3,026명, 여성은 181만 9,612명이다. 건강보험 적용 인구는 176만 5,090명이며, 남성 88만 7,008명, 여성 87만 8,082명이며, 보험 종류별로 살펴보면 직장보험 가입자가 66.6%를 차지한다.

그림 23-24 **연령별 국민기초생활보장 수급자 현황(2011년)** (단위: 명, %)

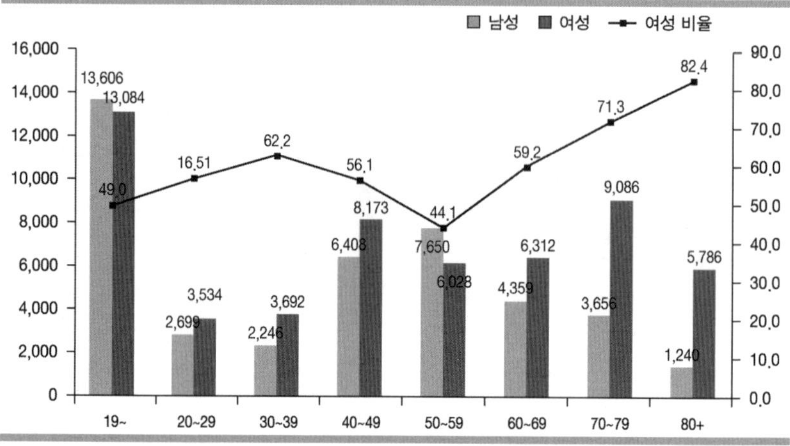

자료: 보건복지부, "보건복지통계연보"(2007~2012).

2011년 전라북도 기초생활수급자는 9만 7,559명으로 그중 여성은 57.1%, 남성은 42.9%인 것으로 나타났다. 10대, 50대를 제외한 모든 연령층에서 여성의 비중이 더 높은 것으로 나타나며, 특히 80세 이상 연령층에서는 여성 기초생활수급자가 4배 이상 많은 것으로 분석된다.

2) 의료 및 사망 원인: 여성 사망률 1위는 암과 순환기 계통으로 여성 유병률이 남성보다 높아

2011년 전라북도 주요 사망 원인 순위별 연령 표준화 사망률을 살펴보면, 여성의 경우 암, 질병이환 및 사망의 원인, 순환기 계통 질환, 호흡기 계통 질환의 순으로 나타났다. 2012년 전라북도 유병률, 유병 일수, 와병 일수를 살펴보면 2012년 현재 여성은 유병률은 28.7%로 남성의 21.1%보다 높고 2003년에 비해 5%p 증가했다. 평균 유병 일수는 전반적으로 증가했고 평균 와병 일수는 감소한 것으로 나타났다.

그림 23-25 **주요 사망 원인 순위별 연령 표준화 사망률(2011년)** (단위: %)

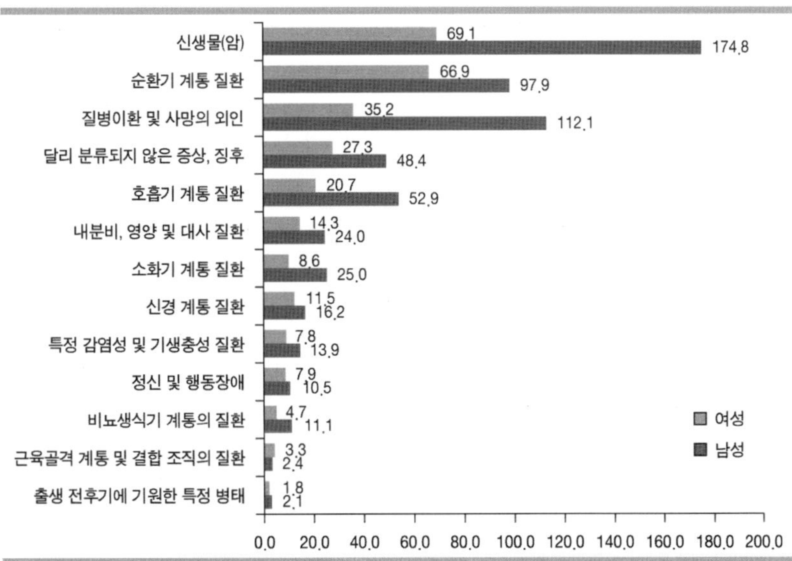

자료: 통계청, "사망원인통계"(2011) , DB 웹서비스.

그림 23-26 **성별 유병률, 유병 일수 및 와병 일수(2012년)** (단위: %)

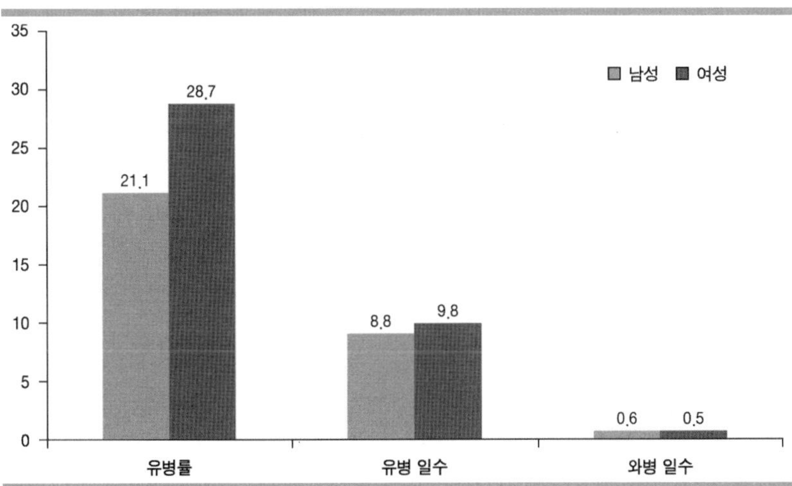

자료: 통계청, "사망원인통계"(2011) , DB 웹서비스.

3) 사회안전: 여성은 범죄 · 인재 · 질병, 남성은 국가안보 · 도덕성 부족 · 경제적 위험을 사회불안으로 인식

2011년 여성폭력 상담소 수는 35개소로 가정폭력상담소는 17개소, 성폭력상담소는 17개소, 성매매피해자상담소는 1개소가 운영되고 있다. 2007년 대비 가정폭력상담소는 4개소, 성폭력상담소는 2개소, 성매매피해자 상담소는 2008년 7개소까지 증가했다가 2011년 6개소가 감소했다.

2011년 현재 여성폭력 상담 유형을 보면 가정폭력이 1만 178건으로 2007년 상담 건수 1만 3,023건보다 2,845건 감소했으며, 성폭력 상담 건수는 2006년 6,445건에서 2011년 5,711건으로 734건 감소했다. 폭력 피해자에 대한 지원은 심리적·정서적 지원(69.2%), 수사·법적 지원(22.9%), 의료 지원(3.9%), 시설 입소 연계(1.5%) 등으로 나타났다.

야간 보행에 대한 두려움은 남녀 모두 크게 느끼지만 여성의 경우 더욱 높은 편이다. 2010년 지역 성인지 통계 결과에 따르면 야간 보행에 대한 안전감에 대해 여성은 53.7%, 남성은 76.4%가 두려운 곳이 없다고 응답했다. 야간 보행 시 두려운 이유로는 남녀 모두 인적이 드문 것과 가로등이 없는 것을 주로 꼽았다(그림 23-27 참조).

2012년 사회의 각 분야별 안전에 대한 인식도를 조사한 결과 전반적인 사회안전을 비롯해 범죄 위험, 교통사고, 정보 보안, 신종 전염병 순으로 불안하다고 응답했으며, 남성보다 여성의 불안감이 전반적으로 높은 것으로 나타났다.

사회의 주요 불안 요인에 대해 여성은 범죄 발생(73.2%), 인재(36.1%), 신종질병(32.4%), 국가안보(28.0%), 도덕성 부족(21.9%) 등을 꼽았고, 남성은 범죄 발생(62.9%), 인재(32.5%), 신종질병(29.6%), 국가안보(29.5%), 도덕성 부족(26.7%) 등을 꼽았다.

그림 23-27 **야간 보행에 대한 두려움 인식 및 원인(2006~2010년)**(단위: %)

_ 야간 보행 시 두려운 곳 있음

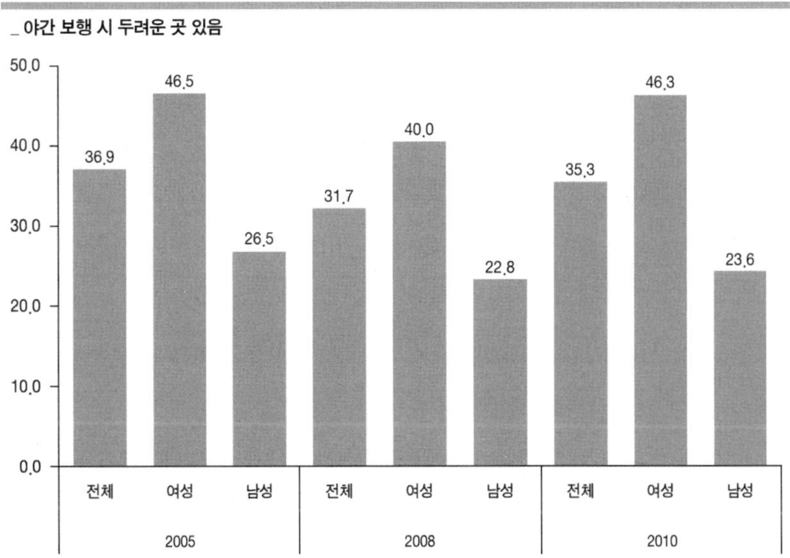

_ 야간 보행 시 두려운 이유

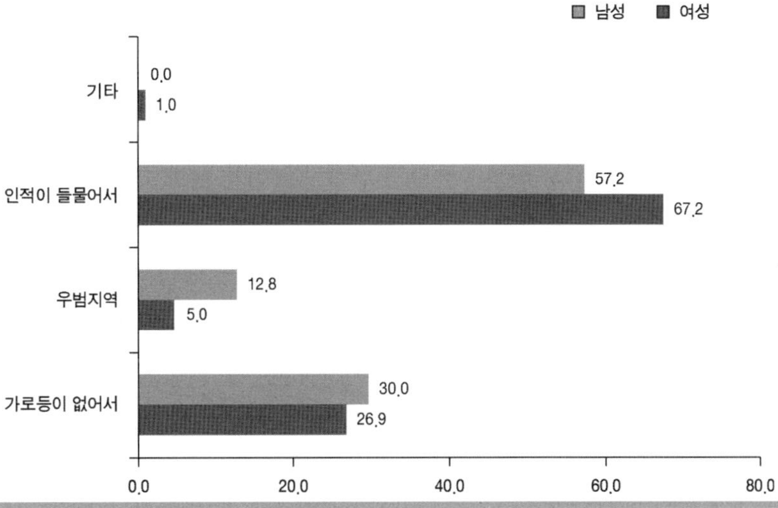

자료: 통계청, "사회조사", DB 웹서비스; 한국여성정책연구원, "지역성인지 통계 DB"; 성인지 통계 정보시스템 DB 웹서비스.

6 | 정책적 시사점

1) 경제적 빈곤과 유병률이 높은 후기 고령 여성 노인을 위한 100세 복지정책 강화

전북의 노령화 지수는 전국 16개 시·도 중 전남과 경북에 이어 세 번째로 높은 가운데, 85세 이상 후기 노인 인구는 2012년 현재 남자 6,324명, 여자 1만 8,316명으로 여성 노인 인구가 남성 노인 인구보다 3배 많았다. 지표 가운데 경제활동 참여율(남 70.5%, 여 47.4%), 성별 임금 격차(월 300~400만 원 미만 남 42.8%, 여 19.7%), 국민연금 가입률(가입자 중 여성 41.7%), 여성 유병률(남 21.1%, 여 28.7%)을 통해 나타나듯이 여성 노인 인구는 상대적으로 긴 수명에 비해 남성 노인보다 경제활동 참여율이 낮고 소득이 적으며 노후 준비가 불충분한 반면 유병률이 높다. 따라서 100세 시대 도래에 대응하는 후기 고령 노인 인구에 대한 정책 지원이 강화되어야 하며, 특히 남성 노인에 비해 수명이 긴 후기 고령 여성 노인을 대상으로 경제적 빈곤을 예방하고 건강한 노후를 보낼 수 있는 건강 증진 및 여가 등의 100세 복지정책이 강화되어야 한다.

2) 급속한 1인 가구 증대와 여성 가구주의 증가에 따른 사회적 안전망 구축 필요

2010년 현재 전라북도 1인 가구는 17만 5,026가구(17.4%)로 2000년 10만 4,780가구(26.5%)에 비해 10년 동안 7만 246가구가 증가(9.1%p)해 빠른 증가세를 보이고 있다. 특히 1인 가구의 성별 가구주를 보면 여성이 58.8%로 남성보다 많으며, 이는 60세 이상의 여성 독거노인 가구와 최근 비혼으로 인한 여성 가구주, 청년층 학업으로 인한 독립생활 등의 증가에 기인한다.

이와 더불어 여성 가구주도 2010년 전체 가구 중 28.5%로 2000년에 비해 7.1%p 증가했으며, 연령대별로는 이혼 및 별거 등에 의한 30대에서 가장 많이 증가하고 있고, 이들은 여성 한부모가족인 경우가 많다.

고령화 및 개인생활 증대에 따른 1인 가구의 급속한 증가와 전 사회적으로 나타나는 이혼율 증가 및 사별에 따른 한부모 여성 가구주 등의 증가는 가족구성의 새로운 형태로 자리잡아가고 있어 이들을 새로운 가족형태로 받아들이고 관련 지원정책을 마련해야 한다.

특히 경제적 자립 기반이 미약한 여성 가구주들은 경제적 어려움 이외에도 사회적 편견으로 인해 자립과 자녀 양육에서 어려움을 겪는 경우가 많으며, 1인 여성 가구는 범죄 및 폭력 등 다양한 사회적 위험에 노출되어 있지만 이들의 사회적 지지체계는 미약하므로 1인 가구를 위한 사회적 안전망 구축과 생활안전 및 위기에 대응하는 예방적 복지정책 방안 마련이 필요하다.

3) 건강 및 가족위기에 취약한 중장년층을 위한 가족정책의 재조명과 맞춤형 프로그램 필요

통계지표를 통해 나타난 연령대별 특성 중 50대 남성은 특히 건강과 가족위기 등에 취약한 것으로 나타나 50대 남성의 사회활동 및 생애주기별 특성을 고려한 가족정책의 재조명이 필요하다.

즉, 50~59세의 사망률 성비는 312.4명으로 이 연령대에 남성이 여성보다 더 많이 사망하며, 사망의 위험 정도도 더 높아져 건강관리 집중 대상에 해당한다. 또한 50대의 이혼율은 2012년 현재 여성 15.1%, 남성 23.5%로 남성의 이혼율이 더 높으며, 이는 지난 2006년에 비해 남녀 모두 1.5~2배 정도 증가한 수치이다.

50대 중년층은 생애주기상 자녀의 교육 지원과 경제활동에서의 역할 비중이 크게 요구되는 시기인데, 최근 경제위기와 취업난으로 인한 조기퇴직과 이혼의 급증 등은 50대 남성의 또 다른 위협으로 작용하고 있다. 따라서 생애주기별 가족정책에서는 50대 중장년층을 위한 가족정책을 재조명하고 특히 중년남성이 사회활동과 가족의 적절한 균형을 이룰 수 있도록 건강 가족 유지와 관리를 위한 맞춤형 프로그램 등이 지원되어야 한다.

4) 일 · 가족 균형을 위한 제도의 활성화와 직장인 대상 프로그램 확산

가족생활 및 돌봄 활동 관련 지표에서는 여성은 하루 평균 가정 관리에 2시간 35분을 사용하는 데 비해 남성은 31분만을 사용하며, 가족을 보살피는 일에 여성은 하루 42분을 사용하는 데 반해 남성은 12분을 사용해 가사 일과와 돌봄노동 등은 여전히 여성의 몫으로 나타났다.

또한 지방자치단체 공무원 중 육아휴직 대상자의 신청률은 2010년 현재 6.53%에 불과했으며, 이 가운데 19.58%가 여성 신청자이고, 0.10%만이 남성 신청자로 육아 및 양육의 역할은 전적으로 여성의 몫으로 나타났다.

1인 부양모델에서 2인 부양모델로 사회적 경제활동 패턴이 바뀜에 따라 일·가족 균형을 위한 정책의 확산이 필요하다. 그리고 아빠육아휴직 및 유연근무제 등 일·가정 양립을 위한 관련 제도를 적극 이용할 수 있도록 조직문화를 바꾸고 기업의 협조와 남성의 의식 변화 등이 필요하다.

5) 여성의 고용 안정을 위한 노동시장 차별 완화

2012년 현재 여성취업자의 종사상 지위 분포를 살펴보면 여성의 경우 임금근로자 중 일용직과 임시직의 비율이 각각 7.0%, 23.6%인 데 비해, 남성은 6.7%, 13.4%로 여성이 남성에 비해 고용이 불안정한 지위에 많이 취업하고 있는 것으로 나타났다.

2012년 3월 현재 전북의 임금근로자 가운데 비정규직은 남성 16.7%(8만 5,000명), 여성 20.8%(10만 6,000명)으로 남성에 비해 여성의 비중이 높으며, 여성 취업자 중에서도 46.3%(10만 6,000명)는 비정규직에 해당한다. 2007년 「기간제 및 단시간근로자보호 등에 관한 법률」이 시행되면서 비정규직이 일시적으로 감소했지만, 2008년 이후 비정규직은 지속적으로 증가하는 추세이다. 특히 여성은 남성에 비해 비정규직의 비율이 다소 큰 폭으로 증가하여 여성의 근로조건이 열악하므로 여성의 고용 안정화를 위한 노사 간 협약과 지원정책, 사회적 관심이 필요하다.

6) 성폭력과 각종 범죄로부터 여성과 아동의 안전을 위한 여성 친화적 도시 공간 조성 필요

2012년 사회의 각 분야별 안전에 대한 인식도를 조사한 결과 전반적인 사회 안전을 비롯하여 범죄위험, 교통사고, 정보 보안, 신종 전염병 순으로 불안을 느끼는 것으로 나타났다. 그리고 남성보다 여성의 불안감이 전반적으로 높게 나타났다. 사회불안에 대한 인식이 남성보다 여성이 높은 이유는 여성의 다양한 사회 참여 활동이 증가하는 한편, 최근 여성과 아동 등 취약계층을 대상으로 한 폭력과 범죄 건수가 증가하는 것에 기인한다. 따라서 범죄와 폭력 피해, 도로와 주거지 등에서 발생하는 각종 사고 위험을 제거하여 노인, 여성, 아동이 안전한 도시환경과 생활여건을 조성해야 한다. 주거 및 도시 공간 이용의 자유를 증진시킴으로서 여성과 약자에게 물리적·사회적 장애가 제거된 질 높은 도시 인프라 구축을 위한 여성 친화적 도시 공간 조성에 대한 관심과 정책적 지원이 요구된다.

전북발전연구원

전북발전연구원은 전라북도를 대표하는 종합연구기관으로 지역사회의 발전과 도민의 행복을 추구하는 정책을 발굴하고 전북도정을 지원하는 역할을 수행하고 있다.
1991년 민간 출자로 '전북경제사회연구원'으로 설립되었다가 2005년 전라북도 출연연구기관으로 전환하여 그 규모와 역할이 계속 증대되어왔다. 출범 당시 10여 명에 불과했던 박사급 연구원이 지금은 25명으로 늘었고, 석사급 연구원과 직원들을 합하면 60명이 넘는 연구조직으로 성장했다.
지역개발전략과 산업발전 및 문화·복지에 이르기까지 다양한 주제에 대한 연구결과를 연구보고서, 이슈브리핑, TFT, 포럼 등의 형식으로 발표하고 있으며, 연간 150여 건의 과제를 수행하고 있다.
최근에는 전라북도 지역발전 여건이 크게 호전되고 있다는 인식하에 전라북도 발전을 앞당기고 새로운 시대에 가장 살기 좋은 지역으로 만들기 위한 전략을 수립하는 데 매진하고 있다.

한울아카데미 1656

전북 리포트 2013

전북의 현재와 미래에 대한 보고서

ⓒ 전북발전연구원, 2014

지은이 | 전북발전연구원
펴낸이 | 김종수
펴낸곳 | 도서출판 한울
편집 | 최규선

초판 1쇄 인쇄 | 2014년 1월 15일
초판 1쇄 발행 | 2014년 1월 27일

주소 | 413-756 경기도 파주시 광인사길 153 한울시소빌딩 3층
전화 | 031-955-0655
팩스 | 031-955-0656
홈페이지 | www.hanulbooks.co.kr
등록번호 | 제406-2003-000051호

Printed in Korea.
ISBN 978-89-460-5656-5 93350

※ 책값은 겉표지에 표시되어 있습니다.